MW00658050

BARRON'S

THE TRUSTED NAME IN TEST PREP

AP® French Language and Culture

PREMIUM

Fifth Edition

Eliane Kurbegov, Ed.S.,
and Edward Weiss, M.A.

Published by Kaplan North America, LLC, dba Barron's Educational Series
1515 W Cypress Creek Road
Fort Lauderdale, FL 33309
www.barronseduc.com

ISBN: 978-1-5062-8787-4

10 9 8 7 6 5 4 3 2 1

About the Authors

Eliane Kurbegov is from Strasbourg, France. She has been teaching French in high schools and universities in both Florida and Colorado throughout her career. As a high school teacher, she began consulting for the College Board: leading workshops, writing test items for the AP French exam, creating materials for AP workshop manuals, and participating in the exam and course redesign in 2011. She has scored AP exams as a reader, table leader, and question leader for over twenty years. In addition, Eliane has trained and mentored AP consultants and is currently monitoring the AP French Language and Culture Course Teacher Community. She is the author of numerous French manuals published by Barron's and McGraw Hill, as well as the author of *French for Dummies* and co-author of the AP French textbook *Thèmes* published by Vista Higher Learning.

Ed Weiss has spent his career teaching French at both the high school and college levels in the Philadelphia area, as well as serving as World Language department chair at the secondary level. Ed has worked for the College Board for over twenty years and has served as an AP reader, table leader, and exam leader for the AP French Language and Culture exam. Ed is a national consultant for the College Board and has led Advanced Placement Summer Institutes for French teachers around the country. He has also developed workshop and online materials for the College Board. He is a three-time recipient of National Endowment for the Humanities summer institute grants and has been a presenter for ACTFL, AATF, and at the AP French reading. He is a co-author of levels one and four of the Wayside Publications French series *EntreCultures*.

Table of Contents

How to Use This Book

The purpose of this book is to provide you with the best possible preparation for the AP French Language and Culture exam. Using the tools included in this book will help prepare you for success on exam day.

Exam Overview

Read this section first to learn all about the format on the test, the types of questions you are going to be asked, the types of sources you will encounter, and what the different sections of the exam will require you to do. A discussion of how the test is scored is also included to give you an idea of what the scorers will be looking for in your responses.

Review and Practice

Next, move on to the review chapters, where you will find extensive practice and commentary for each part of the exam. The more practice you have with answering these AP-type questions, the better prepared you will be on test day.

Practice Tests

At the end of the book we included two full-length practice exams. Keep in mind that taking a practice exam under actual testing conditions (all at once and within the time limit) is always best. Every exam includes an explanation of the correct answers as well as an Score Analysis Sheet.

Online Practice

In addition to the two practice tests within this book, there is also one full-length online practice exam. You may take this exam in practice (untimed) mode or in timed mode. All questions include answer explanations. The audio for all listening practice is also included online. All listening practice is spoken by native French speakers and represents a variety of sources.

For Students

The organization of this book is designed to take you through each section of the exam, allowing for ample practice in mastering each type of question. By answering the review questions and by taking the practice tests, you will have an indication of how well you will do on the actual exam.

For Teachers

Suggest to your students that they use this book along with their course materials for added practice. When used in tandem with classroom assignments, this book should offer your students the opportunity to use the material to reinforce classroom learning.

BARRON'S ESSENTIAL 5

As you work toward achieving that **5** on your AP French Language and Culture exam, here are five essentials that you **MUST** know above everything else:

1 **Familiarize yourself with the exam structure, the six themes, and the three modes of communication around which the course is structured.** Understanding the various tasks in the exam is critical for success. Remember that communication can be interpersonal, interpretive, or presentational. All of the tasks in the exam are built upon these modes. Your success depends on a balanced mastery of language.

2 **Listen and read critically.** You will need to comprehend a variety of authentic French texts, letters, articles, conversations, interviews, and other items such as maps, charts, and instructions. Be able to understand the purpose, the essential facts, and the tone of each of these items.

3 **Immerse yourself in authentic materials.** The AP French exam is based on real-world materials. Your success on the test depends on how well you can interact with these selections. Remember that this is the AP French Language and Culture exam—your exposure to authentic materials increases your cultural knowledge. Constantly immerse yourself in French by taking advantage of the myriad of online resources along with texts and magazines.

4

Write and speak in both formal and informal registers. Knowing how to deal with the two writing and the two speaking tasks that require both registers is a key to your success. Know how to write an effective and well-organized essay that cites three different sources. Know how to respond to an email with appropriate salutations. Be able to engage in an informal conversation. Finally, know how to make an oral presentation in which you compare your own community with a francophone community on a specific aspect of culture.

5

Continue your practice right up to exam day. Staying sharp by continued exposure to French is critical! By using all of the elements of this guide, including the two complete sample exams and models of written and spoken responses, you will go into the exam confident. On exam day, be completely familiar with all exam directions.

Preface

This book is a supplemental resource for students who are preparing for the AP French Language and Culture exam. It is designed primarily to familiarize students with the format and the required tasks of the exam and to offer useful test-taking strategies.

The first objective is to familiarize students with the type of test questions they may encounter on the Advanced Placement French Language and Culture examination. Therefore, students must have access to more than one practice test and to many print and audio passages. Twenty-first century technology allows instructors and students to access many print, audio, and audiovisual resources online. Providing students with all the information they need to prepare for the current exam is a huge task. However, this book does just that. In addition, students should practice for the test in conditions that approximate those of the AP examination. Doing so will contribute enormously to a student's level of comfort and confidence when taking the examination.

To meet this first objective, this book includes a general section with authentic print, print and audio, as well as audio passages accompanied by multiple-choice questions. This section will allow students to practice the first section of the examination. These authentic passages come from various French-speaking regions of the world. They have been categorized by theme to ensure that the six themes in the AP French course are represented. Each passage is also accompanied by an introduction that establishes a context for the particular passage. The multiple-choice questions reflect the variety of questions that students will encounter on the actual examination. Explanations of the correct answers are provided to allow students to practice taking this section of the exam, reflect upon their answers, self-correct, and learn from their mistakes. The book also includes a variety of tasks to practice each one of the free-response tasks on the AP French exam. These are accompanied by exemplary responses and essays to serve as models for each task.

The second objective is to offer suggestions and strategies that help students showcase their skills and knowledge. Multiple strategies are described and explained for each section and for each task on the exam. Once again, a variety of examples, ideas, and graphic organizers are provided to prepare students to perform at their best on the exam.

Students will learn and practice numerous skills:

- Reading and listening to authentic material in French
- Analyzing and synthesizing information from various sources
- Answering multiple-choice questions
- Writing emails
- Planning and developing an argumentative essay
- Participating in a dialogue
- Making an oral presentation based on cultural comparison

Students should visit the College Board website regularly to stay current regarding any changes to or additional information about the AP French exam.

ICON KEY

Throughout this book you will come across a few icons that emphasize essential strategies for the AP French Language and Culture exam. Keep a lookout for the following:

Target: This icon indicates strategic ideas that help you complete the task.

Key: This icon indicates specific strategies on test-taking and language-specific suggestions.

Overview of the AP French Course and Exam

This edition of Barron's *AP French Language and Culture* will thoroughly prepare students for the redesigned AP French course and exam. The current exam is dynamic, has a real-world basis, and integrates various modes of communication. It combines all elements of communication and reflects the way in which people actually learn language. The course is based on six essential themes. These themes provide a context through which teachers can present a variety of language concepts.

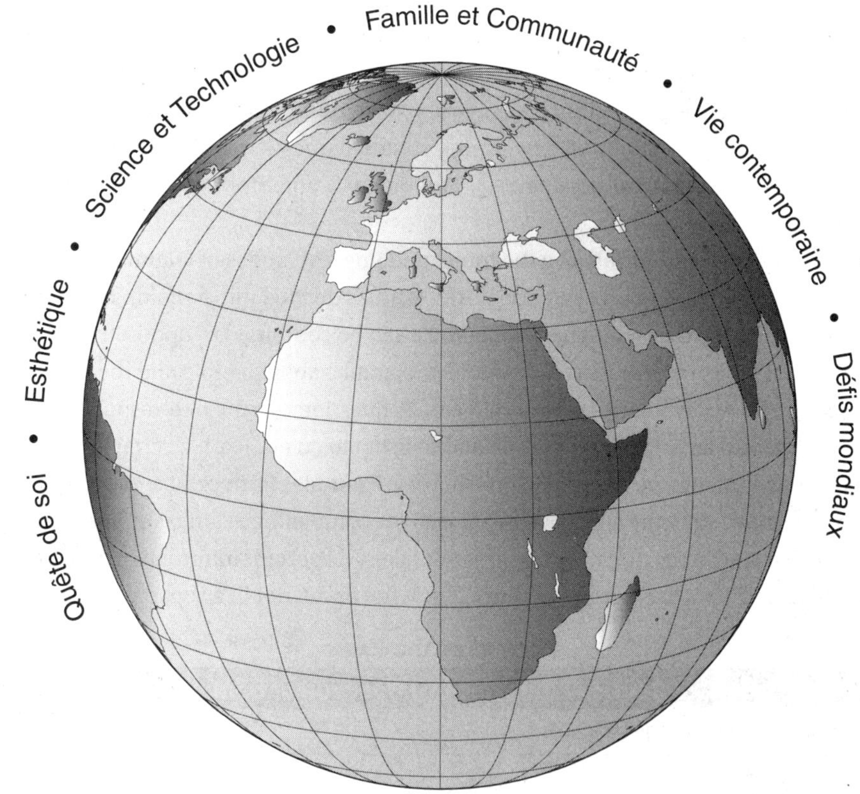

These six themes can be taught in both individual lessons and in broader, more comprehensive units of study. This course framework enables students to learn the language in context. This standards-based approach puts the instructional focus on the ability to function in the target language, not merely the mastery of complex grammatical concepts. The holistic study of language and culture in the course and exam allows students to demonstrate their analytical and communicative skills as well as develop proficiency in French.

Students who take the AP French Language and Culture course will acquire language control and increase their vocabulary, as did students who took the previous course. However, in this course, students will also learn to comprehend French better and gain more cultural awareness. Integrating a wide variety of authentic materials is an essential part of this effective course design.

The use of numerous types of resources helps engage the learners while providing them with the opportunity to increase their grammatical accuracy. Examples of these resource types include:

- Films
- Broadcasts
- Podcasts
- Magazine articles
- Online articles
- Texts
- Readers
- Literature

The addition of the term "Culture" to the title of this course implies a broad exposure to the cultural products, practices, and perspectives of francophone life as guided by the six themes. This does not imply the mastery of a list of cultural or historical facts. Rather, students gain a familiarity of French culture by exploring the six themes and suggested recommended contexts, or subthemes. An effective curriculum design leads to a natural interconnection of the themes. Students' interest should be stimulated by posing essential questions. For example, a unit on modern living conditions may touch upon such themes as Contemporary Life, Global Challenges, and Personal and Public Identities.

The AP French exam concentrates on the three fundamental modes of communication—interpersonal, interpretive, and presentational. The exam is divided into a multiple-choice and a free-response section. However, language skills will often be combined as opposed to being treated separately. Students may be asked to read several paragraphs about a topic and then listen to a related podcast followed by a series of multiple-choice questions. In the free-response section, students are asked to read an article and a graph and to listen to an audio on a certain topic. They must then develop an argumentative essay in which they use examples from print and audio sources to support their position. Students are provided context for completing exam tasks. Task and source materials come with advance organizers to give test takers important information about exam resources. Cultural knowledge is assessed throughout the exam, not in a separate culture section.

Format of the Exam

Section I (Interpretive Communication)	
Multiple choice: 65 questions in 9 sets	50% of exam score
■ 4 reading selections	
■ 2 reading-listening selections	
■ 3 listening selections	
Section II (Interpersonal and Presentational Communication)	
Free response: 4 tasks	50% of exam score
■ Interpersonal writing: email reply	
■ Presentational writing: argumentative essay	
■ Interpersonal speaking: conversation	
■ Presentational speaking: cultural comparison	

This book is written by experienced French teachers. They have spent their careers not only in the classroom but also working with the College Board as readers, table and exam leaders, consultants, and authors. The authors hope to assist students of French to develop a true familiarity and mastery over the elements of the current exam.

Scoring the AP French Language and Culture Exam

What Is an AP Score and What Does It Mean?

Your AP score shows how well you did on the AP exam. It is also a measure of your achievement in your college-level AP course. This score will be used by colleges and universities to determine if they will grant you credit for what you have already learned or allow you to skip the equivalent course once you get to college. (This is known as advanced placement.)

Your final score is a weighted combination of your scores on the multiple-choice section and on the free-response section. The final score is reported on a 5-point scale as follows:

5 = extremely well qualified
4 = well qualified
3 = qualified
2 = possibly qualified
1 = no recommendation

"Qualified" means that you have proven yourself capable of doing the work of an introductory-level course in a particular subject at college. Many colleges and universities grant credit and placement for scores of 3, 4, or 5; however, each college decides which scores it will accept. To see college policies for AP scores, visit the College Board website: *https://apstudent.collegeboard.org/creditandplacement/search-credit-policies*

Scoring Guidelines

Practice Exams Issued by the College Board

Teachers and students have access to the 2011 AP French Language and Culture practice exam. Although this exam was developed prior to the administration of the first redesigned exam, it gives students an accurate example of what to expect on the exam. A secure 2017 and a secure 2020 AP French Language and Culture exams are also available but are accessible only accessible only to teachers who have an AP Course Audit account; this exam may not be shared or disseminated online.

Scoring Guidelines Issued by the College Board

Scoring guidelines are published on the College Board website each year for the various free-response components of the exam after the readings of the exam have been completed. To access the 2017 scoring guidelines, go to Appendix E of this book, or use the following link: *https://secure-media.collegeboard.org/ap/pdf/ap17-sg-french-language.pdf.* To access more current guidelines, check the AP Central website.

Chief Reader Reports Issued by the College Board

The College Board provides detailed comments and suggestions each year with regard to each one of the free-response tasks on its website; the report is extremely useful in understanding typical student errors and it includes valuable suggestions for improving student preparation: *https://secure-media.collegeboard.org/ap/pdf/ap17-chief-reader-report-french-language.pdf*

We suggest that teachers who use this guide in the classroom make use of the above-referenced guidelines. Similarly, students should familiarize themselves with the guidelines in order to understand what is required of them to earn a good score.

The Scoring Process

Although this guide provides a scoring formula for the practice tests, the authors would like to explain how the true process of scoring works. It involves ETS statisticians, a College Board leadership team, AP readers, and particular student groups representing exam takers during a precise year and during previous years. The scoring process is both precise and labor intensive, involving numerous psychometric analyses of the results of a specific AP exam.

In addition, to ensure alignment with college-level standards, a part of the scoring process involves comparing the performance of AP students with the performance of students enrolled in comparable courses in colleges throughout the United States. In general, the AP composite score points are set so that the lowest raw score needed to earn an AP score of 5 is equivalent to the average score among college students earning grades of A in the college course. Similarly, AP exam scores of 4 are equivalent to college grades of A–, B+, and B. AP exam scores of 3 are equivalent to college grades of B–, C+, and C.

You see now why no individual teacher, student, or AP specialist can reproduce the above-described steps and accurately score an entire exam.

We remind students and teachers that the AP French Language and Culture exam is a very rigorous and well-balanced assessment of skills and that obtaining the highest score of 5 does not require a perfect or nearly perfect performance. To do well on the exam, students should aim to attain the highest score descriptors in the guidelines for the free-response tasks. Students should also become adept at answering multiple-choice questions based on a variety of print and audio texts.

How AP Exams Are Scored—Overview

Section I of the exam yields 50% of the entire score on the exam. It consists of 65 multiple-choice questions, which are scored by machine.

Section II of the exam yields 50% of the entire score. It consists of 4 free-response questions. These are scored by thousands of college faculty and expert AP teachers at the annual AP reading. AP exam readers are thoroughly trained. Their work is monitored throughout the reading for fairness and consistency. In each subject, a college faculty member with significant experience in the exam development as well as the exam scoring process fills the role of chief reader. With the help of AP readers in leadership positions, the chief reader maintains the accuracy of the scoring standards.

Scores on the free-response questions are combined with the results of the computer-scored multiple-choice questions. This raw score is converted into a composite AP score of 5, 4, 3, 2, or 1.

How Various Parts of the AP Exam Are Scored—Rationale and Design

I. Assessing Interpretive Communication Skills Through Print and Audio Sources

Section I of the exam counts toward 50% of the total exam score and is divided into two parts.

Part A of the multiple-choice section assesses interpretive communication skills of print sources only. Part A contains 30 questions.

Part B of the multiple-choice section assesses interpretive communication skills of print and audio sources. It therefore includes two types of tasks. Part B contains 35 questions.

- Students must first complete tasks that include both a print and an audio stimulus. Some questions assess only the print source; others address only the audio source. However, some questions address both sources since the print and audio sources are related to a common theme.
- For the remainder of Part B, students must answer questions based on only the audio stimulus.

Note that some of the questions in the combined print and audio tasks are addressed to each stimulus as well as both stimuli. Therefore the number of questions on Section I of the exam assessing audio is comparable to the number of questions on Section I of the exam assessing print.

II. Assessing Interpersonal and Presentational Communication Skills

Section II of the exam counts toward 50% of the total exam score. This section is divided into four tasks. All four tasks in this free-response section are weighed equally.

1. **Interpersonal communication—written, email reply:** The student reads an email and writes a response. This is an exercise in interpretational written communication.
2. **Presentational communication—written, argumentative essay:** The student reads some text and either a chart or graph. The student also listens to some audio. This is an exercise in interpretational written and audio communication.
3. **Interpersonal communication—oral, conversation:** The student listens to a recording of an interlocutor and provides an appropriate reply. This is an exercise in interpretational audio communication.
4. **Presentational communication—oral, cultural comparison:** This task is based on a prompt. The student makes an oral presentation.

Score Distribution 2012–2021

The following chart gives an overview of score distributions from 2012 through 2021. Note that only the scores of the Standard Group students are used to determine the score distributions. This group consisted of 75–80% of all test takers. These students answered "No" to the following questions on their answer sheet:

- Do you hear or speak the target language regularly at home?
- Have you lived for more than a month in a country where the target language is spoken?

AP Scores by Percentage from 2012 – 2021 (Standard Group)

	1	2	3	4	5
2021	7%	22%	35%	23%	13%
2020	23%	32%	28%	12%	5%
2019	10%	24%	40%	21%	5%
2018	11%	25%	38%	21%	5%
2017	16.8%	25.0%	33.5%	19.7%	5.0%
2016	17.3%	26.5%	32.6%	18.7%	4.9%

2015	16.7%	25.6%	33.6%	18.9%	5.2%
2014	5.4%	19.7%	37.2%	25.4%	12.4%
2013	5.2%	20.1%	35.5%	25.1%	14.1%
2012	6.0%	20.2%	35.2%	25.4%	12.8%

PART 1
Multiple-Choice Section

1

Multiple-Choice Reading Selections

About Interpretive Communication

This chapter gives tips and advice for taking the multiple-choice portion of the exam. It focuses on reading strategies. However, you can apply these strategies to the listening portion after making some minor adjustments.

Listening vs. Reading

The difference between reading print text and listening to oral text is that you can highlight and go back to the print text to verify information. In listening tasks, you will have to take notes because after the second listening, you will have to rely on your notes and memory. Since you will always hear the audio source twice, first listen to the recording without taking notes to gain a general understanding of the topic and information. Then listen to the second playing of the recording and take notes relevant to the questions that you have previously skimmed.

The combined print and audio portion will require you to use all the strategies outlined in the upcoming section. You will have to synthesize what you read and hear as well as make connections between the print and audio sources. In that portion of the exam, you will want to organize what you read and hear in terms of similarities and differences. You may also have to organize your notes based on varying points of view.

Section A (print only), section B (combined print-audio), and section C (audio only) will consist of selections of varying styles, lengths, and levels of difficulty. The time given to read instructions and skim through questions may therefore vary accordingly. *This book groups all combined print-audio selections into section B and all audio-only selections into section C for clarity. However, the combined print-audio and audio-only sets will be grouped into a single section on the actual AP exam.*

Strategies for Answering Multiple-Choice Questions

Good readers and listeners use a variety of strategies when learning any language. Knowing these strategies will make you a more consciously competent reader or listener.

Since reading and listening passages are usually linked to more than one theme, this book places each of the following selections and practice questions under a primary and secondary theme for broader focus and guidance during this phase. Be aware that this practice section of the guide exposes you to all six themes comprised in the AP French Language and Culture course and exam.

Look at the themes. Use them as background information before reading the respective introduction, selection, and questions. Remember, however, that on the AP exam, each selection will be placed under one single theme.

Strategy 1: Use the Introduction

Read the information given in the introduction. This will remind you of knowledge you may already have and may prove to be an asset to you. You will be able to make connections to what you already know from personal experience or from your academic learning.

In some cases such as interviews, the introduction gives you the name of the person who is interviewed. This fact alone is helpful as you will not confuse the name with some new French word that you might waste time trying to figure out or remember.

In other instances, understanding the focus of the passage will put you at ease and spare you from being overwhelmed. For example, in selection 1 (page 6), the introduction gives you information about where this print article appeared (la Société Spatiale Européenne Astrium). Once you know that the communication is posted on the site of a European space agency, you can think of NASA and its missions in space. The selection also mentions the use of satellites to observe Earth. Make connections to what you have learned in your science classes. Now that you have certain expectations of the passage, you are ready to read.

Strategy 2: Scan and Skim Through the Questions and Answers

Before reading the passage, scan the questions. Determine which ones you can easily answer because they call for specific factual answers. Separate these questions from the ones that require you to analyze the tone of the message and make conclusions.

Warning: Do not answer any questions based on your prior knowledge of the topic. Do not assume that you are familiar enough with the topic to answer the questions without actually finding the answer in the text. Your prior knowledge should help you predict answers. However, you must confirm and support your answers with evidence provided in the text.

Strategy 3: Apply Critical Skills

Find the main ideas. Underline or highlight them. Start answering factual or comprehension questions as you come across evidence in the text.

Find details that are relevant to some of the questions you previously scanned. Underline or highlight these details.

Focus on words or phrases that help identify the following:

- Point of view (*il me semble* would point to a personal opinion).
- Purpose of the text (instructions in the imperative form might be used to urge you to do something).
- Intended audience (a letter opening with the words *chers amis* would identify the intended audience).

As you encounter unfamiliar words or phrases, try to get the main idea of the sentence by using context clues.

Look at the nature and organization of the text:

- Is it an interview (question/answer)?
- Is it divided into paragraphs? Why?
- Are subheadings provided that clearly give you the main ideas of the text?

Strategy 4: Familiarize Yourself with the Question Types

Be aware that most passages will be followed by a mix of the following types of questions:

- **Comprehension of Text:** This skill category encompasses two specific skills—describe the literal meaning of the text and describe quantitative data. You will identify main ideas and significant details on a range of topics. Almost all of the multiple-choice sets will include one or more questions that assess one of these two skills. Approximately 20–30% of the questions assess this skill category.
- **Making Connections:** This skill category includes making cultural and interdisciplinary connections. You will identify many of the relationships among products, practices, and

perspectives of the target culture(s). Most of the multiple choice sets will include one or more questions that assess one of these two skills. Approximately 30–40% of the questions assess this skill category.

- **Interpreting Text:** This skill category includes interpreting distinguishing features and the meaning of a text. You will identify most of the significant distinguishing features of the text (e.g., type of resource, intended audience, and purpose). Almost all of the nine multiple-choice sets will include one or more questions that assess text interpretation. Approximately 30–40% of the questions assess this skill category.
- **Making Meanings:** Determine the meaning of familiar and unfamiliar words is the only skill in this category that is directly assessed. You will use context to deduce the meaning of unfamiliar words and infer implied meanings. It is assessed in most of the multiple-choice sets, with approximately 10–15% of the questions assessing this skill.

The most challenging questions will require you to infer and draw conclusions. Use logic, critical thinking, and reasoning skills when answering these types of questions.

How to Draw a Conclusion or Make an Inference

Sometimes drawing the right conclusion can be pretty obvious. If telegrams are mentioned in the passage, you can easily conclude that the passage mentions old technology from the twentieth century.

At other times, you have to use the process of elimination to arrive at the correct conclusion. For example, to answer question 5 on page 8, you are looking for how satellite technology is used according to the information presented in this passage. (That answer is not necessarily the first one that comes to mind.) Choosing answer (A) (to reduce the greenhouse effect) sounds sensible. Answer (C) (to prevent the polar caps from melting) sounds equally sensible. Answer (B) (to predict natural events) sounds sensible. Answer (D) (to change Earth's topography) does not sound sensible. You can quickly eliminate choice (D) because in the passage, satellites help study Earth's topography, not change it. Now go back into the passage and see if the text provides any evidence to support (A), (B), or (C). Answer (A) must be eliminated. Although *l'effet de serre* (greenhouse effect) is mentioned, the text does not state that satellites prevent it. Answer (C) must also be eliminated. Although polar caps are mentioned, the text states that satellites are a tool of surveillance, not prevention. The sentence « . . . *fournissent une capacité de prévision de plus en plus avancée et nous alertent sur les événements* . . . » gives you the evidence you needed to support answer (B).

You used two strategies before drawing a final conclusion. First you eliminated one answer. Then you found evidence in the text to support the best answer.

If the reading or listening passage is an interview (or a conversation), the last question may be similar to these:

- What would the journalist's next question be?
- What would person *X* now say to person *Y*?

In order to identify the best answer from the choices, once again use your sense of logic and proceed by order of elimination. For example, if the author interviewed clearly stated that this was his or her first novel, neither speaker should refer to a previous novel by that author.

Using Context to Determine the Meaning

Question 6 on page 8 requires that you interpret *le pouls de notre bonne vieille Terre*. From the details you have gathered while reading the passage, you can figure out that satellites are used to observe, predict, and follow the evolution of natural phenomena on Earth. In other words, they are used to assess the health of Earth in the same manner as medical tests are used to assess a person's physical health. So you can deduce that just like pulse or blood pressure indicates a person's health, *le pouls de notre bonne vieille Terre* is an image that indicates the health of the planet. (Now you are one step closer to figuring out that *le pouls* is the pulse. Even if you do not make that final deduction, you can still answer the question.)

This chapter presents sample interpretive communication reading selections and questions by theme.

Sélection 1

Thème du cours : Science et Technologie/Défis mondiaux

INTRODUCTION

Il s'agit, dans ce passage, de l'observation de la terre à partir de l'espace grâce aux satellites.

Le passage provient du site de la Société Spatiale Européenne Astrium.

This first section contains explanations of the type of questions that are common to this part of the exam.

TIP

Underline key words or phrases.

Environnement—l'espace au service de notre terre

Environnement, Climat & Observation de la Terre

Ligne

« Je vois la Terre. Elle est magnifique ». Tels sont les mots du cosmonaute russe Iouri Gagarine en 1962, les tout premiers jamais prononcés dans l'espace. Savait-il alors combien ses mots étaient visionnaires, à tous les sens du terme ? C'est seulement depuis que nous avons pu vraiment voir notre planète depuis l'espace que nous avons réellement commencé à saisir les processus physiques qui gouvernent son comportement, à comprendre ses fragilités et à mesurer notre responsabilité en matière d'utilisation de nos ressources. L'observation de la Terre depuis l'espace a véritablement révolutionné notre point de vue sur notre planète.

TIP

Think of what the title means.

Garder un œil sur le monde

Grâce à leur vue imprenable sur notre planète, les systèmes satellitaires offrent une perspective incomparable pour mieux comprendre, gérer et protéger notre précieux environnement. Ils fournissent un aperçu instantané de la surface du globe : une simple image prise par un satellite météorologique géostationnaire, avec une couverture allant jusqu'à 200 millions de km^2, peut représenter près de la moitié du globe. Ils peuvent ainsi scruter ses moindres recoins, que ce soit au profit d'une évaluation universelle ou d'une représentation détaillée de régions spécifiques. Grâce à la rapidité et la fréquence de leur capacité de revisite, ils permettent de suivre l'évolution de certains phénomènes, qu'ils soient naturels ou causés par l'homme.

TIP

Think of what type of examples the word "comme" introduces.

En étudiant le globe et son atmosphère encore plus en détail, les systèmes d'observation par satellite enrichissent constamment notre connaissance factuelle de l'écosystème de la Terre, nous éclairent sur des facteurs comme le réchauffement climatique, l'effet de serre et l'appauvrissement de la couche d'ozone, et prennent véritablement le pouls de notre bonne vieille Terre. Ils sont indispensables à la surveillance étroite et constante des évolutions topographiques, comme les variations de l'épaisseur des calottes glaciaires, l'érosion côtière, la désertification et la déforestation. Ils suivent les mutations climatiques dans le monde, fournissent une capacité de prévision de plus en plus avancée et nous alertent sur les événements météorologiques comme les ouragans et les vents violents susceptibles de provoquer des inondations. Les images satellitaires transmises immédiatement après le tsunami survenu le 26 décembre 2004 dans l'océan Indien ont été vitales pour permettre une évaluation urgente des zones sinistrées et organiser les secours. De même, les tremblements de terre, éruptions volcaniques, glissements de terrain et feux de forêts sont souvent visibles depuis l'espace, et les satellites permettent, si ce n'est la prévention, une rapidité d'intervention.

En grande partie grâce aux données satellitaires, nous avons aujourd'hui pleinement conscience de l'impact de l'activité humaine sur la Terre, les dommages potentiels et l'héritage que nous allons laisser à nos enfants. Les émissions de gaz et la pollution qui influent sur l'environnement font l'objet d'un examen très approfondi grâce à des instruments ultra-sensibles.

1. Quel est le but de ce document ?

   (A) Souligner l'importance des satellites dans l'économie globale
   (B) Donner des exemples de réchauffement global
   (C) Nous avertir de la hausse des catastrophes naturelles
   (D) Constater le rôle des satellites dans la protection de la planète

This type of question determines whether you can identify the purpose of a message.

2. Pourquoi Iouri Gagarine est-il mentionné dans le premier paragraphe de ce document ?

   (A) Il n'avait pas compris l'avenir de la Terre.
   (B) Ses paroles illustraient sa modestie.
   (C) En rétrospection, on peut dire qu'il a fait une prédiction.
   (D) Il a inventé le premier satellite dans l'espace.

This is an analytical and interpretive question. In order to answer it, you first must look at the literal meaning of what Gagarin (Gagarine) said. ("I see Earth. It is magnificent.") Then you must connect this literal meaning to the idea that satellites can currently observe/see what happens everywhere on Earth. From that, you can infer that his words were a prediction, whether or not Gagarin (Gagarine) meant them as such.

3. A qui ou à quoi se rapporte le mot « fragilités » (ligne 6) ?

   (A) L'espace
   (B) La Terre
   (C) Le cosmonaute
   (D) L'être humain

This is a comprehension question because you just have to understand that the word « fragilités » refers to Earth (la Terre).

4. D'après ce passage, à quoi faut-il attribuer les problèmes de la planète ?

   (A) Aux êtres humains et à la nature
   (B) À des changements naturels incontrôlables
   (C) Au vieillissement de la terre
   (D) Aux nouvelles technologies

This is an evaluation question. You have to understand from the tone of this passage that this is an objective report and that the author does not blame Earth's problems on either humans or on nature alone.

5. D'après ce passage, à quoi sert la technologie satellitaire ?

   (A) Réduire l'effet de serre
   (B) Prévoir des évènements naturels
   (C) Empêcher les calottes glaciaires de fondre
   (D) Changer la topographie de la terre

This question requires you first to categorize many details found in the passage, evaluate them, and separate the relevant ones from irrelevant ones. (Such details include effet de serre/calotte glaciaire/topographie.) Then you can conclude that the answer is (B), the prediction of natural disasters.

6. Dans le contexte de ce passage, comment peut-on interpréter « le pouls de notre bonne vieille Terre » (lignes 22–23) ?

   (A) La température
   (B) La santé
   (C) Le rôle
   (D) L'âge

This is an interpretive question based on the metaphor: « le pouls de la terre », which literally means the pulse of Earth. This metaphor has to be interpreted as a measurement of Earth's health. Earth is personified (« bonne vieille Terre »).

7. Quelle conclusion peut-on tirer dans le dernier paragraphe ?

   (A) Nous avons la responsabilité d'utiliser la technologie à des fins morales.
   (B) Nous devrions diagnostiquer les problèmes de notre planète.
   (C) Il faut avoir le courage de résoudre les problèmes que l'homme a causés.
   (D) L'état de la terre n'est pas très bon mais la technologie actuelle tient beaucoup de promesses.

This question requires you to interpret the tone and message in the last paragraph. You have to draw a conclusion and decide whether the last paragraph gives advice, places a judgment value on what happens on Earth, or makes a scientific and objective comment.

Sélection 2

Thème du cours : Science et Technologie/Vie contemporaine

TIP

Think of the information this introduction provides.

INTRODUCTION

Il s'agit d'un sondage à propos de l'attitude des Français envers la voiture électrique.

PARIS, 15 septembre (Xinhua)—Plus de 70% des Français sont prêts à acheter une voiture électrique, indique un nouveau sondage publié mardi sur Le Figaro.

Dans ce sondage réalisé auprès de 9.072 personnes, 71% des sondés ont donné une réponse positive en répondant à la question **« Seriez-vous prêt à acheter une voiture électrique ? »**

Réponse 1 :
« Oui si ça roule normalement, non si c'est pour rouler à 50 km/h et recharger tous les 200 km ».

Commentaire 1 :

Bonne nouvelle : les véhicules 100% électriques de la gamme Renault ont des performances égales (vitesse, confort intérieur), voire supérieures (accélération, pas de vibration, une voiture électrique ne cale pas) à leur équivalent thermique. Et sur le plan environnemental et sanitaire, la voiture électrique pulvérise littéralement la voiture à pétrole.

Réponse 2 :
« Oui, à condition que son budget de fonctionnement ou son coût total de propriété soit le même que celui du véhicule équivalent que j'utilise actuellement, que ce soit en finition, autonomie, capacité familiale, etc », ont-ils estimé.

Commentaire 2 :

Bonne nouvelle : le business model Renault/BetterPlace conduit à des prix identiques à l'achat entre un véhicule électrique et son équivalent thermique.

Toutefois, il existe encore 29% des personnes interrogées qui ont répondu « non » à la question et leurs explications sont :

Réponse 3 :
« C'est toujours pareil : cela dépend du prix d'achat et d'amortissement. S'il faut plus de dix ans et 200 000 km, je doute du pouvoir de séduction de l'électrique ».

Commentaire 3 :

Il reste un travail informatif à effectuer pour ces 29% de personnes.

Réponse 4 :
« Non, car qui dit voiture électrique dit : plus de centrales dont on ne sait, à l'heure actuelle, quoi faire des déchets, c'est un problème. Sur le plan pratique, elles n'ont pas assez d'autonomie quand on habite loin des villes ».

Commentaire 4 :

Pas besoin de nouvelles centrales électriques : la puissance électrique installée actuellement en France est suffisante pour répondre à la consommation actuelle et, de plus, pour alimenter un parc automobile 100% électrique.

1. Que montrent les réponses 1 et 2 à la question « Seriez-vous prêt à acheter une voiture électrique ? »

   (A) Même les gens qui sont ouverts à l'idée de posséder une voiture électrique sont sceptiques.
   (B) Les gens qui répondent positivement ont déjà de bonnes expériences avec les voitures électriques.
   (C) Ces gens sont clairement « écolo ».
   (D) L'idée de posséder une voiture électrique n'est attirante que pour les utopistes.

2. Quel est le but des « bonnes nouvelles » ?

    (A) Montrer aux sondés qu'ils ont raison
    (B) Rassurer les sondés que leurs inquiétudes ne sont pas fondées
    (C) Répondre sincèrement aux questions des sondés
    (D) Lutter contre des idées préconçues

3. Quel est un inconvénient de la voiture électrique, d'après la réponse 3 ?

    (A) Elles se ressemblent toutes.
    (B) Elles sont trop petites.
    (C) Elles ne sont pas confortables.
    (D) Elles coûtent trop cher.

4. Quel inconvénient de la voiture électrique est suggéré dans la réponse 4 ?

    (A) Le processus de fabrication de la voiture dure trop longtemps.
    (B) Elles diffusent de la radioactivité.
    (C) Les centrales électriques pour les alimenter laissent des ordures durables.
    (D) On ne pourra jamais avoir assez de centrales électriques en France.

Sélection 3

Thème du cours : Défis mondiaux/Famille et Communauté

INTRODUCTION

Dans cet article publié sur le site Cyberpress.ca, Stéphanie Grammond présente l'idée que les différences économiques augmentent entre riches et pauvres.

TIP

Think of what 26 dollars represent here.

Écart entre riches et pauvres : le fossé se creuse

(Montréal) Vingt-six dollars : c'est le prix d'une entrée de fruits de mer dans un chic steak house du centre-ville de Montréal. Mais 26$, c'est aussi ce qu'il reste à plusieurs assistés sociaux pour faire l'épicerie du mois au complet. Les études le confirment : le fossé entre les riches et les pauvres ne cesse de se creuser depuis 20 ans, emportant même une partie de la classe moyenne. Le Canada et le Québec n'échappent pas à ce phénomène mondial. « Danger ! », prévient l'OCDE.

Ce sont des résidences de rêve dotées d'une cave à vin en acajou pouvant accueillir 5000 bouteilles, de 7 foyers revêtus de manteaux uniques, de 5 galeries offrant une vue panoramique sur la ville, d'un garage triple, d'une salle d'entraînement, d'un escalier monumental . . . Sur les hauteurs du mont Royal, le prix de ces somptueux manoirs dépasse les 7 millions.

TIP

Note the main idea in this short paragraph (lines 12–15).

Mais l'escalade des prix de l'immobilier ne semble pas décourager les acheteurs de propriétés luxueuses, particulièrement actifs ce printemps, constatent les Services immobiliers Royal LePage. Ils ont l'embarras du choix : au Québec, on dénombre 1039 résidences à vendre pour plus de 1 million de dollars.

À l'autre bout du spectre, l'augmentation des coûts du logement devient un fardeau de plus en plus lourd à porter pour les familles pauvres. Le pourcentage des familles locataires consacrant plus de 30% de leurs revenus au logement a grimpé de 28% à 36%, de 1981 à 2006, selon le Bureau de la statistique du Québec.

« Le problème d'abordabilité touche aussi les familles qui ont un revenu « décent », mais qui ont de la misère à se loger parce que les logements sont de plus en plus chers, surtout les appartements de grande taille qui permettent de loger une famille », constate Ève-Lyne Couturier, chercheuse socio-économique à l'Institut de recherche et d'informations socio-économiques (IRIS). Riches, pauvres. Deux poids, deux mesures. L'immobilier est le reflet d'un écart qui s'est considérablement élargi depuis 20 ans. . . .

Une série d'études en arrivent à la même conclusion : depuis les années 80, une large part de la croissance économique a profité aux riches, tandis que les pauvres et la classe moyenne ont vu leurs conditions s'étioler.

TIP

Think of the importance of the phrase "une série d'études."

« Les inégalités de revenus augmentent sans cesse depuis deux décennies », a déclaré Angel Gurria, secrétaire général de l'Organisation de coopération et de développement économique, lors d'un forum sur les inégalités qui s'est déroulé à Paris la semaine dernière.

Selon l'OCDE, la polarisation économique devient carrément dangereuse. On n'a qu'à penser aux troubles sociaux au Moyen-Orient et en Afrique du Nord. « Il est plus urgent que jamais de mettre fin à l'inégalité grandissante », insistait M. Gurria.

1. Qu'est-ce que la référence à un plat de « fruits de mer » illustre au début de ce passage ?

    (A) Il y a toutes sortes de cuisines à Montréal.
    (B) On peut commander du poisson dans un steak house.
    (C) Il y a des restaurants très chers à Montréal.
    (D) Ce qui est cher pour certains ne l'est pas pour d'autres.

2. D'après ce passage, qu'est-ce que c'est que les « assistés sociaux » (lignes 2–3) ?

    (A) Ceux qui procurent de l'aide aux pauvres.
    (B) Ceux qui reçoivent de l'aide du gouvernement pour vivre.
    (C) Ceux qui font du volontariat.
    (D) Ceux qui invitent les sans-abris dans leurs cuisines.

3. D'après ce passage, quel phénomène mondial est en train de se développer ?

    (A) Il y a de plus en plus de riches dans tous les pays du monde.
    (B) Les richesses de ceux qui sont déjà bien munis ne font qu'augmenter.
    (C) La classe moyenne continue de monter l'échelle sociale.
    (D) Les pauvres ne trouvent plus le soutien social dont ils ont besoin.

4. Qu'est-ce que l'auteur de l'article nous apprend sur l'immobilier ?

    (A) On s'est arrêté de construire de nouvelles habitations luxueuses dans les quartiers chics de Montréal.
    (B) Les maisons chères deviennent de plus en plus chères et se vendent moins.
    (C) Le prix de location d'un appartement modeste diminue, ce qui encourage les locations.
    (D) La famille avec enfants a du mal à trouver un logement qu'elle peut facilement payer.

5. Qu'est-ce que le bureau de la Statistique du Québec peut prouver ?

(A) Plus d'un tiers de la population du Québec consacre 30% de ses revenus au logement en 2006.
(B) La moitié des familles moyennes québécoises consacrent 30% de leurs revenus au logement en 1981.
(C) En 2006, beaucoup de familles québécoises doivent louer un appartement plutôt que de l'acheter.
(D) Entre 1981 et 2006, le nombre d'appartements vacants a démesurément augmenté.

6. Que veut dire « Ils ont l'embarras du choix », (ligne 14), dans ce passage ?

(A) Ils sont gênés par le prix.
(B) Ils ont beaucoup d'options d'achat.
(C) Ils préfèrent les villas moins luxueuses.
(D) Ils sont très riches.

7. Pourquoi l'auteur de l'article s'attarde-t-elle en détails sur les conditions de l'immobilier ?

(A) Elle s'intéresse surtout aux valeurs des propriétés immobilières au Québec.
(B) Elle veut montrer que le pouvoir d'achat des riches a diminué.
(C) D'après elle, la situation immobilière est un microcosme de la situation financière de la société.
(D) D'après elle, toutes les études d'inégalité sociale sont basées sur la situation immobilière.

8. D'après ce passage, qu'est-ce que M. Angel Gurria affirme au sujet des inégalités de revenus ?

(A) Elles ont toujours existé surtout dans les pays en voie de développement.
(B) Elles existent surtout en Afrique du nord et en Asie.
(C) On les trouve actuellement surtout dans le monde industrialisé.
(D) Au cours des dernières vingt années, elles ont grandi dans le monde entier.

9. D'après ce passage, que veut dire « s'étioler » (ligne 28) ?

(A) Resurgir
(B) S'améliorer
(C) Se stabiliser
(D) Se détériorer

10. Quel est le but de l'article ?

(A) Familiariser le public avec certaines organisations sociales
(B) Convaincre les gens qu'il faut construire plus de logements bon marché
(C) Présenter les dernières statistiques sur l'immobilier au Québec
(D) Prévenir le public qu'il y a actuellement dans le monde un problème à résoudre

11. Quelle est la mission principale de l'organisation de M. Gurria, selon lui ?

    (A) Prévenir que les revenus des familles sont de plus en plus consacrés au logement
    (B) Encourager les gens aisés à être plus charitables
    (C) Éviter les conflits sociaux engendrés par les différences de classe
    (D) Éliminer les taxes pour les gens riches

12. Si vous étiez l'éditeur de cet article, quelle question pourriez-vous logiquement poser à l'auteur (dans l'esprit de l'article) ?

    (A) Êtes-vous satisfaite que le gouvernement du Québec ait su réagir aux problèmes de l'immobilier ?
    (B) Avez-vous cherché des sources qui contredisent l'affirmation de M. Gurria que les inégalités de revenus grandissent ?
    (C) Allez-vous continuer de vivre dans l'une de ces résidences de rêve que vous mentionnez ?
    (D) Pourquoi ne nous donnez-vous pas de statistiques ?

Sélection 4

Thème du cours : Vie contemporaine/Famille et Communauté

INTRODUCTION

Il s'agit, dans ce passage, de Français qui, à la fin de leurs vacances en Vacances en Martinique, font face à un problème.

Des vacanciers bloqués en Martinique

TIP

Make predictions.

Le déluge qui s'est abattu sur la Martinique a empêché plusieurs dizaines de passagers de rejoindre l'aéroport à temps jeudi soir. Aujourd'hui, ils ne savent toujours pas comment ils vont pouvoir rentrer à Paris.

Rude épreuve pour ces vacanciers, dont certains voyageaient en famille avec des enfants. Jeudi soir alors que les deux principaux axes routiers qui mènent à l'aéroport de la Martinique étaient inondés et que le troisième était paralysé par d'énormes embouteillages, passagers et navigants des compagnies aériennes ont eu le plus grand mal à rejoindre l'aéroport. Certains vacanciers sont arrivés trop tard et n'ont pas eu d'autre solution que de passer la nuit dans l'aérogare du Lamentin, insistant pour qu'il ne soit pas fermé. Mais 24 heures plus tard, ils sont une cinquantaine à n'avoir toujours pas trouvé de solution pour rentrer à Paris. Corsair a accepté de les embarquer sur un vol ultérieur mais pour l'instant, ils sont complets. A défaut, la compagnie a exceptionnellement proposé de rembourser leur retour. Pour les passagers concernés, il reste peu de solutions et toutes onéreuses : se loger en attendant une place ou prendre un billet plein tarif sur une compagnie concurrente. Sale temps pour les vacanciers.

Auteur : Nina Barillé

1. D'après cette dépêche, à quel problème font face les vacanciers ?

(A) Ils ne peuvent pas quitter leur hôtel sans prendre énormément de risques.
(B) Ils ne peuvent pas tout de suite rentrer en France sans dépenser beaucoup d'argent.
(C) Ils doivent attendre qu'une autre compagnie aérienne ait des places libres.
(D) Ils attendent que le gouvernement de la Martinique envoie des cars à leurs hôtels.

2. Qu'est-ce qui est à l'origine de tous les problèmes des vacanciers ?

(A) De grosses pluies ont causé des inondations.
(B) Il y avait des travaux sur toutes les routes.
(C) Il y avait trop de vacanciers à vouloir rentrer en France.
(D) Les administrateurs de l'aéroport étaient incompétents.

3. D'après ce passage, qu'est-ce qu'une « rude épreuve » (ligne 1) ?

(A) Une mauvaise attitude
(B) Un obstacle sérieux
(C) Un évènement inattendu
(D) Quelque chose d'effrayant

4. Pourquoi les vacanciers ne peuvent-ils pas partir immédiatement ?

(A) Les vols de leur compagnie aérienne sont remis à plus tard.
(B) Les vols avec des compagnies aériennes concurrentes sont déjà partis.
(C) Les routes sont toujours impraticables.
(D) L'aéroport principal est toujours fermé.

5. Dans ce passage, quel est le double sens de l'expression « Sale temps pour les vacanciers » ?

(A) Les conditions climatiques et celle des vacanciers sont mauvaises.
(B) Tout le monde est dégoûté, les vacanciers et les hôteliers.
(C) Tout est malpropre dans les hôtels et sur les routes.
(D) Il n'y a que des mécontents partout, dans les hôtels, sur les routes et à l'aéroport.

6. En lisant ce passage, que peut-on conclure sur la Martinique ?

(A) Il n'y a qu'une ligne aérienne qui sert l'aéroport Lamentin.
(B) Il n'y a pas assez de taxis sur l'île pour le nombre de touristes.
(C) Les autorités martiniquaises gèrent mal l'aéroport de Lamentin.
(D) Le mauvais temps peut causer des inconvénients graves aux touristes.

Sélection 5

Thème du cours : Vie contemporaine/Famille et Communauté

INTRODUCTION

Il s'agit, dans ce passage, d'une initiative du Ministère de l'Éducation nationale française concernant le harcèlement scolaire.

TIP

Look at the introduction and at all the titles. Then make inferences about the nature of the document, the intent of the authors, and the intended audience.

La sécurité à l'École

La lutte contre le harcèlement en milieu scolaire

I. Information

L'éducation nationale a défini une politique de lutte contre le harcèlement à l'École. À la rentrée, deux guides sont publiés pour lutter contre le phénomène. Le harcèlement se caractérise par l'usage répété de la violence physique, de moqueries et autres humiliations entre élèves, dont une nouvelle variante particulièrement redoutable repose sur l'usage d'Internet et des nouvelles technologies de communication. Un plan d'action national soutient les établissements pour mettre en place leur projet de prévention. Dans la continuité des assises nationales contre le harcèlement et du rapport rédigé par Éric Debarbieux, quatre axes principaux ont été définis.

II. Quatre axes d'action pour lutter contre le harcèlement en milieu scolaire

Les conséquences du harcèlement en milieu scolaire sont graves : décrochage scolaire, désocialisation, anxiété, etc. Un plan d'action global est mis en place afin de lutter contre le phénomène. Il repose sur quatre axes principaux :

- connaître et faire connaître le harcèlement
- faire de la prévention du harcèlement à l'École l'affaire de tous
- former les équipes éducatives et expérimenter des programmes de prévention
- traiter les cas de harcèlement avéré

III. Connaître et faire connaître le harcèlement

Un guide est diffusé au sein de tous les établissements, de la maternelle au lycée. Il permet de sensibiliser aussi bien les élèves que les personnels. Le harcèlement est identifié dans le système informatique de signalement « Sivis », sous forme de circonstance aggravante.

IV. Faire de la prévention du harcèlement à l'École l'affaire de tous

Une campagne nationale de lutte contre le harcèlement sera lancée au cours du premier trimestre de l'année scolaire. Elle s'appuiera en particulier sur un site Internet et sur un numéro national ouverts à tous : élèves, parents et personnels de l'éducation nationale.

V. Former les équipes éducatives et expérimenter des programmes de prévention

Un réseau de formateurs académiques est progressivement mis en place. Il a vocation à organiser des formations locales pour l'ensemble des personnels des écoles et établissements scolaires ainsi que pour les associations de parents d'élèves. Les établissements pourront lancer des expérimentations en matière de lutte contre le harcèlement, en réponse à des appels à projets, dans le cadre du fonds d'expérimentations pour la jeunesse.

VI. Traiter les cas de harcèlement avéré

La réforme des sanctions scolaires poursuit un double objectif :

- mieux prendre en compte les victimes
- éduquer les auteurs de harcèlement

Au collège et au lycée, la commission éducative est un lieu d'écoute et d'échanges. Sa mission est de trouver une solution constructive et durable en cas de harcèlement. Le ministère a conclu, dans le cadre de la signature d'une convention, un partenariat avec l'association e-Enfance pour permettre la prise en charge et le traitement du cyber-harcèlement entre élèves.

1. Quel est le but de ce document procuré par le ministère de l'Éducation nationale ?

   (A) Poursuivre en justice les criminels de l'Internet
   (B) Protéger les institutions publiques contre la fraude Internet
   (C) Créer un nouveau comité responsable de la lutte contre l'obscénité
   (D) Renseigner le public sur des mesures prises pour assurer la sécurité des élèves

2. Dans le contexte du texte, qu'est-ce que c'est que « le harcèlement » ?

   (A) Des attaques répétées par des élèves contre certains autres élèves
   (B) Les inégalités socio-économiques entre élèves
   (C) Le manque de consistance dans le système de notation
   (D) Les rétributions par les professeurs contre les mauvais élèves

3. Dans l'introduction aux quatre axes d'action (paragraphe II), qu'est-ce qui peut arriver à la victime du harcèlement ?

   (A) Elle peut être expulsée.
   (B) Elle peut se suicider.
   (C) Elle peut se retrouver isolée.
   (D) Elle peut se révolter contre tous.

4. Dans le paragraphe III « Connaître et faire connaître le harcèlement », quel mot clé reprend l'idée du titre ?

   (A) Sensibiliser
   (B) Suivis
   (C) Aggravante
   (D) Personnels

5. Dans le paragraphe IV « Faire de la prévention . . . », quelle est l'idée principale ?

   (A) La lutte contre le harcèlement en milieu scolaire doit être mondialisée.
   (B) Toutes les entreprises françaises doivent contribuer au financement de l'initiative.
   (C) Chaque Français a la responsabilité de lutter contre le harcèlement à l'école.
   (D) Les parents d'élèves doivent se mobiliser dans cette initiative.

6. Dans le paragraphe V « Former les équipes . . . », quelle est l'idée principale ?

(A) Il faut convaincre parents et professeurs que le harcèlement est un problème sérieux.
(B) Il faut familiariser le personnel des écoles avec de meilleures méthodes de surveillance.
(C) Il faut analyser les statistiques disponibles concernant le harcèlement.
(D) Il faut encourager personnel scolaire et parents à organiser la lutte dans le milieu local.

7. Dans le paragraphe VI « Traiter les cas de harcèlement avéré », quelle idée de l'introduction retrouve-t-on ?

(A) « Deux guides sont publiés »
(B) « La violence physique »
(C) « La politique »
(D) « Une nouvelle variante redoutable »

8. D'après ce passage, que peut-on dire de l'initiative du ministère de l'Éducation nationale française ?

(A) Elle s'adresse surtout aux enseignants et aux dirigeants des écoles.
(B) Elle cherche essentiellement à punir les actions illicites des élèves.
(C) Elle cherche à traiter un problème sérieux à tous les niveaux scolaires.
(D) Elle s'adresse à tous ceux qui sont victimes du stress scolaire.

Sélection 6

Thème du cours : Quête de soi/Esthétique

INTRODUCTION

Ce passage est tiré des propos recueillis par Mélanie Carpentier lors d'une interview avec l'écrivaine française Karine Tuil.

Dans son septième roman « La Domination », Karine Tuil manipule, provoque et plonge le lecteur dans une histoire trouble et profonde : celle des mensonges, des dualités et des secrets de famille. . . .

1. Si vous deviez faire vous-même le « pitch » de « La Domination » . . .
C'est l'histoire d'une romancière de 26 ans qui entreprend, à la demande d'un grand éditeur, d'écrire un livre sur son père. Le père de cette femme était un médecin humanitaire pro-palestinien, un juif honteux, ambigu, d'une moralité sans faille en public mais qui n'hésita pas à faire vivre sous le même toit deux femmes : son épouse et leurs trois enfants ainsi que sa jeune maîtresse et l'enfant qu'il a eu avec elle . . . « La Domination » est un roman sur la double vie, la duplicité, l'identité, un livre dans lequel les êtres ne savent pas aimer sans se trahir.

TIP

Note all the clues that can help answer #1.

2. Une fois de plus vous écrivez sur la quête de soi, la quête identitaire. . . . Qu'y a-t-il de nouveau dans cette histoire ?
Chaque quête est différente. . . . Dans ce livre, il y a plusieurs facettes de l'identité. Identité politique, sociale, ethnique mais aussi identité sexuelle. Ces personnages vivent dans une sorte de confusion identitaire. Ils renoncent à leur identité puis y reviennent. Ils mentent,

TIP

Underline words that help determine what type of quest is described.

changent leurs noms, se font passer pour ce qu'ils ne sont pas. Et puis, chaque écrivain a ses propres obsessions qui nourrissent son travail. . . .

TIP

Review #3 and the corresponding choices before looking for your answer in this paragraph.

3. Vous arrive-t-il alors de vous surprendre en écrivant ?

Oui, parfois. Il m'arrive d'être saisie d'effroi lorsque je me relis. Je ne suis pas ce que j'écris. L'écriture est peut-être le dernier grand espace de liberté, toutes les transgressions y sont permises. L'auteur fait parler ses personnages, compose leur univers. L'écriture confère un pouvoir extraordinaire mais fragilise aussi. C'est l'école de l'humilité car on est seul, très seul quand on écrit.

4. Pourquoi votre narratrice pense-t-elle que le jour où elle publiera un livre sur son père, elle cessera définitivement d'écrire ?

La narratrice se retrouve face à un homme—son éditeur—qui exige d'elle un livre sur son père. Or, elle sait qu'elle devra révéler la vie privée, la polygamie, les ambiguïtés du père pour écrire ce livre. Elle craint aussi d'écrire le livre de sa vie, ce livre total qui bridera son inspiration, son imagination et jusqu'à son désir d'écrire.

TIP

Use the context "sorte de fils idéal que son père aurait rêvé d'avoir" to infer the meaning of "fantasmé."

5. Que permettait le personnage fantasmé du frère pour la narratrice ? Et pour vous ?

En se glissant dans la peau d'un narrateur masculin—Adam—sorte de fils idéal que son père aurait rêvé d'avoir, la narratrice pense qu'elle parviendra à écrire ce livre. Devenir cet homme, écrire en son nom, c'est retrouver sa liberté mais aussi devenir ce que le père souhaitait qu'elle soit, obéir à son désir. Pour moi, au moment du travail d'écriture, ce roman dans le roman, malgré sa complexité, me procurait une grande satisfaction : j'aime qu'un texte me résiste, qu'il ne se donne pas trop facilement.

1. Dans sa première réponse, comment Karine décrit-elle le personnage du père dans son roman ?

   (A) C'est un homme transparent et clair.
   (B) C'est un personnage immoral et sans scrupules.
   (C) Sa vie se caractérise par la dichotomie.
   (D) Sa vie de famille a des tendances violentes.

2. Dans sa deuxième réponse, qu'est-ce que Karine clarifie ?

   (A) La quête de soi est un thème qui la passionne.
   (B) Elle se consacre à un seul aspect de la quête de soi dans ce roman.
   (C) Sa propre vie est une longue quête identitaire.
   (D) C'est l'identité sexuelle du père qu'elle explore dans ce roman.

3. Dans sa troisième réponse, qu'est-ce que Karine dit de son écriture ?

   (A) Elle se sent contrôlée et dominée par les mots qu'elle écrit.
   (B) Elle ne s'identifie pas à son écriture.
   (C) Les personnages de ses romans s'imposent à elle.
   (D) Elle n'a jamais peur de ce qu'elle écrit.

4. Dans sa troisième réponse, comment est-ce que Karine explique ce qu'elle ressentait au moment de commencer ce roman ?

   (A) Elle s'est fâchée contre les exigences de son éditeur.
   (B) Elle avait peur de ne jamais revoir sa famille.
   (C) Elle avait hâte de dévoiler des secrets de famille.
   (D) Elle se sentait intimidée par la tâche à venir.

5. Dans sa quatrième réponse, quelle réponse Karine donne-t-elle ?

   (A) Le dévoilement de sa vie risque de paralyser sa création artistique.
   (B) Elle craint les hommes de sa vie.
   (C) Le souvenir de son père la traumatise.
   (D) Elle est quelquefois victime de manque d'imagination.

6. Dans la cinquième question de Mélanie, que veut dire « fantasmé » ?

   (A) Idéal
   (B) Imaginaire
   (C) Héroïque
   (D) Actuel

7. Dans sa cinquième question, pourquoi Mélanie adresse-t-elle sa question à deux personnes ?

   (A) Elle montre qu'elle comprend que l'éditeur et le romancier ont des vues différentes.
   (B) Elle comprend que le rôle d'écrivaine et celui de narratrice sont distincts.
   (C) Elle veut savoir si le frère existe réellement.
   (D) Elle veut savoir si Karine est vraiment l'auteure du roman.

8. Dans sa cinquième réponse, qu'explique Karine à propos du personnage du frère ?

   (A) Il représente toutes les qualités masculines qui lui permettent d'idéaliser un homme.
   (B) Ce personnage est le produit de tous ses rêves d'enfance.
   (C) Il lui permet d'exposer sa famille sans s'impliquer directement.
   (D) Il est basé sur plusieurs membres de sa famille.

9. Quelle autre question est-ce que le journaliste pourrait logiquement poser à Karine ?

   (A) Quand pensez-vous finir ce roman ?
   (B) Pensez-vous que ce premier roman aura du succès ?
   (C) Pourquoi pensez-vous que la bigamie soit de l'ordre naturel des choses ?
   (D) Pourquoi vous sentez-vous à l'aise dans des romans aussi complexes ?

Sélection 7

Thème du cours : Esthétique/Quête de soi

INTRODUCTION

L'extrait suivant où Monet parle de sa jeunesse fait partie des notes de Monet.

TIP

Underline words that describe the author.

TIP

Note the activities described in this paragraph.

TIP

Think of the implications of this last sentence.

Mon histoire

Je suis un Parisien de Paris. J'y suis né, en 1840, sous le bon roi Louis-Philippe, dans un milieu tout d'affaires où l'on affichait un dédain méprisant pour les arts. Mais ma jeunesse s'est écoulée au Havre, où mon père s'était installé, vers 1845, pour suivre ses intérêts de plus près, et cette jeunesse a été essentiellement vagabonde. J'étais un indiscipliné de naissance ; on n'a jamais pu me plier, même dans ma petite enfance, à une règle. C'est chez moi que j'ai appris le peu que je sais. Le collège m'a toujours fait l'effet d'une prison, et je n'ai jamais pu me résoudre à y vivre, même quatre heures par jour, quand le soleil était invitant, la mer belle, et qu'il faisait si bon courir sur les falaises, au grand air, ou barboter dans l'eau.

Jusqu'à quatorze ou quinze ans, j'ai vécu, au grand désespoir de mon père, cette vie assez irrégulière, mais très saine. Entre temps, j'avais appris tant bien que mal mes quatre règles, avec un soupçon d'orthographe. Mes études se sont bornées là. Elles n'ont pas été trop pénibles, car elles s'entremêlaient pour moi de distractions. J'enguirlandais la marge de mes livres, je décorais le papier bleu de mes cahiers d'ornements ultra-fantaisistes, et j'y représentais, de la façon la plus irrévérencieuse, en les déformant le plus possible, la face ou le profil de mes maîtres.

Je devins vite, à ce jeu, d'une belle force. A quinze ans, j'étais connu de tout Le Havre comme caricaturiste. Ma réputation était même si bien établie qu'on me sollicitait platement de tous côtés, pour avoir des portraits-charge. L'abondance des commandes, l'insuffisance aussi des subsides que me fournissait la générosité maternelle m'inspirèrent une résolution audacieuse et qui scandalisa, bien entendu, ma famille : je me fis payer mes portraits. Suivant la tête des gens, je les taxais à dix ou vingt francs pour leur charge, et le procédé me réussit à merveille. En un mois ma clientèle eut doublé. Je pus adopter le prix unique de vingt francs sans ralentir en rien les commandes. Si j'avais continué, je serais aujourd'hui millionnaire.

1. Pourquoi le père de Monet a-t-il quitté la ville de Paris ?

   (A) Il n'aimait pas le roi Louis-Philippe.
   (B) Il voulait se consacrer aux arts.
   (C) Il pensait qu'il n'était pas bon d'élever son fils à Paris.
   (D) Il avait des affaires en dehors de Paris.

2. Comment l'artiste Monet décrit-il sa toute jeunesse ?

   (A) Il passait ses journées à l'école.
   (B) Il était docile et obéissant.
   (C) Il aimait surtout le grand air.
   (D) Il apprenait volontiers ses leçons.

3. Qu'est-ce que Monet faisait souvent à l'école ?

   (A) Il faisait beaucoup de calcul.
   (B) Il se consacrait à bien écrire.
   (C) Il racontait des plaisanteries.
   (D) Il dessinait dans ses livres et ses cahiers.

4. Quelle initiative l'artiste Monet entreprend-il à l'âge de quinze ans ?

   (A) Il quitte subitement la maison de ses parents.
   (B) Il fait et vend des portraits aux habitants de sa ville.
   (C) Il fait des caricatures pour un journal.
   (D) Il emprunte de l'argent à ses amis.

5. Que peut-on présumer de l'artiste Monet en tant qu'adulte d'après ce passage ?

   (A) Il est désolé d'avoir perdu son temps à l'école.
   (B) Il se rend compte que son père aurait dû être plus strict.
   (C) Il a de bons souvenirs de sa jeunesse.
   (D) Il est content d'avoir respecté ses maîtres à l'école.

6. Laquelle des questions suivantes pourrait-on logiquement poser à l'artiste Monet ?

   (A) Pouvez-vous me donner des exemples de règles scolaires que vous détestiez ?
   (B) Quand est-ce que vous avez découvert que votre talent artistique n'était pas apprécié ?
   (C) Pourquoi avez-vous déménagé plusieurs fois dans votre enfance ?
   (D) Comment décririez-vous la prison où vous avez été incarcéré ?

Sélection 8

Thème du cours : Défis mondiaux/Famille et Communauté

INTRODUCTION

L'extrait suivant provient d'un article publié par le Centre d'Actualités de l'ONU (Organisation des Nations Unies). Il s'agit de l'enseignement en Afrique.

Enseignement secondaire : deux enfants africains sur trois n'y ont pas accès

TIP

Think of what "minimum nécessaire" represents in this context.

Ligne

« On ne pourra échapper à la pauvreté qu'en développant largement l'enseignement secondaire. C'est le minimum nécessaire si l'on veut fournir aux jeunes les connaissances et les compétences qui pourront leur assurer des moyens d'existence décents dans notre monde d'aujourd'hui. Il faudra à la fois de l'ambition et de l'engagement pour relever ce défi. Mais c'est la seule voie pour atteindre la prospérité », a déclaré Irina Bokova, la Directrice générale de l'UNESCO. « Une population instruite constitue la plus grande richesse d'un pays. Les inégalités signalées par ce rapport, notamment l'exclusion des filles du secondaire dans de nombreux pays, ont des implications énormes pour la réalisation de tous les objectifs de développement fixés par la communauté internationale, de la santé des mères et des enfants à la prévention du VIH/sida, en passant par la sécurité environnementale » . . .

« Selon le Recueil, près du tiers des enfants de la planète vivent dans des pays où le premier cycle du secondaire est théoriquement obligatoire mais où cette obligation n'est pas

TIP

Identify/underline main ideas and some details.

respectée. Nous devons faire de cet engagement une réalité ». Cela demandera d'énormes ressources humaines et financières supplémentaires. Comme le souligne le Recueil, l'enseignement secondaire coûte davantage que le primaire, principalement à cause du besoin de professeurs formés à enseigner dans des domaines spécifiques. Dans de nombreux pays en développement, les familles des élèves assument souvent la charge de ces coûts plus élevés.

Les familles de l'Afrique sub-saharienne investissent de façon importante dans l'éducation de leurs enfants. Elles contribuent à l'équivalent de respectivement 49% et 44% des dépenses globales du premier et du deuxième cycle du secondaire. En Amérique latine et dans les Caraïbes, ainsi qu'en Asie orientale et dans le Pacifique, la contribution des ménages à ces deux cycles du secondaire représente en moyenne 25% et 41%. Par contre, selon le Recueil, les familles des élèves d'Amérique du nord et d'Europe occidentale ne fournissent que 7% des dépenses totales de l'enseignement secondaire.

1. Dans ce passage, quel défi est-ce qu'Irina Bokova identifie pour notre monde ?

   (A) Il faut assurer une instruction primaire à tous les enfants du monde.
   (B) Les familles sub-sahariennes doivent s'investir dans l'éducation de leurs enfants.
   (C) Les enfants européens ont besoin de poursuivre des études plus avancées.
   (D) Il faut que tous les jeunes puissent finir des études de lycée.

2. Quelle différence entre le cycle primaire et secondaire est soulignée dans ce passage ?

   (A) Le cycle primaire est plus important que le secondaire.
   (B) Le cycle secondaire n'est généralement pas obligatoire.
   (C) L'enseignement secondaire revient plus cher que le primaire.
   (D) Les enseignants du secondaire sont mieux payés que ceux du primaire.

3. Quelle injustice est soulignée dans ce passage ?

   (A) Les pays développés n'aident pas les pays en voie de développement.
   (B) Certaines cultures apprécient l'instruction plus que d'autres.
   (C) Les jeunes du sexe masculin sont généralement plus instruits que ceux du sexe féminin.
   (D) Les familles nombreuses paient moins pour l'instruction de leurs enfants.

4. D'après ce passage, pourquoi est-ce que le défi mentionné concerne la communauté internationale ?

   (A) Ce défi est lié à d'autres défis mondiaux comme la santé et l'environnement.
   (B) Une baisse d'enseignants risque de ralentir les progrès scientifiques dans le monde.
   (C) Le manque d'établissements scolaires dans certains pays mène à l'immigration.
   (D) La communauté internationale veut plus de main d'œuvre spécialisée.

5. Quelle phrase résume le mieux le passage ?

   (A) L'instruction des adolescents est essentielle dans un monde global florissant.
   (B) Les pays africains sont en voie de développement rapide grâce à l'instruction.
   (C) La communauté internationale a une obligation morale de soutenir l'instruction en Afrique.
   (D) Certaines régions du monde n'apprécient pas l'instruction des jeunes adolescents.

Sélection 9

Thème du cours : Famille et Communauté/Vie contemporaine

INTRODUCTION

Cet article est au sujet des loisirs et du rôle de la famille parmi les jeunes dans le monde actuel.

Que font les jeunes de leurs loisirs ?

Ligne

Non, les enfants ne se contentent pas tous de regarder la télévision et de jouer aux jeux vidéo. C'est ce que montre notamment une enquête d'ensemble réalisée auprès de 3 306 enfants pendant l'hiver 2001–2002 par le département des études et de la prospective du ministère de la Culture et de la Communication sur les loisirs culturels des 6–14 ans.

Première constatation : ces jeunes bénéficient de plus en plus d'un équipement « à eux » qui favorise une véritable « culture de chambre ». Ecouter de la musique et regarder la télévision sont les activités de loisir les plus répandues chez les jeunes, mais les loisirs diffèrent en fonction du sexe : les filles sont plus nombreuses à lire et à fréquenter les bibliothèques, à écouter musique ou radio et à s'adonner à des activités artistiques amateur, alors que les garçons se tournent davantage vers le multimédia et les activités sportives. Les loisirs dépendent aussi du milieu social dans lequel grandit l'enfant. Chez les enfants d'agriculteurs, par exemple, la télévision, l'ordinateur et les jeux vidéo sont moins présents. L'analyse de l'enquête fait apparaître huit univers culturels différents : les exclus (11,5% des 6–14 ans), éloignés de toutes les formes de loisir culturel ; les consommateurs exclusifs de musique (14%) ; les jeunes qui privilégient l'audiovisuel traditionnel (télévision, vidéo, DVD) et les jeux vidéo (16%) ; les férus de médias traditionnels (télévision, musique et lecture) au nombre de 12,5% ; les férus de médias traditionnels et d'ordinateurs et de sorties (9,5%) ; les jeunes impliqués dans les loisirs culturels et sportifs (11,5%) ; ceux qui privilégient la culture de l'écran (télévision, ordinateur et jeux vidéo), représentent 14,5% du panel, et enfin ceux qui privilégient les pratiques artistiques amateur (10,5%).

L'analyse de cette répartition des loisirs culturels met en évidence qu'il y a un lien fort entre le comportement culturel des enfants et celui des parents. D'une part, les choix des parents constituent souvent un modèle (d'autant que certains loisirs sont faits ensemble), d'autre part, la présence d'un projet éducatif peut pousser les parents à accorder une belle place aux activités éducatives. Les consommations médiatiques occupent donc une place centrale dans les loisirs des 6–14 ans mais les autres activités ne sont pas pour autant absentes et dépendent en général du milieu familial.

1. Que signifie l'expression « culture de chambre » (ligne 7) ?

   (A) Une gamme d'activités qu'on peut faire chez soi.
   (B) La solitude ressentie par les jeunes de tout âge.
   (C) L'aspect familial de la vie des jeunes.
   (D) Le fait que les jeunes se reposent ou dorment trop.

2. Selon l'article, quelle est la meilleure façon de décrire les filles ?

   (A) Elles apprécient énormément la technologie.
   (B) Elles utilisent les ordinateurs moins que les garçons.
   (C) Elles passent souvent plus de temps à lire que les garçons.
   (D) Elles sont moins tentées par les sports que les garçons.

3. D'après cet article, quelle est l'importance des parents ?

   (A) Leur influence sur les enfants est facilitée à cause de toute la technologie moderne.
   (B) Les enfants passent de moins en moins de temps avec eux.
   (C) Les enfants suivent généralement leur exemple.
   (D) Leur rôle dans la vie des enfants est minimisé à cause de leur travail.

4. Qu'est-ce qui caractérise le mieux le plus grand des huit « univers culturels » ?

   (A) Un comportement éloigné du radar de la technologie
   (B) Un grand amour de l'écran
   (C) Une vraie appréciation de l'art
   (D) Un mélange des formes traditionnelles de médias

5. Lequel des titres suivants serait le meilleur titre alternatif pour cet article ?

   (A) La technologie menace le bon développement des jeunes.
   (B) Vous avez un bel avenir, les filles !
   (C) Le rôle des parents dans la vie des jeunes ne perd pas de son importance.
   (D) Allons, les enfants—sortez de vos chambres !

Sélection 10

Thème du cours : Défis mondiaux/Science et Technologie

INTRODUCTION

Dans cet article, il s'agit d'une machine à décortiquer les arachides (les cacahuètes) et du rôle qu'elle pourrait jouer dans la société et dans l'économie africaine.

TIP

Take note of numbers and percentages. Draw a conclusion.

Technologie : l'Afrique prépare sa révolution scientifique

Depuis des générations, les Africaines ont la lente et pénible tâche de décortiquer les arachides à la main. Mais il y a quelques années, des villageois du Mali ont inventé une décortiqueuse manuelle. Faite de béton, de bois et de ferraille, elle coûte l'équivalent de 10 dollars. Une seule personne suffit à la faire fonctionner et elle a une durée d'usage estimée à environ 25 ans. Une machine suffit à un village de 2 000 habitants. Cette décortiqueuse est un parfait exemple des innovations et des adaptations de technologies grâce auxquelles les africains répondent à leurs besoins. Cependant, globalement, l'Afrique est en retard dans la course scientifique et technologique. L'Afrique subsaharienne contribue environ 2,3% au produit intérieur brut au niveau mondial, mais ne dépense que 0,4% des sommes de recherche et de développement (R&D). Avec 13,4% de la population mondiale, elle ne fournit que 1,1% des chercheurs scientifiques de la planète. Elle compte environ un scientifique ou un ingénieur pour 10 000 habitants, alors que les pays industrialisés en comptent de 20 à 50. Et ce fossé grandit.

Développer un système de recherche et d'innovation technologiques est une des priorités importantes du nouveau partenariat pour le développement de l'Afrique (NEPAD). Ainsi, l'Union Africaine (UA) et le NEPAD ont lancé un plan d'action afin de soutenir leurs programmes dans des domaines comme l'agriculture, l'environnement, les infrastructures, l'industrie et l'éducation. Il envisage 12 projets de recherche, ayant chacun un objectif spécifique, qui vont de la biotechnologie au développement des connaissances africaines traditionnelles en passant par l'adoption des nouvelles technologies de l'information. Les dirigeants africains ne sont cependant pas parvenus à un consensus sur le financement de ce plan estimé à 158 millions de dollars sur cinq ans. Les besoins sont énormes. Selon l'Organisation des Nations Unies pour l'éducation, la science et la culture (UNESCO), en Afrique subsaharienne près de 92% de la population rurale et 48% de la population urbaine ne disposent pas de services d'énergie modernes. Depuis des années, on vante les avantages de la technologie solaire comme source d'énergie alternative, mais son adoption a fait peu de progrès.

Des politiques adéquates, un engagement des gouvernements et des investissements accrus pourraient permettre à l'Afrique de brûler les étapes vers les nouvelles technologies. Selon l'UNESCO, des pays comme l'Afrique du Sud, la Côte d'Ivoire, le Kenya et le Zimbabwe possèdent déjà une base scientifique et technologique relativement développée et pourraient, avec un investissement supplémentaire relativement réduit, mettre sur pied des établissements technologiques et scientifiques de haut niveau qui profiteraient à toute la région. Le continent, déclare M. Janneh, ne peut plus se permettre de continuer à perdre du temps. Il doit lancer un vaste mouvement pour former et employer scientifiques, ingénieurs et techniciens en grand nombre et tisser des liens solides entre l'industrie, le milieu universitaire et le gouvernement, assurant ainsi que les innovations d'aujourd'hui jetteront les bases du développement économique et social de demain.

TIP

Underline a few ideas related to Kenya and M. Janneh to use for #5 and #6.

1. Dans cet article, qu'est-ce que l'invention d'une décortiqueuse en Afrique suggère ?

   (A) La technologie africaine est aussi développée qu'ailleurs.
   (B) Cela symbolise une technologie qui est suffisante localement mais inférieure ailleurs.
   (C) C'est une machine qui ne marche pas aussi bien que possible.
   (D) Cela représente un pitoyable échec.

2. Quel est clairement le but de NEPAD ?

   (A) C'est de rivaliser avec les pays industrialisés dans le domaine de la recherche.
   (B) C'est de se concentrer sur l'agriculture comme moyen de développement économique.
   (C) C'est de créer de meilleures universités africaines.
   (D) C'est de moderniser le style de vie quotidien en Afrique.

3. Qu'est-ce que l'article nous apprend sur l'énergie en Afrique ?

   (A) L'énergie solaire y est une ressource abondante et bien utilisée.
   (B) Les pays africains démontrent une utilisation efficace de l'énergie.
   (C) Les pays africains continuent de gaspiller beaucoup d'énergie.
   (D) Malgré leur bonne volonté, les Africains ont fait peu de progrès dans le domaine de l'énergie.

4. Selon l'article, quelle sorte de pays est le Kenya ?

   (A) C'est un pays qui se distingue en technologie et en science.
   (B) C'est un pays dont le développement est typique de la majorité des pays africains.
   (C) C'est un pays aussi faible que le Zimbabwe en science.
   (D) C'est un pays qui utilise bien l'énergie solaire.

5. Quel est le rêve de M. Janneh ?

   (A) Voir une Afrique aussi riche que les pays de l'ouest
   (B) Promouvoir une renaissance de science et de recherche en Afrique
   (C) Accélérer le rythme de modernisation en Afrique
   (D) Voir l'Afrique rivaliser avec le reste du monde en éducation et en technologie

6. Quel est le ton général de cet article ?

   (A) Sceptique
   (B) Optimiste
   (C) Douteux
   (D) Utopique

Sélection 11

Thème du Cours : Vie Contemporaine/Esthétique

INTRODUCTION

Il s'agit, dans ce passage, d'une vallée marocaine aux aspects particuliers.

A la découverte de la fabuleuse vallée du paradis

Laissez-vous tenter par l'une des plus agréables excursions au cœur de la région montagneuse Imouzzer des Ida-Outanane. Située dans la région du Nord à quelques kilomètres d'Agadir, la ville d'Imouzzer est réputée pour son miel et ses belles cascades.

Ligne

Ce fameux circuit apicole commence par la vallée du paradis, qui est une oasis des plus appréciées entourée de montagnes qui ravit les gourmands de la nature. Le village d'Imouzzer aux maisons blanches, abrite une ravissante palmeraie entourée d'amandiers, d'oliviers et d'arganiers. La route longe des petits champs en terrasses, et des plateaux ondulés couverts d'arbres fruitiers. Aux environs de la région, profitez d'une baignade dans les piscines naturelles de la gorge de l'Asif Tamraght, et découvrez les cascades de l'oued Tinker connu pour ses chutes d'eau qui coulent en hiver. Chaque année, au mois de mai, se tient la fête du miel à Imouzzer des Ida-Outanane. C'est une occasion incontournable pour célébrer l'un des produits phares du terroir qui fait la fierté de ses habitants.

En remontant vers le nord, vous arrivez à Argana, puis, à quelques kilomètres encore, à Izourki Oufella au miel incomparable. Cette région est particulièrement réputée pour son miel raffiné aux saveurs du thym et de la lavande. Ce miel mélangé à des amandes pilées et à de l'huile d'argan, donne lieu à une mixture artisanale connue sous le nom d'Amlou. Cette friandise, équivalent du Nutella, est traditionnellement offerte aux jeunes mariés.

Le miel est ramassé dans d'immenses ruchers en pisé, qui est une terre non cuite utilisée, entre autres, pour bâtir les kasbahs. Composé de plus de 3000 ruches, le rucher collectif d'Inzerki, aussi appelé « Taddart ou Guerram » est l'un des plus vieux et grands ruchers au monde. Il constitue un patrimoine historique berbère qui fait le bonheur des habitants de la région à travers les générations.

Suivre la route du miel, c'est vivre un voyage hors du temps. Un circuit qui vous fera découvrir le savoir-faire des apiculteurs passionnés, tout en ayant l'occasion de déguster les différents produits locaux dérivés du miel.

1. Quel est le but de ce message?

(A) Une annonce de fête
(B) Une explication topographique
(C) Le résumé d'un voyage
(D) Une invitation à visiter

2. Qu'est-ce qui est vanté dès le premier paragraphe du texte ?

(A) Une spécialité sucrée de la vallée
(B) Une rivière montagneuse
(C) Une ville réputée
(D) Un climat marocain

3. Qu'est-ce qui pousse dans le village d'Imouzzer ?

(A) De beaux vignobles
(B) Divers vergers
(C) Des jardins de fleurs
(D) Des pommiers en fleur

4. Que signifie le mot « incontournable » à la ligne 11 dans le contexte de la phrase ?

(A) Méconnaissable
(B) Surprenante
(C) Inévitable
(D) Attendue

5. Qu'est-ce qui est traditionnellement offert à de jeunes mariés dans la région ?

(A) Du gâteau au Nutella
(B) De l'huile d'olive
(C) Une amande et du thym
(D) Une gourmandise faite au miel

6. Qu'est-ce que le rucher d'Inzerki représente dans la région ?

(A) Un aspect important de l'histoire berbère
(B) Un centenaire d'exploitation agricole
(C) Une très belle gorge naturelle
(D) Un réservoir d'eau pour la région

Sélection 12

Thème du cours : Vie contemporaine/Esthétique

INTRODUCTION

Dans cette sélection, il s'agit de la publicité d'un festival culinaire pour promouvoir la cuisine québécoise. L'article original a été publié le 3 mai 2021 dans le journal Le Soleil.

Du 11 au 24 novembre, la ville de Québec connaîtra la deuxième présentation de son festival culinaire: Québec Table Gourmande. Cet événement original vous invite à partir à la découverte des talents d'ici. Présenté par les 11 regroupements de commerçants de la ville de Québec, le festival veut démocratiser la cuisine. « Tout le monde est engagé cette année, près de 30 restaurants ont répondu à l'appel. Leurs chefs ont la liberté complète de vous partager leur univers culinaire. La diversité sera au rendez-vous pour vous faire découvrir ou redécouvrir les quartiers de Québec autour d'offres gourmandes », explique Yann Latouche, président d'EvenTouch. Les partenaires du tourisme de Québec saluent l'initiative surtout en cette période touristique plus tranquille. Les touristes sélectionnent de plus en plus leurs expériences gastronomiques lors de leur séjour et cet événement culinaire dans les rues commerciales s'inscrit parfaitement comme une expérience culturelle et authentique qui démontre bien l'art de vivre animé à la Québécoise.

« Du restaurant de quartier à la fine cuisine, la palette est large. La réponse des restaurateurs nous comble. Nous sommes fiers de pouvoir présenter une nouvelle fois ce festival gourmand, fruit d'une très large collaboration de tous les quartiers de la ville », ajoute Yann Latouche. Québec Table Gourmande est un festival qui se veut ouvert à tous et qui veut satisfaire toutes les envies. « La sélection de restaurants participants offre une diversité unique qui va permettre de toucher autant monsieur et madame tout-le-monde que les « foodies », ces passionnés de cuisine à l'affût de l'actualité culinaire », poursuit le président d'EvenTouch. Elle insiste sur la large palette de choix à des prix adaptés aux différents budgets. À 25$, 35$ ou 45$ pour une table d'hôte le soir ou 18$ pour le brunch et 25$ pour le buffet chez certains restaurateurs, chacun trouvera de quoi se régaler.

L'idée est aussi que les gens se réapproprient les quartiers de la ville et pas seulement les restaurants. C'est l'occasion de sortir, de découvrir des trésors bien gardés, des bijoux méconnus. La ville de Québec regorge de trésors qu'il faut prendre le temps de rechercher. Une sortie gastronomique peut aussi être l'occasion de visiter d'autres commerces de proximité, de dénicher de nouvelles adresses qui font la richesse des quartiers de Québec. L'effet collectif du festival qui se veut une occasion de mettre en valeur les talents de tous les quartiers, rejoint parfaitement l'idée des organisateurs de démocratiser la cuisine en l'ouvrant à un large public qu'on incite ainsi à sortir. Même au mois de novembre qui n'est pas la période de l'année la plus prisée, la ville de Québec est accueillante. Tous les acteurs commerciaux veulent, par les plaisirs gourmands, vous encourager à découvrir ou redécouvrir votre quartier ou les quartiers voisins sous un œil gourmand. L'addition de tous ces talents démontre la richesse de la ville de Québec.

Depuis sa première édition, Québec Table Gourmande est le seul événement gourmand au Canada à utiliser le nouveau concept d'achat d'expériences gastronomiques en mode prépaiement sur Libro, l'outil de réservation en ligne 100% québécois. Nous considérons que l'avenir de la restauration passe par le prépaiement, entre autres pour éviter les clients qui ne se présentent pas et les pertes de nourritures. « D'une part, cette nouvelle façon de réserver est très avantageuse pour les restaurateurs qui s'assurent que leurs réservations soient honorées. D'autre part, les clients bénéficient d'une offre de forfaits table d'hôte prépayés, leur permettant de choisir leur expérience à l'avance », explique Jean-Sébastien Pothier, cofondateur associé de Libro.

1. Laquelle des suivantes serait une bonne devise pour cet événement ?

   (A) La meilleure cuisine du monde se trouve à Québec.
   (B) Des plats et des restos pour tout le monde
   (C) La cuisine québécoise - une cuisine internationale
   (D) Le rendez-vous des foodies

2. A quelle période de l'année cet événement a-t-il lieu ?

   (A) Pendant le fameux festival d'été de Québec
   (B) En même temps que le carnaval de Québec en hiver
   (C) En dehors de la grande saison touristique
   (D) A une époque où de nombreux visiteurs viennent en ville

3. Quel est un objectif secondaire du festival ?

   (A) Les restos qui allaient fermer leurs portes resteront ouverts.
   (B) Il y aura plus de touristes aux hôtels de Québec.
   (C) Les repas en ville coûteront moins cher pour toujours.
   (D) Les autres entreprises prospèreront.

4. A la ligne 31, qui sont « tous les acteurs commerciaux » ?

   (A) Les gens du théâtre
   (B) Les propriétaires d'entreprises
   (C) Les artistes de rue
   (D) Ceux qui produisent les publicités

5. Quel est l'un des avantages de Libro ?

   (A) Ceux qui font des réservations sont encouragés à se présenter.
   (B) Les restaurants auront plus de tables disponibles.
   (C) Les clients auront un meilleur choix de plats.
   (D) Ça coûte moins cher pour ceux qui l'utilisent.

Sélection 13 [Littérature]

Thème du cours : Esthétique /Quête de soi

INTRODUCTION

Il s'agit ici d'un extrait du roman Candide par Voltaire. Ce roman est une satire psychologique de la pensée philosophique du dix-huitième siècle ancrée dans l'optimisme.

Il y avait en Westphalie, dans le château de M. le baron de Thunder-ten-tronckh, un jeune garçon à qui la nature avait donné les mœurs les plus douces. Sa physionomie annonçait son âme. Il avait le jugement assez droit, avec l'esprit le plus simple ; c'est, je crois, pour cette raison qu'on le nommait Candide. Les anciens domestiques de la maison soupçonnaient qu'il était fils de la sœur de monsieur le baron et d'un bon et honnête gentilhomme du voisinage, que cette demoiselle ne voulut jamais épouser parce qu'il n'avait pu prouver que soixante et onze quartiers, et que le reste de son arbre généalogique avait été perdu par l'injure du temps.

Monsieur le baron était un des plus puissants seigneurs de la Westphalie, car son château avait une porte et des fenêtres. Sa grande salle même était ornée d'une tapisserie. Tous les chiens de ses basses-cours composaient une meute dans le besoin ; ses palefreniers étaient ses piqueurs ; le vicaire du village était son grand aumônier. Ils l'appelaient tous monseigneur, et ils riaient quand il faisait des contes. Madame la baronne, qui pesait environ trois cent cinquante livres, s'attirait par là une très grande considération, et faisait les honneurs de la maison avec une dignité qui la rendait encore plus respectable. Sa fille Cunégonde, âgée de dix-sept ans, était haute en couleur, fraîche, grasse, appétissante. Le fils du baron paraissait en tout digne de son père.

Le précepteur Pangloss était l'oracle de la maison, et le petit Candide écoutait ses leçons avec toute la bonne foi de son âge et de son caractère. Pangloss enseignait la métaphysico-théologo-cosmolonigologie. Il prouvait admirablement qu'il n'y a point d'effet sans cause, et que, dans ce meilleur des mondes possibles, le château de monseigneur le baron était le plus beau des châteaux et madame la meilleure des baronnes possibles. « Il est démontré, disait-il, que les choses ne peuvent être autrement : car, tout étant fait pour une fin, tout est nécessairement pour la meilleure fin. Remarquez bien que les nez ont été faits pour porter des lunettes, aussi avons-nous des lunettes. Les jambes sont visiblement instituées pour être chaussées, et nous avons des chausses. Les pierres ont été formées pour être taillées, et pour en faire des châteaux, aussi monseigneur a un très beau château ; le plus grand baron de la province doit être le mieux logé ; et, les cochons étant faits pour être mangés, nous mangeons du porc toute l'année : par conséquent, ceux qui ont avancé que tout est bien ont dit une sottise ; il fallait dire que tout est au mieux. »

Candide écoutait attentivement, et croyait innocemment ; car il trouvait Mlle Cunégonde extrêmement belle, quoiqu'il ne prît jamais la hardiesse de le lui dire. Il concluait qu'après le bonheur d'être né baron de Thunder-ten-tronckh, le second degré de bonheur était d'être Mlle Cunégonde ; le troisième, de la voir tous les jours ; et le quatrième, d'entendre maître Pangloss, le plus grand philosophe de la province, et par conséquent de toute la terre.

Un jour, Cunégonde, en se promenant auprès du château, dans le petit bois qu'on appelait parc, vit entre des broussailles le docteur Pangloss qui donnait une leçon de physique expérimentale à la femme de chambre de sa mère, petite brune très jolie et très docile. Comme Mlle Cunégonde avait beaucoup de dispositions pour les sciences, elle observa, sans souffler, les expériences réitérées dont elle fut témoin ; elle vit clairement la raison suffisante du docteur, les effets et les causes, et s'en retourna toute agitée, toute pensive, toute remplie du désir d'être savante, songeant qu'elle pourrait bien être la raison suffisante du jeune Candide, qui pouvait aussi être la sienne. Elle rencontra Candide en revenant au château, et rougit ; Candide rougit aussi ; elle lui dit bonjour d'une voix entrecoupée, et Candide lui parla sans savoir ce qu'il disait. Le lendemain après le dîner, comme on sortait de table, Cunégonde et Candide se trouvèrent derrière un paravent ; Cunégonde laissa tomber son mouchoir, Candide le ramassa, elle lui prit innocemment la main, le jeune homme baisa innocemment la main de la jeune demoiselle avec une vivacité, une sensibilité, une grâce toute particulière ; leurs bouches se rencontrèrent, leurs yeux s'enflammèrent, leurs genoux tremblèrent, leurs mains s'égarèrent. M. le baron de Thunder–ten–tronckh passa auprès du paravent, et voyant cette cause et cet effet, chassa Candide du château à grands coups de pied dans le derrière ; Cunégonde s'évanouit ; elle fut souffletée par madame la baronne dès qu'elle fut revenue à elle–même. Tout fut consterné dans le plus beau et le plus agréable des châteaux possibles.

1. Que pensent les gens de la relation entre Candide et le baron ?

   (A) C'est son fils.
   (B) C'est un domestique.
   (C) C'est son gendre.
   (D) C'est son neveu.

2. Quelle est la raison pour laquelle la sœur du baron n'a pas épousé le gentilhomme ?

   (A) Il n'était pas assez riche.
   (B) Il n'habitait pas dans le même voisinage.
   (C) Il n'était pas assez noble.
   (D) Il n'y avait pas d'amour entre eux.

3. Quelle était une indication du pouvoir du baron ?

   (A) Les caractéristiques architecturales de son domicile
   (B) La grandeur impressionnante de son armée
   (C) Son immense fortune et sa générosité sans égale
   (D) Ses vêtements élégants à la dernière mode

4. Que sait-on de la femme du baron ?

   (A) Elle aimait beaucoup lire.
   (B) C'était une excellente cuisinière.
   (C) Elle n'était pas très respectée.
   (D) On ne pouvait pas la dire mince.

5. Quelle était la philosophie de Pangloss ?

   (A) C'était un vrai réaliste.
   (B) Il était un peu logique et très optimiste.
   (C) Il exhibait un air de fatalité.
   (D) Il fondait ses croyances sur la science.

6. A la fin de ce passage, qu'est-ce qui est arrivé à Candide ?

   (A) Le baron l'a exilé du château.
   (B) Il a épousé la belle Cunégonde.
   (C) Il s'est enfui avec Cunégonde.
   (D) Il s'est expliqué avec le baron.

7. Quel message philosophique Voltaire exprime-t-il dans la dernière phrase de cet extrait ?

   (A) Il nous montre que la bonté existe partout à son époque.
   (B) Il nous révèle le faux optimisme de son époque.
   (C) Il nous révèle son concept de l'esthétique morale.
   (D) Il nous fait envisager l'espoir d'un monde admirable.

Sélection 14

Thème du cours : L'esthétique/Quête de soi

INTRODUCTION

Dans cet extrait du roman de Jules Verne, *Le Tour du Monde en 80 Jours*, on fait la connaissance du protagoniste, Phileas Fogg, et de son nouveau domestique, Jean Passepartout.

Ligne

On ne connaissait à Phileas Fogg ni femme ni enfants,-ce qui peut arriver aux gens les plus honnêtes,-ni parents ni amis,-ce qui est plus rare en vérité. Phileas Fogg vivait seul dans sa maison de Saville-row, où personne ne pénétrait. De son intérieur, jamais il n'était question. Un seul domestique suffisait à le servir. Déjeunant, dînant au club à des heures chronométriquement déterminées, dans la même salle, à la même table, ne traitant point ses collègues, n'invitant aucun étranger, il ne rentrait chez lui que pour se coucher, à minuit précis, sans jamais user de ces chambres confortables que le Reform-Club tient à la disposition des membres du cercle. Sur vingt-quatre heures, il en passait dix à son domicile, soit qu'il dormît, soit qu'il s'occupât de sa toilette. S'il se promenait, c'était invariablement, d'un pas égal, dans la salle d'entrée parquetée en marqueterie, ou sur la galerie circulaire, au-dessus de laquelle s'arrondit un dôme à vitraux bleus, que supportent vingt colonnes ioniques en porphyre rouge. S'il dînait ou déjeunait, c'étaient les cuisines, le garde-manger, l'office, la poissonnerie, la laiterie du club, qui fournissaient à sa table leurs succulentes réserves ; c'étaient les domestiques du club, graves personnages en habit noir, chaussés de souliers à semelles de molleton, qui le servaient dans une porcelaine spéciale et sur un admirable linge en toile de Saxe ; c'étaient les cristaux à moule perdu du club qui contenaient son sherry, son porto ou son claret mélangé de cannelle, de capillaire et de cinnamome ; c'était enfin la glace du club-glace venue à grands frais des lacs d'Amérique—qui entretenait ses boissons dans un satisfaisant état de fraîcheur.

La maison de Saville-row, sans être somptueuse, se recommandait par un extrême confort. D'ailleurs, avec les habitudes invariables du locataire, le service s'y réduisait à peu. Toutefois, Phileas Fogg exigeait de son unique domestique une ponctualité, une régularité extraordinaires. Ce jour-là même, 2 octobre, Phileas Fogg avait donné son congé à James Forster—ce garçon s'étant rendu coupable de lui avoir apporté pour sa barbe de l'eau à quatre-vingt-quatre degrés Fahrenheit au lieu de quatre-vingt-six—, et il attendait son successeur, qui devait se présenter entre onze heures et onze heures et demie.

Phileas Fogg, carrément assis dans son fauteuil, les deux pieds rapprochés comme ceux d'un soldat à la parade, les mains appuyées sur les genoux, le corps droit, la tête haute, regardait marcher l'aiguille de la pendule,-appareil compliqué qui indiquait les heures, les minutes, les secondes, les jours, les quantièmes et l'année. À onze heures et demie sonnant, Mr. Fogg devait, suivant sa quotidienne habitude, quitter la maison et se rendre au Reform-Club.

En ce moment, on frappa à la porte du petit salon dans lequel se tenait Phileas Fogg.

James Forster, le congédié, apparut.

« Le nouveau domestique », dit-il.

Un garçon âgé d'une trentaine d'années se montra et salua.

« Vous êtes Français et vous vous nommez John ? » lui demanda Phileas Fogg.

—Jean, n'en déplaise à monsieur, répondit le nouveau venu, Jean Passepartout, un surnom qui m'est resté, et que justifiait mon aptitude naturelle à me tirer d'affaire. Je crois être un honnête garçon, monsieur, mais, pour être franc, j'ai fait plusieurs métiers. J'ai été chanteur ambulant, écuyer dans un cirque, faisant de la voltige comme Léotard, et dansant sur la corde comme Blondin ; puis je suis devenu professeur de gymnastique, afin de rendre mes talents plus utiles, et, en dernier lieu, j'étais sergent de pompiers, à Paris. J'ai même dans mon dossier des incendies remarquables. Mais voilà cinq ans que j'ai quitté la France et que, voulant goûter de la vie de famille, je suis valet de chambre en Angleterre. Or, me trouvant sans place et ayant appris que M. Phileas Fogg était l'homme le plus exact et le plus sédentaire du Royaume-Uni, je me suis présenté chez monsieur avec l'espérance d'y vivre tranquille et d'oublier jusqu'à ce nom de Passepartout . . .

—Passepartout me convient, répondit le gentleman. Vous m'êtes recommandé. J'ai de bons renseignements sur votre compte. Vous connaissez mes conditions?

—Oui, monsieur.

—Bien. Quelle heure avez-vous?

—Onze heures vingt-deux, répondit Passepartout, en tirant des profondeurs de son gousset une énorme montre d'argent.

—Vous retardez, dit Mr. Fogg.

—Que monsieur me pardonne, mais c'est impossible.

—Vous retardez de quatre minutes. N'importe. Il suffit de constater l'écart. Donc, à partir de ce moment, onze heures vingt-neuf du matin, ce mercredi 2 octobre 1872, vous êtes à mon service.

1. Quel adjectif décrit le mieux la vie de Phileas Fogg ?

(A) Isolée
(B) Sociable.
(C) Amicale.
(D) Active.

2. A la ligne 6, que veut dire l'expression « *ne traitant point ses collègues* » ?

(A) Sans payer leur dîner
(B) En maltraitant les autres membres
(C) Ne prêtant aucune attention à ces gens
(D) Modérant ses conversations avec eux

3. Comment peut-on caractériser le Reform-Club ?

   (A) On y avait des discussions animées.
   (B) On y faisait des recherches scientifiques.
   (C) C'était un endroit dominé par l'austérité.
   (D) C'était le lieu où on partageait des repas.

4. Quel indice montre l'exclusivité du club ?

   (A) Les habits élégants de ses membres
   (B) Les prix élevés de sa cuisine
   (C) les frais d'inscription au club
   (D) La glace importée d'Amérique

5. Pourquoi est-ce que James Forster a été congédié ?

   (A) Il était tout le temps excessivement en retard.
   (B) Il a causé un accident de toilettage chez Phileas Fogg.
   (C) Phileas Fogg exigeait une extrême précision.
   (D) Un jour, il est arrivé à 11h30 au lieu de 11h00.

6. Qu'est-ce qu'on peut dire au sujet du nouveau domestique ?

   (A) Il parlait plusieurs langues.
   (B) Son nom et son passé indiquent un homme de grand talent.
   (C) Il avait une fois travaillé pour un autre membre du club.
   (D) Il a une famille célèbre en Angleterre.

7. Que peut-on dire du style de cet extrait ?

   (A) Il fait preuve de beaucoup de détails et de précision.
   (B) Il est basé sur l'action.
   (C) Il est plein d'émotion.
   (D) Il est romantique.

Sélection 15

Thème du cours : Sciences et technologie/Défis mondiaux

SOURCE # 1

INTRODUCTION

Cet article décrit le vol d'une fusée contenant un objet très particulier et unique. Ce vol a été initié par la société SpaceX.

Question de la semaine : où se trouve la Tesla envoyée par Elon Musk dans l'espace? Souvenez-vous, c'était il y 1 an, 8 mois, 18 jours : le 6 février 2018, le milliardaire Elon Musk, fondateur des sociétés SpaceX et Tesla, réussissait le lancement inaugural de sa fusée Falcon Heavy. Et le grand spectacle était aussi de la partie, puisque la charge embarquée par le lanceur n'était autre qu'une décapotable Tesla rouge, dans laquelle avait été installé « Starman » un mannequin vêtu d'une combinaison spatiale. La scène, inoubliable, a été enregistrée (et retransmise vers la Terre) par trois caméras. « *La troisième poussée moteur a réussi*, avait alors tweeté Elon Musk. *La Tesla a dépassé l'orbite martienne et se dirige désormais vers la ceinture d'astéroïdes.* » Avant de s'éloigner pour toujours aux confins du système solaire ? Pas du tout.

Le roadster de Tesla suit en réalité une orbite (donc une trajectoire elliptique) autour du Soleil, ce qui l'a amené à repasser dans le voisinage de Mars le 10 juin 2018, à environ 0,74 unités astronomiques (soit plus de 100 millions de kilomètres), puis de la Terre le 15 août 2019, à une distance de 1,99 unités astronomiques (presque 300 millions de kilomètres !). La Tesla est recensée par les systèmes d'observation satellitaires, sous le nom de code 143205 (ou 2002 XQ92) pour le catalogue d'objets célestes HORIZONS de la NASA.

Mais comment savoir exactement où se trouve le véhicule ? Ben Pearson, un passionné d'astronomie, ex-étudiant pour le programme des satellites à l'Université d'Arizona, frustré de ne pas disposer d'une telle information, s'est donné les moyens de la mettre à disposition de tous. Ce dernier a déposé le nom de domaine www.whereisroadster.com et mis à profit son expérience acquise lors de ses travaux sur HiRISE (High Resolution Imaging Science Experiment), une des caméras de la sonde Mars Reconnaissance Orbiter (MRO), pour calculer approximativement l'orbite du roadster, à partir des données fournies par le Jet Propulsion Laboratory de la NASA.

Vous noterez que le site permet de faire défiler un curseur afin de voir quelle a été la position de la voiture dans les mois précédents, et quelle sera sa position dans les mois à venir. Le site donne également quelques informations techniques sur la vitesse du roadster, sa distance à la Terre et à la planète Rouge, le tout mis à jour en temps réel. Y figure également une liste prévisionnelle des dates auxquelles la Tesla passera à proximité de la Terre.

L'on découvre donc que le véhicule a effectué environ 1.122 orbites autour du Soleil depuis son lancement et a parcouru assez de distance pour traverser 38,9 fois toutes les routes du monde. D'après les calculs de Ben Pearson, le véhicule ne dépassera jamais la distance de 257 millions de kilomètres par rapport au Soleil. De plus, le bolide céleste ne pourra pas s'élancer jusqu'à l'orbite de Cérès, plus gros astéroïde de la ceinture d'astéroïdes, située à près de 530 millions de kilomètres, ni entrer dans le champ gravitationnel de Mars. « *La plus faible distance à Mars d'ici 2030 sera observée le 8 octobre 2020, où le véhicule s'approchera à 7 millions de kilomètres de la planète* », selon Jonathan McDowell, astrophysicien à Harvard.

Et après ? La décapotable entrera probablement en collision avec la Terre ou Vénus . . . dans les 10 millions d'années à venir, selon une étude menée par des planétologues canadiens en février 2018.

SOURCE # 2

INTRODUCTION

Dans cette sélection il s'agit des résultats d'une série de sondages sur la perception de la motorisation du futur.

Tableau 1

Par quel type de motorisation seriez-vous intéressé ?		Qu'aimeriez-vous trouver dans les tests de véhicule ?	
Electrique	38%	Ergonomie/Finition/Confort	65%
Hybride	30%	Analyse De L'autonomie	64%
essence	21%	Analyse-Équipements Connectés (Apple Car, Google Auto, Android Auto)	50%
Diesel	10%	Bruit	40%
		Analyse-Sureté Et Sécurité	37%

Tableau 2

Part de marché des quatre modèles les plus populaires au Québec en 2020 ?	
Chevrolet volt	13%
Tesla model 3	12%
Nissan leaf	10%
Toyota Prius prime	9,4%

1. Comment peut-on caractériser le contenu de la fusée ?
   (A) Une voiture avec un conducteur humain au volant
   (B) Un accessoire commun aux voitures de sport
   (C) Un astronaute dans une voiture
   (D) Une réplique de personnage dans une voiture de sport

2. Quelle est la meilleure façon d'expliquer la mission de la fusée ?
   (A) Atterrir sur la planète Mars
   (B) Examiner l'atmosphère de Mars
   (C) Voyager à travers de vastes zones de l'espace
   (D) Déposer un homme sur la surface de Mars

3. Qu'est-ce que Ben Pearson a réussi à faire ?
   (A) Il a pu suivre le vol de la fusée avec ses propres moyens.
   (B) Il a pu prédire le moment précis de l'atterrissage de la fusée.
   (C) Il a gagné beaucoup d'argent en utilisant son site web.
   (D) Il a réussi à communiquer avec les occupants de la fusée.

4. Quelle phrase décrit le mieux la fin du vol dans l'article ?

   (A) La fusée finira par s'écraser sur Mars.
   (B) Le vol finira dans un avenir lointain.
   (C) La fusée va atterrir sur notre planète.
   (D) Le vol ne finira probablement jamais.

5. Pour quelle raison la Tesla était-elle à bord de la fusée?

   (A) Pour des raisons purement scientifiques
   (B) Pour la promotion de sa marque et de son nom
   (C) Pour mesurer le poids que la fusée peut soutenir
   (D) Pour guider le vol de la fusée

6. Dans le premier tableau, que peut-on déduire des préférences du public en véhicules motorisés ?

   (A) Le confort n'est pas aussi important que la fonction autonomie.
   (B) La majorité des gens préfère les voitures hybrides.
   (C) La moitié des gens voudrait en savoir plus sur les dispositifs Internet.
   (D) Être connecté à l'Internet est la plus grande priorité pour tous.

7. Dans le premier tableau, quel aspect d'une voiture semble intéresser le public le plus ?

   (A) Ce qui assure la sécurité contre les accidents
   (B) Ce qui réduit l'effet de serre dans l'environnement
   (C) La qualité de la fabrication et le confort
   (D) Le niveau sonore à l'intérieur

8. D'après le deuxième tableau, que peut-on dire des quatre marques de voitures électriques mentionnées ?

   (A) Elles occupent globalement 90% du marché automobile.
   (B) En tout, elles prennent presque la moitié du marché de voitures électriques.
   (C) Il y a une marque qui est nettement plus populaire que les autres.
   (D) Les deux marques les plus populaires sont canadiennes.

9. Qu'est-ce que l'article et les tableaux ont en commun ?

   (A) Ils nous informent sur la performance des voitures électriques.
   (B) Ils nous font prévoir les transports de l'avenir.
   (C) Ils donnent des solutions aux défis de l'environnement.
   (D) Ils soulignent les avantages des intelligences autonomes.

10. D'après les informations contenues dans l'article et le tableau, pourquoi la voiture électrique est-elle une bonne idée ?

    (A) On peut l'utiliser dans l'espace.
    (B) Elle est plus facile à conduire.
    (C) Elle est beaucoup plus économe.
    (D) C'est le transport personnel de l'avenir.

Sélection 16

Thème du cours : Famille et communauté/Vie contemporaine

SOURCE #1

INTRODUCTION

Tiré du document des Nations Unis intitulé « Droits de l'homme », cet article parle des droits des gens qui n'ont pas de domicile fixe et leur droit à un logement convenable.

Les sans-abris peuvent se trouver privés de tout un ensemble d'autres droits fondamentaux en plus du droit à un logement convenable. Les lois qui érigent en infraction l'absence de domicile, le vagabondage ou le fait de dormir dans la rue ainsi que les opérations de ramassage des personnes qui vivent dans la rue ont des incidences directes sur l'intégrité physique et psychologique des personnes concernées. Le seul fait de ne pas avoir d'endroit sûr où vivre ou d'intimité accroît considérablement la vulnérabilité des sans-abris à la violence, aux menaces et au harcèlement. En vertu des obligations qui leur incombent quant à la pleine réalisation du droit à un logement convenable, les États sont tenus notamment de prendre des mesures pour prévenir le phénomène des sans-abris – aussi connu comme les SDF (sans domicile fixe). Parmi les mesures à prendre immédiatement, l'Observation générale numéro 4 mentionne la mesure de l'ampleur du phénomène et l'adoption d'une stratégie nationale en matière de logement qui devrait être élaborée après de véritables consultations auprès de tous les intéressés. L'Observation générale numéro 7 insiste sur le fait qu'il ne faudrait pas que, suite à une expulsion forcée, une personne se retrouve sans toit.

Le Rapporteur spécial sur le logement convenable a dit que le problème des sans-abris était peut-être le symptôme le plus visible et le plus grave du non-respect du droit à un logement convenable. Il n'existe pas de définition de la condition de sans-abri qui soit reconnue sur le plan international. Les définitions vont de la plus étroite, selon laquelle les sans-abris sont des personnes qui n'ont pas de toit, à la plus large, qui tient compte de paramètres tels que les caractéristiques du logement, le risque de se retrouver sans abri, le temps passé sans abri et les responsabilités concernant les mesures à prendre pour atténuer les problèmes des sans-abris. À des fins statistiques, l'Organisation des Nations Unies considère comme étant sans abri « les ménages qui ne disposent pas d'un abri entrant dans la catégorie des locaux à usage d'habitation. Ils transportent avec eux le peu qu'ils possèdent, couchent dans la rue, dans les entrées d'immeubles, sur des quais ou dans n'importe quel autre endroit, plus ou moins au hasard ». Le Rapporteur spécial sur le logement convenable a noté que les définitions étroites n'étaient pas appropriées et que, dans les pays en développement, les définitions les plus courantes prenaient en compte l'exclusion sociale comme élément de l'expérience des sans-abris. ONU-Habitat souligne à cet égard qu'être sans abri c'est appartenir à nulle part plutôt que simplement n'avoir nulle part où dormir. Étant donné l'absence de définition internationalement reconnue, il y a peu de données sur l'ampleur du phénomène, ce qui rend difficile l'élaboration de stratégies et de politiques cohérentes pour y faire face.

Le Rapporteur spécial sur le logement convenable a souligné que la pauvreté était un dénominateur commun à l'expérience des sans-abris. D'autres causes ou facteurs accroissent le risque de devenir sans abri, à savoir le chômage, l'absence de systèmes de sécurité sociale, le manque de logements d'un coût abordable, les expulsions forcées, l'absence de logements sociaux, les conflits et les catastrophes naturelles ainsi que le manque d'attention apportée aux besoins des plus vulnérables. La « désinstitutionalisation » des soins de santé mentale, qui a débuté dans de nombreux pays dans les années 1960 et 1970, lorsqu'elle n'était pas accompagnée d'une croissance parallèle du soutien communautaire ou autre, a fait que des personnes souffrant de troubles mentaux sont venues grossir les rangs des sans-abris.

SOURCE #2

INTRODUCTION

Cette source de l'INSEE montre quelques résultats d'une enquête auprès des personnes fréquentant les services d'hébergement ou de distributions de repas en 2012.

Caractéristiques socio-démographiques des sans-domicile francophones en %

Situation de logement à la veille de l'enquête	Répartition par tranche d'âge			Femmes	Étrangers francophones	En couple	Avec enfants (y c en couple)
	18-29 ans	30-49 ans	50 ans ou plus				
Sans domicile	**26**	**49**	**25**	**38**	**40**	**20**	**26**
sans abri	*27*	*49*	*24*	*5*	*45*	*8*	*4*
en hébergement collectif qu'on doit quitter le matin	*24*	*46*	*30*	*9*	*38*	*4*	*1*
en hébergement collectif où on peut rester pendant la journée	*26*	*43*	*31*	*36*	*36*	*7*	*13*
en hôtel	*29*	*62*	*9*	*63*	*73*	*43*	*64*
en logement	*26*	*49*	*25*	*52*	*32*	*36*	*42*
Population de 18 ans ou plus vivant en logement ordinaire en France	***19***	***34***	***47***	***52***	***6***	***64***	***31***

1. Dans le premier paragraphe, en plus d'être privé d'un logement, quels aspects de la vie des sans-abris sont souvent menacés ?

   (A) Leur accès aux transports en commun
   (B) La disponibilité de vêtements appropriés
   (C) Leur état mental et physique
   (D) La capacité d'avoir des aliments sains

2. Dans la ligne 6, quel est le sens du mot *accroît* ?

   (A) Augmente
   (B) Diminue
   (C) Ruine
   (D) Arrête

3. En quoi consiste la stratégie nationale de l'Observation générale numéro 4 ?

   (A) Une loi qui peut abolir cette condition
   (B) Une discussion approfondie entre tous les groupes intéressés
   (C) Trouver assez d'argent pour éliminer ce problème
   (D) Organiser une conférence pour trouver la solution de ce phénomène

4. Qu'est-ce qui fait obstacle à une résolution internationale pour aider le sans-abrisme ?

   (A) Le nombre énorme de sans-abris
   (B) Les différents climats à travers le monde
   (C) Le financement insuffisant de la part des pays
   (D) Le manque d'une définition universelle de ce phénomène

5. Selon ce reportage, quel est le point commun entre tous ceux qui sont sans-abri ?

   (A) Le chômage
   (B) La pauvreté
   (C) Le manque d'éducation
   (D) L'absence d'un logement

6. Quel est l'effet principal de la « désinstitutionalisation » ?

   (A) Il y a moins d'endroits où les sans-abris peuvent passer la nuit.
   (B) Le gouvernement refuse de plus en plus d'aider les SDF.
   (C) Les affligés de troubles mentaux se sont ajoutés aux sans-abris.
   (D) On a décidé de fermer plusieurs hôpitaux.

7. Quel est le but de l'article ?

   (A) Trouver des moyens financiers pour essayer d'éliminer ce problème.
   (B) Éduquer le public et arriver à une définition universelle de la situation.
   (C) Demander la construction immédiate de logements.
   (D) Réprimander les états dont les réponses à ce problème sont trop lentes.

8. Quelle phrase résume le mieux l'article ?

   (A) Le phénomène du sans-abrisme est universel et nécessite l'effort de tout le monde.
   (B) Le nombre de SDF est un danger au public général.
   (C) Il n'existe pas de solution à ce problème.
   (D) Résoudre ce problème n'est pas plausible pour beaucoup de pays à cause de son coût.

9. D'après le tableau, dans quelle tranche d'âge y a-t-il le plus de sans-abris ?

   (A) Les enfants de 12-14 ans
   (B) Les plus de 50 ans
   (C) Les adultes de plus de 30 ans mais moins de 50 ans
   (D) Les femmes adultes

10. D'après le tableau, où loge une grande majorité des sans-domicile ?

    (A) À l'hôtel
    (B) Dans la rue
    (C) Chez un membre de la famille
    (D) En logement temporaire

11. D'après le tableau, quelle démographie a le plus de chance de vivre dans un logement ordinaire ?

    (A) Les familles avec des enfants
    (B) Les couples sans enfants
    (C) Les étrangers francophones
    (D) Les jeunes Français de 20 ans

12. Vous faites une présentation écrite basée sur l'article et le tableau. Quel article de magazine serait le plus proche du sujet traité dans les deux sources ?

    (A) Les carences économiques dans nos sociétés
    (B) Santé physique et mentale : un lien vital
    (C) Les dispositifs officiels d'aide aux SDF
    (D) Les services de la Croix-Rouge

Sélection 17

Thème du cours : Quête de soi/Vie contemporaine

SOURCE #1

INTRODUCTION

Cet article publié le 19 janvier 2019 est au sujet de l'importance de la langue française dans le monde d'aujourd'hui.

Où en est la langue française dans le monde aujourd'hui ? Une progression et des défis

Combien de locuteurs francophones compte-t-on dans le monde aujourd'hui ? Combien de personnes utilisent le français pour faire des recherches sur Internet ? Quels sont les défis auxquels est confrontée la langue de Molière ? De l'économie à la culture, de l'Afrique à l'Amérique, comment se porte la langue de Molière aujourd'hui ? Côtoyant sans complexe des centaines de langues vernaculaires dans les 29 pays et 3 gouvernements dans lesquels elle est l'une des langues officielles, le français demeure la principale langue véhiculaire dans de nombreux pays marqués par une hétérogénéité de cultures et de dialectes.

300 millions de locuteurs dans le monde dont 235 millions de locuteurs quotidiens, deuxième langue étrangère apprise dans l'Union européenne et les pays latino-américains après l'anglais, troisième langue des affaires et du commerce, quatrième langue sur Internet, cinquième langue la plus parlée dans le monde, après le mandarin, l'anglais, l'espagnol et l'arabe, la langue de Molière semble vraiment rayonner. Un rayonnement qui la met également face à de nouvelles responsabilités.

Affirmant que la langue française n'a pas de complexe à avoir par rapport à d'autres langues, l'anglais notamment, elle reconnaît tout de même que « *le monde aujourd'hui est tel qu'il est bénéfique à ceux qui parlent français de parler d'autres langues. On va beaucoup plus loin avec plusieurs langues. On a plus de chance dans l'emploi et la formation avec plus de langues.* » Un plurilinguisme qu'il faut pouvoir également *conjuguer* avec croissance économique, justice sociale et éducation et formation de qualité entre autres. Car, en regardant de plus près, l'on se rend compte que la plupart des pays dont la majorité de la population est francophone, ne se classent pas forcément parmi les plus évolués en termes de développement économique. Ceci en dépit du fait que plus de la moitié de leur population est âgée de moins de 35 ans. Misant sur le potentiel que représente cette jeunesse pour l'avenir de la langue française, la nouvelle secrétaire générale de la Francophonie entend se saisir d'Internet pour positionner la langue française sur l'échiquier mondial en en faisant « la langue de l'internet ». Un pari dont l'ambition n'a d'égal que les opportunités que renferme le numérique.

Si l'on considère comme francophone, toute personne « *capable de s'exprimer en français, quel que soit son niveau ou sa maîtrise d'autres compétences comme l'écriture ou la lecture* », les pays francophones d'Afrique qui abritent plus de la moitié des locuteurs du français dans le monde, semble dès lors destinée à devenir l'espace où se joue son avenir. Cette croissance du nombre de francophones dans le monde observée ces dernières années est avant tout le résultat de la croissance démographique qui s'opère sur ce continent. Vu les prévisions de croissance de la population au sud du Sahara et les nombreuses dynamiques observées dans les communautés utilisant le français comme moyen de communication, nul doute que la langue de Molière a encore de longs et beaux jours devant elle.

SOURCE #2

INTRODUCTION

Ce tableau du site de la Francophonie prédit l'évolution de la langue française dans le monde dans les prochaines décennies.

Évolution de la population de cinq espaces linguistiques définis selon la langue officielle

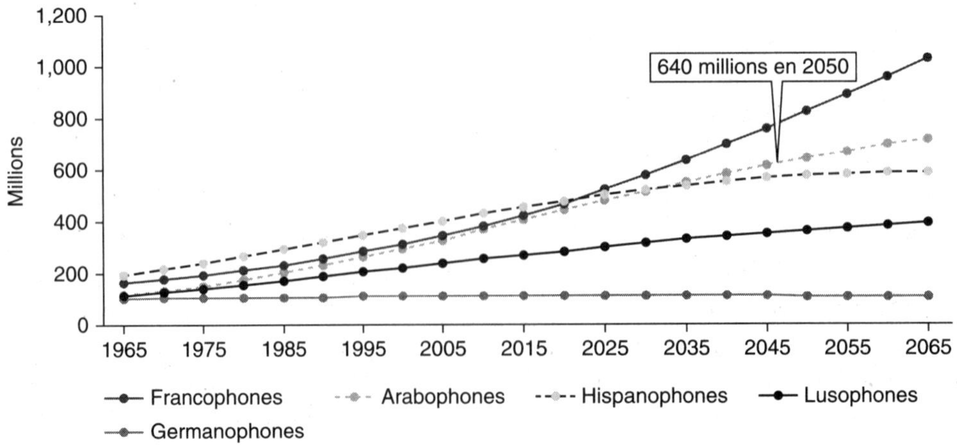

1. Quel est le but de l'article ?

    (A) C'est de faire le bilan des langues dans le monde.
    (B) C'est de comparer le français et l'anglais sur Internet.
    (C) C'est de considérer l'usage du français dans l'avenir proche.
    (D) C'est d'encourager les jeunes à parler le français.

2. Quel est un avantage important de l'utilisation de la langue française dans les pays où c'est l'une des langues officielles ?

   (A) Elle permet de se rappeler le passé colonial du pays.
   (B) Elle est utilisée autant que l'anglais dans le monde numérique.
   (C) Elle est commune à une population plurilingue dans les pays francophones.
   (D) Elle sera bientôt la langue commune des pays africains.

3. Que peut-on dire de l'importance de la langue française dans le monde selon cet article ?

   (A) Elle est plus parlée que l'espagnol et l'anglais dans le monde.
   (B) C'est une seconde langue très cotée en union européenne.
   (C) C'est l'une des deux langues les plus utilisées sur Internet.
   (D) Elle est fortement appréciée dans les cercles littéraires.

4. Dans le contexte de l'article, quel est la signification du mot « conjuguer » (ligne 18) ?

   (A) Harmoniser
   (B) Attribuer
   (C) Augmenter
   (D) Créer

5. Quelle caractéristique de la population francophone dans le monde est mentionnée dans l'article ?

   (A) Elle est majoritaire en Europe.
   (B) Elle est monolingue.
   (C) Elle est plutôt jeune.
   (D) Elle réside dans des pays développés.

6. Dans la phrase « Un pari dont l'ambition n'a d'égal que les opportunités que renferme le numérique », de quel pari s'agit-il ?

   (A) Faire du français la langue du commerce dans le monde
   (B) Faire du français la langue du jeu numérique dans le monde
   (C) Faire du français la langue de la diplomatie dans le monde
   (D) Faire du français la langue dominante d'Internet dans le monde

7. Que peut-on prédire sur l'Afrique francophone d'après cet article ?

   (A) Le nombre d'Africains francophones continuera d'augmenter.
   (B) L'Afrique francophone va augmenter ses capacités numériques.
   (C) L'Afrique francophone va développer ses économies.
   (D) Le nombre d'Africains francophones fera expansion sur tout le continent.

8. Quel est le ton dans le dernier passage du texte ?

   (A) Cynique
   (B) Optimiste
   (C) Moqueur
   (D) Sceptique

9. D'après le tableau, laquelle des déclarations suivantes est vraie ?
   (A) Il y aura plus de francophones que d'hispanophones dans le monde en 2050.
   (B) Il y aura moins de francophones que d'hispanophones en 2035.
   (C) Il y aura autant d'arabophones que de francophones en 2035.
   (D) Il y aura un plus grand nombre de germanophones qu'aujourd'hui.

10. D'après le tableau, que peut-on conclure pour les 50 années à venir ?
   (A) Seul le français continuera d'augmenter progressivement.
   (B) L'arabe va évoluer autant que le français au cours des années.
   (C) En 2065, le nombre de francophones atteindra environ mille millions.
   (D) En 2065, le nombre d'hispanophones atteindra environ deux mille millions.

11. On trouve le fait suivant dans les deux sources.
   (A) Le français est surtout parlé et appris en Europe.
   (B) Le français est la langue la plus utilisée en diplomatie.
   (C) Le français et l'anglais sont des langues internationales.
   (D) Le français va être parlé par de plus en plus de personnes.

12. Pour faire une présentation basée sur l'article et le tableau, quel titre de livre choisiriez-vous ?
   (A) *L'extinction des langues parlées*
   (B) *L'origine des langues*
   (C) *L'importance des langues*
   (D) *Langues et démographies*

Sélection 18

Thème du Cours : Famille et Communité/Défis mondiaux

INTRODUCTION

Le texte et le tableau suivants se trouvent sur le site JETTEPASPARTAGE qui s'inscrit dans le guide proposé par la Direction générale de l'alimentation du ministère en charge de l'agriculture (DGCCRF).

Qui sommes-nous ?

Nous avons mis en place www.jettepaspartage.fr pour proposer une solution aux personnes et aux entreprises qui souhaitent éviter le gaspillage alimentaire et des produits d'hygiène. Une nouvelle initiative qui montre bien que des systèmes et des solutions basés sur les principes de l'économie circulaire peuvent encore naître dans un monde où la responsabilité collective devient de plus en plus réelle. Nous avons réuni des bénévoles qui se retrouvent sur les principes fondamentaux de partage, de générosité et de développement durable.

Guide des dons

Ce guide est essentiel. Bien plus qu'une obligation règlementaire, **il s'agit d'un sujet de santé**. Un produit sain peut devenir un produit toxique à risque. Attention, la date de péremption figurant sur l'étiquette perd toute validité dès lors que les conditions de conservation et notamment la température de conservation n'ont pas été respectées.

Les réflexes avant de mettre un don en ligne : S'assurer du respect de la chaîne du froid et des bonnes pratiques de conservation des produits proposés. Les températures de conservation des produits à respecter dans le cadre de la chaîne du froid (Source DGCCRF) :

Catégorie de denrées	Températures de conservation
Poissons, crustacés et mollusques cuits, viandes cuites, produits en cours de décongélation, produits frais entamés, plats cuisinés maison élaborés à l'avance, etc.	0°C + 4°C
Viandes crues, poissons non cuits, charcuteries, pâtisseries à la crème, produits frais au lait cru, fromages découpés, etc.	+ 4°C maximum
Fruits et légumes prêts à l'emploi	+ 4°C
Produits laitiers frais, œufs, desserts lactés, beurres et matières grasses, etc.	+ 6°C à + 8°C
Tout aliment congelé	− 12°C
Tout aliment surgelé, glaces, crèmes glacées et sorbets	− 18°C

Retenez qu'une tolérance de +3°C en surface est acceptable, soit +7°C pour les produits périssables, et -15°C pour les produits congelés.

Pour les produits qui ont une Date Limite de Consommation (DLC) : vérifiez cette date à partir de la mention « **A consommer jusqu'au** . . . ». Les produits attribués aux associations doivent être remis 72h avant leur date limite de consommation. Cette date ne doit pas être dépassée le jour de la remise des produits si le don est proposé à un particulier.

Pour les produits qui ont une Date Limite d'Utilisation Optimale (DLUO) autrement appelée Date de Durabilité Minimale (DDM) : si cette date est dépassée, vérifiez l'aspect et l'odeur du produit. Cette date est présentée à la suite de la mention **« A consommer de préférence avant le . . . »**.

En synthèse :

- S'assurer de la fraîcheur des produits et du respect des bonnes pratiques de conservation
- Les produits frais ou congelés ne doivent pas avoir été déballés ni percés
- Les produits qui n'ont pas été conservés dans de bonnes conditions (rupture de la chaîne du froid, stockage à l'humidité, présence de nuisibles . . .)
- Ne pas donner un produit que l'on n'aimerait pas collecter.
  SI VOUS AVEZ UN DOUTE, NE METTEZ PAS LE DON EN LIGNE.

www.jettepaspartage.fr décline toute responsabilité à l'égard des produits proposés et collectés. Il appartient aux donneurs et aux collecteurs de suivre ce guide des dons avec attention et de vérifier que les produits puissent être consommés ou utilisés sans danger pour autrui. Nos bénévoles sont sensibilisés à ce guide et assurent le suivi et la traçabilité de la chaîne du froid lors de l'acheminement des produits.

1. Quelle est la motivation des fondateurs de l'initiative JETTEPASPARTAGE ?

   (A) De contribuer à un monde responsable et bienveillant
   (B) De créer une nouvelle économie globale
   (C) De rémunérer les donateurs alimentaires
   (D) De faire concurrence aux grandes chaînes alimentaires

2. Quelle est l'intention du message dans l'infographie ?

   (A) Encourager à faire des dons aux églises et aux banques alimentaires
   (B) Encourager à donner des produits frais aux gens qui en ont besoin
   (C) Encourager à ne jamais publier la liste des dons en ligne
   (D) Encourager les auteurs de dons alimentaires à suivre un protocole

3. Qu'est-ce qui est plus important que la date de péremption d'un produit alimentaire ?

   (A) La date de fabrication
   (B) La température de conservation
   (C) L'origine locale
   (D) La fiabilité du donateur

4. Dans la première catégorie de denrées du tableau, que veut dire l'adjectif « entamé » ?

   (A) Cuit
   (B) Cru
   (C) Commencé
   (D) Emballés

5. Dans le tableau, quelle denrée supporte la plus haute température ?

   (A) Les fruits et légumes
   (B) Les fruits de mer
   (C) Les produits laitiers
   (D) Les produits surgelés

6. Quelle sorte de renseignements obtient-on dans l'infographie concernant les dates limite (DLC et DLUO) ?

   (A) Comment les interpréter
   (B) Où les trouver sur un site Internet
   (C) Quand on peut les ignorer
   (D) Pourquoi il faut les respecter

7. Où les gens intéressés peuvent-ils trouver des renseignements supplémentaires concernant l'initiative ?

   (A) Dans les supermarchés
   (B) Sur le site www.jettepaspartage.fr
   (C) Dans les banques alimentaires
   (D) Sur le site du gouvernement français

8. Quel message est-ce que l'initiative JETTEPASPARTAGE exprime dans le dernier paragraphe ?

   (A) Elle ne pourra pas être suivie en justice.
   (B) Elle cherche davantage de bénévoles.
   (C) Elle vérifie soigneusement les dons et les collectes d'aliments.
   (D) Elle prend ses propres responsabilités au sérieux.

Sélection 19

Thème du cours : Famille et communauté / Quête de soi

Vous avez 3 minutes pour lire l'introduction et pour parcourir les questions.

INTRODUCTION

Dans cette lettre, un médecin s'adresse à ses patients.

Cher Monsieur/ Chère Madame,

C'est avec regret que je vous annonce qu'après une carrière de quarante ans, je vais me retirer à la campagne. Avec mon épouse, nous comptons militer pour la protection des animaux, une cause qui nous a toujours tenu à cœur et à laquelle nous voulons contribuer davantage. Je compte aussi rester actif dans le domaine de la santé en tant que consultant cardiologue dans un petit hôpital qui est tout près de notre domicile à la campagne.

Mes chers patients, j'ai l'honneur d'annoncer que le docteur Maurice Dutronc dirigera dorénavant mon cabinet médical. Le docteur Dutronc, un médecin notablement respecté dans notre profession et que je connais depuis onze ans, recevra tous vos dossiers pour faciliter votre transfert à son cabinet, si vous nous donnez votre accord. Le docteur Dutronc a été reconnu internationalement pour ses recherches dans le domaine des maladies cardiovasculaires ; il est éminemment compétent. De plus, il est spécialisé et formé en tant que généraliste et cardiologue.

Mon cabinet médical, sous le patronage du docteur Dutronc, gardera le même numéro de téléphone et les mêmes heures de service que moi. Le personnel soignant qui vous a entourés et qui s'est dévoué à vous tous continuera d'exercer ses fonctions.

Pour faciliter la transition, je vous demande de répondre aux questions suivantes :

- Comptez-vous continuer de fréquenter ce cabinet ?
- Donnez-vous votre consentement au transfert de votre dossier médical à mon successeur ?
- Quels conseils aimeriez-vous donner au Docteur Dutronc pour mieux vous servir ?

Le rôle que j'ai pu jouer dans la vie de tant de gens s'est avéré être un énorme et inoubliable plaisir. Je vous remercie de m'avoir fait confiance au fil des années. Je vous suis reconnaissant d'avoir enrichi ma vie. Dans certains cas, j'ai eu la chance de traiter trois générations de familles et donc de forger des liens avec des familles entières. Je ne vous oublierai pas.

Je vous souhaite de rester en bonne santé et de bien profiter de l'expertise et des soins du docteur Dutronc.

Mes sincères salutations,

Docteur Roland

1. Pourquoi le docteur Roland a-t-il écrit cette lettre ?

(A) Pour trouver des patients
(B) Pour annoncer son changement d'adresse
(C) Pour informer ses patients d'une intervention unique
(D) Pour annoncer sa retraite

2. Dans le contexte du premier paragraphe, que signifie que la cause a « tenu à cœur » (ligne 3) au couple ?

    (A) Elle les a troublés.
    (B) Elle les a émus.
    (C) Elle les a rendus tristes.
    (D) Elle leur a causé des regrets.

3. Qu'est-ce que les patients du docteur Roland ont suscité en lui ?

    (A) Un grand bonheur et une grande fierté professionnelle
    (B) La joie de voir naître leurs enfants et petits-enfants
    (C) L'inquiétude de ne pas pouvoir aider sa communauté
    (D) Le stress causé par des obligations ingrates

4. Quelle caractéristique décrit le successeur du docteur Roland ?

    (A) Il a trois spécialisations médicales.
    (B) Il a traité des patients en dehors du pays.
    (C) Il est apprécié par ses confrères.
    (D) Il a fait des découvertes en cardiologie.

5. A quoi le docteur Roland demande-t-il le consentement de ses patients ?

    (A) Au transfert de données confidentielles
    (B) Au transfert du personnel soignant
    (C) À son partenariat avec un nouveau médecin
    (D) À une expérimentation médicale

6. De quoi le docteur Roland veut-il s'assurer à ce moment ?

    (A) Que le docteur Dutronc pourra s'installer tout de suite
    (B) Que le docteur Dutronc sera bien accueilli par les infirmiers
    (C) Que ses patients continueront d'avoir de bons soins
    (D) Que ses patients ne lui manqueront pas trop

7. Comment répondriez-vous au docteur Roland si vous receviez cette lettre ?

    (A) Cher ami
    (B) Bienvenue
    (C) Cher docteur
    (D) Bonjour

Sélection 20

Thème du cours : Vie contemporaine/ Quête de soi

INTRODUCTION

Dans cette lettre, un professeur d'anglais écrit une lettre qui décrit une de ses étudiantes.

Jean-Marie Rocard

Lycée général et technologique Victor Schoelcher

Rue Marie-Thérèse Gertrude - 1602
97262 Fort-de-France

Tél : 05 96 71 30 33

Ligne

Monsieur, Madame,

J'ai eu la joie d'être le professeur de Victorine Fontaine pendant trois années en tant que professeur d'anglais au lycée Victor Schoelcher.

C'est une étudiante exceptionnelle au point de vue académique et elle possède des qualités impressionnantes au point de vue personnalité et caractère. Ses attributs personnels lui ont mérité d'être élue Présidente de notre Conseil d'Etudiants. Dans cette capacité, elle a initié le lancement d'un projet de sensibilisation aux outils permettant de gérer ses données sur les sites web et sur les grands réseaux sociaux.

En termes généraux, je souligne que sa curiosité intellectuelle, sa perspicacité et son intelligence sont au-dessus de la moyenne. J'ajoute que sa compréhension du fonctionnement des langues et surtout sa facilité à communiquer en anglais est remarquable. Victorine a gagné des concours d'essai et de poésie en français, en anglais et en espagnol. Le français est sa langue maternelle mais elle pratique et améliore l'anglais et l'espagnol depuis la petite enfance au cours de ses voyages. Pensez donc: elle se destine maintenant à démarrer des études de chinois, ce qu'elle perçoit comme un défi.

De vastes discussions avec mes collègues ont confirmé que Victorine Fontaine est extrêmement douée en informatique et a surpassé les exigences très strictes de ses professeurs dans tous les cours suivis en systèmes d'information de gestion.

Je vous encourage donc fortement à accepter Victorine Fontaine dans votre série de stages continus en logiciels de sécurité informatique qui aura lieu cet été. Elle sera un atout considérable à vos équipes de logiciens, non seulement parce qu'elle a déjà prouvé ses compétences académiques, mais aussi parce qu'elle s'est avérée avoir des dons de communication exceptionnels en plusieurs langues. On ne peut pas s'empêcher d'admirer le talent et le travail hors-mesure d'une jeune fille qui a créé, en trois langues, un *Guide de la Communication au Sein de la petite Entreprise* comme projet pour un de ses cours.

Je vous présente mes sentiments les plus distingués,
Jean-Marie Rocard

1. Quel est le but de la lettre ?

    (A) De trouver un emploi pour une jeune étudiante
    (B) D'inscrire une jeune étudiante à un concours
    (C) De fournir une recommandation à une jeune étudiante
    (D) D'inscrire une jeune étudiante à un cours de gestion

2. Qu'est-ce que Victorine a fait comme présidente du Conseil d'Etudiants ?

    (A) Elle a planifié l'initiation des nouveaux membres d'un club du lycée.
    (B) Elle a entrepris d'aider ses camarades à protéger leurs faits personnels.
    (C) Elle a créé un nouveau logiciel informatique.
    (D) Elle a développé un site web pour son lycée.

3. Que peut-on dire de la prédilection de Victorine pour les langues ?

    (A) Elle les a apprises récemment.
    (B) Elle les parle aux membres de sa famille.
    (C) Elle les parle depuis sa naissance.
    (D) Elle les pratique chez elle et en voyage.

4. Quel est l'importance du chinois pour Victorine ?

    (A) Elle a l'intention de l'apprendre.
    (B) Elle commence à le bien comprendre.
    (C) Elle pense que ce sera facile à apprendre.
    (D) Elle est ravie de le savoir.

5. A quoi est-ce que Victorine voudrait participer cet été ?

    (A) À une formation de moniteurs de camp
    (B) À un travail de petite entreprise
    (C) À une formation préprofessionnelle
    (D) À un cours de langues asiatiques

6. Quel mot pourra remplacer le mot « atout » (ligne 24) ?

    (A) Avantage
    (B) Collaborateur
    (C) Nouveauté
    (D) Inspiration

7. Qu'est-ce que Victorine pourrait raisonnablement dire à la fin d'une note au professeur qui a écrit cette lettre ?

    (A) Je vous remercie de l'attention que vous porterez à ma candidature.
    (B) Je reste à ta disposition pour convenir d'un rendez-vous.
    (C) Merci mille fois pour ton aide.
    (D) Je tiens à vous exprimer ma sincère reconnaissance pour votre soutien.

Answer Explanations—Multiple-Choice Reading Selections

Sélection 1

L'espace au service de notre terre

1. **(D)** The main purpose of the document is to show how satellites can be used to analyze the environment, "*Enrichissent constamment notre connaissance factuelle de l'écosystème de la Terre.*"
2. **(C)** The text says that Gagarin's (Gagarine's) words were the first ones uttered in space, "*Premiers jamais prononcés dans l'espace.*"
3. **(B)** The main idea in the paragraph is that observation from space helps humankind better take care of planet Earth: "*notre planète.*"
4. **(A)** The passage suggests that human activity is negatively impacting Earth, "*L'impact de l'activité humaine sur la Terre, les dommages potentiels.*"
5. **(B)** The passage states that satellites help scientists quickly detect natural disasters, "*Les tremblements de terre . . . sont souvent visibles depuis l'espace.*"
6. **(B)** *Le pouls* is the pulse or the measure of the health of Earth.
7. **(D)** We know what the conditions on Earth are at the present time. The last paragraph gives several clues about the correct answer.

Sélection 2

La voiture électrique

1. **(A)** Responses 1 and 2 demonstrate a generally positive attitude toward electric cars with only a few reservations, "*Non si c'est pour rouler . . . à condition que . . .*"
2. **(B)** Both instances of *bonnes nouvelles* reassure the people polled that their worries and reservations are unfounded.
3. **(D)** The response states that the price is a concern, "*Cela dépend du prix d'achat et d'amortissement.*"
4. **(C)** Response 4 suggests that having more power plants will result in more waste treatment problems, "*On ne sait . . . quoi faire des déchets.*"

Sélection 3

Les différences économiques entre riches et pauvres

1. **(D)** The passage states that the cost of a seafood dish can also be the amount of money some people have to buy groceries for an entire month. "*C'est le prix d'une entrée de fruits de mer dans un chic steak house. . . . C'est aussi ce qu'il reste à plusieurs assistés sociaux pour faire l'épicerie du mois au complet.*"
2. **(B)** *Les assistés sociaux* are the people who receive help from society.
3. **(B)** The main idea in the passage is that the rich get richer, "*Une large part de la croissance économique a profité aux riches.*"
4. **(D)** The passage states that families with children have a difficult time finding an apartment they can comfortably pay for, "*La misère à se loger parce que les logements sont de plus en plus chers, surtout les appartements de grande taille qui permettent de loger une famille.*"
5. **(A)** The passage states that more than a third of the population in Québec spent 30% of their income for housing in 2006, "*Le pourcentage des familles locataires consacrant plus de 30% de leurs revenus au logement a grimpé. . . .*"

6. **(B)** Clues are provided in the passage. For example, the construction of luxury housing has not slowed down and rising prices do not discourage wealthy buyers, "*L'escalade des prix . . . ne semble pas décourager . . .*"
7. **(C)** The passage states that real estate reflects the global financial situation in society, "*L'immobilier est le reflet d'un écart . . .*"
8. **(D)** The article claims that social inequalities have increased in the entire world, "*Le Canada et le Québec n'échappent pas à ce phénomène mondial.*"
9. **(D)** Many clues in the reading point to the situation getting worse or deteriorating: *"le fossé se creuse"* in the title as well as the conjunction *"tandis que,"* which introduces a contrast to the economic well-being of the rich.
10. **(D)** The purpose of the passage is to bring attention to a worldwide social problem.
11. **(C)** M. Gurria suggests that the widening gap between rich and poor must be narrowed, "*La polarisation économique devient carrément dangereuse.*"
12. **(B)** A journalist should look at all angles of an issue. The other answers are inappropriate in the context of this article.

Sélection 4

Vacances en Martinique

1. **(B)** The passage states that the stranded travelers would have to spend a lot of money to get home immediately, "*Il reste peu de solutions et toutes onéreuses.*"
2. **(A)** The reading says that huge rainfalls have caused floods, "*le déluge.*"
3. **(B)** *Une rude épreuve* is a rough test. In other words, it is a tough obstacle. Several context clues support this.
4. **(A)** The passage states that the airplane company's flights are delayed, "*Corsair a accepté de les embarquer sur un vol ultérieur . . .*"
5. **(A)** The phrase *sale temps* can be interpreted literally as bad weather and figuratively as bad luck.
6. **(D)** The text offers clues that illustrate the adverse consequences of bad weather on tourism: "*Le déluge . . . a empêché . . .*"

Sélection 5

Le harcèlement scolaire

1. **(D)** The title shows that this document is about ensuring the security of school children. Many clues within this document (which was issued by a French government agency—the Department of Education) indicate that it is for the general public.
2. **(A)** The passage states that *le harcèlement* (bullying) is defined as repeated attacks on given students by peers or schoolmates, "*L'usage répété de la violence.*"
3. **(C)** The act of *désocialisation* (creating or becoming social outcasts) is given as a possible consequence of bullying.
4. **(A)** *Sensibiliser* is the equivalent of making people sensitive to something. In other words it means to create knowledge and awareness (*connaître*).
5. **(C)** The phrase "*l'affaire de tous*" in the title is supported by subsequent details that everyone has to get involved.
6. **(D)** Paragraphs IV and V state that students, parents, and staff must jointly fight bullying.
7. **(D)** The introduction stated that the Internet and social networks have created a new, powerful form of bullying, "*[U]ne nouvelle variante particulièrement redoutable repose sur l'usage d'Internet.*"

8. **(C)** The initiative from the French Education Department aims at finding solutions to a serious problem at all levels, "*Un guide est diffusé au sein de tous les établissements, de la maternelle au lycée.*"

Sélection 6

Interview roman "La Domination"

1. **(C)** The father is described as living a double life, a "*double vie.*"
2. **(A)** The author explains that she is interested in identity quests, "*chaque écrivain a ses propres obsessions.*"
3. **(B)** The author dissociates her writing from herself, "*Je ne suis pas ce que j'écris.*"
4. **(D)** The author states that the task of writing is intimidating, "*L'école de l'humilité.*"
5. **(A)** The author states that revealing her life might stifle her creativity, "*Elle craint aussi d'écrire le livre de sa vie, ce livre total qui bridera son inspiration.*"
6. **(B)** The word *fantasmé* (which has a ghostlike quality) also means "imagined" or "imaginary." This is supported by the fact that the author imagined/created the character of a brother.
7. **(B)** The author distinguishes the role of the writer from the role of the narrator. She created the character of a brother as the narrator in her book so that her narration would feel less biographical. She is the writer, but the imaginary brother is the narrator.
8. **(C)** The author uses the character of a brother to expose family secrets and to distance herself from the autobiographical story, "*Se glissant dans la peau d'un narrateur masculin.*"
9. **(D)** The author stated that she is most at ease when writing complex novels, "*J'aime qu'un texte me résiste.*" This means that she likes grappling with a text.

Sélection 7

L'enfance de Monet

1. **(D)** The reading states that Monet's father had business outside of Paris, "*Au Havre . . . pour suivre ses intérêts de plus près.*"
2. **(C)** The passage says that the young Monet liked the great outdoors, "*Au grand air.*"
3. **(D)** The passage states that at school, Monet spent his time drawing in his books and notebooks, "*J'enguirlandais la marge de mes livres.*"
4. **(B)** The reading says that at the age of fifteen, Monet earned money by drawing portraits of people all over town, "*Je me fis payer mes portraits.*"
5. **(C)** Several clues within the passage indicate that Monet lived "*une vie assez irrégulière, mais très saine.*"
6. **(A)** This answer addresses the fact that Monet did not like discipline in general or school in particular, "*Le collège m'a toujours fait l'effet d'une prison.*"

Sélection 8

Enseignement secondaire en Afrique

1. **(D)** The passage states that all children should be able to finish "*le cycle secondaire.*"
2. **(C)** The reading says, "*L'enseignement secondaire coûte davantage que le primaire.*"
3. **(C)** The information states that young boys have a better chance to get a secondary education than their female counterparts, "*L'exclusion des filles du secondaire.*"
4. **(A)** The passage states that the lack of secondary education has far-reaching implications, "*La santé des mères et des enfants à la prévention du VIH/sida, en passant par la sécurité environnementale.*"

5. **(A)** Several clues in the passage indicate that the secondary school instruction of young people is essential in a balanced, prosperous global world.

Sélection 9

Que font les jeunes de leurs loisirs ?

1. **(A)** This expression encompasses the range of activities done at home.
2. **(C)** Girls are more likely to read, "*Les filles sont plus nombreuses à lire.*"
3. **(C)** Children still follow the example of their parents, "*Les choix des parents constituent souvent un modèle.*"
4. **(D)** This category is typified by one who enjoys a range of more traditional electronic entertainment, "*Les jeunes qui privilégient l'audiovisuel traditionnel (télévision, vidéo, DVD) et les jeux vidéo (16%).*"
5. **(C)** The article maintains that parents still have the most influence over their children, "*Les choix des parents constituent souvent un modèle,*" and "*Il y a un lien fort entre le comportement culturel des enfants et celui des parents.*"

Sélection 10

Afrique-la décortiqueuse

1. **(B)** Although this invention meets the needs of the local population, it does not measure up to global standards, "*Globalement, l'Afrique est en retard dans la course scientifique.*"
2. **(D)** The goal of NEPAD is to modernize African life on several levels.
3. **(D)** In the area of solar energy, African nations have made little progress, "*Mais son adoption a fait peu de progrès.*"
4. **(A)** Kenya is one of the more advanced nations in Africa, "*Des pays comme . . . le Kenya . . . possèdent déjà une base scientifique et technologique relativement développée.*"
5. **(B)** M. Janneh envisions a growth of scientific development that will bring on progress, "*Les innovations d'aujourd'hui jetteront les bases du développement économique et social de demain.*"
6. **(B)** The tone of the article is hopeful, "*Des pays . . . pourraient . . . mettre sur pied des établissements technologiques et scientifiques de haut niveau.*"

Sélection 11

Le Maroc

1. **(D)** From the beginning, it is an invitation to travel through a region as reflected by words like "*excursion.*"
2. **(A)** "*Une oasis . . .qui ravit les gourmands*" is a clue that it is a sweet or at least something edible and enticing since "gourmands" describes someone who loves food.
3. **(B)** The village has almond and olive trees as well as other fruit trees. Answer B refers to orchards (*vergers*).
4. **(C)** Within the context, which aims to entice people to travel through the valley, one can infer that the adjective "*incontournable*" describes something that cannot be missed or avoided.
5. **(D)** By process of elimination and remembering that *miel* (honey) was already mentioned as a specialty in the region, the answer will be something that will please foodies and is made with honey.
6. **(A)** In the fourth paragraph, one finds out that the collective beehive is a heritage passed down by the Berber people, "*le rucher collectif. . .constitue un patrimoine historique berbère.*"

Sélection 12

Table gourmande

1. **(B)** The idea is to make all the wonderful food in the city available to everyone, *"le festival veut démocratiser la cuisine."*
2. **(C)** The festival takes place in November, which is not during a major touristic season, *"cette période touristique plus tranquille."*
3. **(D)** A secondary goal of the festival is to attract clients to the other businesses in each area, *"être l'occasion de visiter d'autres commerces de proximité."*
4. **(B)** These are the owners of other commercial enterprises in the area who will benefit from those who discover their neighborhood treasures (*découvrir ou redécouvrir votre quartier*) when they dine at the featured restaurants.
5. **(A)** With this prepayment system, diners will be more likely to honor their reservations, *"les restaurateurs qui s'assurent que leurs réservations soient honorées."*

Sélection 13

Voltaire's Candide

1. **(D)** There was a belief that he was the son of the baron's sister, making him a nephew, *"il était fils de la soeur de monsieur le baron."*
2. **(C)** The gentleman's nobility was in question with no sufficient family tree to trace, *"son arbre généalogique avait été perdu."*
3. **(A)** His castle had a door and windows, *"Monsieur le baron était un des plus puissants seigneurs de la Westphalie, car son château avait une porte et des fenêtres."*
4. **(D)** She was not thin, weighing 350 pounds, *". . . pesait environ trois cent cinquante livres."*
5. **(B)** He attempted to be logical and was surely an optimist, believing that this was the best of all worlds, *"ce meilleur des mondes possible."*
6. **(A)** Candide was chased physically from the castle by the baron, *". . . chassa Candide du château à grands coups de pied dans le derrière."*
7. **(A)** It was a message of false optimism because the title character was kicked out of the castle and separated from his true love in what was described as the most beautiful and pleasant of places.

Sélection 14

Jules Verne's Le Tour du monde . . .

1. **(A)** His life was isolated because of the lack of socialization, *"ni femme ni enfants—ni parents ni amis."*
2. **(C)** He paid no attention to others.
3. **(C)** The club was dominated by its silence and lack of interaction.
4. **(D)** The exclusive nature of the club is revealed by the importing of ice from America, *glace venue à grands frais des lacs d'Amérique.*
5. **(C)** Fogg demanded precision, firing Forster for delivering water that was two degrees off, *de l'eau à quatre-vingt-quatre degrés Fahrenheit au lieu de quatre-vingt-six.*
6. **(B)** His name, skeleton key in English, and his past indicated a man of many talents.
7. **(A)** The style is full of details and exactitude.

Sélection 15

SpaceX and Tesla

1. **(D)** There is a convertible (*décapotable*) in the craft with a mannequin (Starman).
2. **(C)** There are several references to the enormous distance that this craft will travel, *"traverser 38,9 fois toutes les routes du monde;"* it will traverse almost 40 times the distance of all roads on Earth. Numerous space references are mentioned such as *Mars, Terre, Soleil,* and *Venus.*
3. **(A)** He succeeded by using scientific resources such as *HiRISE, MRO,* and *Jet Propulsion Laboratory de NASA.*
4. **(A)** *"La décapotable entrera en collision . . . dans les 10 millions d'années à venir."* The spacecraft will likely crash in tens of millions of years.
5. **(B)** Since there is no evidence that the inclusion of the Tesla car will have any functional purpose, the inference is that it promotes the brand of the car and its creator.
6. **(C)** Half of the people surveyed placed a high priority on analyzing the connectivity functions.
7. **(C)** Sixty-five percent of people wanted function and comfort analyzed.
8. **(B)** When added up, these take up almost half of the market.
9. **(B)** Both sources let us predict future transportation means (in space and on the roads).
10. **(D)** In both sources, the Tesla is the symbol of personal transportation in the future.

Sélection 16

Les sans-abris

1. **(C)** The psychological and physical conditions of the homeless are affected by their condition, *"incidences directes sur l'intégrité physique et psychologique."*
2. **(A)** Their condition increases their vulnerability to violence and bullying.
3. **(B)** The strategy is to gather all those involved in dealing with this problem, *"véritables consultations auprès de tous les intéressés."*
4. **(D)** The lack of an internationally agreed upon definition of homelessness, *"l'absence de définition internationalement reconnue"* stands in the way of more progress.
5. **(B)** Poverty is the one common point among the homeless worldwide, *"la pauvreté était un dénominateur commun."*
6. **(C)** This policy has led to a greater number of those with mental disorders joining the ranks of the homeless, *"des personnes souffrant de troubles mentaux sont venues grossir les rangs des sans-abris."*
7. **(B)** The goal of this document is to establish a universal definition of homelessness and educate those who read it.
8. **(A)** This problem occurs worldwide and deserves the efforts of every society to solve.
9. **(C)** The 30 to 49 age range includes the most homeless people.
10. **(A)** Many homeless people are lodged in hotels.

11. **(B)** Couples without children are the most likely to have "ordinary" lodgings.
12. **(C)** Official means to aid homeless people would be the best article.

Sélection 17

La langue française

1. **(C)** There are many clues (including the title) that this article explores possibilities for the place of the French language in the world and in the near future.
2. **(C)** The French language is a common language in some regions and countries where people speak many different languages, "*principale langue véhiculaire dans de nombreux pays marqués par une hétérogénéité de cultures et de dialects.*"
3. **(B)** The true statement is that French is the second most learned language in the European Union, "*deuxième langue étrangère apprise dans l'Union européenne.*"
4. **(A)** In the context of the text, the verb *conjuguer* (ligne 18) is used as in making something fit appropriately, in this case with economic growth.
5. **(C)** The francophone population in the developing world is rather young, "*plus de la moitié de leur population est âgée de moins de 35 ans.*"
6. **(D)** Within the *Francophonie*, it is the secretary's wish to have French become the dominant language on the Internet, "*. . . entend se saisir d'Internet pour positionner la langue française sur l'échiquier mondial en en faisant la langue de l'internet.*"
7. **(A)** The French-speaking population of Africa will only augment in the future, "*Cette croissance du nombre de francophones . . . le résultat de la croissance démographique qui s'opère sur ce continent.*"
8. **(B)** The tone is optimistic, "*nul doute que la langue de Molière a encore de longs et beaux jours devant elle.*"
9. **(A)** In 2050, there will be more speakers of French than Spanish.
10. **(A)** Only French will continue to acquire more speakers in the next 50 years.
11. **(D)** Both sources mention that the French speakers of the world will augment in numbers.
12. **(D)** The book on languages and demographics would cover what was in the two sources.

Sélection 18

Guide des Dons/Jettepaspartage

1. **(A)** The goal of the association is to contribute to a responsible and kind world by promoting the safe gift of food, "*un monde où la responsabilité collective devient de plus en plus réelle.*"
2. **(D)** The main message provides a guide on how to gift or share food, "*Ce guide est essentiel. Bien plus qu'une obligation règlementaire, il s'agit d'un sujet de santé.*"
3. **(B)** The temperature at which food is kept is crucial as shown by the chart.
4. **(C)** The meaning of the adjective *entamé* in this context is "opened/started."
5. **(C)** Dairy products tolerate slightly higher temperatures than seafood, fruits and vegetables, or frozen foods.

6. **(A)** It is explained how to interpret the various expiration date terminologies.
7. **(B)** The association has a website and the entire page talks about "*dons en ligne,*" making gifts online.
8. **(D)** At the end, the association takes responsibility for taking safety measures seriously, "*Nos bénévoles . . .assurent le suivi et la traçabilité de la chaîne du froid lors de l'acheminement des produits.*"

Sélection 19

Lettre du Docteur

1. **(D)** The doctor is retiring, *"après une carrière de quarante ans, je vais me retirer."*
2. **(B)** Animal protection, "*militer pour la protection des animaux,*" was always a cause near their hearts, so it moved them.
3. **(A)** The doctor is grateful to his patients for having enriched both his professional life and his personal life, "*Je vous suis reconnaissant d'avoir enrichi ma vie.*"
4. **(C)** The new doctor has been recognized by the medical profession, "*reconnu internationalement . . .*"
5. **(A)** Doctor Roland asks his patients' permission to transfer their confidential data to his successor, "*transfert de votre dossier medical.*"
6. **(C)** Doctor Roland cares about the continuation of care to his patients.
7. **(C)** *Cher docteur* is the appropriate manner to address the doctor.

Sélection 20

Lettre de recommandation

1. **(C)** The letter praises the qualities of a student and is a recommendation.
2. **(B)** Victorine initiated an outreach project that informs students with regards to managing personal data online, "gérer ses données."
3. **(D)** Victorine uses French at home; English and Spanish when she travels.
4. **(A)** Victorine plans to learn Chinese imminently, "*elle se destine maintenant à démarrer des études de chinois.*"
5. **(C)** Victorine wants to do an internship, "*série de stages continus.*"
6. **(A)** *Un atout* is an advantage.
7. **(D)** Victorine would thank her teacher in an appropriate and formal manner.

2

Combined Reading-Listening Selections

Timing is critical with the reading-listening selections. You are allotted only a specific amount of time on the exam to familiarize yourself with the information provided. Be aware of the following limits:

- Reading selection—4 minutes
- Chart/graph—1 minute
- Listening selection with approximately 5 questions—1 minute to preview the instructions and skim the questions
- Listening selection with approximately 10 questions—2 minutes to preview the instructions and skim the questions

Here are some practice selections.

Sélection 1

Thème du cours : Science et Technologie/Vie contemporaine

SOURCE #1

Track 1

Vous avez 5 minutes pour lire les introductions, la source numéro 1 et pour regarder le tableau. Vous pouvez aussi parcourir les questions.

INTRODUCTION

Le sujet de cette sélection est le tourisme spatial. Ce « Mot du président » paraît sur le site de la société ***Uniktourspace.*** Les tableaux qui suivent le mot paraissent sur le même site.

TIP

Think of what the introduction reveals about point of view, purpose, and audience.

De nos jours, l'espace n'est plus le terrain de jeu exclusif des gouvernements et d'institutions officielles telles que la NASA ou l'ESA. Des sociétés privées l'ont mis à portée des civils, et plus particulièrement des voyageurs désirant repousser leurs limites, désirant repousser les limites terrestres.

Nous vous proposons un tout nouveau type de voyage : le tourisme spatial. Grâce à nos partenaires reconnus dont le sérieux dans le domaine n'est plus à remontrer, et en toute sécurité, Uniktour vous offre simplement de voyager dans l'espace. Vous voyagerez seul avec un pilote certifié hautement expérimenté à bord d'une navette. En toute sécurité, profitez de votre vol spatial !

TIP

Note the contrasting words in the quote.

Le tourisme spatial : une réalité

Pour beaucoup, le tourisme spatial est un rêve. Qui n'a jamais imaginé flotter dans l'espace ou fouler le sol lunaire ? Des millions d'êtres humains se sont passionnés pour l'épopée spatiale de juillet 1969, ils ont vécu en direct le célébrissime « Un petit pas pour l'homme, un grand bond pour l'humanité » de Neil Armstrong. C'est avec la génération *Apollo 11* que le désir d'espace s'est vraiment imposé, et aujourd'hui, cette limite que l'on croyait réservée aux Yuri Gagarine paraît plus que jamais franchissable.

Le rêve fou de voler, ce qui semblait une utopie il y a peine plus d'un siècle, est rapidement devenu un moyen de transport démocratisé, pratique et sécuritaire pour traverser de vastes étendues.

Il en sera de même avec le tourisme spatial : les coûts de production et les prix baisseront. Le tourisme spatial sera cependant toujours cher : à l'orée de 2020, on peut estimer le coût d'un tel voyage autour d'une dizaine de milliers de dollars.

Le marché pour un tel tourisme de luxe existe déjà : safari en Afrique australe en lodge de brousse, ascension de l'Everest. . . . Il faudra bien sûr être en bonne santé et en bonne forme physique, mais il n'y a pas de contre indication majeure et tout le monde pourra partir un jour dans l'espace. Le tourisme spatial existe bel et bien et il est en pleine évolution !

Philippe Bergeron
Président

Programme vol subortibal incluant 3 nuitées

Programme	Prix	Altitude	Navette	Spaceport	Quand
Pionnier	95,000 USD	+60 km	Lynx Mark I	Mojave	2015
Club fondateur	100,000 USD	+100 km	Lynx Mark II	Curacao, Mojave	2016
Futur astronaute	100,000 USD	+100 km	Lynx Mark II	Curacao, Mojave	2017

Programme optionnel d'entraînement

Programme	Prix
Vol en jet L-39 Albatross	5,000 USD
G-Centrifuge	4,000 USD
Vol apesanteur	5,500 USD

Track 2

SOURCE #2

Ecoutez le document audio deux fois et répondez aux questions. (Environ 5 minutes)

TIP

For each of these selections, you have two minutes to read the audio introduction and preview the questions—use this time to your advantage so you know precisely what to listen for.

INTRODUCTION

Introduction au document audio (longueur de 2 mn 50 sec)

Cette sélection est un podcast du CNES (Centre National d'Etudes Spatiales).

1. Dans le premier paragraphe de ce passage, quelle évolution relativement récente marque le vol spatial ?

   (A) Il devient plus cher.
   (B) Il est accessible à tous.
   (C) Il est offert par des sociétés privées.
   (D) Il figure dans bon nombre de jeux vidéo.

2. À qui s'adresse M. Bergeron dans sa lettre?

   (A) À ses partenaires commerciaux
   (B) À des gens qui rejettent les contraintes
   (C) À des gens expérimentés dans l'aviation
   (D) À des chefs d'entreprise

3. Que veut dire le mot « bond » dans la citation suivante : « Un petit pas pour l'homme, un grand bond pour l'humanité » ?

   (A) Nouveauté
   (B) Progrès
   (C) Frontière
   (D) Barrage

4. Que peut-on dire à propos des futurs voyageurs de l'espace d'après les données des tableaux ci-joints ?

   (A) Ils pourront s'entraîner à un tarif supplémentaire.
   (B) Ils paieront tous le même prix par voyage.
   (C) Ils passeront une semaine dans l'espace.
   (D) Ce seront les tout premiers pionniers de l'espace.

5. D'après le reportage audio, comment était l'espace en 2004 ?

   (A) Inexploré par les touristes
   (B) Amusant pour les touristes
   (C) Fréquemment visité par les vedettes de cinéma
   (D) Inconnu de tous

6. D'après le reportage audio, que pensent certains « puristes » de l'espace ?

   (A) L'espace n'est pas à conquérir.
   (B) L'espace devrait être accessible à tous.
   (C) L'espace devrait rester un lieu privilégié réservé aux pionniers de l'espace.
   (D) L'espace devrait rester inexploré à cause des dangers qu'il présente.

7. D'après le reportage audio, quelle devrait être une des responsabilités des premiers touristes de l'espace ?

   (A) Ils devraient être reconnaissants à Virgin Galactic.
   (B) Ils devraient partager leurs connaissances à leur retour.
   (C) Ils devraient reproduire l'esprit aventurier de l'humanité.
   (D) Ils devraient payer un plus grand prix pour leur voyage.

8. Qu'est-ce que les deux sources ont en commun ?

    (A) On y mentionne la baisse du coût du tourisme spatial.
    (B) On encourage les jeunes à devenir astronautes.
    (C) On espère que la compagnie Virgin Galactic continuera ses vols.
    (D) On y applaudit les efforts de Monsieur Branson.

9. Quelle idée est mentionnée dans les deux sources ?

    (A) Les effets négatifs du tourisme spatial sur l'environnement
    (B) La promotion du tourisme spatial pour les passionnés d'aventure
    (C) Les dangers et les risques que comporte ce nouveau type de tourisme
    (D) Les nouveaux emplois créés par l'industrie du tourisme spatial

Sélection 2

Thème du cours : Quête de soi

Track 3

SOURCE #1

Vous avez 3 minutes pour lire les introductions et la source numéro 1 et pour parcourir les questions.

INTRODUCTION

Le passage suivant est un extrait d'article dont l'auteur est Corinne Dillenseger, rédacteur en chef du site ci-dessous. Il s'agit de la place de la femme dans les études et carrières scientifiques.

TIP

Note the purpose of the associations.

Faire reculer les stéréotypes, encourager les jeunes femmes à entamer des études scientifiques, c'est le pari des associations *Pascaline* et *Elles bougent*. Après le succès de la campagne « Tu seras Ingénieure, ma fille », un site Internet vient d'être lancé et des rencontres dans toute la France sont au programme.

Le nombre de femmes ingénieures baisse : en 2009 elles ne représentaient que 17% de l'ensemble de la profession. Comment expliquer cette désaffection du sexe féminin pour les carrières scientifiques ? Et surtout comment leur donner envie de s'orienter vers ces filières. Les associations *Pascaline* et *Elles bougent* ont uni leurs efforts pour organiser une grande conférence nationale intitulée : « Tu seras Ingénieure, ma fille ». Une première édition s'est tenue à Paris et a remporté un franc succès auprès des étudiantes. Des prochains rendez-vous sont prévus à Lyon, Nantes et Toulouse. Et parallèlement les associations inaugurent le site tuserasingenieure.com pour permettre aux étudiantes, aux familles et acteurs de l'éducation de s'informer sur ces métiers.

SOURCE #2

Ecoutez la source audio deux fois de suite et répondez aux questions. (Environ 5 minutes)

Track 4

TIP

Compare intro source #2 with intro source #1.

INTRODUCTION

Introduction au document audio (longueur de 2 mn 46 sec)

Dans cette sélection intitulée ***Les femmes et la science***, Claudie Haigneré, spationaute française, parle de l'importance des carrières scientifiques.

TIP

After listening to the 1st playing of the audio, you have one minute to start answering questions before the 2nd playing begins.

1. Dans le document écrit, quelle est la mission des organisations *Pascaline* et *Elles bougent* ?

    (A) De lancer un site Internet pour les femmes ingénieures
    (B) De faire mieux rémunérer les femmes ingénieures
    (C) De pousser plus de jeunes filles à faire des études scientifiques
    (D) De publier des livres qui inspirent les jeunes scientifiques

2. Dans le document écrit, que sont « ces filières », (ligne 7), d'après le contexte ?

    (A) Les directions
    (B) Les familles
    (C) Les produits
    (D) Les universités

3. Pourquoi les associations *Elles bougent* et *Pascaline* ont-elles organisé une conférence nationale ?

    (A) Elles ont besoin de plus de membres.
    (B) Elles recrutent des femmes ingénieurs.
    (C) Elles fonctionnent comme agences d'emploi.
    (D) Elles informent le public sur les métiers scientifiques.

4. Avec quelle idée principale est-ce que Claudie commence son discours dans le document audio ?

    (A) On a besoin de femmes dans les milieux scientifiques et dans le secteur technique.
    (B) Les besoins technologiques vont probablement baisser au 21e siècle.
    (C) Les carrières scientifiques ne sont que pour les gens ultra-intelligents.
    (D) Les jeunes d'aujourd'hui ne se consacrent pas assez aux besoins techniques actuels.

5. D'après le document audio, quel est un rôle important des conseillers pédagogiques des écoles ?

    (A) Ils doivent forcer les jeunes à suivre des cours de mathématiques.
    (B) Ils doivent identifier les élèves les plus brillants.
    (C) Ils doivent inclure les filles dans la poursuite de carrières scientifiques.
    (D) Ils doivent inclure les parents dans les décisions pédagogiques des élèves.

6. Quel message trouve-t-on dans le document écrit et dans le document audio ?

   (A) Les carrières scientifiques intéressent beaucoup de jeunes.
   (B) L'informatique est le secteur le plus motivant pour la jeunesse d'aujourd'hui.
   (C) Les jeunes filles hésitent à se lancer dans des carrières scientifiques.
   (D) Il y a encore beaucoup de femmes au foyer de nos jours.

7. Quel problème est exposé dans les deux documents ?

   (A) On n'encourage pas assez les femmes à se consacrer aux métiers scientifiques.
   (B) Les filles préfèrent toujours les carrières qui leur permettent de jouer un rôle social.
   (C) Les filles ont généralement peur de prendre des décisions importantes pour leur vie.
   (D) Dans le monde du travail, les hommes se méfient traditionnellement des femmes.

8. Si l'interview continuait, laquelle des options suivantes Claudie pourrait-elle ajouter ?

   (A) Je pense que les hommes et les femmes sont traités de la même manière au travail.
   (B) Je voudrais vous donner un exemple de comment on peut soutenir la femme dans une carrière rigoureuse.
   (C) J'ai fait beaucoup trop de sacrifices pour ma carrière.
   (D) Je suis contente de voir qu'il y a plus de femmes scientifiques de nos jours.

Sélection 3

Thème du cours : Vie contemporaine

Track 5

SOURCE #1

Vous avez 2 minutes pour lire les introductions et le tableau et pour parcourir les questions.

INTRODUCTION

Dans cette sélection, on vous donne les résultats d'un sondage concernant les parcs nationaux de France.

Faudrait-il créer davantage de parcs nationaux et de réserves naturelles en France ?	
Oui – de façon à davantage préserver notre patrimoine naturel	48%
Oui – mais en accord avec les populations locales, les éleveurs et les agriculteurs	38%
Non – les collectivités et les associations font déjà du bon travail	6.2%
Non – cela coûte trop cher au contribuable	5%

SOURCE #2

Ecoutez le document audio deux fois et répondez aux questions. (Environ 4 minutes)

Track 6

INTRODUCTION

Dans cette sélection, deux amis discutent de leurs projets de vacances d'été et des parcs nationaux de France. La sélection dure environ 1 mn 30 sec.

1. D'après le tableau, qui veut surtout augmenter le nombre de parcs nationaux ?

(A) Les personnes qui paient beaucoup de taxes.
(B) Les personnes qui n'ont pas de petites fermes.
(C) Ceux qui pensent qu'il faut passer un riche environnement à la prochaine génération.
(D) Ceux qui pensent que cela va améliorer le tourisme et l'économie du pays.

2. D'après le tableau, quelle est l'objection de certaines personnes qui favorisent l'augmentation du nombre de parcs nationaux ?

(A) Le gouvernement français n'a pas assez d'argent pour ce genre de projet.
(B) Les gens qui ont des métiers liés à l'exploitation de la terre doivent participer au projet.
(C) On demande vraiment trop de contributions aux gens qui habitent dans la région.
(D) Les associations locales ne doivent pas participer parce qu'elles ne peuvent pas être justes.

3. Dans le tableau, on mentionne *l'éleveur*. Que fait un éleveur ?

(A) Il élève ses enfants et s'occupe de sa famille.
(B) Il fait pousser des vignes et fabrique du vin.
(C) Il a des troupeaux d'animaux comme les vaches ou les moutons.
(D) Il exploite les forêts et travaille dans l'industrie du bois.

4. D'après la conversation, pourquoi Rémy voudrait-il aller dans les Pyrénées cet été ?

(A) Pour y escalader les montagnes de la région
(B) Pour y louer un chalet dans le parc national des Pyrénées
(C) Pour faire du travail bénévole avec les animaux en danger
(D) Pour y faire des randonnées dans la nature

5. D'après la conversation, quelle est la position de Nathalie concernant les parcs nationaux ?

(A) Elle est d'accord qu'il en faudrait davantage.
(B) Elle pense qu'il y en a assez pour l'instant.
(C) Elle comprend pourquoi certaines personnes n'en veulent pas.
(D) Elle n'est pas d'accord avec le point de vue de Rémy.

TIP

There are often clues to let you know if the questions refer to the text (*D'après la source écrite, le texte or le tableau*) or the audio (*D'après la conversation or le reportage audio*).

6. Quelle est l'attitude de Nathalie à la fin de la conversation ?
   (A) Elle est ouverte d'esprit.
   (B) Elle est pessimiste.
   (C) Elle est raisonnable.
   (D) Elle est enragée.

7. Qu'est-ce que Rémy pourrait dire à la fin de ce dialogue ?
   (A) Je suis tout à fait d'accord avec toi, Nathalie.
   (B) Devenons donc déjà membres de l'association des parcs nationaux !
   (C) Allons passer les vacances sur les plages de la Méditerranée alors !
   (D) Pourquoi m'accuses-tu de ne pas dire la vérité ?

Sélection 4

Thème du cours : Vie contemporaine/Famille et Communauté

Track 7

SOURCE #1

Vous avez 3 minutes pour lire les introductions et la source numéro 1 et pour parcourir les questions.

INTRODUCTION

Il s'agit dans ce document de programmes de jeunesse et de volontariat.

Volontariat

Les programmes Jeunesse Solidarité Internationale (JSI) et Ville Vie Vacances Solidarité Internationale (VVVSI)

La Mission des relations avec la société civile appuie deux programmes spécifiques de chantiers de jeunes : Jeunesse Solidarité Internationale (JSI) et Ville Vie Vacances Solidarité Internationale (VVVSI) . . .

TIP: Note the stated purpose of the VVVSI program.

Le programme VVVSI, qui relève de la politique de la Ville, a été initié en 1991 en tant que déclinaison internationale du dispositif « Ville Vie Vacances ». Il vise à cofinancer des micro-projets, supports de l'échange entre jeunes du Nord issus des « quartiers sensibles », et jeunes du Sud de 15 à 25 ans. L'échange interculturel et la recherche du bien commun sont des vecteurs essentiels d'apprentissage de la citoyenneté et d'insertion, voire de réinsertion sociale pour les publics les plus marginalisés.

TIP: Note the stated purpose of the JSI program.

Le programme JSI a été initié en 1997, sur les mêmes bases paritaires et de parrainage des associations de jeunes, pour répondre à la demande de jeunes ne relevant pas des quartiers sensibles. Il poursuit les mêmes objectifs de mise en oeuvre de micro-projets et d'échanges entre jeunes du Nord et du Sud.

TIP: Underline the words that identify the purpose of both programs.

Ces deux dispositifs permettent de surcroît à la Direction Générale de la Mondialisation, du Développement et des Partenariats de contribuer à la diffusion des bonnes pratiques en matière d'échanges de jeunes à l'international. Des jurys régionaux se réunissent chaque printemps dans les Préfectures et permettent à différents services déconcentrés de l'Etat et aux collectivités territoriales, souvent partenaires financiers des opérations, d'approfondir leur connaissance des projets montés par les équipes de jeunes.

SOURCE #2

Ecoutez la source audio deux fois et répondez aux questions. (Environ 5 minutes)

Track 8

INTRODUCTION

Dans ce podcast téléchargé par Cap24, il s'agit de travail bénévole au profit des jeunes par des groupes associés à l'initiative Ville, Vie, Vacances.

1. Laquelle des options suivantes représente le mieux le but du document écrit ?

   (A) C'est la synthèse de plusieurs études.
   (B) C'est un rapport informatif.
   (C) C'est une quête pour des volontaires.
   (D) C'est la critique d'une organisation.

2. Que peut-on dire des deux initiatives mentionnées dans le document écrit ?

   (A) Elles ne recrutent que des jeunes très intelligents.
   (B) Leur succès laisse à désirer.
   (C) Elles encouragent les échanges culturels.
   (D) Elles encouragent les jeunes à chercher du travail.

3. Qu'est-ce qui distingue les deux initiatives VVVSI et JSI ?

   (A) Elles visent à aider des groupes sociaux différents.
   (B) L'une est internationale et l'autre est locale.
   (C) L'une est gratuite et l'autre payante.
   (D) Seulement l'une des deux est subventionnée par le gouvernement.

4. D'après le reportage audio, quelle est l'originalité de l'initiative Ville, Vie, Vacances ?

   (A) Elle permet à beaucoup d'enfants d'être actifs pendant l'été.
   (B) Elle permet à des enfants de milieux socio-économiques différents de se rencontrer.
   (C) Les activités sont animées par des gardiens de la justice.
   (D) Les enfants qui en font partie sortent de centres de délinquance juvénile.

5. D'après le reportage audio, où est-ce que l'initiative Ville, Vie, Vacances a lieu ?

   (A) Dans une station de police
   (B) Dans une ville nommée Tremblay
   (C) Dans une région costale
   (D) Dans la région de Paris

TIP

Multiple-choice questions are a mixture of fact-based questions (#5) along with those that ask you to draw a conclusion (#6).

6. D'après le reportage audio, comment peut-on décrire le rapport entre les animateurs et les enfants ?

   (A) Plutôt tendu
   (B) Affectueux
   (C) Respectueux
   (D) Parfois hostile

7. D'après le reportage audio, que font les jeunes qui font partie de l'initiative ?

   (A) Ils essaient de se rééduquer.
   (B) Ils veulent devenir athlètes professionnels.
   (C) Ils se destinent à une carrière de police.
   (D) Ils passent des vacances actives.

8. D'après le reportage audio, quel est l'avantage de l'initiative pour les policiers ?

   (A) Ils établissent un contact favorable avec des enfants difficiles.
   (B) Ils apprennent à discipliner des enfants difficiles.
   (C) Ils participent à des activités sportives ardues.
   (D) Ils se consacrent à des loisirs pendant leurs vacances.

9. Dans l'esprit du reportage, qu'est-ce que les jeunes du programme répondraient à la question « Est-ce que tu voudrais revenir » ?

   (A) C'est sûr et certain
   (B) Peut-être
   (C) Si ça ne coûte pas aussi cher
   (D) Jamais de la vie

Sélection 5

Thème du cours : Défis mondiaux/Science et Technologie

Track 9

SOURCE #1

Vous avez 4 minutes pour lire les introductions et la source numéro 1 et pour parcourir les questions.

INTRODUCTION

Dans ce rapport publié par le Centre d'Actualités de l'ONU (Organisation des Nations Unies), on parle du manque de progrès technologique dans les pays pauvres.

CENTRE D'ACTUALITÉS DE L'ONU

Service d'information des Nations Unies

Le fossé technologique entre pays doit être comblé pour réduire la pauvreté

TIP
Note the main idea of the report.

TIP
Draw a conclusion based on the numbers provided.

La Conférence des Nations Unies sur le commerce et le développement (CNUCED) a présenté ce matin son Rapport sur les pays les moins avancés, estimant fondamental de combler le fossé technologique afin de combattre la pauvreté.

Les 50 pays les moins avancés du monde (PMA), dont 31 sont situés en Afrique, ne pourront pas atteindre le niveau de croissance économique nécessaire pour réduire la pauvreté si les entreprises et exploitations agricoles nationales ne peuvent pas acquérir les connaissances et les technologies qui leur permettront de rattraper leur retard par rapport au reste du monde, indique le rapport qui a pour thème cette année « Savoir, apprentissage technologique et innovation ».

Lors d'une conférence de presse au Siège des Nations Unies à New York, Calestous Juma, spécialiste mondialement reconnu du développement international et professeur à l'Université de Harvard, a expliqué qu'après avoir mis l'accent sur l'éducation de base en Afrique, il était grand temps d'axer les programmes de formation sur la recherche universitaire et le développement scientifique et technologique.

Si les PMA ne peuvent prétendre être aux avant-postes de la technologie, l'introduction par le biais du commerce de produits ou de procédés nouveaux pour un pays ou une entreprise est cependant une source d'innovation extrêmement importante, souligne le rapport.

« Cette forme d'innovation est au coeur de la diversification économique et de l'accroissement de la productivité », a affirmé Calestous Juma, qui plaide depuis longtemps pour l'application des sciences et des technologies au développement durable.

Le rapport indique que l'on considère généralement qu'une plus grande ouverture au commerce international et aux investissements est un moyen pour les pays en développement d'avoir accès à de nouvelles technologies.

TIP

Note the cause and effect.

Mais la protection rigoureuse de la propriété intellectuelle freine les progrès technologiques dans les pays les plus pauvres. Les PMA et leurs partenaires pour le développement technologique devraient donc avoir recours à de nouveaux mécanismes pour promouvoir les progrès technologiques.

. . . Les régimes de propriété intellectuelle doivent être adaptés aux besoins et conditions propres à ces pays, indique le rapport, sous peine de voir leur développement économique entravé.

SOURCE #2

Track 10

Ecoutez le document audio deux fois et répondez aux questions. (Environ 4 minutes)

INTRODUCTION

Dans ce journal abrégé, Radio Nations Unies résume les résultats d'une récente étude de la Conférence des Nations Unies pour le commerce et le développement (CNUCED).

TIP

Note what type of document this is.

1. Qu'est-ce que la source écrite nous apprend sur les PMA ?

   (A) Ce sont des pays pauvres où les habitants n'atteignent pas un bon niveau de vie.
   (B) Ce sont des pays sans aucune technologie ni commerce.
   (C) Ce sont des pays que les Nations Unies n'ont pas aidés économiquement.
   (D) Ce sont des pays où il y a des problèmes de santé.

2. D'après la source écrite, laquelle des constatations suivantes peut-on faire ?

   (A) La moitié des pays africains ont des réseaux téléphoniques.
   (B) Aucun des pays africains ne développe ses réseaux Internet.
   (C) Plus de la moitié des pays africains sont parmi les PMA.
   (D) La population mondiale augmente plus vite que la population africaine.

3. D'après la source écrite, de quoi dépend le développement technologique dans les PMA ?

   (A) De l'aide d'autres pays plus développés
   (B) Des moyens financiers de l'ONU
   (C) Des progrès du commerce avec le monde international
   (D) De la situation politique dans les PMA

4. Dans la source écrite, quel serait un synonyme du mot « entravé » à la dernière ligne ?

   (A) Accéléré
   (B) Obstrué
   (C) Annihilé
   (D) Favorisé

5. Quel adjectif caractérise le mieux le ton du message de l'audio ?

   (A) Neutre
   (B) Poétique
   (C) Résigné
   (D) Passionné

6. D'après la source audio, quel accès faut-il développer dans les pays pauvres ?

   (A) L'accès aux médias
   (B) L'accès aux banques
   (C) L'accès à l'énergie
   (D) L'accès aux donateurs

7. Qu'est-ce que les donateurs internationaux se sont engagés à faire d'ici 2020 ?

   (A) Aider la ville d'Istanbul
   (B) Donner une partie de leur revenu national aux PMA
   (C) Assister à d'autres conférences onusiennes
   (D) Investir dans le commerce des PMA

TIP

In this combined text/audio part of the exam, the final question(s) can involve both text and audio sources, often asking about their common points.

8. Quel sujet est mentionné dans les deux sources ?

   (A) Les PMA d'Afrique
   (B) Le retard technologique des PMA
   (C) Le progrès dans le domaine de l'éducation
   (D) La propriété intellectuelle

Sélection 6

Thème du cours : Défis mondiaux/Famille et Communauté/Science et Technologie

SOURCE #1

Track 11

Vous avez 4 minutes pour lire les introductions et la source numéro 1 et pour parcourir les questions.

> **INTRODUCTION**
>
> Dans cette communication, Isabelle Falque-Pierrotin rappelle que l'Internet est devenu un objet social qui concerne aujourd'hui des millions de Français et plus d'un milliard d'individus dans le monde.

Internet comme outil pour la démocratie

Le premier éclairage qu'apporte Isabelle Falque-Pierrotin [Conseiller d'Etat] concerne l'apport des outils de l'Internet au fonctionnement de nos démocraties représentatives. Pour elle, l'apport majeur de l'Internet à la démocratie se situe sur le terrain de la liberté fondamentale de communication. « *Cette liberté est double : c'est le droit d'être informé mais surtout celui de s'exprimer* ».

Ces possibilités peuvent inquiéter certains pays « *pour lesquels le contrôle de l'information est un élément de la stabilité politique du régime* ». Isabelle Falque-Pierrotin cite notamment l'exemple de la Chine qui travaille à la mise en place du « bouclier doré », permettant de construire un Internet clos. Elle évoque les débats actuels aux Etats-Unis et en Europe sur la notion de « net neutralité », qui un des principes fondateurs d'Internet.

Selon elle, l'apport le plus novateur du réseau réside probablement dans la liberté de s'exprimer.

- « *Avec Internet et les technologies du Web 2.0 en particulier, chaque individu est un émetteur potentiel* ».

Avec Internet, « *nous entrons dans une ère de transparence accrue qui s'impose aux gouvernements pour lesquels il devient difficile d'occulter les informations qu'ils ne souhaitent pas voir diffuser. Internet est devenu un puissant outil de contre-pouvoir* ». . . .

Le risque systémique d'Internet : la tentation de la société de surveillance

Puis, Isabelle Falque-Pierrotin apporte un deuxième éclairage, en insistant sur la notion de « société de surveillance ».

Qui contrôle ? A la fois les Etats, les entreprises comme Facebook et Google et les utilisateurs eux-mêmes. « *Tous les membres de la communauté sont chargés de la surveillance des autres utilisateurs* ». Au terme de cette analyse, Isabelle Falque-Pierrotin affirme que « *l'avenir d'Internet et de la vision démocratique qu'il peut incarner n'est pas écrit. Il résultera avant tout des choix qui seront faits par les individus* ».

Elle insiste sur deux points :

- « *Il est nécessaire d'être présent au sein des enceintes internationales pour promouvoir une certaine vision de l'Internet* ».

TIP Note the main idea in the title.

TIP Note the 2 ideas in the quote.

TIP Connect "ces possibilités" to the 2 ideas in the quote.

TIP Line 9: Underline the words that clarify "bouclier doré."

TIP Note the main idea in the title (before line 20).

TIP Underline key ideas in the quote (lines 25–26).

- *« Il faut réaliser qu'Internet façonnera les démocraties du 21e siècle et non l'inverse. On ne pourra pas gouverner au 21e siècle comme au 20e siècle. On ne pourra pas retourner en arrière, dans l'avant Internet ».*

Track 12

SOURCE #2

Ecoutez le document audio deux fois et répondez aux questions. (Environ 5 minutes)

TIP

In an interview like this, listen attentively to the initial question, which can become the central point discussed during the interview and will guide you to correct answers.

INTRODUCTION

Dans cet extrait, Hélène Renard Didier interviewe Didier Lombard qui est PDG de France-Télécom-Orange, Diplômé de l'École Polytechnique et de l'École nationale supérieure des télécommunications, docteur en économie et ingénieur général des télécommunications.

1. Dans la communication écrite, quelle idée principale se dégage de la première section ?

   (A) L'Internet sert à disséminer des idées radicales.
   (B) L'Internet peut promouvoir le fonctionnement démocratique d'un pays.
   (C) Il faut contrôler l'accès des citoyens à l'Internet.
   (D) L'accès à l'Internet est souvent limité dans des pays non-démocratiques.

2. D'après la communication écrite, quelle réaction peut-on anticiper dans certains gouvernements face aux progrès d'Internet ?

   (A) Un souci de s'opposer au libre usage d'Internet
   (B) L'intention de décourager l'usage frauduleux de l'Internet
   (C) L'intention d'utiliser l'Internet à des fins commerciales
   (D) La peur de voir d'autres pays faire plus de progrès scientifiques

3. Dans la communication écrite, laquelle des phrases suivantes explique le mieux l'expression « bouclier doré » (ligne 9) ?

   (A) Un protocole expansionniste
   (B) Une innovation exceptionnelle
   (C) Une idée attirante
   (D) Un gouvernement xénophobe

4. Dans la deuxième section de la communication écrite, quelle constatation trouvons-nous ?

   (A) L'Internet est la seule clé de la démocratie dans le monde.
   (B) Tous les gouvernements se servent d'Internet pour s'espionner.
   (C) La façon dont les individus utilisent Internet jouera un rôle important dans l'avenir de la démocratie.
   (D) Les choix des individus dans le monde global sont souvent dictés par l'Internet.

5. Dans la communication audio, que dit Didier Lombard du mot « pirate » ?

   (A) Il dit que ce mot lui rappelle des histoires de son enfance.
   (B) Il dit que le mot reflète bien les usagers d'Internet aujourd'hui.
   (C) Il suggère que le mot n'est pas assez fort pour parler de ce que les gens font sur Internet.
   (D) Il prétend ne pas comprendre pourquoi on se sert de ce mot.

6. D'après la communication audio, qu'est-ce que Didier Lombard pense des utilisateurs de l'Internet ?

   (A) Ils agissent la plupart du temps comme des enfants.
   (B) Ils veulent bien payer pour obtenir des services sur Internet.
   (C) Ils ont pris de mauvaises habitudes sans s'en rendre compte.
   (D) Beaucoup d'utilisateurs sont peu respectables.

7. Comment peut-on résumer le mieux l'idée principale de la fin de la communication audio ?

   (A) Il faut immédiatement mettre des contrôles dans la communication Internet.
   (B) Il faut habituer les utilisateurs d'Internet à payer pour certains services.
   (C) Il faut faire payer des amendes pour des actions illégales sur Internet.
   (D) Il faut donner des consignes morales aux utilisateurs d'Internet.

8. Quelle idée trouve-t-on dans les deux sources ?

   (A) Les utilisateurs d'Internet sont surveillés.
   (B) Tout le monde devrait avoir accès à l'Internet.
   (C) L'Internet est une technologie à but politique.
   (D) L'Internet offre des choix variés et nouveaux.

TIP

Here is an example of the final 2 questions asking you to draw conclusions from both the text and audio sources.

9. Dans quel domaine est-ce que les perspectives divergent dans les deux sources ?

   (A) La liberté d'envoyer des renseignements
   (B) Le droit d'exprimer ses vues ouvertement
   (C) Le droit d'accès gratuit à tout site Internet
   (D) Le droit de critiquer son gouvernement

Sélection 7

Thème du cours : Quête de soi/Vie contemporaine

SOURCE #1

Track 13

Vous avez 5 minutes pour lire les introductions et la source numéro 1 et pour parcourir les questions.

TIP

Note main ideas in the introduction and the title.

INTRODUCTION

Dans cet article, il y a une description du travail de l'UNESCO au sujet des langues maternelles du monde et comment cette organisation essaie de conserver ses trésors culturels.

Langue maternelle : L'UNESCO fait l'éloge de la diversité

Il y a dans le monde plus de 6 000 langues, estime l'Organisation des Nations Unies pour l'éducation, la science et la culture (UNESCO). Près de la moitié d'entre elles disparaîtront d'ici la fin du siècle. Si pour certains cette tendance est inexorable, d'autres ont prouvé que des langues, même marginales, peuvent rester bien vivantes et pertinentes. La conservation d'une langue maternelle peut non seulement permettre de préserver et de transmettre une culture, une identité et un savoir ancestral, elle peut aussi contribuer au développement d'une population, notamment en favorisant l'éducation.

TIP

Analyze the point of view.

C'est le message qu'a voulu transmettre l'UNESCO cette semaine, à l'occasion de la Journée internationale de la langue maternelle (21 février), une initiative adoptée par les États Membres de l'Organisation et célébrée pour la treizième fois. La célébration cette année était dédiée au rôle que jouent le multilinguisme et la diversité linguistique dans la vitalité des sociétés.

La projection d'un documentaire sur le thème « Langues perdues et retrouvées : parler et siffler la langue maternelle », réalisé par Iris Brooks et Jon H. Davis, a eu lieu au Siège de l'ONU à New York. Le documentaire met en lumière des exemples de langues maternelles qui ont pu survivre, voire renaître, suite aux efforts des communautés concernées.

Un exemple frappant est celui de la langue sifflée, le Silbo Gomero, qui permettait aux autochtones de communiquer à travers les larges vallées de l'île de Gomera, aux îles Canaries. Tombée en désuétude, cette langue est à nouveau enseignée dans les écoles et même les adolescents l'utilisent aujourd'hui lorsqu'ils communiquent par téléphone portable.

TIP

Note the repetition "pour redevenir . . ."

Selon Philippe Kridelka, Directeur de l'UNESCO à New York, une des conditions pour sauver une langue menacée « c'est que cette langue redevienne populaire et notamment parmi les jeunes. Donc il est important que les langues menacées soient utilisées par les nouveaux vecteurs, par les nouveaux porteurs de la diversité culturelle, pour redevenir populaires et pour redevenir de véritables outils de communication ». Ces vecteurs, ce sont évidemment les médias sociaux et l'Internet, mais aussi la radio, qui continue de jouer un rôle critique pour les communautés linguistiques. En Namibie par exemple, l'UNESCO finance des émissions de radio en langue san, utilisée par les Bochimans.

Au Costa Rica, l'UNESCO a misé sur les livres comme outils de transmission et de préservation de la langue du peuple mayangna. Un premier projet, avec le gouvernement de la Norvège, a permis de publier des livres reprenant le vocabulaire mayangna relatif à la biodiversité unique de la région, permettant ainsi de transmettre le savoir traditionnel en même temps que la langue. Des manuels scolaires ont aussi été développés pour permettre aux enfants d'apprendre dans leur langue maternelle.

TIP

Find and note the main idea of the paragraph.

Selon l'UNESCO, les enfants qui apprennent à lire et à écrire dans leur langue maternelle plutôt que dans la langue nationale officielle, par exemple, apprennent plus rapidement et montrent de meilleurs taux d'alphabétisation. L'utilisation de la langue maternelle à l'école est un « remède puissant contre l'illettrisme », ajoute Irina Bokova, la Directrice générale de l'UNESCO, dans une déclaration à l'occasion de la Journée internationale de la langue maternelle. La diversité linguistique peut donc jouer un rôle clé dans la réalisation des Objectifs du Millénaire pour le développement, en particulier les objectifs liés à l'éducation, ajoute-t-elle.

SOURCE #2

Ecoutez le document audio deux fois et répondez aux questions. (Environ 5 minutes)

Track 14

INTRODUCTION

Ce reportage audio fait un petit historique des langues de communication à travers les siècles.

1. Dans l'article, que prédit l'UNESCO au sujet de l'avenir des langues ?

   (A) Il n'y en aura plus qu'environ 3 000 dans cent ans.
   (B) Les langues maternelles sont toutes menacées de disparition.
   (C) Il va falloir s'organiser pour sauver certaines langues.
   (D) Nous ne risquons pas de les perdre.

2. Selon le directeur de l'UNESCO, quel élément aidera à sauvegarder une langue ?

   (A) Un décret officiel de l'UNESCO
   (B) L'emploi scientifique de cette langue
   (C) La popularité de cette langue parmi les jeunes
   (D) La comparaison de cette langue au grec

3. Quel est l'avantage de conserver les langues maternelles ?

   (A) Elles peuvent un jour devenir aussi importantes que le latin et le grec.
   (B) L'UNESCO désire que tout le monde apprenne au moins deux langues anciennes.
   (C) Leur préservation sert à stabiliser l'économie globale.
   (D) Elles représentent un aspect important des cultures anciennes.

4. Dans l'article, de quoi est-ce que le *Silbo Gomera* sert d'exemple ?

   (A) De langue imaginaire et mythique
   (B) De langue scientifique
   (C) De langue africaine
   (D) De langue unique perdue mais retrouvée

5. Dans la sélection audio, qu'est-ce qui est commun à plusieurs langues anciennes ?

   (A) Leur similarité à la langue grecque
   (B) Leur emploi en littérature
   (C) Leur origine latine
   (D) Leur relation avec la science

6. D'après le reportage audio, quelle langue était longtemps utilisée en médecine et en astronomie ?

   (A) Le hébreu
   (B) Le grec
   (C) L'arabe
   (D) Le latin

TIP

There are a number of ways that the audio source may be referenced in the questions, including: *la sélection audio, le reportage audio, l'extrait audio, la source audio, la conversation, l'entretien, le document audio, or la communication audio.*

7. D'après l'extrait audio, quelle est la relation entre l'anglais et le français ?
   (A) L'anglais a remplacé le français comme langue commerciale depuis le 18ième siècle.
   (B) L'anglais est moins utile que le français dans le domaine de l'enseignement.
   (C) L'anglais n'a jamais atteint la popularité du français.
   (D) L'anglais est plus facile à apprendre que le français.

8. D'après l'extrait audio, qu'est-ce que l'espagnol et le cantonais ont en commun ?
   (A) Ces deux langues sont récemment devenues aussi populaires que l'anglais.
   (B) Ce sont les langues les plus parlées au monde.
   (C) Leur croissance a dépassé celui de l'anglais.
   (D) Elles sont devenues les langues les plus demandées dans les écoles.

9. Que peut-on dire au sujet des langues selon ces deux sources ?
   (A) Elles peuvent survivre ou disparaître.
   (B) Elles ne changent guère.
   (C) Leurs évolutions sont toutes liées.
   (D) Toutes les langues durent à jamais.

10. Qu'est-ce qui est mentionné dans les deux sources ?
   (A) L' inquiétude pour la survie du latin
   (B) L'encouragement à l'enseignement des langues peu connues
   (C) L'évolution des langues
   (D) Le regret des langues disparues

Sélection 8

Thème du cours : Vie contemporaine

Track 15

SOURCE #1

Vous avez 5 minutes pour lire les introductions et la source numéro 1 et pour parcourir les questions.

> **INTRODUCTION**
>
> Dans cet article qui décrit une situation de logement à l'Ile de la Réunion, il s'agit d'une dispute entre voisins causée par la construction d'un mur.

TIP

Note who is involved in a conflict.

TIP

Note the object of the conflict.

Un habitant privé d'accès à son domicile

A Sainte-Marie, un conflit foncier oppose Méryl Ramassamy à sa voisine. Objet du litige : un mur obstruant le chemin qui lui permettait de rejoindre la rue de la Montée-des-Veuves. L'histoire se complique avec un troisième voisin qui, à son tour, veut lui interdire le passage sur son terrain. Tout le monde crie au complot et Méryl Ramassamy est privé d'accès à son domicile par une décision de justice.

Méryl Ramassamy n'a rien du mauvais bougre et encore moins du procédurier : 50 ans, allocataire au RMI, il ne cache pas qu'il est analphabète. Le terrain qu'il a repris après le décès de ses parents est délimité par deux propriétés privées et une ravine le long de laquelle la commune a érigé un mur d'endiguement. Il y occupe une masure misérable dont les murs et le toit s'effritent par endroit. Dans une dépendance voisine, il élève quelques poules faméliques. Depuis plus de cinquante ans, le terrain est relié à la rue de la Montée-des-Veuves par un sentier cheminant sur une vingtaine de mètres. En 1994, « pour être bien avec mes voisins », dit-il aujourd'hui, il autorise Agnès Rasda à construire un mur le long de sa propriété. Une décision officialisée devant le conciliateur de la Maison de droit de Sainte-Marie. L'ennui est que ce mur ferme le passage vers la rue de la Montée-des-Veuves, l'obligeant à un détour de quelques centaines de mètres pour rejoindre la grande artère par le chemin de la Gare. Ne l'entendant pas de cette oreille, Méryl Ramassamy est bien déterminé à retrouver l'usage de l'ancien chemin.

Associé à ses frères et soeurs, il fait procéder à des constats d'huissier et d'expertise et se lance dans une longue suite de procédures judiciaires . . . qui viennent à bout de ses maigres économies. Tout en reconnaissant l'imprécision des divers titres de propriétés, le tribunal d'instance de Saint-Denis a débouté en 1998 Méryl Ramassamy de sa demande, au motif qu'il avait accepté la construction du mur devant le conciliateur de justice. Mais pour Méryl Ramassamy, il s'agit d'un abus de confiance, « car je pensais que ce mur ne me priverait pas du passage ». Quoi qu'il en soit, le premier jugement a été confirmé par la cour d'appel de Saint-Denis. Cette décision met un terme à la discussion, plaide Agnès Rasda, jointe hier par téléphone : « Il n'a pas de travail, donc il passe son temps à nous embêter et à raconter n'importe quoi. De toute façon, il peut passer par le sentier qui va sur le chemin de la Gare ». Et si ce sentier passe par une autre propriété privée, cela n'est pas son affaire, d'autant qu'Agnès Rasda semble aussi en vouloir à cet autre voisin : « Je suis sûre que dans cette histoire, il est complice avec Méryl Ramassamy ». Un complot ? C'est aussi ce que pense Méryl Ramassamy qui croit, sans en connaître la raison, qu'Agnès Rasda s'est liguée avec ce même voisin : « Il me menace quand je passe sur le chemin derrière sa maison, il veut m'interdire le passage ». Si, dans cette affaire, les relations de bon voisinage et la convivialité semblent définitivement tombées aux oubliettes, on peut aussi s'interroger sur le bon sens d'une décision de justice qui prive Méryl Ramassamy d'accès à son terrain.

TIP

Underline important details that you understand.

TIP

Think of what is being questioned in the conclusion.

SOURCE #2

Ecoutez l'audio deux fois de suite et répondez aux questions. (Environ 5 minutes)

Track 16

INTRODUCTION

Dans cette sélection audio, il s'agit de l'Association des gîtes de France qui facilite à de nombreux citadins la possibilité de passer un séjour à la campagne.

1. Quel problème est illustré dans l'article ?

(A) M. Ramassamy n'a jamais accepté la construction d'un mur sur sa propriété.
(B) Le nouveau mur oblige M. Ramassamy à suivre une longue route pour aller en ville.
(C) Les voisins s'irritent de la proximité des poules de M. Ramassamy.
(D) Les voisins déplorent la mauvaise condition de la maison de M. Ramassamy.

2. D'après l'article, quel est le résultat de l'action en justice par M. Ramassamy ?
   (A) Il a perdu presque tout son argent.
   (B) Le mur a dû être détruit.
   (C) Il a finalement déménagé de son domicile.
   (D) Le tribunal a jugé en faveur de M. Ramassamy.

3. Quel titre pourrait-on donner au récit de l'article ?
   (A) Une lutte de classes sociales
   (B) La haine fait rage en ville
   (C) Un homme a perdu la raison
   (D) Les défis du voisinage

4. Quels échecs est-ce que l'auteur de l'article identifie ?
   (A) Ceux des codes civils et des lois criminelles
   (B) Ceux de la justice et des relations entre voisins
   (C) Ceux qui concernent les lois
   (D) Ceux des codes de la construction

TIP

Definitions of key terms will be asked in both the text and audio sections. Listen throughout the audio source for synonyms, descriptions, and explanations.

5. Selon la sélection audio, qu'est-ce qu'un gîte ?
   (A) Un hôtel moderne à la campagne
   (B) Une ferme aménagée en auberge
   (C) Une ferme détériorée qui ne sert plus que de logement
   (D) Une alternative aux hôtels pour les habitants des campagnes

6. D'après la source audio, en quoi consistent les frais pour ouvrir un gîte ?
   (A) Toute la publicité qu'il faut faire pour attirer les gens des villes
   (B) Le paiement des taxes au gouvernement
   (C) La transformation d'une vieille ferme en un logement permanent
   (D) La construction de nouveaux bâtiments

7. D'après la source audio, quel concept est fondamental dans l'initiative des gîtes ?
   (A) On veut encourager des vacances bon marché à la campagne.
   (B) On veut faire partager les richesses du pays entre tous ses habitants.
   (C) Les habitants de la campagne veulent faire de la concurrence aux grandes chaînes d'hôtels.
   (D) On veut enrichir les fermiers.

8. Quel avantage compte le plus pour les citadins qui fréquentent les gîtes ?
   (A) Ils profitent de l'air pur de la campagne.
   (B) Ils se remettent en contact avec la terre et la nature.
   (C) Ils apprennent à faire des travaux agricoles.
   (D) Ils peuvent éviter la circulation des villes.

9. Qu'est-ce qui est mentionné dans les deux sélections ?
   (A) Les difficultés des petites communautés
   (B) Les défis du logement dans le monde moderne
   (C) Les différents types d'architecture
   (D) La nature changeante des habitations

10. Quel sujet paraît dans les deux sélections ?
   (A) Logements et hôtels en ville
   (B) Construction et rénovation
   (C) Loisirs et vacances
   (D) Avantages de la vie rurale

Sélection 9

Thème du cours : Vie contemporaine/Défis mondiaux

SOURCE #1

Vous avez 4 minutes pour lire les introductions et la source numéro 1 et pour parcourir les questions.

Track 17

INTRODUCTION

Dans cet article, il s'agit de la production et de la consommation du pain en France.

Les Français mangent moins de pain aujourd'hui qu'autrefois, presque six fois moins qu'au début du siècle. Alors qu'il était autrefois aliment de base, le pain est maintenant de plus en plus remplacé au petit déjeuner par les céréales, que l'on considérait avant comme une bizarrerie américaine ; au pain au chocolat traditionnel du goûter de quatre heures des écoliers se substitue de plus en plus une tablette de chocolat.

L'Association nationale de la meunerie française, dont les membres fournissent l'essentiel de la production de farine du pays, vient de lancer une grande campagne de publicité visant en particulier les enfants, qui influencent les achats de leurs parents et qui seront les adultes de demain. La campagne, qui a pour thème « Le pain, c'est encore meilleur quand on le mange », veut combattre l'idée populaire que le pain peut causer l'obésité en signalant qu'au contraire les études montrent que le pain aide à absorber les graisses.

Il faut dire que la baguette, le pain traditionnel des Français, n'a plus la même qualité. D'une part, de plus en plus de boulangers utilisent une pâte surgelée pour faire leur pain, et d'autre part, la farine de bonne qualité devient plus rare et coûte plus cher. Aujourd'hui, pour trouver une baguette ou des croissants de bonne qualité, il faut aller dans une des boulangeries artisanales de quartier, avec leur grande variété de pains, et non dans les supermarchés qui vendent des produits surgelés.

On peut espérer que la campagne des meuniers français connaîtra le même succès qu'une campagne similaire menée en Autriche et que les boulangers suivront l'exemple des viticulteurs, qui ont amélioré la qualité du vin pour essayer d'en freiner la baisse de consommation. Le gouvernement français soutient la campagne des meuniers parce qu'un quart de la production de blé du pays va vers la meunerie et qu'il s'agit d'une partie de l'identité de la nation.

TIP

Underline the words that explain a major change in French culture.

TIP

Underline the words that refer to the members of the mentioned association and the object of their campaign.

TIP

Note the main idea in the 3rd paragraph.

TIP

Note the example provided.

Track 18

SOURCE #2

Ecoutez l'audio deux fois de suite et répondez aux questions. (Environ 5 minutes)

1. Dans l'article, qui a rendu les céréales populaires comme petit déjeuner en France ?

   (A) Les meuniers
   (B) Les Américains
   (C) Les Autrichiens
   (D) Les boulangers

2. Dans l'article, qui sont les membres de l'Association de « la meunerie » dans le contexte du passage ?

   (A) Les boulangers de France
   (B) Les consommateurs de pain
   (C) Les propriétaires des supermarchés
   (D) Les producteurs de farine

3. Dans l'article, pourquoi est-ce que les meuniers français visent les enfants dans leurs publicités ?

   (A) Ce sont souvent eux qui achètent le pain pour la famille.
   (B) Ils n'aiment généralement pas le pain.
   (C) Ce sont les futurs parents et consommateurs de pain.
   (D) Ils mangent nettement moins de pain qu'autrefois.

4. Selon l'article, quel est le but principal de la campagne de publicité des meuniers de France ?

   (A) Apprendre au public que le pain n'est pas aussi grossissant qu'on le pense
   (B) Montrer que le pain est mauvais pour la santé
   (C) Prouver que tout le monde adore le pain
   (D) Remplacer le chocolat comme goûter traditionnel

5. Selon l'article, pourquoi est-ce que la baguette n'a plus la même qualité qu'autrefois ?

   (A) Les recettes ont changé.
   (B) Elle est fréquemment faite d'une pâte surgelée.
   (C) Il n'existe plus de bonne farine aujourd'hui.
   (D) Il y a de plus en plus de boulangers artisanaux.

6. Selon l'article, qu'est-ce que les meuniers français peuvent apprendre des viticulteurs ?

   (A) Il faut absolument baisser le prix du pain.
   (B) Un produit de meilleure qualité se vendra mieux.
   (C) Le pain et le vin vont si bien ensemble.
   (D) C'est au gouvernement d'établir des prix raisonnables pour le pain.

7. Dans l'entretien, pourquoi M. Vitaux trouve-t-il la mondialisation intéressante ?

   (A) Au centre du sujet, il y a les pays qui n'ont pas assez de nourriture.
   (B) C'est l'histoire impressionnante de ce phénomène qui le passionne.
   (C) Il admire la variété d'aliments qui existent dans le monde.
   (D) Il pense aux problèmes de santé de ceux qui consomment trop aujourd'hui.

8. Selon l'entretien, où est née la tradition de la viande comme aliment principal ?

(A) En Asie centrale
(B) En Mésopotamie
(C) En Amérique
(D) En Egypte

9. Selon l'entretien, que peut-on dire de la mondialisation des céréales ?

(A) Elle a eu lieu il y a 6.000 à 8.000 ans avant notre ère.
(B) Elle vient d'Amérique.
(C) Elle est née en trois lieux différents.
(D) Elle est aussi importante que la mondialisation de la viande.

10. Quel est le but de cet entretien ?

(A) D'instruire
(B) De se plaindre
(C) D'évoquer des souvenirs
(D) De faire une comparaison

11. Quel sujet trouve-t-on dans les deux sélections ?

(A) L'importance historique et quotidienne de la nourriture
(B) L'histoire de la cuisine française
(C) Les tendances alimentaires mondiales
(D) L'origine de divers aliments

TIP

Throughout the multiple-choice section, there will always be a mixture of specific and general questions. You will often encounter questions that ask you to sum up or draw a conclusion.

Sélection 10

Thème du cours : Défis mondiaux/Vie contemporaine

SOURCE #1

Vous avez 3 minutes pour lire les introductions et la source numéro 1 et pour parcourir les questions.

Track 19

INTRODUCTION

Dans ce passage, on parle de massacres d'éléphants au Cameroun.

Faune : Un nouveau massacre d'eléphants dévoilé !

Par Idriss Linge

Deux semaines après la découverte des carcasses de 200 éléphants tués au Cameroun, 14 autres ont été trouvées

Alors qu'on n'a pas fini de s'indigner du massacre de 200 éléphants au Cameroun découvert il y a deux semaines, l'organisation internationale de protection des animaux, IFAW, a annoncé la découverte de 14 nouveaux cadavres de ces bêtes, non loin des mêmes lieux, dans le parc national de Boubandjida (Extrême-nord Cameroun). Selon des témoignages recueillis par des observateurs de cette organisation, des coups de feu avaient été entendus lundi le 20 février dernier. Selon certaines indiscrétions non officiellement confirmées,

TIP

In a narrative such as this, ask yourself the classic questions: Who? What? Where? When? and How?

l'ambassade des États-Unis, de l'Union européenne, du Royaume-Uni et de la France auraient tiré la sonnette d'alarme quant au massacre et appelé le gouvernement camerounais à agir rapidement pour mettre un frein à la chasse. Mais pour l'instant les autorités de Yaoundé n'ont pas encore réagi. Sur le terrain, les agents peu nombreux, moins équipés et moins aguerris que les braconniers ne font pas le poids. Sur les auteurs de ces massacres, l'IFAW et une bonne partie d'observateurs, portent des soupçons sur la filière dite soudanaise. « *Ce massacre ininterrompu est probablement l'œuvre de braconniers soudanais, qui arrivent au Cameroun en traversant le Tchad. Au cours des dernières années, la population des éléphants du Tchad est passée de plusieurs milliers d'individus à quelques centaines uniquement, ce qui a poussé ces hommes lourdement armés à passer la frontière camerounaise. Ils sont bien armés, bien organisés, et rien ne semble pouvoir stopper leur insatiable quête d'ivoire* », a déclaré Céline Sissler-Bienvenu, directrice d'IFAW France et Afrique francophone selon un communiqué de presse de cette organisation. « *Ils se concentrent sur l'une des populations d'éléphants les plus vulnérables d'Afrique* », a-t-elle ajouté.

Track 20

SOURCE #2

Ecoutez l'audio deux fois de suite et répondez aux questions. (Environ 5 minutes)

INTRODUCTION

Cet extrait vous familiarise avec le mode de vie des éléphants et certaines de leurs caractéristiques.

1. Selon l'article, comment l'organisation internationale IFAW sait-elle que des éléphants ont été massacrés ?

   (A) Des membres de l'organisation étaient présents.
   (B) Des représentants du gouvernement les ont prévenus.
   (C) Leurs observateurs ont parlé à des gens qui l'ont vu.
   (D) Leurs membres ont trouvé les éléphants morts.

2. Dans le contexte de l'article, que veut dire « mettre un frein à la chasse » (ligne 10) ?

   (A) Arrêter le massacre
   (B) Poursuivre les coupables en justice
   (C) Mettre les éléphants dans une réserve
   (D) Piéger les chasseurs d'éléphants

3. Selon l'article, quel obstacle rencontrent les protecteurs des éléphants ?

   (A) Ils ne sont pas aussi bien équipés que les chasseurs.
   (B) Ils ne savent pas où trouver les éléphants.
   (C) Ils n'arrivent pas à situer les chasseurs.
   (D) Les villageois s'opposent à eux.

4. Selon l'article, d'où viennent probablement les chasseurs d'éléphants ?

    (A) De l'extrême nord du Cameroun
    (B) D'un pays voisin du Cameroun
    (C) D'Europe
    (D) Des Etats-Unis

5. Dans l'extrait audio, qu'est-ce que l'éléphant a en commun avec le chat ?

    (A) Son agilité
    (B) Sa peau ridée
    (C) Sa vue dans l'obscurité
    (D) Sa vie de famille

6. Dans l'extrait audio, qu'apprend-on sur les éléphants mâles ?

    (A) Ils deviennent pères assez tard dans la vie.
    (B) Ils se détachent de leurs mères dans les premières années de leur vie.
    (C) Ils jouent comme des enfants jusqu'à l'âge de trente ans.
    (D) Ils rivalisent avec les femelles.

7. Qu'est-ce qui caractérise la femelle éléphant ?

    (A) C'est un animal sans émotions.
    (B) Elle vit moins longtemps que le mâle.
    (C) Elle donne naissance chaque année.
    (D) C'est une femelle qui mène le troupeau.

8. Selon l'extrait audio, comment sont les éléphants en général ?

    (A) Fragiles
    (B) Sociables
    (C) Violents
    (D) Sédentaires

9. Dans l'extrait audio, quel attribut de l'éléphant est mentionné au début et à la fin ?

    (A) Sa vie nomade
    (B) Sa taille énorme
    (C) Sa mémoire prodigieuse
    (D) Son mode de communication

10. Quelle idée est mentionnée dans les deux sources ?

    (A) L'intérêt des hommes pour les éléphants
    (B) La difficulté de comprendre cette espèce animale
    (C) La diminution de l'habitat naturel des éléphants
    (D) La réaction des éléphants à la frayeur et à la colère

Sélection 11

Thème du cours : Science et la technologie/Vie contemporaine

Track 21

SOURCE #1

Vous avez 5 minutes pour lire les introductions et la source numéro 1, et pour parcourir les questions.

INTRODUCTION

Dans cet article, il s'agit d'une guerre de satellites entre les entreprises de téléphone mobile et les services de météo.

Face à la concurrence croissante pour l'attribution de bandes de fréquence liées notamment à la téléphonie mobile de 5G, l'Organisation météorologique mondiale (OMM) a appelé les gouvernements à protéger les fréquences radioélectriques allouées aux services d'observation de la Terre qui sont indispensables aux prévisions météorologiques et à la surveillance du changement climatique sur le long terme.

« L'OMM ne cherche évidemment pas à s'opposer au lancement de nouvelles technologies de télécommunication telles que la 5G, mais nous craignons que celles-ci n'empiètent sur les fréquences utilisées pour des activités qui permettent de sauver des vies, comme la prévision du temps », a déclaré Éric Allaix, Président du Groupe directeur pour la coordination des fréquences radioélectriques relevant de l'OMM. Selon l'OMM, il s'agit de trouver le juste équilibre entre les intérêts commerciaux et technologiques à court terme et les impératifs à long terme en matière de bien-être et de sécurité des populations, qui reposent sur les données recueillies par les satellites d'observation de la Terre, les radiosondes, les aéronefs, les radars et autres systèmes d'observation.

« Nous ne devrions pas prendre le risque d'effacer nombre des progrès réalisés grâce à nos services d'alerte aux catastrophes naturelles si nous voulons éviter un accroissement des pertes humaines et matérielles », a ajouté M. Allaix.

Au cours des dernières décennies, la diffusion opportune d'alertes météorologiques a permis de réduire considérablement les pertes en vies humaines. Or cette évolution positive découle directement de l'utilisation des radiofréquences pour la télédétection, les données obtenues venant alimenter les systèmes de prévision numérique du temps. Les prévisions sont donc de plus en plus précises et portent sur des échéances plus longues.

De nombreuses observations météorologiques par satellite reposent sur des techniques de détection passive, qui exploitent les caractéristiques d'absorption de l'atmosphère pour recueillir des informations sur l'état actuel du système terrestre. Ces mesures passives sont effectuées par des instruments particulièrement sensibles qui sont capables de capter la luminance énergétique en hyperfréquence de très faible puissance naturellement émise par l'atmosphère et la surface terrestre. Ces techniques de détection passive sont les plus sensibles au brouillage causé par les nouveaux utilisateurs de radiofréquences qui émettent des ondes électromagnétiques pour leurs propres besoins.

Le Congrès météorologique mondial – l'organe de décision suprême de l'OMM – a adopté cette année une résolution dans laquelle il exprime « sa grande préoccupation devant la menace permanente que fait peser l'essor des autres services de radiocommunication sur plusieurs bandes de fréquences attribuées aux services des auxiliaires de la météorologie, de météorologie par satellite, d'exploration de la Terre par satellite et de radiolocalisation (radars météorologiques et radars profileurs du vent).

Par sa résolution, le Congrès de l'OMM a en particulier prié l'UIT (L'Union internationale des télécommunications) et les administrations de ses États membres de « garantir la disponibilité et la protection absolue des bandes de fréquences radioélectriques qui, du fait de leurs caractéristiques physiques, constituent une ressource naturelle unique pour les mesures de l'atmosphère et de la surface terrestre effectuées par des détecteurs aérospatiaux passifs, ces bandes étant d'une importance primordiale pour la recherche et l'exploitation dans les domaines du temps, de l'eau et du climat.

SOURCE #2

Ecoutez le document audio deux fois et répondez aux questions.

Track 22

INTRODUCTION

Dans cet extrait, il s'agit d'une technologie québécoise sur les nouveaux satellites météo.

1. Dans l'article, à quoi sert l'accès aux fréquences radioélectriques pour l'OMM ?

   (A) À préparer des émissions météorologiques télévisées
   (B) À réduire l'empreinte carbonique des compagnies industrielles
   (C) À présenter des règles à suivre aux scientifiques de l'espace
   (D) À sauvegarder les mesures indispensables pour prévoir le temps

2. Qu'est-ce que l'OMM et les opérateurs de téléphonie mobile ont en commun ?

   (A) Ils sont tous les deux propriétaires des satellites.
   (B) Ils sont gouvernés par la même organisation.
   (C) Ils utilisent souvent les mêmes fréquences radioélectriques.
   (D) Ils sont tous les deux motivés par le profit financier.

3. Dans la ligne 7, que veut dire le mot *empièter*?

   (A) Correspondre
   (B) Interférer avec
   (C) Arrêter
   (D) Remplacer

4. En constatant le partage des fréquences avec la téléphonie, de quoi est-ce que M. Allaix a peur ?

   (A) L'incapacité d'avertir le public des catastrophes naturelles
   (B) La panne complète de son système
   (C) Une réduction du service de téléphonie mobile
   (D) L'échec du réseau satellite

5. Selon l'extrait audio, qu'est-ce qui annonce la nouvelle génération de météo ?
   (A) La première utilisation de satellites météos
   (B) L'équipement précis livré par des fusées
   (C) Les météorologues dans l'espace
   (D) Une meilleure relation entre le Québec et le Japon

6. Dans la ressource audio, comment peut-on caractériser l'interféromètre ?
   (A) L'outil au coeur du système
   (B) Une nouvelle sorte d'ordinateur
   (C) Un télescope monté dans une fusée
   (D) Un appareil qui pourra un jour changer le climat

7. Quelle phrase décrit le mieux l'état actuel de la météorologie québécoise ?
   (A) Sa compétition avec le Japon est terminée.
   (B) On aura bientôt de meilleures prévisions.
   (C) La technologie japonaise l'a vraiment aidée.
   (D) C'est l'âge d'or des prévisions météo au Québec.

8. Dans l'extrait audio, quelle amélioration météo est expliquée ?
   (A) On sait maintenant arrêter les ouragans.
   (B) La vitesse de l'information météo est sans précision.
   (C) L'interféromètre retourne 100 faits par seconde.
   (D) On peut mesurer la température de l'océan.

9. Dans les deux ressources, quel fait est clairement démontré ?
   (A) Le rôle essentiel des satellites dans la vie quotidienne
   (B) Les défis de la technologie dans l'espace
   (C) L'importance d'avoir un service mobile rapide
   (D) La capacité de la technologie à mesurer le changement climatique

10. Selon les deux ressources, quelle est la déclaration la plus précise sur les satellites ?
    (A) Ils causent des disputes internationales.
    (B) A l'avenir, ils joueront un grand rôle dans nos vies.
    (C) Nous commençons tout juste à comprendre leur utilisation.
    (D) Malgré des difficultés, leur standing dans la vie contemporaine est incontesté.

Sélection 12

Thème du cours : Quête de soi/Famille et Communauté

SOURCE #1

Track 23

Vous avez 5 minutes pour lire les introductions et la source numéro 1 et pour parcourir les questions.

INTRODUCTION

Dans cet article, L'Organisation des Nations Unis nous déclare que les enfants sont exposés à la violence et au harcèlement chez eux.

Protéger nos écoles de toutes les formes de violence est en effet un enjeu majeur et malheureusement bien actuel, ainsi que nous l'ont rappelé les récentes attaques qui ont eu lieu en milieu scolaire en Afghanistan, au Burkina Faso, au Cameroun, au Pakistan ou en France avec l'assassinat du professeur Samuel Paty », a déclaré la Directrice générale de l'UNESCO dans son message pour la Journée. Pour Audrey Azoulay, protéger les écoles de « toutes les formes de violence » veut aussi dire lutter contre le harcèlement « qui inflige des souffrances physiques et morales à des millions d'enfants tout autour du monde, il faut le redire avec force : le harcèlement, bien qu'il ait été un phénomène parfois négligé, minimisé, ou ignoré, constitue un véritable fléau.

Elle a évoqué les diverses études qui signalent que les conséquences du harcèlement affectent tout d'abord la réussite éducative des élèves, les victimes étant deux fois plus susceptibles de manquer des cours. Les enfants qui sont fréquemment harcelés ont presque trois fois plus de risques de se sentir ostracisés dans leurs écoles que ceux qui ne le sont pas, ils ont de moins bons résultats scolaires que leurs camarades et sont également plus susceptibles d'abandonner leur éducation formelle dès la fin de leurs études secondaires, signale l'UNESCO.

« Au-delà de ces conséquences éducatives, le harcèlement affecte aussi le bien-être et la santé des élèves. Les jeunes qui en sont victimes ont deux fois plus de chances de se sentir seuls, de ne plus pouvoir trouver le sommeil la nuit - voire d'avoir des pensées suicidaires », a déploré la cheffe de l'UNESCO. Les actes de violence et de harcèlement en milieu scolaire sont principalement commis par des camarades, mais dans certains cas, par des enseignants et d'autres membres du personnel scolaire. Dans 67 pays, les punitions corporelles sont toujours autorisées dans les écoles, signale l'UNESCO. L'agence onusienne définit le harcèlement comme un comportement agressif qui implique des actions négatives non désirées, répétées dans le temps, et un déséquilibre de pouvoir ou de force entre les auteurs et les victimes.

L'UNESCO a également souligné que la cyberintimidation est à la hausse et attribue ce phénomène à la pandémie de Covid-19, car plus d'étudiants que jamais « vivent, apprennent et se rencontrent en ligne. Cela a conduit à une augmentation sans précédent du temps passé devant l'écran et à la fusion des mondes en ligne et hors ligne, accroissant la vulnérabilité des jeunes à l'intimidation et à la cyberintimidation.

Le harcèlement physique est la forme la plus fréquente dans la plupart des régions du monde - à l'exception de l'Amérique du Nord et de l'Europe, où le harcèlement psychologique est plus courant. Le harcèlement sexuel- y compris les blagues, commentaires ou gestes hostiles à caractère sexuel - constituent la deuxième forme de harcèlement scolaire la plus courante dans de nombreuses régions. Bien que la violence et le harcèlement à l'école touchent les élèves des deux sexes, le harcèlement physique est plus fréquent chez les garçons. L'apparence physique d'une personne est la cause la plus fréquente du harcèlement, selon les élèves, suivie de sa race, de sa nationalité ou de la couleur de sa peau.

Les violences psychologiques, dont les formes les plus typiques sont « l'isolement, le rejet, l'ignorance, les insultes, la diffusion de rumeurs, l'invention de mensonges, les injures, le ridicule, l'humiliation et les menaces », sont plus fréquentes chez les filles, poursuit l'UNESCO. « Trop de gens pensent que le harcèlement en milieu scolaire, y compris le cyberharcèlement est un rite de passage normal et inoffensif à l'âge adulte et que l'on ne peut faire grand-chose pour l'arrêter », a précisé Mme Azoulay. La volonté politique de changement est essentielle, a-t-elle noté, tout comme la promotion d'un environnement scolaire bienveillant, la formation des enseignants et les mécanismes de signalement des harcèlements et de soutien aux élèves concernés. « Que l'on soit élève, parent d'élève, membre de la communauté éducative, ou simple citoyen – vaincre la violence et le harcèlement à l'école est notre affaire à toutes et tous », a lancé Mme Azoulay.

Track 24

SOURCE #2

Ecoutez le document audio deux fois et répondez aux questions.

INTRODUCTION

Dans cet extrait, Madame Hynd Ayoubi Idrissi, membre du Comité sur les droits de l'enfant, parle de la violence infantile en Côte d'Ivoire.

1. Au deuxième paragraphe, laquelle de ces phrases décrit un effet du harcèlement ?
   (A) Les victimes de l'intimidation évitent les autres élèves.
   (B) Ceux qui sont harcelés n'ont pas souvent l'expérience universitaire.
   (C) Les élèves coupables de harcèlement sont expulsés de l'école.
   (D) Les victimes sont trois fois plus susceptibles de ne pas être en classe.

2. Dans la ligne 22 que veut dire « la punition corporelle » ?
   (A) L'élève doit rester en classe après l'école.
   (B) L'enfant doit aller à une école militaire
   (C) Il est permis de frapper un enfant
   (D) L'élève doit répéter une année scolaire

3. Comment peut-on décrire la cyberintimidation pendant la pandémie ?
   (A) C'est un phénomène qui est moins souvent noté.
   (B) C'est une chose interdite par l'administration des écoles.
   (C) C'est un phénomène de plus en plus courant.
   (D) Grâce à la sécurité technologique, il est difficile de le faire.

4. Selon l'article, que peut-on dire de l'état de harcèlement des enfants aujourd'hui ?
   (A) Le harcèlement physique est assez grave en France.
   (B) C'est un phénomène plutôt international.
   (C) La situation reste entre les mains des gouvernements.
   (D) C'est le plus souvent commis par des filles.

5. Laquelle des phrases suivantes est une leçon de cet article ?
   (A) Le harcèlement ne sera jamais éliminé.
   (B) Ceux qui harcèlent sont seulement des camarades de classe.
   (C) C'est la communauté éducative qui peut résoudre ce problème.
   (D) La cyberintimidation n'est pas quelque chose de normal.

6. D'après le document audio, d'où vient la pratique de la violence infantile ?
   (A) Des coutumes régionales
   (B) De la famille et du système éducatif.
   (C) De l'histoire du pays
   (D) Du besoin de contrôler les enfants

7. Dans le document audio, pourquoi est-il difficile d'éliminer cette violence ?

   (A) C'est une attitude longtemps acceptée.
   (B) Le système juridique est insuffisant.
   (C) On ne croit pas aux plaintes des enfants.
   (D) Il n'y a pas assez de reportage télévisé.

8. Quel est le but du message dans le document audio ?

   (A) Créer des lois pour arrêter cette violence
   (B) Changer les attitudes des administrateurs d'école
   (C) Provoquer une initiative nationale de prévention et d'éducation
   (D) Punir ceux qui causent ce problème

9. Selon Madame Idrissi, quel rôle est-ce que l'enfant jouerait dans la solution à ce problème ?

   (A) L'enfant saurait à qui il/elle peut se plaindre.
   (B) Il/elle comprendrait comment éviter cette violence.
   (C) L'enfant expliquerait cette injustice aux parents et aux profs.
   (D) L'enfant serait conscient qu'il/elle a des droits.

10. Quelle solution au problème est recommandée dans les deux sources ?

   (A) Tous les membres et groupes de toutes les sociétés doivent jouer un rôle.
   (B) La solution est entre les mains des autorités locales.
   (C) Une vraie solution viendra des gouvernements de chaque pays.
   (D) Il faut publier un document qui condamne la violence infantile.

Sélection 13

Thème du cours : Défis mondiaux/ Quête de soi

SOURCE #1

Track 25

Vous avez 3 minutes pour lire les introductions et la source numéro 1 et pour parcourir les questions.

INTRODUCTION

Cet article discute de la place de la femme dans la recherche scientifique au cours des siècles.

La place des femmes dans la recherche scientifique

La Fondation l'Oréal rappelle en 2018 que 28% des chercheurs sont des femmes. Aujourd'hui, on constate un important manque de femmes dans la science, et ce depuis toujours. [. . .]

Les inégalités entre les hommes et les femmes dans les sciences ne datent pas d'hier. En Grèce Antique, de nombreuses femmes ont travaillé au côté de Pythagore sur l'étude de la philosophie naturelle, c'est-à-dire l'étude objective de la nature et de l'univers physique. Pourtant, tous les travaux étaient publiés sous le nom de Pythagore. Cependant, au Ier siècle av-JC, la contribution des femmes dans les recherches et les travaux est considérée avec une certaine importance. A cette période, Marie La Juive, une des fondatrices de l'alchimie, a créé plusieurs instruments de chimie comme le bain-marie. C'est le nom qu'on donne au récipient contenant un liquide chaud et aussi à la technique de chauffage qui évite un apport de chaleur trop brutal.

Au Moyen Âge, la religion et la culture empêchent l'éducation et la participation des femmes dans les sciences malgré le succès de certaines. Les femmes sont écartées du travail artisanal car elles créent de la concurrence aux hommes. En 1688, une loi leur interdit d'exercer ce type d'activité artisanale. Au XIème siècle, dans les premières universités, l'accès est interdit aux femmes.

Le 18e siècle, Siècle des Lumières a permis à certaines femmes de prendre de l'importance et de marquer l'histoire. Par exemple, Emilie du Châtelet, encouragé par Voltaire, a traduit un ouvrage de Newton et a démontré expérimentalement sa théorie selon laquelle l'énergie cinétique est proportionnelle à la masse et au carré de la vitesse. Au XIXème siècle, les sciences restent un domaine dans lequel les femmes sont peu représentées, surtout dans les milieux universitaires. Elles ne peuvent avoir accès aux progrès scientifiques et aux recherches qu'à travers des discussions ou des ouvrages de vulgarisation scientifique qui leur sont spécialement destinées. En 1900, Marie Curie, d'origine polonaise, est cheffe de laboratoire à Paris. En 1911, elle obtient un prix Nobel pour ses travaux en chimie.

De nos jours, les inégalités concernant les femmes dans les sciences sont encore très présentes. Dans les filières scientifiques, les femmes sont mal représentées avec seulement 38,7% de l'effectif des formations scientifiques de l'université. Est-ce dû aux nombreux stéréotypes transmis dès la naissance et pendant l'enfance ? Les compétences et les qualités ne sont-elles pas valorisées de la même manière selon que l'on soit une fille ou un garçon ?

Track 26

SOURCE #2

Ecoutez le document audio deux fois et répondez aux questions.

INTRODUCTION

Dans cet interview, Lisa Zimouche, une jeune footballeuse professionnelle Franco-Algérienne explique la place du sport dans sa vie et dans la vie des gens autour d'elle.

1. Quel est l'idée principale sur l'inégalité entre les hommes et les femmes dans l'article ?

   (A) Elle s'est manifestée systématiquement au cours des siècles.
   (B) Elle s'est approfondie progressivement au cours des années.
   (C) Elle provient des philosophes grecs et de leurs traditions.
   (D) Elle est attribuée au chauvinisme des hommes.

2. Quelle est l'une des plus anciennes inventions scientifiques par une femme dans l'article ?

   (A) Le mélange des extraits de plante
   (B) Des outils utilisés en laboratoire
   (C) Des métaux précieux
   (D) Des appareils ménagers

3. Pourquoi les femmes étaient-elles exclues du travail artisanal au Moyen-Age ?

(A) Elles n'ont pas réussi à prouver qu'elles y excellaient.
(B) Elles allaient souvent au couvent pour y étudier la religion.
(C) Elles présentaient une menace pour l'emploi des hommes.
(D) Il n'y avait pas de filière artisanale dans les universités.

4. A partir du 18^{e}siècle, que peut-on dire des femmes scientifiques d'après l'article?

(A) Elles sont exclues des programmes universitaires.
(B) Elles sont parfois encouragées et reconnues.
(C) Elles ne sont que des protégées d'hommes scientifiques.
(D) Elles sont traitées à l'égal de l'homme.

5. Dans l'extrait audio, qu'est-ce qui a changé pendant la vie de Lisa ?

(A) L'équipement des footballeurs
(B) L'accès visuel aux matchs de football
(C) La rémunération des footballeuses
(D) La participation des filles aux sports

6. D'après l'interview, comment Lisa s'est-elle fait connaître ?

(A) Elle a participé à des interviews.
(B) Elle a fait partie de l'équipe de France.
(C) Elle a gagné des compétitions et des coupes.
(D) Elle a posté des vidéos sur les médias sociaux.

7. Dans cet l'interview, qu'est-ce que Lisa exprime clairement ?

(A) Les femmes et les hommes peuvent jouer ensemble.
(B) Le football incite la même passion auprès de gens divers.
(C) Les sports masculins sont plus suivis que les sports féminins.
(D) Les médias sociaux vont aider les femmes à gagner davantage.

8. Dans le contexte de « les femmes ne sont pas toujours rétribuées » au début de l'interview, que veut dire le mot « rétribuées » ?

(A) Récompensées
(B) Félicitées
(C) Admirées
(D) Soutenues

9. Qu'est-ce qui est différent dans les deux ressources ?

(A) L'attitude envers les hommes
(B) Le jugement de la place réservée aux jeunes filles d'autrefois
(C) L 'attitude envers les prix prestigieux décernés à des femmes.
(D) Le jugement du rôle présent des femmes dans la société

10. Quelle idée sur l'inégalité entre hommes et femmes est trouvée dans l'article et l'interview ?

(A) Elle n'a pas toujours existé.
(B) Elle est encouragée par les traditions.
(C) Elle est en voie de réduction.
(D) Elle a été annihilée dans les médias.

Track 27

Sélection 14

Thème du cours : Vie contemporaine/ Science et Technologie

SOURCE #1

Vous avez 3 minutes pour lire l'introduction et la source numéro 1, et pour parcourir les questions.

INTRODUCTION

En partenariat avec l'Ifop, Nurun présente son étude « Influence des médias sur les décisions d'achats » dont l'objectif est de décrypter l'influence des médias, d'Internet, de la télévision, radio, affichage et presse sur les décisions d'achat.

Indice Composite D'influence Sur La Décision D'achat Sur Critères D'information De Confiance Et D'envie par Média

	Médias					
Produits	Internet	Télévision	Presse	Radio	Affiche publicitaire	Promotion magasin
Billets Train	44	13	14	11	9	9
Séjours	44	13	18	10	6	9
Location auto	38	14	14	15	10	9
Assurance	36	19	16	12	8	9
MP3	32	18	19	8	7	16
Achat Auto	29	20	22	11	7	11
Achat Maison	29	15	22	13	11	10
Joaillerie	27	15	17	10	11	20
Maroquinerie	25	14	20	11	10	20
Billets Spectacle	25	18	20	16	9	12
Livres	23	20	21	15	7	14
Maquillage	22	26	20	8	8	16
Médicaments	21	20	24	14	9	12
Soin Peau	20	22	21	13	8	16
Yaourt	18	26	19	11	10	16
Produit Bébé	18	26	18	15	7	16
Shampooing	17	27	20	10	9	17

SOURCE #2

Écoutez le document audio deux fois et répondez aux questions.

Track 28

INTRODUCTION

Le journaliste canadien Louis-Philippe Ouimet discute avec quelques personnes du documentaire « Derrière nos écrans de fumée » qui présente les effets des réseaux sociaux.

1. D'après le tableau, pour quelles transactions se sert-on d'Internet le plus ?

   (A) L'achat de divers bijoux
   (B) L'achat de produits hygiéniques
   (C) La préparation des voyages
   (D) Le téléchargement de divers audios

2. D'après le tableau, quel produit a le plus de publicité à la télévision ET dans les magasins ?

   (A) L'assurance
   (B) La location auto
   (C) Les produits bébé
   (D) Le shampooing

3. D'après le tableau, quel média est le plus populaire globalement ?

   (A) L'Internet
   (B) La télévision
   (C) La presse
   (D) Les affiches

4. D'après la présentation audio, quel aspect des médias sociaux est problématique ?

   (A) La tendance des utilisateurs à tout acheter sur Internet
   (B) La tendance des utilisateurs à partager des moments intimes
   (C) Les outils technologiques invisibles des grandes compagnies
   (D) L'inondation de nouvelles et de publicités

5. Comment le journaliste décrit-il l'intelligence artificielle employée dans les réseaux sociaux ?

   (A) Elle est supérieure à l'intelligence de l'être humain.
   (B) Elle crée une dépendance comme une drogue.
   (C) Elle nous empêche de voir clair dans les informations.
   (D) Elle est systématiquement nocive.

6. D'après la présentation audio, quel est le but principal des grands systèmes de médias sociaux ?

   (A) De nous vendre autant de produits que possible
   (B) De nous ouvrir de nouveaux horizons
   (C) De nous informer et de nous divertir
   (D) D'augmenter notre temps sur leurs plateformes

7. D'après la présentation audio, quel est souvent l'effet négatif des médias sociaux sur les utilisateurs ?

   (A) Des crises d'anxiété et de dépression
   (B) Des problèmes d'obésité
   (C) Une érosion des liens familiaux
   (D) Une diminution de l'activité physique

8. Dans la présentation audio, quel est le dernier commentaire du journaliste ?

   (A) Tout le monde devrait regarder le documentaire sur Netflix.
   (B) Le documentaire de Netflix ne présente pas une image complète des médias.
   (C) Le documentaire de Netflix se veut porteur de changement.
   (D) Le gouvernement québécois n'éduque pas efficacement dans le domaine des médias.

9. Qu'est-ce qu'on trouve dans les deux sources ?

   (A) Les effets psychologiques et mentaux des médias
   (B) Des noms spécifiques de grandes plateformes médiatiques
   (C) Des outils d'analyse commerciale et de marketing
   (D) L'occasion de déduire l'effet que les médias peuvent avoir sur nous

10. Comment les deux sources diffèrent-elles ?

   (A) Seulement une des sources suggère un jugement sur le rôle des médias.
   (B) Seulement une des sources lie la manipulation de la pensée aux médias.
   (C) Seulement une des sources suggère l'effet des médias dans notre vie quotidienne.
   (D) Seulement une des sources lie l'utilisation des médias aux divertissements.

Sélection 15

Thème du Cours : Esthétique/Défis mondiaux

Track 29

SOURCE #1

Vous avez 3 minutes pour lire l'introduction et la source numéro 1, et pour parcourir les questions.

INTRODUCTION

ICOMOS (International Council on Monuments and Sites) a publié en 2020 une **Déclaration de préoccupation** concernant la vallée de Bisri au Liban.

Le Conseil International des Monuments et Sites du Liban (ICOMOS-Liban), Organisation Non Gouvernementale représentant la communauté nationale du patrimoine, est très préoccupé par le projet de construction d'un barrage hydraulique dans la Vallée historique de Bisri, située dans les régions montagneuses du Chouf et de Jezzine au sud de Beyrouth. Suite à la consultation de la totalité de la documentation accompagnant le projet, ainsi que des rapports établis par divers experts, notamment le Rapport d'Evaluation des Impacts Environnementaux et Sociaux, ICOMOS-Liban estime que l'état actuel des données est insuffisant pour justifier la destruction des biens du patrimoine culturel de la vallée de Bisri, dont le paysage est lui-même partie intégrante. Suffisamment de preuves suggèrent aujourd'hui que la valeur patrimoniale de la vallée de Bisri est unique, voire même exceptionnelle à l'échelle régionale ou universelle. Il est également évident que cette valeur est en corrélation avec le contexte du site et ses richesses patrimoniales. Outre le désastre écologique et archéologique qu'il implique, le projet du barrage engendrera une perte irrévocable de la valeur patrimoniale de toute la région et affectera le potentiel d'inscription au Patrimoine Mondial d'un site inscrit actuellement sur la liste indicative de l'UNESCO, le Temple d'Echmoun, complexe religieux phénicien dédié au dieu phénicien titulaire de Sidon, caractérisé par son culte de l'eau de dieu guérisseur.

La vallée de Bisri est située sur la faille sismique de Roum qui a façonné sa topographie singulière qui la distingue d'autres vallées des montagnes libanaises. Inhabituellement plate et fertile, elle a été cultivée depuis l'Antiquité. La continuité de son occupation rurale et agricole depuis la préhistoire jusqu'à nos jours a été prouvée par des prospections archéologiques, qui révèlent 77 sites archéologiques qui sont en danger et pourraient être noyés par le projet du barrage. Parmi ceux-ci : les vestiges d'un grand temple romain et les vestiges environnants qui ont une valeur associative importante pour la communauté locale, en rapport au contexte de la vallée. A cet égard, la vallée de Bisri à elle seule constitue un paysage culturel unique où les activités agricoles, commerciales et culturelles se sont entremêlées au cours des siècles.

Il est également fort probable que le Temple de Bisri partage une histoire commune avec le temple d'Echmoun, édifice phénicien monumental dédié au dieu guérisseur et titulaire de Sidon, qui se situe à 15km en aval de la vallée de Bisri. Cela est principalement dû à l'emplacement des deux temples aux deux extrémités du fleuve Awali, appelé « fleuve d'Echmoun » à la période phénicienne. Le temple d'Echmoun étant inscrit sur la liste indicative du patrimoine mondial de l'UNESCO, il est fort important que le lien associatif avec Bisri soit bien exploré. Un autre aspect crucial est la relation entre le temple d'Echmoun et les sources d'eau environnantes qui lui sont historiquement associées à travers son culte de l'eau curative. Ces sources pourraient s'assécher si le barrage est construit, ce qui compromettrait le potentiel d'inscription du site au Patrimoine Mondial.

En conséquence:

ICOMOS-Liban exige **la suspension immédiate du projet de barrage dans la vallée de Bisri, et l'élaboration d'un plan d'action pour une étude exhaustive du patrimoine culturel de la vallée**, prenant en compte l'ensemble des éléments mentionnés ci-dessus.

ICOMOS-Liban demande aussi qu'une telle étude soit suivie d'**une étude d'évaluation d'impact patrimonial impartiale** (Heritage Impact Assessment HIA) qui évaluerait de manière approfondie l'impact du barrage sur la valeur culturelle de la vallée de Bisri.

ICOMOS-Liban s'attend aussi à **l'engagement de tous les acteurs du projet** pour entériner les recommandations de ce plan d'action et du rapport d'évaluation d'impact sur le patrimoine.

Le Comité National de l'ICOMOS du Liban

Track 30

SOURCE #2

Écoutez deux fois et répondez aux questions.

INTRODUCTION

On parle ici de la Normandie et de son remarquable patrimoine. La région a pour mission l'étude, la sauvegarde et la valorisation du patrimoine régional, notamment avec l'aide de l'équipe de l'Inventaire.

1. Quelle est le but de la déclaration dans la source #1 ?

   (A) S'opposer à un projet de barrage qui risque de mettre en danger un patrimoine du Liban.
   (B) Prévenir le public qu'un projet de construction menace des espèces florales et animales au Liban.
   (C) S'opposer à une entreprise qui veut s'approprier le monopole de l'énergie au Liban.
   (D) Prévenir le gouvernement du Liban que des manifestations se préparent.

2. Qu'est-ce qui distingue la vallée de Bisri d'autres vallées libanaises, selon ICOMOS dans la source #1 ?

   (A) Sa profondeur et sa largeur
   (B) Ses origines volcaniques
   (C) Sa fertilité durable
   (D) Sa prospérité commerciale

3. Que représente la vallée de Bisri pour l'association ICOMOS dans la source #1 ?

   (A) Des années d'entretien et de financement du site naturel
   (B) Un centre de sites de pèlerinage musulmans
   (C) L'endroit qui abrite un site déjà inscrit au registre du patrimoine mondial
   (D) Un endroit qui mérite d'être inscrit au patrimoine mondial

4. Comment le temple d'Echmoun est-il lié à la vallée de Bisri dans la source #1 ?

   (A) C'est un centre de pèlerinage dans la vallée.
   (B) C'est un vestige phénicien à Beyrouth.
   (C) C'est un temple historique à proximité.
   (D) C'est un site situé sur une île fluviale.

5. Quelle est la préoccupation majeure du Comité National de l'ICOMOS Liban dans la source #1 ?

   (A) Il ne veut pas voir les entreprises commerciales se multiplier dans la vallée de Bisri.
   (B) Il ne veut pas qu'un projet de barrage cause l'inondation de plusieurs sites culturels.
   (C) Il veut qu'on attende l'approbation de l'UNESCO avant de poursuivre le projet de barrage.
   (D) Il veut qu'on tienne compte de l'étude du patrimoine culturel de la vallée qui est en cours.

6. D'après la source #2, quel est souvent le résultat du travail de l'Inventaire du Patrimoine ?

   (A) On corrige des erreurs culturelles dans les archives.
   (B) On révèle un patrimoine méconnu.
   (C) On trouve des vestiges culturels parmi les résidents locaux.
   (D) On fait des découvertes scientifiques.

7. D'après la source #2, que font les chercheurs de l'équipe Inventaire du patrimoine ?

   (A) Ils examinent les photos d'endroits intéressants.
   (B) Ils se concentrent sur les archives nationales.
   (C) Ils observent sur le terrain et dans les bibliothèques.
   (D) Ils parlent aux touristes et aux commerçants.

8. D'après la source #2, où trouve-t-on les dossiers complétés par Inventaire du patrimoine ?

   (A) Dans les bibliothèques
   (B) Dans les offices de tourisme
   (C) Dans les musées
   (D) Sur un site Internet

9. Qu'est-ce que les deux sources ont en commun ?

   (A) Elles montrent une préoccupation pour l'environnement.
   (B) Elles soulignent l'importance d'un héritage culturel.
   (C) Elles présentent le travail de bénévoles.
   (D) Elles soulignent les contributions des habitants au patrimoine.

10. Qu'est-ce qui est différent dans les deux sources ?

   (A) À la différence de l'article, l'interview illustre un encadrement officiel du patrimoine.
   (B) À la différence de l'article, l'interview mentionne les sites naturels du patrimoine.
   (C) À la différence de l'article, l'interview mentionne les rapports entre la religion et le patrimoine.
   (D) À la différence de l'article, l'interview illustre les défis posés par la commercialisation des sites historiques.

Track 31

Sélection 16

Thème du Cours : La Vie Contemporaine

SOURCE #1

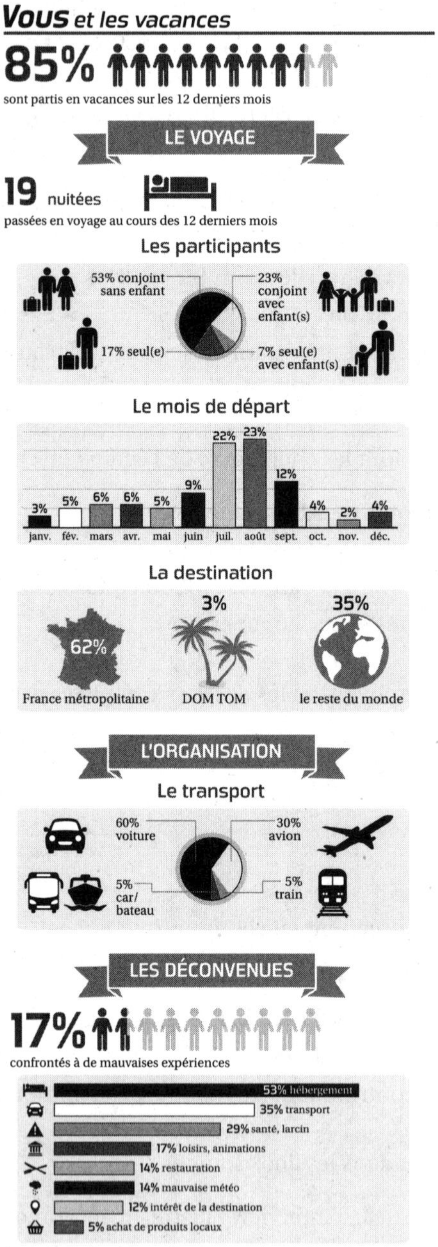

Enquête Que Choisir réalisée en avril-mai 2015 auprès de 3 336 abonnés à la newslatter hebdomadaire Que Choisir.

Track 32

SOURCE # 2

Vous aurez 1 minute pour lire l'introduction et parcourir les questions.

INTRODUCTION

Dans cette sélection il s'agit des vacances. C'est une conversation entre deux amis, Josiane et Antoine, qui parlent à propos de leurs prochaines vacances. La sélection dure à peu près une minute et demie.

1. Selon l'infographie, quelle conclusion peut-on tirer sur les vacances pour les Français ?

    (A) Ils passent des mois de vacances à l'étranger.
    (B) Ils partent pour environ trois semaines.
    (C) Leurs vacances sont très chères.
    (D) Ils préfèrent les passer chez eux.

2. Qu'est-ce qui est vrai des voyageurs dans l'infographie ?

    (A) Ce sont plutôt des familles avec deux enfants.
    (B) Beaucoup de femmes voyagent seules.
    (C) La majorité sont des couples sans enfants.
    (D) Les Français ne voyagent pas seuls.

3. Où et comment les Français voyagent-ils le plus ?

    (A) Dans les territoires d'outre-mer, en avion
    (B) Dans les îles proches, en bateau
    (C) Sur le continent africain, en car
    (D) En France, en voiture

4. Dans l'infographie, par quel mot est-ce que « déconvenues » pourrait être remplacé ?

    (A) Contrariétés
    (B) Aventures
    (C) Petites surprises
    (D) Petites dépenses

5. Dans la conversation, comment Antoine passe-t-il généralement ses vacances d'été ?

    (A) Dans un camp avec des copains
    (B) En Corse avec sa famille
    (C) Chez ses grands-parents
    (D) À la maison

6. Dans la conversation, comment Antoine décrit-il ses vacances à venir ?

    (A) Très ennuyeuses
    (B) Assez actives
    (C) Très dures
    (D) Internationales

Track 33

Sélection 17

Thème du cours : Vie contemporaine/Famille et communauté

SOURCE #1

Vous aurez d'abord 1 minute pour lire la source numéro 1.

INTRODUCTION

Dans cette sélection il s'agit du soutien de la coutume récemment importée en France avec les doggie bags.

LE DOGGY BAG
LES FRANÇAIS EMBALLÉS?
QU'EST-CE QUE C'EST?
Le doggy bag consiste à emporter les restes de son repas pris au restaurant
83%
des français connaissent le principe du doggy bag
65%
n'ont jamais demandé un doggy bag pour le reste de leur plat
48%
des parisiens l'ont quant à eux déjà demandé
n'ont jamais demandé un doggy bag pour le reste de leur bouteille de vin
78%
84%
des français sont intéressés pour utiliser le doggy bad
Pourquoi sont-ils partisans?
Pour s'inscrire dans une démarche anti gaspillage 69%
Pour ne plus se forcer à terminer son assiette 56%
Pour profiter de leur plat sur un autre repas 46%
Parce que les quantités servies sont trop grosses 38%
Pourquoi sont-ils réfractaires?
Un sentiment de gêne par rapport aux autres 35%
Ils n'osent pas demander si le serveur ne le propose pas 35%
Ils trouvent la démarche négative 11%
Ils trouvent la démarche non hygiénique 11%
Ils ne mangeront pas les restes qu'ils ont emportés 11%
CHD EXPERT
Retrouvez toutes nos infographies sur: www.chd-expert.fr
Enquête consommateurs redressée, réalisée le 11 janvier 2016 auprès d'un panel de 300 répondants en France.

Track 34

SOURCE #2

Vous aurez 1 minute pour lire l'introduction et parcourir les questions.

INTRODUCTION

Dans cette sélection, Colette fait l'interview de Thomas, un camarade de classe. Elle veut écrire un article pour le journal du lycée sur les habitudes alimentaires des étudiants.

1. Selon l'infographie, plus de la moitié des Français se sont jusqu'à récemment abstenus de faire la chose suivante au restaurant :

   (A) Finir tout ce qu'il y avait dans leur assiette
   (B) Emporter les restes d'un bon plat
   (C) Finir une bouteille de vin entamée
   (D) Apporter leur propre sac pour les restes

2. Dans l'infographie, par quel mot est-ce que « partisans » pourrait être remplacé ?

   (A) Politiciens
   (B) Réticents
   (C) D'accord
   (D) Raisonnables

3. Selon l'infographie, qu'est-ce que deux tiers des Français sont prêts à faire ?

   (A) À laisser les repas sur la table
   (B) À dépenser de grosses sommes pour manger
   (C) À manger de plus petites portions
   (D) À militer contre le gaspillage

4. Pourquoi un tiers de Français sont-ils opposés à l'idée de doggie bag ?

   (A) Ils pensent que ce n'est pas sanitaire.
   (B) Ils trouvent l'idée embarrassante.
   (C) Ils ne veulent pas trop manger.
   (D) Ils ont peur d'en tomber malades.

5. Dans la conversation, comment Thomas décrit-il la façon de manger de sa famille ?

   (A) Les repas sont sains et équilibrés.
   (B) Les types de cuisine sont très variés.
   (C) On mange surtout des plateaux-repas.
   (D) Ils aiment déjeuner ensemble.

6. Dans la conversation, comment Thomas décrit-il les sorties au restaurant ?

   (A) Les membres de la famille sortent souvent au restaurant ensemble.
   (B) Les membres de la famille sortent surtout au restaurant avec des amis.
   (C) Ils célèbrent les fêtes d'anniversaire au restaurant.
   (D) Ils se rencontrent au restaurant à l'improviste.

7. Pourquoi est-ce que Thomas mange à la cantine ?

   (A) C'est facile et convivial.
   (B) Les restaurants sont trop loin.
   (C) Il n'a pas le temps de se faire des sandwichs.
   (D) Les plats sont variés.

8. Comment est-ce que Colette réagit à la dernière réponse de Thomas ?

   (A) Avec scepticisme
   (B) Avec un grand choc
   (C) Avec impatience
   (D) Avec surprise

Sélection 18

Thème du cours : Vie contemporaine/Défis mondiaux

Track 35

SOURCE # 1

Vous aurez d'abord 1 minute pour lire la source numéro 1.

INTRODUCTION

Dans cette sélection de l'Office National des Forêts (ONF), vous allez trouver des renseignements sur la forêt française et sa protection.

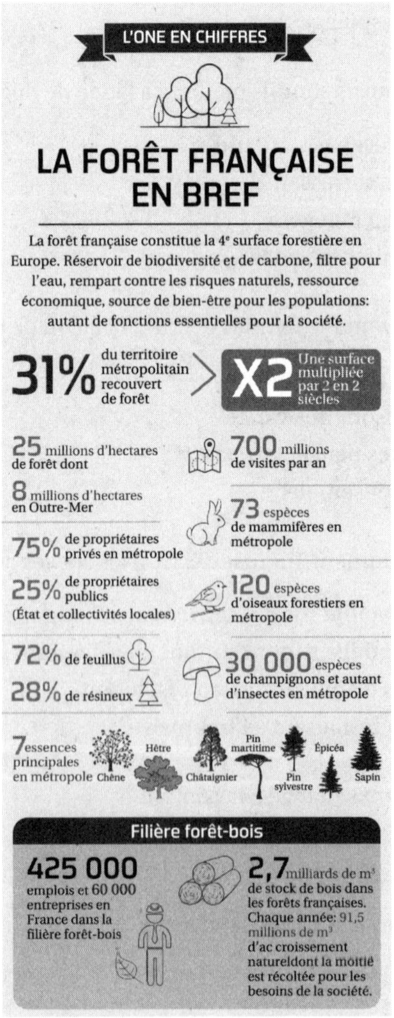

Track 36

SOURCE # 2

Vous aurez 1 minute pour lire l'introduction et parcourir les questions.

INTRODUCTION

Dans cette sélection, Giselle parle à son copain Martin, un camarade de classe. Ils doivent préparer un exposé pour leur cours de sciences naturelles.

1. Dans l'infographie, quel est le message essentiel à propos de la forêt française ?

   (A) Elle est en régression et en voie d'extinction.
   (B) Elle sert les besoins de la société européenne.
   (C) Elle souffre à cause de milliers d'insectes.
   (D) Elle appartient majoritairement à l'état français.

2. Que veut dire le mot « mammifère » dans l'infographie ?

   (A) Insecte infectieux comme le moustique
   (B) Arbre résineux comme le sapin
   (C) Arbre qui ne perd pas ses feuilles
   (D) Animal dont la femelle allaite ses petits

3. Dans l'infographie, que peut-on constater sur la forêt française ?

   (A) Elle contribue 50% de matières naturelles, par an, à la société.
   (B) Ses animaux posent des problèmes aux habitants des régions avoisinantes.
   (C) Elle se trouve majoritairement dans les territoires d'outre-mer.
   (D) Les arbres qui y poussent procurent du bois de chauffage.

4. Que peut-on dire de Colette au début de la conversation ?

   (A) Elle a l'air plutôt confuse.
   (B) Elle semble enthousiasmée.
   (C) Elle n'a pas d'idées.
   (D) Elle veut parler de loisirs.

5. Dans la conversation, quel aspect des Ballons des Vosges a surtout frappé Thomas ?

   (A) L'étendue et l'organisation des forêts
   (B) La hauteur et la majesté des montagnes
   (C) Les sentiers pour randonneurs
   (D) La diversité des activités possibles

6. Dans la conversation, que veut dire *dérèglement* dans l'expression « face aux dérèglements climatiques »?

   (A) Désastre
   (B) Réchauffement
   (C) Pollution
   (D) Déséquilibre

7. Quelle réplique de Colette serait la plus appropriée à la fin de la conversation ?

   (A) Tu peux organiser les photos des Vosges que tu as mentionnées.
   (B) Toi, tu devrais étudier le lien forêt-maladie contagieuse.
   (C) Tu as raison, on a déjà choisi un titre.
   (D) Ah non, moi, je ne veux pas traiter ce sujet.

Answer Explanations—Combined Reading-Listening Selections

Sélection 1

Le tourisme spatial

1. **(C)** In paragraph 1 of M. Bergeron's letter, it is stated that "*Des sociétés privées l'ont mis à portée des civils. . . .*" Private companies made space tourism accessible to civilian populations.
2. **(B)** M. Bergeron clearly talks to prospective customers and specifically to people who love to push boundaries: "*des voyageurs désirant repousser leurs limites.*"
3. **(B)** In the context of the quote and of the passage, the phrase "*grand bond*" is opposed to the phrase "*petit pas*" (little step). It is easy to infer that a "*bond*" is a *leap forward* and therefore is *progress.*
4. **(A)** The second chart has the title *"Programme optionnel d'entraînement"* (optional training program). Three special training programs are available, each with its own fee.
5. **(A)** The audio states that before 2004, space was not a travel destination for tourists.
6. **(C)** The selection says that "space purists" think that space should not be an open travel space for just anybody, *"Les gardiens de la pureté de l'orthodoxie spatiale s'inquiètent. Qu'est-ce que ce revendeur de rêves . . . viendrait faire sur les terres des héros de l'espace."*
7. **(C)** The audio says that space travelers should display the human pioneering spirit, "*Celle aussi d'incarner un instant ce mouvement vers l'avant, vers l'avenir. . . .*"
8. **(A)** Both sources mention the downward trend in the cost of space travel.
9. **(B)** Both sources say that measures are being taken to promote the experience of space travel.

Sélection 2

Les femmes et les études scientifiques

1. **(C)** The information says that the mission of the organizations is to encourage young girls to pursue scientific studies and careers, "*Encourager les jeunes femmes à entamer des études scientifiques.*"
2. **(A)** Context clues point toward the word *filières* meaning directions or paths, "*s'orienter vers. . . .*"
3. **(D)** The selection says that the goal of the conference is to inform the general public about scientific careers, "*Pour permettre aux étudiantes . . . de s'informer sur ces métiers.*"
4. **(D)** Claudie Haigneré mentions early on that young people do not seem motivated by scientific careers, "*Il y a une difficulté, je dirais, pour toute la jeune génération, de se motiver vers des carrières scientifiques, techniques.*"
5. **(C)** The given information states that school counselors must consider female students when they make academic recommendations, "*Il faut qu'à l'école, vers l'orientation, on soit très très présent en particulier pour les jeunes filles. . . .*"
6. **(C)** Both sources mention that women hesitate to commit to scientific careers.

7. **(A)** Both sources mention that it is a problem that females are not as encouraged as males to pursue scientific careers.
8. **(B)** Based on her speech, she might logically follow up this idea, *"Elles ne sont pas toujours soutenues comme il le faudrait au sein des entreprises, au sein de la fonction publique,"* by offering suggestions as to how to support women in rigorous scientific careers.

Sélection 3

Nathalie et les parcs naturels

1. **(C)** The chart indicates that people who show a social conscience and worry about passing on a healthy environment to future generations want more parks.
2. **(B)** The chart indicates that proponents of increasing the number of parks want people who make a living from working the land to participate in projects.
3. **(C)** The word *éleveur* can be connected to the verb *élever,* which means "to raise." In the context of nature and land, you can infer that an *éleveur* raises cattle or animals.
4. **(D)** Remy wants to go hiking and walking, *". . . faire des randonnées."*
5. **(A)** Nathalie agrees with the idea of increasing the number of parks, *"Qui n'est pas d'accord, je me demande?"*
6. **(B)** Nathalie is pessimistic at the end when she says that they better enjoy nature while it still exists, *"Nous profiterons de notre flore et de notre faune pendant qu'elle existe encore."*
7. **(B)** This option is the most appropriate in the context. By process of elimination, no other answer makes sense.

Sélection 4

Programmes de jeunesse et de volontariat

1. **(B)** This is merely a report on two youth associations, JSI and VVVSI.
2. **(C)** The two initiatives aim at promoting cultural exchanges, *"l'échange interculturel."*
3. **(A)** The two initiatives involve different social groups. One targets young people from underprivileged neighborhoods, while the other does not, *"Le programme JSI a été initié en 1997 . . . pour répondre à la demande de jeunes ne relevant pas des quartiers sensibles."*
4. **(C)** The initiative is manned by volunteers from the police forces or *gardiens de la paix* (literally "keepers of the peace").
5. **(D)** The initiative takes place in the Paris area, *"Prendre des enfants qui sont sur Paris."*
6. **(C)** The relations between the police officers acting as counselors and the young people are respectful, *"on . . . dit bonjour."*
7. **(D)** These young people just want to have active vacations, *"Roller, vélo, football, piscine, jeux collectifs."* (Although different issues may affect them in other areas, they are not participating just to become athletes or any of the other options.)
8. **(A)** Police officers establish a good rapport with young people, *"Donc ça permet d'avoir un relationnel avec des policiers."*
9. **(A)** The young people involved clearly enjoy the experience and some have been coming back year after year, *"Des jeunes qui viennent très souvent au centre d'une année sur l'autre."*

Sélection 5

PMA fossé technologique

1. **(A)** The PMA consists of very poor countries, *"Les 50 pays les moins avancés du monde (PMA) . . . ne pourront pas."*
2. **(C)** More than half of the least advanced countries are in Africa, *"Les 50 pays . . . dont 31 sont situés en Afrique."*
3. **(C)** Technical progress will be driven by trade and business, *"Une plus grande ouverture au commerce international et aux investissements est un moyen pour les pays en développement d'avoir accès à de nouvelles technologies."*
4. **(B)** From the context, you can infer that economic development will be obstructed by a lack of technology.
5. **(A)** The tone of voice is neutral: no emotion can be sensed.
6. **(C)** Access to energy as an essential tool to helping less developed countries is mentioned twice, *"l'accès à des sources énergétiques"* and *"l'accès des ménages et des entreprises à l'énergie."*
7. **(B)** It was clearly stated that donor states will allocate a percentage of their national revenues to the less developed countries, *"les donateurs internationaux se sont engagés à allouer au moins 0,15% à 0,20% de leur revenu national à l'aide aux PMA."*
8. **(B)** Both sources mentioned the poor technological progress in less developed countries.

Sélection 6

Internet démocratie et piratage

1. **(B)** The main idea in the first section is that the Internet allows the free dissemination of ideas and thus can be an asset to the democratic functioning of governments, *"L'apport le plus novateur du réseau réside probablement dans la liberté de s'exprimer."*
2. **(A)** Some countries see the Internet as a threat to their government and want to limit/close off the use of the Internet, *". . . un Internet clos."*
3. **(D)** The meaning of *bouclier doré* (golden shield designed to protect the country from outside influences) can be inferred from context clues such as *"permettant de construire un Internet clos."*
4. **(C)** Isabelle Falque-Pierrotin states that the future of the Internet and of its democratic uses depends on choices that individuals will make, *"L'avenir d'Internet . . . résultera . . . des choix . . . faits par les individus."*
5. **(A)** Didier Lombard states that the word "pirate" reminds him of stories he read in comic books when he was a child, *"Ça renvoie aux bandes dessinées de notre enfance."*
6. **(C)** Didier Lombard states that people's bad habits have to be progressively changed, *"Il faut . . . changer les habitudes."*
7. **(B)** Didier Lombard clearly states that Internet users must get used to paying for services so that providers may collect revenues, *"Il s'agit de ramener . . . les revenus dans les poches de ceux qui créent les biens."*
8. **(D)** Both sources discuss new and varied choices offered by the Internet.
9. **(C)** Didier Lombard discusses fees for Internet services rather than free access to all Internet resources.

Sélection 7

Les langues maternelles

1. **(A)** UNESCO predicts that nearly half of the 6,000 languages may be gone by the century's end, *"Près de la moitié d'entre elles disparaîtront d'ici la fin du siècle."*

2. **(C)** Use among young people will help keep a language alive, "*C'est que cette langue redevienne populaire et notamment parmi les jeunes.*"
3. **(D)** It is a clear benefit to maintain one's culture by keeping one's language.
4. **(D)** This language was lost for a while and was then saved, "*Tombée en désuétude, cette langue est à nouveau enseignée dans les écoles et même les adolescents l'utilisent aujourd'hui lorsqu'ils communiquent par téléphone portable.*"
5. **(A)** Greek is the common thread that links these languages.
6. **(C)** Arabic was the language used in medicine and astronomy for four centuries, "*L'arabe a tenu ce rôle-là pendant quatre siècles après l'Hégire et que, pour la médecine et l'astronomie.*"
7. **(A)** English replaced French as the language for diplomacy and commerce, "*. . . et désormais l'anglais a pris le relais.*"
8. **(C)** These languages have surpassed English in growth, "*On voit très bien comment l'ourdou, comment le cantonais, comment même l'espagnol se répandent beaucoup plus rapidement que l'anglais.*"
9. **(A)** Both sources mention that the popularity and use of languages changes over the course of time.
10. **(C)** Both sources give details about how languages have evolved in the world.

Sélection 8

Le mur et les gîtes

1. **(B)** M. Ramassamy had to take a longer route to get to the main thoroughfares of his town, "*L'obligeant à un détour de quelques centaines de mètres pour rejoindre la grande artère par le chemin de la Gare.*"
2. **(A)** He was out of money, "*Une longue suite de procédures judiciaires . . . qui viennent à bout de ses maigres économies.*"
3. **(D)** This is a story about the difficulty of living within close proximity of each other (*le voisinage*).
4. **(B)** This is the story of how decent relations between neighbors are buried: "*les relations . . . et la convivialité . . . aux oubliettes*" (*les oubliettes* used to be cells where prisoners were forgotten forever) and how the justice system is irrational: "*on peut aussi s'interroger sur le bon sens d'une décision de justice. . . .*"
5. **(B)** These establishments are often farms that are converted into lodgings: "*Le mas Bruguière ne se différencie en rien de fermes . . . ici, on reçoit les touristes á bras ouverts.*"
6. **(C)** The great costs are associated with transforming an older farm into an inn, "*En effet, les frais de restauration de ces bâtisses, souvent centenaires, sont très élevés. Transformer sa ferme en gîte est une opération coûteuse.*"
7. **(A)** A true advantage of the *gîte* is to share experiences from all parts of society, "*Promouvoir d'autre part les échanges villes-campagnes.*"
8. **(B)** City dwellers can connect with elements of life that they may not be familiar with, "*Les citadins, en majorité d'origine rurale, renouent ainsi avec leurs racines.*"
9. **(D)** These stories show how living conditions change through the years. In the written source, access to a home changed; in the audio source, a farm was converted into lodging for vacationers.
10. **(B)** Both selections deal with construction. In the first selection, it is a wall. In the second, it is reconstruction of farms into inns.

Sélection 9

Le pain en France et l'alimentation globale

1. **(B)** The American tradition of cereal at breakfast has influenced French cuisine, *"Le pain est maintenant de plus en plus remplacé au petit déjeuner par les céréales, que l'on considérait avant comme une bizarrerie américaine."*
2. **(D)** The members of this association are bakers from all over France, "*Les membres fournissent l'essentiel de le production de farine du pays.*"
3. **(C)** Children are tomorrow's adults and consumers, "*les enfants . . . qui seront les adultes de demain.*"
4. **(A)** Bread can help absorb fats, "*. . . combattre l'idée populaire que le pain peut causer l'obésité en signalant qu'au contraire les études montrent que le pain aide à absorber les graisses.*"
5. **(B)** Frozen bread is used more often today, "*Boulangers utilisent une pâte surgelée pour faire leur pain.*"
6. **(B)** The flour trade learned to improve their quality from the wine industry, "*Les boulangers suivront l'exemple des viticulteurs, qui ont amélioré la qualité du vin pour essayer d'en freiner la baisse de consommation.*"
7. **(B)** M. Vitaux thinks this phenomenon has an impressive history, "*Parce que la mondialisation des aliments apparaît être quelque chose d'immémorial et presque d'éternel depuis le paléolithique supérieur.*"
8. **(A)** All commonly eaten animals originally came from central Asia, *"Tous les animaux domestiques ont été domestiqués en Asie centrale qu'il s'agisse du mouton, de la chèvre, même du cochon, de la vache et puis du cheval."*
9. **(C)** Grains come from three different areas, "*Le blé vient du Croissant fertile, le riz vient de Chine et le maïs . . . est la céréale de l'Amérique précolombienne.*"
10. **(A)** The goal of the interview is to instruct. The topic of discussion is supported by references to documents kept at the "Ecole du Louvre."
11. **(A)** The common point is the historic and daily importance of food.

Sélection 10

Les éléphants

1. **(C)** Members of the organization collected testimony that a massacre had taken place, "*Selon des témoignages recueillis par des observateurs de cette organisation.*"
2. **(A)** The context helps infer that the expression (literally "to step on the brake") means to stop, "*Auraient tiré la sonnette d'alarme . . . pour. . . .*"
3. **(A)** The article states that the guards are not a match for well-equipped poachers, "*Les agents peu nombreux, moins équipés et moins aguerris que les braconniers ne font pas le poids.*"
4. **(B)** The article states that poachers come from Sudan by way of Tchad, "*Ce massacre . . . est . . . l'œuvre de braconniers soudanais, qui arrivent au Cameroun en traversant le Tchad.*"
5. **(C)** The audio states that elephants can see in the dark, like cats, "*Comme les chats, leurs yeux voient mieux dans l'obscurité.*"
6. **(A)** The audio says that male elephants do not father young elephants until the age of 30, "*Ils attendront, en général, trente ans pour devenir père.*"
7. **(D)** The information says that females lead the herd, "*La matrone qui mène la troupe.*"
8. **(B)** The information states literally (*sociabilité*) and figuratively (*l'éléphant est connu pour les liens qu'il crée avec ses compagnons et ses compagnes*) that elephants are sociable animals.

9. **(B)** Their huge size is mentioned at the beginning and at the end (*Taille-pachyderme*).
10. **(A)** Both sources mention various types of interest that people display toward elephants: in the audio source, we learn what human research reveals about elephants, and, in the written source, how elephants raise people's interest both in hunting them and protecting them.

Sélection 11

Satellites Québec

1. **(D)** The OMM uses these frequencies to transmit important weather information, "*OMM a appelé les gouvernements à protéger les fréquences radioélectriques allouées aux services d'observation de la Terre qui sont indispensables aux prévisions météorologiques.*"
2. **(C)** Both cell phone providers and weather services use the same frequencies, "*la concurrence croissante pour l'attribution de bandes de fréquence liées notamment à la téléphonie mobile de 5G.*"
3. **(B)** The weather service fears that 5G service will interfere with their transmissions.
4. **(A)** The concern is in inability to alert people about natural disasters, "*Nous ne devrions pas prendre le risque d'effacer nombre des progrès réalisés grâce à nos services d'alerte aux catastrophes naturelles.*"
5. **(B)** The new era of weather forecasting is due to precise equipment delivered to space, "*la mise en orbite de capteurs ultra précis marque le début d'une nouvelle génération de satellites.*"
6. **(A)** At the heart of Quebec's weather reporting system is the interféromètre, "*Au cœur de ce déploiement se trouve une pièce cruciale conçue au Québec. Son nom ? L'interféromètre.*"
7. **(D)** The majority of the audio selection addresses the many accomplishments of the new technology, heralding a golden age of meteorology, "*Fini, les prévisions erronées. Vive la précision!*" The end of incorrect predictions, long live precision.
8. **(B)** Speed is a major feature of the new technology with data being gathered and transmitted at a pace of 45,000 bits of information per second, "*l'interféromètre recueille et retourne à la Terre 45000 données à la seconde.*"
9. **(A)** Both resources centered on the role of satellites and their role in weather information and cellular service.
10. **(D)** Despite some issues, satellites provide significant services and information.

Sélection 12

Côte d'Ivoire : Les droits de l'enfant et La violence infantile

1. **(B)** Students who are bullied often do not attend school beyond high school level, "*plus susceptibles d'abandonner leur éducation formelle dès la fin de leurs études secondaires.*"
2. **(C)** The term "corporelle" relates to the word for body (corps), so "*la punition corporelle*" refers to physical punishment.
3. **(C)** During the pandemic, students are spending more time in front of screens, "*une augmentation sans précédent du temps passé devant l'écran*"—and have more opportunities to bully others online.
4. **(B)** Bullying is a problem around the world as the article listed several countries affected.
5. **(D)** Too many people believe that cyber intimidation is simply a rite of passage (*un rite de passage normal et inoffensif*), which clearly is not accurate.
6. **(B)** This practice is established in the family (*au sein de la famille*) and in the educational system.
7. **(A)** The difficulty lies in the fact that this behavior is anchored in certain societies, "*ancré dans les cultures*" and is therefore accepted.

8. **(C)** The goal of the audio message is to instigate a widespread program of education and information, *"tout un travail de prévention, d'éducation, de conscientisation, de formation."*
9. **(D)** Children need to be made aware that they have rights, *"l'enfant lui-même doit savoir qu'il a des droits."*
10. **(A)** All segments of a society must play a role in the elimination of this problem.

Sélection 13

La place de la femme dans la recherche scientifique et dans le sport

1. **(A)** Gender inequality in scientific research has occurred over many centuries, *"Les inégalités . . . ne datent pas d'hier."*
2. **(B)** *"Marie . . . a créé plusieurs instruments de chimie comme le bain-marie."*
3. **(C)** Women represented competition for men, *"elles créent de la concurrence aux hommes."*
4. **(B)** The paragraph starts with *"Le 18e siècle . . . a permis à certaines femmes de prendre de l'importance,"* and the text gives examples of women who were encouraged and recognized in science.
5. **(B)** Lisa mentions that when she was little, there were no feminine soccer events on TV.
6. **(D)** She became known when she started posting videos of herself playing soccer.
7. **(B)** She mentions several times that people who enjoy soccer are diverse.
8. **(A)** It means compensated.
9. **(D)** The first document emphasizes that women have never been fully appreciated in science, whereas, in the second document, Lisa presents a more positive view of women's current place in society.
10. **(C)** Both documents present the idea that the importance and the role of women in societies have progressively improved.

Sélection 14

Les effets des médias

1. **(C)** Train tickets and Sojourns which both pertain to travel are on top of the chart under Internet use.
2. **(D)** Shampoo gets the most advertisement from stores (*promotion magasin*) and TV.
3. **(A)** Internet is used the most according to the chart.
4. **(C)** The audio is about how social media control people by hiding what they do behind the scene, *"ces systèmes sont entrainés à prédire nos réactions," "une vérité sou-jacente."*
5. **(B)** Le journaliste dit *"d'anciens employés de géants . . . affirment que l'intelligence artificielle pourrait créer une dépendance comme la drogue".*
6. **(D)** One former employee from a giant in social media says that they were trained to keep people engaged in the platform as long as possible, *"qu'est-ce qu'on peut vous montrer pour que vous passiez plus de temps devant l'écran."*
7. **(A)** Social media users often develop anxiety and depression, *"il y a beaucoup de données même au Québec qui montrent que le taux de dépression, le taux d'anxiété. . . . ils ont tous augmenté depuis dix ans."*
8. **(B)** The journalist finally admits that the documentary they are discussing only shows the negative effects of social media, *"les réseaux sociaux n'ont pas que du mauvais ; ils peuvent être divertissants . . ."*
9. **(D)** Both sources mention various effects of using social media (source #1 shows how we use a variety of media in everyday life, and source #2 focuses on how social media affect its users).
10. **(A)** Only in the audio source do we get a judgment as the discussion is focused on how social media manipulate people.

Sélection 15

Patrimoine Liban et Patrimoine Normandie

1. **(A)** The aim of the declaration is clearly to object to *"projet de construction d'un barrage hydraulique dans la Vallée historique de Bisri."*
2. **(C)** The valley has been fertile for many centuries, *"elle a été cultivée depuis l'Antiquité."*
3. **(D)** The writers of the declaration hope this valley will become a World Heritage in the United Nations Registry, *". . .ce qui compromettrait le potentiel d'inscription du site au Patrimoine Mondial."*
4. **(C)** The temple is near the valley, *"à 15km en aval de la vallée de Bisri."*
5. **(B)** Throughout the document, the main preoccupation is that a dam project in the valley may flood many cultural and historical sites, *"77 sites archéologiques qui sont en danger et pourraient être noyés par le projet du barrage."*
6. **(B)** Through their research, the experts often find heritage-worthy items previously forgotten or unknown, *"Souvent révélateur d'un patrimoine méconnu."*
7. **(C)** The team of experts mainly observes and researches, *"Il s'agit à la fois d'observer ce patrimoine sur le terrain et . . . dans les bibliothèques."*
8. **(D)** Once a project is completed, the dossier becomes available on the Internet, *". . . désormais consultables sur le site Inventaire du patrimoine de Normandie.fr."*
9. **(B)** Both resources are about preserving cultural and historical heritage.
10. **(A)** The Normandy association is an official regional organization described as "***compétence,***" which reflects an autonomous administrative power in a French region.

Sélection 16

Les Français en vacances

1. **(B)** The visual shows *"19 nuitées,"* which is 19 nights.
2. **(C)** The highest percentage of travelers (53%) travel with a partner and without children.
3. **(D)** The highest percentage of vacationers travel throughout France and by car.
4. **(A)** The best synonym is "*contrariétés*" (worries) as indicated by the clue *"confrontés à de mauvaises expériences."*
5. **(B)** Josiane asks, *"Vous n'allez pas comme d'habitude faire des randonnées en Corse?"*
6. **(B)** Antoine describes several activities like hiking, horseback riding and kayaking, *"des randonnées, . . . du cheval, du kayak."*

Sélection 17

Doggie bags et habitudes alimentaires

1. **(B)** French people have been reluctant to take home leftovers from the restaurant.
2. **(C)** "*D'accord*" is the right synonym in the context because "*partisans*" (to be partial to or in agreement with) is here opposed to "*réfractaires*" (against it).
3. **(D)** 69% or about 2/3 of French people are ready to engage in a type of "*démarche anti-gaspillage*" (anti-waste action).
4. **(B)** 35% of French people think it is embarrassing to take away leftovers, *"un sentiment de gêne par rapport aux autres."*
5. **(A)** Thomas describes dinners as light and well-balanced (*légers et équilibrés*).
6. **(B)** Both parents and Thomas himself like to go to restaurants with friends.
7. **(A)** Thomas likes to sit down and spend time with his friends during lunch, "*Je préfère m'asseoir à table . . . tout en bavardant*"; it's easy and convivial.
8. **(D)** Colette is surprised, *"une réponse à laquelle je ne m'attendais pas."*

Sélection 18

Les forêts et la pollution

1. **(B)** The introduction states that French forests serve the well-being of populations in Europe.
2. **(D)** This word describes mammals; the verb "*allaiter*" in answer (D) is derived from the word lait (milk) and means to nurse/breastfeed one's young ones.
3. **(A)** At the end of the visual, it is mentioned that "*la moitié est récoltée pour les besoins de la société*."
4. **(B)** Colette is quite enthusiastic, "*c'est drôlement important* . . ."
5. **(A)** Thomas seems very taken by how vast and well organized the Vosges forests are, "*les immenses forêts* . . ."
6. **(D)** The word *dérèglement* here reflects the disorder or disequilibrium in the climate.
7. **(B)** This answer is sensible because Thomas is the one who brought it up; other answers are not in line with what was discussed.

3

Multiple-Choice Audio Selections

What follow are sample audio selections by theme.

Sélection 1

Après avoir lu l'introduction et écouté l'audio deux fois, répondez aux questions. (Environ 3 minutes)

Track 37

Thème du cours : Famille et Communauté/Esthétique

INTRODUCTION

Nathalie parle du chapiteau des contes, un théâtre itinérant en Suisse et un projet lié à la compagnie des Aventuriers.

TIP

Underline key words in the intro to establish a context for the passage.

1. Quel rôle Nathalie joue-t-elle dans le projet discuté dans l'interview ?

   (A) Elle bâtit les décors des théâtres.
   (B) Elle dirige plusieurs sortes d'activités pour enfants.
   (C) Elle dirige l'équipe responsable de la publicité.
   (D) Elle écrit des histoires d'enfant.

TIP

Note that all answers include an action verb. So you should listen to an action verb in the passage that is compatible with one of these answers.

2. D'après Nathalie, quel est le but principal de la compagnie des Aventuriers ?

   (A) De réconforter des enfants de milieux défavorisés
   (B) De permettre à des enfants de développer leur sensibilité culturelle
   (C) De protéger les enfants contre des parents trop stricts
   (D) De souligner l'importance des amis et de la famille dans la vie

TIP

Try to eliminate at least 2 answers after the first listening.

3. D'après Nathalie, qu'est-ce que la compagnie des Aventuriers peut aider les enfants à acquérir ?

   (A) La faculté de comprendre des règles de jeu
   (B) Des noms d'auteurs de contes célèbres
   (C) Des noms de mouvements artistiques
   (D) La faculté de penser indépendamment

4. D'après Nathalie, quelles sortes d'information est-ce que la compagnie des Aventuriers veut surtout procurer aux enfants ?

   (A) Des informations qui les protègeront dans la vie
   (B) Des informations qui feront d'eux des élèves doués
   (C) Des informations qui feront d'eux des leaders de leur société
   (D) Des informations qui les préparent à des carrières dramatiques

TIP

Eliminate at least 2 answers that ask for incompatible information.

TIP

The question includes the verb *fasciner*. Listen for that verb or a synonymous phrase in the passage.

5. Quel aspect de la maturation de l'enfant a toujours fasciné Nathalie ?

(A) Les changements physiques de l'enfant
(B) L'évolution du caractère imaginatif de l'enfant vers le concret
(C) La façon dont l'enfant apprend à vivre dans sa culture
(D) Les progrès en expression orale que l'enfant fait en grandissant

6. D'après Nathalie, quel est l'avantage de raconter des histoires aux enfants ?

(A) Les enfants apprennent à être attentifs.
(B) Cela donne le temps aux parents de se reposer.
(C) Cela leur apprend à s'exprimer eux-mêmes.
(D) Les enfants deviennent des acteurs.

7. Laquelle des questions suivantes pourrait-on logiquement poser à Nathalie ?

(A) N'avez-vous pas envie de fonder votre propre théâtre ?
(B) Quels sont vos contes d'enfant favoris et pourquoi ?
(C) Pourquoi ne faites-vous pas d'autres activités que les raconteries ?
(D) Qu'est-ce qui vous a inspiré à ouvrir une garderie d'enfants ?

Track 38

Sélection 2

Après avoir lu l'introduction et écouté l'audio deux fois, répondez aux questions. (Environ 2 minutes)

TIP

Although you may be able to answer the question based on your experience, take the time to ascertain that you actually hear the answer in the passage.

Thème du cours : Vie contemporaine/Science et Technologie

INTRODUCTION

Dans cette baladodiffusion, vous entendrez une hôtesse de l'air d'Air France à bord d'un avion.

TIP

This passage conveys information. Underline key words like *issues de secours, portes,* and *gilets de sauvetage* in the questions; then read the answers. This will help you focus on the information related to each one as you listen.

1. Quel est le but du message ?

(A) Annoncer de nouveaux itinéraires Air France
(B) Encourager les gens à voyager avec Air France
(C) Expliquer les protocoles à bord des avions d'Air France
(D) Souhaiter un bon séjour aux passagers d'Air France

2. De quoi parle-t-on tout d'abord dans ce message ?

(A) Des ceintures de sécurité
(B) Des toilettes
(C) Des coffres à bagages
(D) Des masques à oxygène

3. D'après ce message, où se trouvent les issues de secours ?

(A) En première classe
(B) À l'avant et à l'arrière
(C) À côté des toilettes
(D) À intervalles réguliers

4. Dans ce message, qu'apprend-on à propos des portes de l'avion ?
   (A) Un membre de l'équipage s'en charge.
   (B) Elles sont munies de toboggans.
   (C) Il y en a quatre.
   (D) Il ne faut pas s'en approcher.

5. D'après ce message, quand doit-on gonfler les gilets de sauvetage ?
   (A) Dès qu'on s'assied dans l'avion
   (B) Si on manque d'oxygène
   (C) Après avoir aidé ses voisins
   (D) Après avoir évacué l'avion

6. D'après ce message, que faut-il faire juste avant le décollage ?
   (A) Se servir de sa tablette
   (B) Saluer l'hôtesse de l'air ou le steward
   (C) Détacher sa ceinture
   (D) Éteindre les appareils électroniques

Sélection 3

Après avoir lu l'introduction et écouté l'audio deux fois, répondez aux questions. (Environ 2 minutes)

Track 39

Thème du cours : Défis mondiaux/Science et Technologie

INTRODUCTION

Dans cette baladodiffusion de Radio Nations Unies, vous entendrez un résumé d'un discours fait par Ban Ki-moon, Secrétaire général de l'ONU (Organisation des Nations Unies) à l'occasion de la Journée Internationale de la Terre nourricière.

1. Quel aspect de la terre est souligné dans la célébration de la Journée internationale dont on parle ici ?
   (A) La terre nous nourrit.
   (B) La terre est disponible.
   (C) La terre est en voie de disparition.
   (D) La terre nous défie.

2. Comment est-ce que le message de M. Ban Ki-moon a commencé ?
   (A) Sur une note positive
   (B) Sur un cri d'alarme
   (C) Avec un appel à tous les pays du monde
   (D) Avec une anecdote

3. Dans quel contexte la diversité biologique est-elle mentionnée ?

 (A) Comme exemple du rajeunissement de la terre
 (B) Pour expliquer que la diversité écologique est en baisse
 (C) Pour encourager les scientifiques à trouver des solutions
 (D) Pour montrer que les actions de l'ONU ont amélioré l'environnement

TIP

Always read the possible questions and answers before listening. When the answers are as lengthy as they are here, focus mostly on the questions.

4. Quel sont les Objectifs du Millénaire (OMD) mentionnés ici ?

 (A) La réduction de la pauvreté et de la faim, l'amélioration de la santé et des conditions de vie et la protection de l'environnement
 (B) L'amélioration de la santé et des conditions de vie et l'exploration de nouvelles ressources durables
 (C) Une meilleure distribution des richesses de la terre parmi les populations du monde
 (D) La réduction des exploitations nuisibles de ressources et la réduction de la pauvreté dans le monde

5. Qu'est-ce que M. Ban Ki-moon a appelé tout le monde à faire à la fin de son discours ?

 (A) Il faut reconnaître qu'on a négligé les besoins de la terre depuis trop longtemps.
 (B) Il faut se mettre d'accord qu'il est temps de réaliser le dernier des huit objectifs du Millénaire.
 (C) Il faut faire des efforts pour mieux respecter et soigner notre planète.
 (D) Il faut donner de l'aide urgente aux populations pauvres de la terre.

6. Quelle conclusion peut-on tirer à propos de M. Ban Ki-moon, secrétaire général de l'ONU ?

 (A) Il est arrogant et autoritaire.
 (B) Il prétend avoir complété beaucoup de projets.
 (C) Il fait face à des situations difficiles avec réalisme.
 (D) Il adore faire de longs discours.

Track 40

Sélection 4

Après avoir lu l'introduction et écouté l'audio deux fois, répondez aux questions. (Environ 3 minutes)

Thème du cours : Science et Technologie/Vie contemporaine

TIP

Establish a link between the words *herboriste* and *médicinales*. This helps you predict the main idea of the passage.

INTRODUCTION

Dans ce document audio, Martin LaSalle de l'Association *Passeportsanté* interviewe Marie Provost, qui exerce le métier d'herboriste au Québec. Elle lui parle de plantes médicinales.

1. Que peut-on dire de la question du journaliste ?

 (A) Il suggère que les herboristeries ne sont plus nécessaires.
 (B) Il veut des précisions sur le rôle des herboristeries à notre époque.
 (C) Il demande si les gens ont vraiment besoin de produits naturels.
 (D) Il voudrait savoir comment les produits naturels sont fabriqués.

2. Dans ce passage, qu'est-ce que Madame Provost dit des herboristeries traditionnelles ?
   (A) Elles existent depuis plus de mille ans.
   (B) Elles sont meilleures que les pharmacies.
   (C) Elles sont devenues rares.
   (D) Elles offrent des produits naturels et modifiés.

3. Dans ce passage, qu'est-ce que Madame Provost voudrait rappeler à tous les gens ?
   (A) Les plantes naturelles sont toujours bonnes pour la santé.
   (B) Il faut soutenir les métiers traditionnels.
   (C) Il vaut mieux se nourrir avec des produits biologiques.
   (D) Les produits naturels des magasins sont à base de plantes.

4. Dans ce passage, qu'est-ce que Madame Provost conseille à tous ?
   (A) On peut se lancer dans le métier d'herboriste sans avoir fait d'études scolaires.
   (B) Tout le monde devrait planter son propre jardin d'herbes naturelles.
   (C) Les gens devraient éviter les boutiques de produits naturels.
   (D) Il faut acquérir des connaissances de base avant de récolter des plantes.

5. Dans ce passage, qu'est-ce que Madame Provost dit de l'identification des plantes ?
   (A) Les herboristes apprennent aux gens à distinguer les bonnes plantes des plantes toxiques.
   (B) C'est le premier pas dans la récolte des plantes bonnes pour la santé.
   (C) Les gens devraient toujours demander aux experts d'identifier les plantes.
   (D) C'est si simple qu'on peut l'apprendre en un jour.

6. Quel titre serait le plus approprié pour le message de Madame Provost ?
   (A) Attention aux dangers des plantes médicinales !
   (B) Rapprochons-nous de la nature !
   (C) Suivez des cours dans notre herboristerie !
   (D) Respectez l'environnement !

TIP

A title should reflect the main content of the passage.

Sélection 5

Track 41

Après avoir lu l'introduction et écouté l'audio deux fois, répondez aux questions. (Environ 3 minutes)

Thème du cours : Famille et Communauté/Esthétique

INTRODUCTION

L'extrait audio suivant provient d'une vidéo de YouTube publiée par l'Office de Tourisme du Pays des Vans. On y parle des attractions touristiques en Ardèche méridionale, au sud de la France.

TIP

To answer #1, note the time and distance mentioned in the recording.

1. D'après cet extrait, à quelle proximité de la vallée du Rhône se trouve la région décrite dans ce passage ?

   (A) Elle est dans la vallée même.
   (B) Elle est à moins de deux heures de la vallée.
   (C) Elle est à un kilomètre et demi.
   (D) Elle est à 30 minutes au sud de la vallée.

2. Quelle activité aquatique est mentionnée dans l'extrait ?

   (A) La nage
   (B) Le ski nautique
   (C) La planche à voile
   (D) Le plongeon

TIP

Pay attention to the proper noun *Chassezac* that you need to recognize in the passage.

3. Qu'est-ce que le Chassezac d'après l'extrait ?

   (A) Un bois
   (B) Une montagne
   (C) Une grotte
   (D) Une rivière

4. Combien de temps recommande-t-on pour bien profiter du programme « détente » de la région ?

   (A) Une bonne semaine
   (B) Environ une journée
   (C) Deux heures minimum
   (D) Quelques jours

5. Quelle activité régionale est souvent nouvelle pour les enfants d'après l'extrait ?

   (A) Les promenades en canoë
   (B) La descente des rapides
   (C) L'exploration des grottes calcaires
   (D) L'escalade des falaises

TIP

Pay attention to the proper noun phrase *Bois des Fées* from the recording.

6. Que dit-on du Bois des Fées dans cet extrait ?

   (A) On y a tourné des films basés sur des contes de fée.
   (B) C'est une des douze merveilles du monde.
   (C) Il fait peur aux enfants à cause de sa densité.
   (D) On y trouve des espèces animales remarquables.

TIP

After the first listening, ask yourself whether the passage had statistical data found in polls, information found in reports, and/or whether it aimed at selling a service or product.

7. Quelle est la nature du message ?

   (A) C'est un sondage sur les préférences régionales des touristes.
   (B) C'est un rapport sur le tourisme en Ardèche l'été dernier.
   (C) C'est un plan de modernisation de l'office du tourisme d'Ardèche.
   (D) C'est une publicité pour le tourisme en Ardèche.

Sélection 6

Track 42

Après avoir lu l'introduction et écouté l'audio deux fois, répondez aux questions. (Environ 3 minutes)

Thème du cours : Défis mondiaux/Esthétique

INTRODUCTION

Il s'agit de l'appel à la résistance par le général de Gaulle fait dans un discours diffusé à Londres en juin 1940.

1. Quelle conséquence de l'armistice entre la France et l'Allemagne est mentionnée au début du discours ?
   (A) Le nord de la France sera occupé par l'armée allemande.
   (B) La France sera l'alliée de l'Allemagne.
   (C) Le gouvernement français gardera sa liberté administrative.
   (D) Les soldats français devront rendre leurs armes aux forces allemandes.

2. Quelle est la signification de l'adjectif « démobilisées » quand le général parle des forces françaises au début de ce passage ?
   (A) Incarcérées
   (B) Découragées
   (C) Désengagées
   (D) Tuées

TIP

Work by process of elimination. Ask yourself which possible answers are not specifically mentioned in the passage.

3. Pour quelle raison majeure la France ne peut-elle pas se rendre à l'ennemi ?
   (A) La France doit respecter un accord conclu avec ses alliés.
   (B) L'ennemi ne tiendra pas ses promesses.
   (C) La France a encore son armée.
   (D) L'ennemi va continuer de persécuter les Français.

4. D'après le discours, qu'est-ce qui donne surtout au général de Gaulle l'espoir de vaincre l'ennemi ?
   (A) Tout l'argent que la France a caché de l'ennemi
   (B) Les ressources navales de la France et de ses alliés
   (C) La proximité de ses plus grands alliés
   (D) La puissance aérienne des Etats-Unis

5. D'après le général de Gaulle, qu'est-ce qu'on ne peut pas prévoir dans cette guerre mondiale ?
   (A) Qui gagnera en fin de compte
   (B) Quelles alliances se formeront ou se déferont
   (C) Qui persistera le plus longtemps dans ses efforts
   (D) Quels pays défendront le mieux leur honneur

TIP

With questions of tone, analyze the voice of the speaker as well as vocabulary related to feelings and figures of speech (imperative or conditional modes, theoretical questions, etc.).

6. Qu'est-ce que le général de Gaulle appelle les Français à faire dans ce discours ?

   (A) À s'opposer au nouveau gouvernement
   (B) À réformer l'armée française
   (C) À voter contre l'armistice
   (D) À le reconnaître comme leur chef

7. Quel est le ton de ce discours du général de Gaulle ?

   (A) Furieux
   (B) Déprimant
   (C) Optimiste
   (D) Neutre

Track 43

Sélection 7

Après avoir lu l'introduction et écouté l'audio deux fois, répondez aux questions. (Environ 4 minutes)

Thème du cours : Esthétique/Famille et Communauté

INTRODUCTION

Cet audio décrit un roman au sujet de l'évolution du baiser au cours des années, ses manifestations et ses significations diverses à travers différentes cultures.

1. Comment est-ce qu'on peut caractériser l'origine du baiser sur la bouche ?

   (A) C'était un geste d'amour.
   (B) Cela venait des chimpanzés.
   (C) C'était un moyen de nourrir.
   (D) C'est un geste né au Moyen Age.

2. Quel est le travail principal des « primatologues » ?

   (A) Etudier l'histoire humaine
   (B) Etudier les espèces non-humaines
   (C) Observer le comportement des hommes
   (D) Analyser la condition humaine

3. Qu'est-ce qu'on apprend du monde des animaux dans cet audio ?

   (A) Ils utilisent le baiser pour se remettre en bonnes relations.
   (B) Les animaux imitent de très près les gestes humains.
   (C) Les chimpanzés utilisent le baiser pour se saluer.
   (D) Le baiser n'a qu'un seul but dans le monde de l'espèce animale.

4. Quel est le ton général de cet audio ?

   (A) Sentimental
   (B) Pessimiste
   (C) Didactique
   (D) Nostalgique

5. Que peut-on dire au sujet du baiser en Afrique ?

   (A) C'est quelque chose de sacré.
   (B) Il annonce toujours une longue vie.
   (C) Il joue un rôle dans certains rites.
   (D) Il représente un geste spirituel.

6. Quel rôle jouait le baiser au Moyen Age ?

   (A) C'était un signe de respect entre des classes sociales différentes.
   (B) Il symbolisait la fidélité.
   (C) Il servait à saluer les pauvres ou les malades.
   (D) C'était un échange important de salive entre deux personnes.

7. Qu'est-ce qui a causé des changements au baiser depuis le Moyen Age ?

   (A) L'égalité dans la structure sociale
   (B) Les considérations de santé
   (C) Un changement dans les rôles des hommes et des femmes
   (D) La fin du système féodal

TIP

It is important to know a wide selection of adjectives that describe tone: *furieux/calme, optimiste/pessimiste, objectif/subjectif, comique/pathétique, ironique/sarcastique*, etc.

Sélection 8

Track 44

Après avoir lu l'introduction et écouté l'audio deux fois, répondez aux questions. (Environ 3 minutes)

Thème du cours : Famille et Communauté/Vie contemporaine

INTRODUCTION

Dans cette sélection, il s'agit du mariage au Burkina Faso et de comment l'union de deux personnes dans ce pays a évolué.

1. Dans cet extrait, quelle est la raison principale pour laquelle des hommes âgés veulent un mariage civil ?

   (A) Pour rendre légal leur mariage
   (B) Pour assurer l'avenir de leur femme
   (C) Pour se moderniser
   (D) Pour revivre un moment clé de leur vie

2. Comment peut-on décrire les 60 couples à cet événement ?

(A) Des personnes âgées désirant un mariage civil
(B) Des villageois frustrés
(C) Des jeunes gens mariés depuis peu
(D) Des gens de tout âge prêts à se marier

TIP

A good slogan should evoke emotions and ideas. Ask yourself what main idea or emotion stands out in the passage.

3. Lequel serait un slogan idéal pour Promo-Femmes ?

(A) Toutes les femmes devraient se marier
(B) Tous les droits pour toutes les femmes
(C) L'égalité pour les femmes
(D) On devrait avoir le droit de divorcer

4. Quel effet la troupe de théâtre avait-elle sur le peuple ?

(A) Elle divertissait pendant un moment difficile.
(B) Elle critiquait le comportement des femmes.
(C) Elle rappelait les injustices sociales subies par le peuple.
(D) Elle ennuyait certains représentants officiels du pays.

5. Qu'est-ce qui était typique de l'état du mariage avant cette époque ?

(A) Des unions satisfaisantes
(B) Des mariages basés sur l'égalité
(C) Des mariages injustes envers les femmes
(D) Des unions peu appréciées par les familles

6. Quel est la valeur des « papiers d'état-civil » ?

(A) Ils peuvent permettre aux femmes d'hériter les biens de l'époux.
(B) Ils créent un mariage durable.
(C) Ils rendent les divorces possibles.
(D) Ils ne permettent pas plus d'une épouse à un mari.

7. Vers la fin de la sélection, que signifie l'expression « l'évolution » ?

(A) Les époux ne sont plus choisis par les parents.
(B) On peut se marier autant de fois qu'on veut.
(C) On peut se marier à n'importe quel âge.
(D) Les gens des petits villages habitent maintenant les villes.

Track 45

Sélection 9

Après avoir lu l'introduction et écouté l'audio deux fois, répondez aux questions. (Environ 3 minutes)

Thème du cours : Quête de soi/Vie contemporaine

INTRODUCTION

Dans cet extrait, il s'agit d'une discussion de la fête du premier avril et des origines de cette tradition.

1. Quelle était l'importance du premier avril avant le seizième siècle ?

   (A) C'était le début du printemps.
   (B) C'était l'anniversaire du roi Charles.
   (C) C'était le commencement de l'année.
   (D) C'était une fête traditionnelle.

TIP

Underline avant *le seizième siècle*; it will remind you to focus on that period of time while listening.

2. Quelle est la meilleure façon de décrire ceux qui reçoivent des « faux cadeaux » le premier avril ?

   (A) Il sont ridiculisés.
   (B) Ce sont des gens crédules.
   (C) Ils restent fidèles au roi Charles.
   (D) Ce sont des gens forts.

3. Que signifie le mot « prisé » dans l'expression « l'un des cadeaux les plus prisés était donc le poisson » ?

   (A) Coûteux
   (B) Mépris
   (C) Désiré
   (D) Détesté

4. Selon l'extrait, qu'est-ce qui est vrai au sujet du premier avril ?

   (A) Cette tradition a commencé en France.
   (B) Cette tradition accompagne une fête solennelle.
   (C) L'origine de cette tradition est nettement dans l'une des anecdotes.
   (D) C'est une tradition qui existe encore dans les pays de l'ouest.

5. Quelle serait la meilleure caractérisation du premier avril ?

   (A) Une fête historique et religieuse
   (B) Une tradition à l'esprit léger
   (C) Un temps de reflexion personnelle
   (D) Une fête directement associée à la fête de Pâques

TIP

Be sure to read all the answers before selecting the *best* one.

Track 46

Sélection 10

Après avoir lu l'introduction et écouté l'audio deux fois, répondez aux questions. (Environ 3 minutes)

Thème du cours : Science et Technologie/Esthétique

INTRODUCTION

Dans cet article, il s'agit de la protection donnée au *Titanic* par l'UNESCO ainsi qu'à d'autres navires naufragés.

TIP

When puzzled by unknown vocabulary (possibly "*navires naufragés*" and "épaves" in the questions), use the context and/or prior knowledge. In this case, anything that comes to mind when thinking of the *Titanic*.

1. Comment la renommée du *Titanic* bénéficie-t-elle à d'autres épaves anciennes ?
   (A) Elle les a rendues plus célèbres.
   (B) Elle a attiré l'attention des chasseurs de trésor.
   (C) Elle évite d'autres dégâts à ces épaves.
   (D) Elle révèlera le pillage associé à ces naufrages.

2. Pourquoi le *Titanic* reçoit-il soudain tant d'attention de l'UNESCO ?
   (A) À cause de la publicité pour le film de James Cameron
   (B) À cause du fait que ça fait un siècle que le naufrage a eu lieu
   (C) Parce qu'on a découvert d'autres épaves menacées
   (D) Parce que les survivants au naufrage sont morts

3. Selon Irina Bokova, pourquoi vaut-il la peine de protéger toutes ces épaves anciennes ?
   (A) Il se peut qu'il y ait des trésors cachés dans ces épaves.
   (B) La Convention de l'UNESCO l'exige.
   (C) Elles se trouvent dans les eaux internationales.
   (D) Ce sont des lieux historiques importants pour les scientifiques.

4. Quel pouvoir est accordé aux états-membres de l'UNESCO par la Convention de 2001?
   (A) Ils peuvent nier accès à ceux qui volent des épaves.
   (B) Ils peuvent explorer et accéder à ces sites.
   (C) Ils peuvent mener des recherches scientifiques dans chacune des épaves.
   (D) Ils peuvent vendre le contenu des épaves au bénéfice de l'état.

5. Que méritent les épaves, selon Madame Bokova ?
   (A) Autant de respect que les sites à la surface de la terre
   (B) Beaucoup plus d'attention de la part des médias
   (C) De ne plus être fouillées par des archéologues
   (D) Des plaques commémoratives

Sélection 11

Track 47

Après avoir lu l'introduction et écouté l'audio deux fois, répondez aux questions. (Environ 5 minutes)

Thème du cours : Quête de soi/Défis mondiaux

INTRODUCTION

Cet interview avec Claire Coç traite notamment de la question de l'assimilation des immigrés. Arrivée de Turquie à l'âge d'un an, mariée sous la contrainte, la journaliste explique comment s'est déclenchée sa crise identitaire.

1. Quelle démarche la jeune femme interviewée a-t-elle faite en 2008 ?

(A) Elle a émigré en France.
(B) Elle a changé de résidence.
(C) Elle a changé de prénom.
(D) Elle est repartie en Turquie.

2. Dans le contexte de la vie de la jeune femme, que représente « une demande de naturalisation » ?

(A) Le désir d'adopter une nationalité
(B) La démarche pour demander asile
(C) La volonté de rentrer dans la légalité
(D) L'intention de tenir tête à sa famille

3. Pourquoi la jeune femme mentionne-t-elle Guillaume Apollinaire et Romain Gary ?

(A) Ils se sont illustrés par leurs romains comme elle.
(B) Ce sont des immigrés devenus français comme elle.
(C) Ce sont des personnages célèbres qu'elle admire.
(D) Ils ont eu des problèmes de famille comme elle.

4. Sur quel ton les frères de la jeune femme l'appelaient-ils *l'immigrée* ?

(A) Avec irritation
(B) De façon bête
(C) En se moquant
(D) Sur un ton sévère

5. Comment la jeune femme décrit-elle sa réaction à l'attitude des frères ?

(A) Elle se sentait abandonnée par son pays.
(B) Elle avait l'impression que ses frères étaient macho.
(C) Elle a voulu affirmer son identité française.
(D) Elle a douté de ses rêves d'indépendance.

6. Qu'est-ce qui a inspiré la jeune femme à avoir une prise de conscience au moment décrit dans l'interview ?

   (A) Les insultes racistes et xénophobes des gens
   (B) Sa perception négative du regard des autres
   (C) Le manque d'opportunités professionnelles
   (D) Les questions insidieuses qu'on lui posait

7. Mettez-vous à la place de la personne qui pose les questions à la jeune femme, que demanderiez-vous ?

   (A) Est-ce que vous êtes fière d'être française ?
   (B) Est-ce que tu es proche de ta famille turque ?
   (C) Où habites-tu ?
   (D) Quelle est la nationalité de vos frères ?

Track 48

Sélection 12

Après avoir lu l'introduction et écouté l'audio deux fois, répondez aux questions. (Environ 3 minutes)

Thème du Cours : Défis mondiaux/Vie contemporaine

INTRODUCTION

La Journée mondiale sans tabac est célébrée chaque année le 31 mai. Dans cet interview, Simone Sinclair, Experte à l'OMS, Organisation mondiale de la santé donne quelques explications sur les dégâts causés par le tabac sur la santé.

1. Quel est le slogan mentionné par le journaliste dans sa première question ?

   (A) À bas le tabagisme et le tabac
   (B) Ne pas laisser le tabac couper le souffle
   (C) Éviter les conséquences de fumer
   (D) Ne pas fumer auprès des enfants

2. Sur quel impact nocif du tabac porte la première réponse de Madame Sinclair ?

   (A) Les décès causés par les maladies pulmonaires
   (B) Les maladies incurables
   (C) Son effet sur les familles des fumeurs
   (D) Les effets addictifs du tabac

3. A quoi le journaliste compare-t-il le tabac ?

   (A) À un cancer
   (B) À la tuberculose
   (C) À un virus
   (D) À une arme

4. Que représentent les 8 millions de personnes mentionnées plusieurs fois dans l'interview ?

    (A) Le nombre de personnes mortes du cancer du poumon
    (B) Les personnes qui ont été exposées au tabagisme passif
    (C) Le nombre de morts d'un problème vasculaire
    (D) Le nombre de morts de diverses maladies liées au tabac

5. Combien de très jeunes enfants meurent annuellement du tabagisme passif ?

    (A) Cent mille
    (B) Soixante mille
    (C) Cinq cent mille
    (D) Cinq mille

6. Quelle est une recommandation de l'OMS (Organisation Mondiale de la Santé) d'après Madame Sinclair ?

    (A) Créer de nouvelles stratégies pour prévenir les gens des dangers du tabac
    (B) Demander aux gens de volontairement laisser tomber le tabac
    (C) Interdire de fumer auprès des enfants de moins de cinq ans
    (D) Créer des programmes de désintoxication pour fumeurs

Sélection 13

Track 49

Thème du cours : Défis mondiaux/Famille et communauté

INTRODUCTION

Dans cet interview, Monsieur Michaud parle de l'importance du thon dans sa communauté et de la Journée Mondiale du Thon qu'on y célèbre.

Après avoir lu l'introduction et écouté l'audio deux fois, répondez aux questions. (Environ 3 minutes)

1. D'après l'interview, pourquoi le thon devrait-il être une espèce de poisson protégée ?

    (A) C'est le poisson le plus acheté et le plus prisé dans le monde entier.
    (B) On le trouve facilement dans tous les océans du monde.
    (C) Parce qu'il se reproduit très rapidement et en grande abondance.
    (D) Il figure dans l'économie et les traditions des îles de l'Océan Indien.

2. Dans le contexte de l'interview, que veut dire le mot « pérenne » quand il est appliqué à une ressource ?

    (A) Durable
    (B) Peu chère
    (C) Accessible
    (D) Commercialisée

3. D'après l'interview, pourquoi y a-t-il une « Journée Mondiale du Thon » ?

   (A) Pour attirer des touristes, surtout des pêcheurs, de partout
   (B) Pour sensibiliser le grand public à l'importance du thon
   (C) Pour respecter une tradition millénaire
   (D) Pour établir des protocoles de pêche du thon

4. D'après l'interview, qu'est-ce qui distingue la pêche aux Comores d'autres types de pêche ?

   (A) Aux Comores, elle est plus commerciale.
   (B) Aux Comores, elle est réservée aux touristes.
   (C) Aux Comores, elle emploie plus de pêcheurs.
   (D) Aux Comores, elle est réservée aux habitants des îles.

5. Quelle question le journaliste pourrait-il encore poser à M. Michaud ?

   (A) Depuis quand voyagez-vous dans ces îles ?
   (B) Pouvez-vous me parler un peu plus des Seychelles ?
   (C) Tu veux aller boire un pot ?
   (D) Pour finir, peux-tu me résumer l'intérêt de cette journée ?

Track 50

Sélection 14

Thème du cours : Défis mondiaux/Famille et communauté

Après avoir lu l'introduction et écouté l'audio deux fois, répondez aux questions. (Environ 5 minutes)

INTRODUCTION

Ce reportage présente un des projets de l'organisation Vision du Monde qui facilite la création et l'utilisation de cuisinières dans un camp de réfugiés en Ouganda.

1. Quel est le défi principal décrit dans ce reportage audio ?

   (A) Avoir assez de place pour tous les réfugiés
   (B) Trouver de nouvelles sources de nourriture pour tous
   (C) Créer de bons moyens de cuire les aliments
   (D) Comprendre comment utiliser l'électricité et le gaz

2. Quel est le sens du mot *déboisement* ?

   (A) La destruction des forêts
   (B) La pollution créée par les réfugiés
   (C) Le manque de logements
   (D) Le besoin d'eau potable

3. Pourquoi l'appareil de Dawou Aros est-il si avantageux ?

   (A) Il utilise les pierres d'une manière efficace.
   (B) Il retient mieux la chaleur que les autres.
   (C) Il ne pollue pas l'air.
   (D) Il consomme beaucoup de bois.

4. Comment le système de Dawou Aros a-t-il changé sa vie ?

   (A) Avec cette cuisinière, on brûle moins les plats.
   (B) Il peut maintenant faire la cuisine pour plusieurs familles.
   (C) Il a trouvé une façon de cuisiner moins chère.
   (D) Il passe moins de temps à chercher du bois.

5. Quel est l'avantage de ce système pour les enfants de la famille ?

   (A) On peut les nourrir à tout moment de la journée.
   (B) Ils ne sont plus obligés de ramasser du bois.
   (C) Il est moins probable qu'ils se blessent.
   (D) Ils peuvent avoir plus de repas chauds.

6. Quelle phrase résume le mieux cette histoire ?

   (A) La vie est plutôt difficile pour les réfugiés en Ouganda.
   (B) Malgré certains défis, les réfugiés sont ingénieux.
   (C) La technologie moderne peut changer nos vies.
   (D) Cuisiner sans gaz ni électricité peut être dangereux.

Sélection 15

Track 51

Thème du cours : Vie contemporaine/Quête de soi

Après avoir lu l'introduction et écouté l'audio deux fois, répondez aux questions. (Environ 5 minutes)

INTRODUCTION

Dans ce reportage, il s'agit de la passion que les Français ont pour leurs pâtisseries.

1. Qui s'intéresserait probablement à ce reportage ?

   (A) Les historiens
   (B) Presque tous les Français
   (C) Ceux qui aiment cuisiner
   (D) Ceux qui connaissent bien Paris

2. Quelle est le but du reportage ?

   (A) Informer les Français sur une nouvelle recette de gâteau
   (B) Vanter et classifier les meilleures pâtisseries de Paris
   (C) Montrer que la pâtisserie française est un art pour les Français
   (D) Faire un sondage des pâtisseries préférées des Parisiens

3. Comment une pâtisserie doit-elle être d'après les experts ?

   (A) Légère et sucrée
   (B) Pas trop chère
   (C) Pas trop difficile à trouver
   (D) Bonne et belle

4. Qu'est-ce qui prouve que certaines pâtisseries sont de vraies stars ?

   (A) Elles sont nommées d'après des personnes célèbres.
   (B) Elles ont une journée, chaque année, qui leur est dédiée.
   (C) Les Français les font régulièrement à la maison.
   (D) Il y a des centres de traitement à l'addiction-pâtisserie.

5. Que constate-t-on dans le commerce de la pâtisserie ?

   (A) Le nombre des apprentis-pâtissiers a baissé récemment.
   (B) Des chefs-pâtissiers célèbres ont été victimes de la crise Covid.
   (C) Le secteur boulangerie-pâtisserie est en pleine boum.
   (D) On vend de la pâtisserie partout même à l'opéra.

Track 52

Sélection 16

Après avoir lu l'introduction et écouté l'audio deux fois, répondez aux questions. (Environ 5 minutes)

Thème du cours : Vie contemporaine/Défis mondiaux

INTRODUCTION

L'Association *Les P'tits Héros* organise des actions permettant l'apprentissage par des enfants de comportements salutaires.

1. À qui s'adresse le message ?

   (A) Aux enfants
   (B) Aux parents
   (C) Aux enseignants
   (D) Aux psychologues

2. Quelle est la nature du message ?

   (A) Ludique
   (B) Publicitaire
   (C) Informative
   (D) Commerciale

3. Qu'est-ce que l'association apprend aux enfants ?

(A) Des gestes pour sauver la vie de quelqu'un
(B) Des jeux qui ne posent pas de risques aux enfants
(C) Des règles de comportement en société
(D) Des leçons d'instruction civique

4. Qui anime les activités des P'tits Héros ?

(A) Les parents des enfants
(B) Les maîtres d'école
(C) Divers bénévoles
(D) Des enfants plus âgés

5. Quelle réaction l'association est-elle fière de susciter dans les enfants quand ils font face à une situation grave ?

(A) L'intérêt pour les sciences médicales
(B) Le désir de rester en bonne santé
(C) La foi en leurs parents
(D) La confiance en eux-mêmes

6. Comment décrit-on les gestes curatifs que les petits héros apprennent grâce à cette association ?

(A) Affectueux
(B) Réfléchis
(C) Spontanés
(D) Calculés

7. Que peut-on conclure du nom de l'Association ?

(A) Le nom souligne son origine bretonne et militante.
(B) Le nom prédit un avenir noble pour les enfants d'aujourd'hui.
(C) Le nom s'appuie sur des héros légendaires.
(D) Le nom sous-entend que les petits Bretons sont braves.

8. Pour plus de renseignements sur cette association, qu'allez-vous faire ?

(A) Téléphoner
(B) Écrire une lettre
(C) Aller à leur bureau
(D) Envoyer un email

Track 53

Sélection 17

Thème du cours : Vie contemporaine/Esthétique

Après avoir lu l'introduction et écouté l'audio deux fois, répondez aux questions. (Environ 3 minutes)

INTRODUCTION

Ce message est transmis par M. Lang, ancien ministre français de la Culture et de l'Éducation nationale, en juin 2020, pendant la période de la Covid19.

1. À qui s'adresse M. Lang ?
   (A) À des DJ et des professionnels de la musique
   (B) À tous ceux qui s'intéressent à une fête de la musique
   (C) À ses amis arabes qui habitent en France
   (D) À des organisateurs de concerts

2. Quel est le but du message ?
   (A) De promouvoir la culture franco-arabe à Paris
   (B) D'inviter des fans de la chanson française à une fête
   (C) D'inviter des chanteurs et des DJ à une fête
   (D) D'annoncer l'ouverture de l'Institut arabe

3. Quel protocole sera respecté lors de l'évènement ?
   (A) L'heure précise d'arrivée
   (B) Le maximum de boissons
   (C) La distance entre les invités
   (D) L'inscription à une table précise

4. Quelle option sera offerte par l'IMA aux personnes qui veulent rester chez eux ?
   (A) Regarder l'évènement à la télévision
   (B) Écouter la radiodiffusion de l'évènement
   (C) Suivre une émission de musique électronique
   (D) Participer à une discussion à distance sur la musique

5. Qui sera présent aux deux évènements parallèles ?
   (A) Des personnalités de la chanson
   (B) Des personnalités de l'UNESCO
   (C) Des inspecteurs sanitaires
   (D) Des DJ de partout au monde

Sélection 18

Track 54

Après avoir lu l'introduction et écouté l'audio deux fois, répondez aux questions. (Environ 5 minutes)

Thème du cours : Esthétique /Défis mondiaux

INTRODUCTION

Vincent Callibaut présente sa vision de la ville de demain qui tient compte des écosystèmes sur la planète Terre.

1. Quelle question Vincent Callibaut pose-t-il au début de sa présentation ?
   (A) Quel pourcentage de la terre est couvert d'océans ?
   (B) Pouvons-nous remédier au changement climatique ?
   (C) Pourrons-nous un jour habiter la mer et les océans ?
   (D) Connaissez-vous mes projets urbains ?

2. Quelle sorte d'économie l'architecte préconise-t-il pour le futur de notre planète ?
   (A) Une économie en symbiose avec la nature
   (B) Une économie basée sur la technologie
   (C) Une économie débarrassée des énergies fossiles
   (D) Une économie basée sur l'intelligence artificielle

3. Que signifie « biomimétisme » dans le contexte de cette présentation ?
   (A) Une façon de régler les problèmes de l'environnement
   (B) Une solution d'accélérer l'utilisation d'énergies durables
   (C) Une manière de bâtir écologique et inspirée de la nature
   (D) Une innovation singulière dans le monde naturel

4. Qu'est-ce que c'est que le projet Aequorea ?
   (A) C'est un projet de culture de perles.
   (B) C'est une grande marina pour les propriétaires de yacht.
   (C) C'est un parc naturel pour les plongeurs.
   (D) C'est un projet d'habitation au fond de l'océan.

5. Qu'est-ce qu'Aequorea pourra faire ?
   (A) Protéger ses résidents des catastrophes naturelles
   (B) Subvenir aux besoins alimentaires de ses habitants
   (C) Donner plus d'espaces de loisirs à tout le monde
   (D) Jouer et nager avec les dauphins et la faune marine

6. Quel titre serait approprié pour la présentation ?

   (A) Exploration de l'univers marin
   (B) L'économie alternative
   (C) Le changement climatique
   (D) L'urbanisation du futur

7. Quel type de personne voudra vivre dans le monde proposé par l'architecte ?

   (A) Des gens qui ne voudront jamais quitter l'eau marine
   (B) Des visionnaires et des explorateurs
   (C) Des gens aventureux capables de vivre en nomades
   (D) Des misanthropes et des ermites

8. Quelle question pourrait-on poser au présentateur ?

   (A) Êtes-vous toujours aussi pessimiste ?
   (B) Envisagez-vous d'habiter une de vos créations ?
   (C) Pourquoi vous êtes-vous lancé dans l'économie ?
   (D) Quelle est votre profession actuelle ?

Track 55

Sélection 19

Thème du Cours : Les Défis Mondiaux

Après avoir lu l'introduction et écouté l'audio deux fois, répondez aux questions. (Environ 5 minutes)

INTRODUCTION

Ceci est un message paru en France pendant la pandémie de la Covid-19 en 2020–2021.

1. Dans la présentation audio, quel est le message principal des présentateurs?

   (A) Tout le monde doit se faire vacciner aussitôt que possible.
   (B) Le personnel des soins et les services de santé sont prêts pour les patients.
   (C) Il faut aller aux salles d'urgence pour vérifier si on a la Covid-19.
   (D) Il vaut mieux faire des télé consultations en cas de maladie.

2. Dans l'expression « Écouter, examiner, dépister, traiter et vous rassurer » au début du message, que veut dire « dépister » ?

   (A) Guérir
   (B) Trouver
   (C) Décoder
   (D) Isoler

3. Qui sont les voix dans la présentation audio ?

   (A) Diverses personnes travaillant dans le domaine de la santé
   (B) Des responsables du ministère de la santé publique
   (C) Des professionnels de l'enseignement
   (D) Des experts épidémiologistes

4. Quelle mesure de précaution pour les visites en cabinet médical est mentionnée ?

    (A) Attendre à l'extérieur qu'on vous appelle
    (B) Faire la queue devant le cabinet
    (C) S'asseoir à une bonne distance l'un de l'autre
    (D) Arriver dans le créneau d'heure prévu

5. Quelle est la recommandation principale dans le message ?

    (A) Ne pas négliger les soins routiniers et ordinaires
    (B) Ne pas s'assembler en grands groupes
    (C) Ne pas venir dans les cabinets médicaux
    (D) Ne pas trop s'inquiéter en cas d'infection

6. À qui s'adresse la phrase qui commence avec « Pour votre grossesse » vers la fin du message ?

    (A) Aux patients qui ont des maladies chroniques
    (B) Aux personnes qui ont eu le virus Covid-19
    (C) Aux parents d'enfants malades
    (D) Aux femmes enceintes

7. Quel est le ton du message ?

    (A) Effrayant
    (B) Alarmiste
    (C) Sceptique
    (D) Rassurant

8. Dans un exposé sur le même sujet que la présentation, vous voulez citer une source de renseignements supplémentaires. Qu'est-ce qui serait le plus approprié ?

    (A) *Les maladies pulmonaires dues aux virus, www.passeportsante.net*
    (B) *L'historique des vaccinations contre les virus, www.news-medical.net*
    (C) *Épidémie Coronavirus, tout ce qu'il faut savoir, service-public.fr*
    (D) *Nouveaux cas de COVID-19 au Québec, www.quebec.ca/sante/problemes*

Answer Explanations—Multiple-Choice Audio Selections

Sélection 1

La Suisse raconte

1. **(B)** The selection states that Nathalie is in charge of various types of activities for children, "*Avec le théâtre, les contes par le biais de différents supports.*"
2. **(B)** Nathalie says that the goal of the company is to develop cultural awareness among children, "*La participation à la vie culturelle.*"
3. **(D)** The company's activities aim at developing independent thinkers, "*Amener petit à petit à penser plus—par et pour—eux-mêmes.*"
4. **(A)** The information offered aims at helping children protect themselves and stay safe, "*La prévention de la violence.*"

5. **(C)** Nathalie is fascinated by how children mature within a given culture, "*S'épanouir en lien avec les autres et la cité dans laquelle il habite.*"
6. **(C)** Nathalie says that listening to stories leads to being better able to express oneself, "*Articuler à leur tour.*"
7. **(B)** In the context, only option (B) is appropriate. She already founded a theater; she does provide many activities; and so on.

Sélection 2

Air France

1. **(C)** The message is about rules aboard a company plane, "*Vous devez . . . Nous recommandons. . . .*"
2. **(A)** The use of seat belts is the first thing explained, "*. . . attacher vos ceintures.*"
3. **(D)** The selection says that emergency exits are found at regular intervals, "*Chaque côté de la cabine, à l'avant, au centre, à l'arrière.*"
4. **(B)** The audio states that the plane's doors are equipped with slides, "*Les toboggans se déploient automatiquement.*"
5. **(D)** The information states that one must inflate one's vest after having left the plane, "*Une fois à l'extérieur de l'avion, gonflez le gilet.*"
6. **(D)** The selection says that electronics must be shut off just before the plane takes off, "*L'usage des appareils électroniques est interdit pendant le décollage.*"

Sélection 3

Journée de la Terre

1. **(A)** The celebration is that of "*la terre nourricière*" (the earth that feeds us).
2. **(B)** The information says that M. Ban Ki-moon started his speech on an alarming note, "*Ce cri d'alarme.*"
3. **(B)** The audio states that ecological diversity is decreasing, "*Déclin de la diversité biologique.*"
4. **(A)** All components of the answer are mentioned as objectives (OMD).
5. **(C)** M. Ban Ki-moon stated in the conclusion of his speech that we must all respect and take care of Earth, "*. . . Appel urgent à tous les gouvernements, les entreprises et les citoyens du monde à donner à la terre le respect et les soins.*"
6. **(C)** M. Ban Ki-moon faces problems in a realistic manner, "*Des OMD . . . qui auront peu de chance d'être réalisés. . . .*" (Objectives that are unlikely to be realized.)

Sélection 4

Les herbes médicinales

1. **(B)** The journalist wants to know what role this traditional business plays in today's society, "*De quelle façon intervient l'herboristerie.*"
2. **(A)** Madame Provost states that her occupation goes back thousands of years, "*Métiers absolument millénaires.*"
3. **(D)** Natural products you find in stores are also made from plants, "*Produits naturels dans les boutiques spécialisées, même les pharmacies . . . à la base, c'est des plantes.*"
4. **(D)** Madame Provost states that one must have a basic knowledge of plants before harvesting them, "*L'identification de la plante qui doit être absolument juste*" and "*C'est pas parce que c'est naturel que c'est bon.*"

5. **(B)** Madame Provost states that the first step in picking plants is to identify them, *"On s'assure de certains éléments de base bien sûr, le premier étant l'identification des plantes."*
6. **(B)** Madame Provost urges people to get back to nature, *"nous rapprocher de ce qu'on prend, de ce qu'on utilise et de ce qui nous fait du bien."*

Sélection 5

L'Office de Tourisme du Pays des Vans

1. **(B)** The passage says that it is at an hour and a half from the valley of the Rhone.
2. **(A)** The audio states that *"la baignade"* is a recommended activity in the area.
3. **(D)** Several context clues indicate it is a river. For example, the first time *"Chassezac"* is mentioned, it is preceded by the word *"rivière."*
4. **(B)** The audio says a family needs half a day to a day to do the *"programme détente."*
5. **(C)** The information says that underground exploration is often new for children, *"Comme en spéléo la découverte souterraine."*
6. **(D)** The passage states that remarkable animal species are preserved in those woods, *"Espèces remarquables."*
7. **(D)** The information given suggests that this region is ideal for tourism and is clearly meant to attract tourists, *"Bonjour et bienvenue . . ."/"Nous vous invitons à découvrir. . . ."*

Sélection 6

Discours du Général de Gaulle

1. **(D)** The audio states that Frenchmen will have to surrender their weapons, *"Nos armes seront livrées."*
2. **(C)** It can be inferred that *"démobilisées"* means deprived of mobility or engagement.
3. **(A)** The information says that France must honor its agreement with allies, *"La France s'est engagée à ne déposer les armes que d'accord avec ses alliés."*
4. **(B)** The audio says that France and its allies still have formidable naval forces, *"Mais il nous reste un vaste empire, une flotte intacte."*
5. **(B)** De Gaulle states that one cannot predict which alliances will change, *"Nul ne peut prévoir si les peuples qui sont neutres aujourd'hui, le resteront demain."*
6. **(D)** De Gaulle calls on everyone to follow him, *"J'invite tous les Français qui veulent rester libres à m'écouter et à me suivre."*
7. **(C)** Several clues indicate that de Gaulle thinks that, in spite of a big defeat, the war is not over, *"Car il est absurde de considérer la lutte comme perdue."*

Sélection 7

Le baiser

1. **(C)** The kiss was once a way to feed the young as stated in the text, *"La pratique des mères de porter la nourriture de leur bouche à celle de leurs enfants."*
2. **(B)** The text states, *"Les primatologues ont même observé que les femelles chimpanzés. . . ."* So one can infer that *primologues* work with nonhuman primates such as chimps.
3. **(A)** The phrase *bonnes relations* is synonomous with *se réconcilier*. The text states, *"Femelles chimpanzés qui veulent se réconcilier se donnent des baisers."*
4. **(C)** The article is instructive. It mentions the work of anthropologists and retraces the origins and evolution of the kiss in various cultures and eras.

5. **(D)** The audio describes spiritual nature associated with the kiss, "*En Afrique, le baiser porte une connotation particulière du fait qu'on croit que l'âme des humains entre et sort par la bouche.*"
6. **(B)** The kiss was a gesture of loyalty between two men, "*Les fidèles mâles l'échangent entre eux. . . .*"
7. **(B)** Health considerations became a motivating factor for changes, "*En guise de pénitence, on s'imposait d'embrasser le sol, les pieds d'un mendiant ou un lépreux, avant que des critères d'hygiène ne viennent mettre un terme à cette pratique.*"

Sélection 8

Choisir son conjoint au Burkina Faso

1. **(B)** A civil marriage will ensure rights for women, "*Aucun papier prouvant ses droits sur l'héritage.*"
2. **(D)** People of all ages were present at the event, "*Couples âgés de 20 à 80 ans sont passés devant monsieur le maire.*"
3. **(B)** The article indicates that this group wants rights for all women, "*C'était le but de l'association 'Promo-Femmes,' à l'origine de cette initiative, qui a poursuivi durant plusieurs mois les discussions avec les villageois.*"
4. **(C)** This group reminded the people about the injustices in marriages, "*Elle se trouve alors en butte à sa belle-famille qui la dépouille de tout.*"
5. **(C)** Marriages before this era were based on inequity. Women did not have the same rights as men. "*Quand je me suis marié, il y a 34 ans, . . . , c'est la famille qui m'a donné ma femme.*"
6. **(A)** These documents allow women to file legal claims for their husbands' estates, "*Car elle n'a aucun papier prouvant ses droits sur l'héritage de son mari.*"
7. **(A)** Marriage has evolved to the point where parents no longer choose spouses for their children, "*Aujourd'hui, nous ne pouvons pas chercher des filles ou des garçons pour nos enfants.*"

Sélection 9

Poisson d'avril

1. **(C)** In the 1500s, April 1 was considered to be the first of the year. "*L'année commençait à l'origine le premier avril.*"
2. **(A)** Those who would not accept that January 1 was the new first day of the year were teased with false gifts, "*Ceux qui continuaient de fêter le nouvel an en avril furent la cible des farceurs.*"
3. **(C)** The reference to Lent demonstrates that fish was valued when Christians did not eat meat (the word means *cherished*), "*Le premier avril tombe aux alentours de la fin du carême, période durant laquelle les chrétiens ne sont pas supposés manger de viande, l'un des cadeaux les plus prisés était donc le poisson.*"
4. **(A)** The tradition began in France, "*Ce qui est sûr en revanche est que la coutume des plaisanteries du premier avril est née en France.*"
5. **(B)** April Fools Day has a lighthearted spirit; it's about making jokes, "*. . . La coutume des plaisanteries.*"

Sélection 10

Titanic

1. **(C)** Other ships may be spared due to the fame of *Titanic*. *"Il doit en aller de même pour tous les trésors engloutis."*
2. **(B)** The *Titanic* sinking just had its one hundredth anniversary, *"Jusqu'ici, le Titanic ne pouvait bénéficier de la protection de la Convention adoptée par l'UNESCO en 2001, celle-ci ne s'appliquant qu'aux vestiges immergés depuis au moins cent ans."*
3. **(D)** These shipwrecks are historical sites with profound meaning for so many, *"Toutes ces épaves anciennes sont des sites archéologiques qui présentent une valeur scientifique."*
4. **(A)** Member states can close their ports to those who break the rules, *"Ils peuvent également saisir les objets sortis de l'eau illégalement et fermer leurs ports à tout navire se livrant à des activités d'exploration non conformes aux principes de la Convention."*
5. **(A)** These underwater sites deserve as much respect as those on land. *"Les épaves sont aussi la mémoire de tragédies humaines qui doivent être traitées avec le respect qui leur est dû."*

Sélection 11

Claire Coç-Le prénom de la honte

1. **(C)** The first interviewer says that she changed her first name when she presents her, *"fille d'émigrés turcs, elle est devenue Claire en 2008."*
2. **(A)** The interviewee explains it as wanting to become French: *"on a envie d'être français."*
3. **(B)** The interviewee uses examples of well-known immigrants who, like her, changed their name upon becoming French: *"Guillaume Apollinaire qui était né à Rome . . ."*
4. **(C)** Her brothers made fun of her by calling her "l'immigrée", *"sous le ton de la blague."*
5. **(C)** Her reaction to her brothers' mocking her was to decide to adopt a French name for herself so that she would not just feel but also appear more French to others.
6. **(B)** She was self-conscious and had the bad feeling that others saw her as foreign, *"c'est le regard des autres . . ."*
7. **(A)** That question is in the correct register and is appropriate in the context of the interview.

Sélection 12

Journée mondiale sans tabac

1. **(B)** Tobacco takes your breath away is the motto: the journalist asks, *"pourquoi insister sur le fait* ***de ne pas me laisser le tabac me couper le souffle****?"*
2. **(A)** People die from lung diseases, *"40% des décès sont liés à des maladies pulmonaires."*
3. **(C)** The journalist compares tobacco to a virus: *"Peut-on parler du tabac comme d'un virus?"*
4. **(D)** The 8 million people are those who die from various diseases linked to smoking, *"le tabac tue au moins 8 millions de personnes."*
5. **(B)** 60,000 children die annually from exposure to smoking, *"60,000 enfants . . . meurent de maladies causées par le tabagisme passif."*
6. **(D)** Provide detoxification programs for smokers is the recommendation.

Sélection 13

La Journée du thon aux Seychelles

1. **(D)** The tuna should be protected because of its economic and cultural value to the Indian Ocean islanders, "*le thon est un poisson qui devrait être durable parce que c'est une espèce d'une grande valeur pas seulement économique mais socio-culturelle.*"
2. **(A)** From the context, it can be inferred this cognate means everlasting.
3. **(B)** The *Journée du thon* is designed to bring about an awareness of the value of the tuna fish, "*nous ne sommes pas suffisamment conscients de son importance.*"
4. **(D)** Fishing in these specific islands is not commercial; it simply feeds the local people (*les insulaires*).
5. **(B)** This question is in the proper formal register and is appropriate in the context of M. Michaud and his home islands of Les Seychelles.

Sélection 14

L'Afrique en marche

1. **(C)** The main challenge according to this report is that of finding the best ways to cook food.
2. **(A)** This word refers to the destruction of forests for wood (*bois*) for cooking, "*ils utilisent beaucoup de bois notamment pour la cuisine.*"
3. **(B)** His cooking device retains heat longer than others, "*une sorte de réchaud et de différents matériaux qui gardent la chaleur.*"
4. **(D)** He spends less time gathering wood and has more time to grow crops, "*je vais chercher du bois qu'une ou deux fois par semaine et j'ai plus de temps pour cultiver.*"
5. **(C)** Children don't burn themselves because the fire is inside this oven, "*les enfants ne peuvent pas se brûler parce que le bois est à l'intérieur.*"
6. **(B)** The overall message is that despite serious challenges, these refugees have found an ingenious way to solve a basic life necessity.

Sélection 15

Pâtisserie française

1. **(B)** Almost every French person will be interested since pastries are obviously a bit of an addiction for many of them, "*les accros à la pâtisserie sont de plus en plus nombreux.*"
2. **(C)** The main message is to show that the French consider pastry-making an art, "*créations pâtissières/objets de luxe/La pâtisserie en France, c'est un art pris très au sérieux.*"
3. **(D)** A pastry must be good and beautiful, which explains why people make huge efforts to get some that have a reputation, "*j'ai pris ma journée/j'attendrai trois heures.*"
4. **(B)** There is a "*Journée Internationale*" dedicated to pastries like the macaron.
5. **(C)** The bakery-pastry industry was not at all impacted by the Covid crisis in France. It is vibrant and strong, "*la boulangerie-pâtisserie ne connaît pas la crise/. . . en plein boum.*"

Sélection 16

P'tits Héros

1. **(B)** The message is for parents: "*vos enfants*" is a clue.
2. **(C)** The message informs parents of what this association does, *"stages de secourisme . . . actions ludiques . . . "*
3. **(A)** The goal of the association is to teach behaviors that will help in critical situations, *"protéger, alerter, secourir."*
4. **(C)** Various volunteers supervise the activities, *"nos intervenants bénévoles."*
5. **(D)** One of the goals is to instill self-confidence in serious situations, *"les gestes qui peuvent sauver et à prendre confiance en eux."*
6. **(C)** Children learn behaviors that become spontaneous, *"Notre association les aide à acquérir des automatismes dans les gestes . . ."*
7. **(B)** The name of the association predicts that children will live noble moments—be little heroes—later in life.
8. **(D)** At the end of the message, the speaker gives an email address, *"contact@lesptitshéros.fr."*

Sélection 17

L'IMA et la fête de la musique

1. **(B)** Mr. Lang speaks to any friend of the Arab institute interested in participating in a celebration of music.
2. **(B)** Mr. Lang is inviting people to a big event, *la Fête de la Musique.*
3. **(C)** Social distancing must be respected during the event, "*pour que les 400 personnes puissent être séparées . . .*"
4. **(C)** People who prefer to stay home can tune in to an electronic music event, "*un autre évènement pour ceux qui ne voudront pas se déranger*."
5. **(D)** Both events will feature known DJs from around the world, "*Là aussi, vous entendrez, si vous le suivez, les meilleurs DJ qui soient*."

Sélection 18

L'architecte-Designer

1. **(C)** Mr. Callibaut wonders if we could someday inhabit oceans, "*Est-ce qu'un jour, nous pourrions devenir des merriens?*"
2. **(A)** Mr. Callibaut believes in creating an economy that is in symbiosis with nature, "*une économie circulaire*."
3. **(C)** The word describes what is both ecological and inspired by nature, "*c'est-à-dire s'inspirer des formes, des structures, de l'intelligence des matériaux*."
4. **(D)** Aequorea is living space project at the bottom of the ocean, "*va gratter le fonds des océans*."
5. **(B)** Aequorea will be self-sustained for what concerns food needs, "*la permaculture qui nourrit les habitants de cette ville*."
6. **(D)** *Urban planning for the future* would be an appropriate title.
7. **(C)** It would be people who welcome adventure and nomadic lifestyles, "*des nouveaux nomads . . .*"
8. **(B)** *Do you think you might someday live in one of your creations*? would be an appropriate question.

Sélection 19

Covid-19-un message important

1. **(B)** The main message is that health care workers and facilities are ready for patients, "*on est prêt à vous recevoir en toute sécurité on est prêt à vous recevoir en toute sécurité*."
2. **(B)** In the context, you can deduce that the word ***dépister*** must mean *to trace or find.*
3. **(A)** The voices are those of health care workers.
4. **(D)** For in-person medical visits, it is advised people respect a given time window, "*créneau d'heure*."
5. **(A)** Everyone recommends that people visit their health care facilities when they need to.
6. **(D)** This message is for pregnant women (*la grossesse* is pregnancy).
7. **(D)** The tone is reassuring, "*Aujourd'hui soyez rassurés*."
8. **(C)** The best source should cover many dos and don'ts during an epidemic and come from a reliable source.

PART 2
Free-Response Section

4

Writing Email Replies

The email reply portion of the AP French Language and Culture exam takes 15 minutes. You will provide a written response to an email sent to you by someone other than a friend or relative. Therefore, you must use the formal register in your reply. To help you out, we are providing a concise list of useful vocabulary targeting formal writing as well as some strategies to perform well on this task.

Instructions, Strategies, and Tips

You must write a formal response to a formal email. You have 15 minutes to read the prompt and write the reply.

Here are some tips for you to obtain the best possible score on this task.

1. While reading the email, **underline or highlight key words**. Doing this will prompt you to elaborate on these key ideas.
2. While reading the email, **underline or highlight questions**. Doing this will prompt you to answer them.
3. Give a concise reply. However, elaborate on some key ideas and respond to **all questions**.
4. Use a formal approach in both language and tone. Use ***vous*** consistently as necessary. Do not use the "pitch of voice" interrogative approach; this would be too familiar. Try using the inversion interrogative structure as much as possible, as in "Pourriez-vous me renseigner . . . ?" rather than "Vous pourriez me renseigner . . . ?"
5. **Ask for details** of something that appeared in the original message.
6. If you recognize references to a particular francophone culture in the email, try to show your understanding of the special features of the culture in your response. For example, you may elaborate on the detail, or make a comparison with your own culture, or ask a question about the item.
7. Organize your response, indent as appropriate, and follow standard writing conventions (capitalization, spelling, accent marks, and so on).
8. Use a mix of simple and complex sentences. Use transitional phrases.
9. Use precise and idiomatic vocabulary as well as a variety of grammatical structures.
10. Be sure to include an opening to the letter as well as a closing. Preferably, these should be different from the one used in the email to which you are writing a reply.

See the justifications for some of these requirements that appear after the exemplary reply to selection 1.

Useful Vocabulary for Emails

Opening an Email

In the event you are writing to a totally unknown person, use this form of address:

Monsieur, Madame,
To whom it may concern,

Even if you have previous electronic contact with a person, it is customary to address the person in the email as simply *Monsieur* or *Madame.*

If you have met the person and have established a closer yet formal relationship, you may also use one of the following forms of address:

Cher monsieur,
Dear sir,

Cher monsieur Dupont,
Dear Mr. Dupont,

Chère madame,
Dear madam,

Chère madame Flaubert,
Dear Mrs. Flaubert,

With individuals who bear a professional title, use *Monsieur* or *Madame* followed by the professional title:

Monsieur le Directeur/Madame la Directrice,
Dear Director,

Monsieur le professeur/Madame le professeur,
Dear Professor,

Monsieur le docteur/Madame le docteur,
Dear Doctor,

Note: The use of *mademoiselle* is no longer acceptable in official correspondence.

Closing an Email

French closings in letters tend to be long and flowery. However, formal closings in emails tend to be much shorter. Here are a few examples that are all equivalents of a simple *sincerely.* Remember to look at how your contact closed his/her letter and use a different closing in your own reply.

Cordiales salutations,
Cordialement,
Bien cordialement,
Bien à vous,
Sincères salutations,
Avec mes salutations les plus cordiales,
Sentiments distingués,

Avec reconnaissance,
Recevez mes sentiments respectueux,

Other Expressions Used in an Email

Je vous remercie de votre réponse.
I thank you for your answer.

Je vous remercie de m'avoir répondu dans un si bref délai.
I thank you for having answered so promptly.

Je vous suis reconnaissant(e) de m'avoir contacté(e).
I thank you for having contacted me.

Merci d'avance.
I thank you in advance.

Avec mes remerciements.
Many thanks.

J'attends votre réponse.
I am looking forward to your answer.

Dans l'attente de votre réponse,
Looking forward to your answer,

Dans l'attente d'une réponse favorable,
Pending a favorable response,

Essential Vocabulary Contained in Emails on Previous AP French Language and Culture Exams

The following phrases were found in email messages on previous AP French Language and Culture exams. We are providing exemplary sentences in French and English to illustrate how they might be used in an email that you read or write.

donner suite à : Nous allons donner suite à votre demande. *We will consider your request.*

suite à votre demande : Suite à votre demande, nous confirmons les dates de votre séjour. *To follow up on your request, we confirm the dates of your stay.*

prier : Nous vous prions de répondre immédiatement. *Please answer immediately.*

envisager : Vous devriez envisager un nouveau plan. *You should contemplate a new plan.*

les moyens : Quels moyens de transport préférez-vous ? *What means of transportation do you prefer?*

la bourse : Nous accordons des bourses d'étude. *We grant scholarships.*

la formation : Nous offrons une formation de deux semaines. *We offer a two-week training.*

le stage : Le stage aura lieu en juin. *The internship will take place in June.*

les démarches : Suivez les démarches ci-joint. *Follow the attached/enclosed steps.*

le renseignement : Nous avons besoin de renseignements. *We need some information.*

le concours : Inscrivez-vous au concours ! *Sign up for the contest!*

les frais : Nous rembourserons les frais. *We will reimburse the expenses.*

l'hébergement : L'hébergement est compris. *Lodging is included.*

les plus brefs/les meilleurs délais : Répondez dans les meilleurs délais. *Answer as soon as possible.*

le poste : Je voudrais poser ma candidature pour le poste de moniteur de ski. *I would like to apply for the ski instructor job.*

Writing the Email Response

Generally with an email, you need to understand what the writer is saying. You also need to write a response. This section will give you the tools to improve both of these skills.

1. Synthesizing and Interpreting the Message

- What was the nature of the comment or narrative in the written correspondence (information, invitation, announcement, request for help)?
- What is the main idea?
- What specific information was asked for in the written message?
- What type of reaction, reply, or follow-up does the written message require?
- What key vocabulary from the written stimulus (if any) can be used (recycled) or modified in order to produce a response?

2. Writing an Appropriate Response

- Open and close your written correspondence with appropriate and culturally relevant conventional phrases (see next section in this book).
- Be sure to respond appropriately to the message. That may mean expressing interest or surprise, agreeing or disagreeing, accepting or turning down a request, asking for details, and so on.
- Answer *fully* by providing as much information as possible while adhering to the context of the task.
- Paraphrase if you do not know the exact word for something. For instance, if you can't think of phrase "*séjour à l'étranger*" to talk about "a stay in a foreign country," just say "*quand on reste dans un pays comme la France*" or "*quand on fait un voyage international.*"

3. Icing on the Cake

- Use **formal** transitional phrases such as "*de plus,*" "*en revanche,*" "*je me permets de vous faire remarquer,*" or "*je vous suis reconnaissant(e).*" (See the next section for more information.)
- Use a variety of descriptive adjectives as appropriate such as "*une expérience* ***mémorable,***" "*une œuvre* ***bénévole,***" and so on.
- Use adverbs such as "*sérieusement,*" "*profondément,*" and "*indubitablement*" to strengthen the meaning of your verbs.
- Try to use a variety of precise verbs above and beyond the basic "*être,*" "*avoir,*" and "*faire.*"
- Try to use idiomatic structures such as "*Cela m'intéresse*" (rather than "*je suis intéressé(e)*") and "*Cette idée me plaît*" (rather than "*J'aime cette idée*").
- Use a variety of tenses as correctly as possible. A sentence such as "*Je suis enchanté(e) que vous me demandiez . . .*" is sure to impress the reader.

- Use a few complex sentences such as "*Votre organisation est internationale* ***alors que*** *mon club est local.*" Just elaborate on a main clause by using conjunctions such as "*parce que,*" "*alors,*" "*que,*" "*pourvu que,*" "*afin que,*" and so on.
- Upon finishing your email reply, you may sign off with a name or you may use a series of x's as a placeholder for a signature. Just know that any signature will be hidden from the reader who will score the task.

Now let's focus on some specific details of the email reply task as it is presented on the AP French Language and Culture exam. Refer to our first email selection on page 151 of this section of the guide while reading the following tips. Note that some of our exemplary email prompts are more developed and longer than the example provided by the College Board in the practice exam available on their website. The intention here is to expose students to considerable written language.

→ **REMEMBER THAT THE EMAIL QUESTION IS A FREE-RESPONSE TASK ON THE AP FRENCH LANGUAGE AND CULTURE EXAM. IT INCLUDES BOTH A *THEME* AND AN *INTRODUCTION*. SO BE SURE TO PAY ATTENTION TO BOTH. READ BOTH THE THEME AND THE INTRODUCTION VERY CAREFULLY. THESE TWO ELEMENTS WILL HELP YOU FRAME AND DEVELOP YOUR REPLY AS WELL AS SUGGEST THE NECESSARY VOCABULARY.**

IN OUR FIRST EXAMPLE OF AN EMAIL (PAGE 151), THE INTRODUCTION TELLS YOU THAT YOU HAVE BEEN CONTACTED BY A REPRESENTATIVE OF AN AGENCY THAT PLACES YOUNG PEOPLE INTO FRANCOPHONE FAMILIES. THAT FIRST CLUE CAN SUGGEST A VARIETY OF CULTURAL EXCHANGES AND RELATED VOCABULARY (I.E., *APPRENDRE LA LANGUE ET LES COUTUMES . . .*).

→ **REMEMBER TO IDENTIFY IMPORTANT CLUES IN THE BODY OF THE CORRESPONDENCE.**

- First locate and identify the author of the email. In our example, it is **Martine Dubar** and her title is "**secrétaire**" at the agency Euréchanges. This allows you to formulate your reply opening as "*Madame,*" as "*Madame Dubar,*" or as "*Madame la secrétaire.*"
- While reading the email, identify **questions or requests** such as "*Veuillez nous faire parvenir*" followed by a list of informational pieces to provide to your interlocutor. You must address these in your reply.

- Also identify a **point of interest, concern, or clarification** in the body of the message. You must address at least one item mentioned in the correspondence in your reply.

→ **REMEMBER THE "BIG 5" FOR EMAIL SUCCESS. YOU HAVE A GOOD CHANCE OF EARNING THE HIGHEST SCORE IF YOUR EMAIL RESPONSE INCLUDES THE FOLLOWING FIVE ELEMENTS:**

1. An opening greeting
2. An answer to question #1 (the original email generally contains 2 questions)
3. An answer to question #2
4. A request for additional information (the item most often forgotten by students)
5. A closing

Instructions, Email Prompts, and Exemplary Replies

The writing portion of the AP French Language and Culture exam tests your ability to read and write a formal response to an email.

You will have a total of 15 minutes to read the original email and write your response.

Here are the instructions you can expect to be given for this portion of the exam. We recommend you use the College Board website to check for any updates or changes. Note that the instructions appear in both French and English. Choose one language in which to read your instructions.

Instructions as they appear on the interpersonal writing portion of the exam [Email Reply]:

You will write a reply to an email message. You have 15 minutes to read the message and write your reply.

Your reply should include a greeting and a closing and should respond to all the questions and requests in the message. In your reply, you should also ask for more details about something mentioned in the message. Also, you should use a formal form of address.

Vous allez répondre à un courrier électronique. Vous aurez 15 minutes pour lire le message et composer une réponse.

Votre réponse doit commencer par une salutation et se terminer par une formule de politesse. Vous devez répondre à toutes les questions et à toutes les demandes du message. Dans votre réponse, vous devez demander des détails sur un sujet évoqué dans le courrier. Vous devez utiliser un registre de langue soutenu.

Sélection 1

Thème du cours : Vie contemporaine/Quête de soi

INTRODUCTION

C'est un message électronique de Martine Dubar, de l'agence EURECHANGES, qui vous invite à présenter votre candidature pour être accueilli dans une famille francophone en Europe.

De

Objet

Monsieur/Madame,

Notre organisation est consciente du fait que partir à l'étranger est une décision importante. Notre équipe, dynamique et expérimentée, a su établir une collaboration bâtie sur la rigueur et le professionnalisme de nos correspondants. Ceux-ci sont vos hôtes privilégiés pendant toute la durée de votre séjour et feront tout pour vous rendre votre séjour agréable et instructif. Nous vous proposons une famille d'accueil en Suisse, en Belgique ou en France puisque votre but est de vous familiariser avec la langue française et que nous avons des familles d'accueil dans ces trois pays européens.

Veuillez à présent nous faire parvenir électroniquement et dans les plus brefs délais :

1) votre choix de pays et pourquoi
2) vos soucis ou besoins médicaux y compris des allergies

Dès que nous aurons reçu votre réponse, nous vous demanderons de nous faire parvenir vos frais d'inscription de 100 euros par PayPal.

Dans l'attente de votre réponse,

Martine Dubar
Secrétaire
EURECHANGES

Exemplary Reply for Sélection 1

De

Objet

Madame,

Suite à votre lettre du 20 janvier, je vous remercie de tous les détails que vous donnez et clarifiez. C'est la première fois que je m'intéresse à un séjour à l'étranger dans ce cadre. J'ai fait un voyage scolaire l'an dernier en France avec ma classe de français et c'est là que j'ai décidé qu'il fallait absolument que je fasse un séjour un peu plus long dans un cadre d'immersion en France. C'est donc mon pays de préférence, mais je voudrais aussi éventuellement connaître la Belgique, la Suisse et le Luxembourg. Ce sont donc mes pays de préférences dans cet ordre.

Quant à des problèmes de santé ou des allergies, j'ai en effet des allergies saisonnières, mais rien de grave. J'emporterai mes cachets. Mais j'ai une question à ce sujet. Est-il vrai qu'en France les médecins font des visites et des consultations à domicile ? Mes parents s'inquiètent un peu puisque c'est mon premier voyage toute seule et ils voudraient savoir si c'est vrai. Ils trouvent cela rassurant.

Dès que vous recevrez cette réponse, veuillez me contracter pour que ie puisse envoyer les frais d'inscription.

Je vous remercie d'avance et vous prie d'agréer, madame, mes salutations distinguées.

Danielle Smith

Justification of Excellent Performance

Descriptions of each skill are available on the College Board website.

1. **Concise reply, response to all questions:** Early in her email, Danielle answered the questions about when she could come to Europe and which country she would prefer to visit. The last sentence confirms that she is sending all required documents asked for in the email.
2. **Formal approach in both language and tone:** Danielle uses a formal approach throughout. For example, she uses the inversion for interrogative structures and the formal *veuillez* for please.
3. **Elaboration, going into the details about something that appeared in the original message:** After addressing the topic of allergies that appeared in the original email, Danielle wants to know more about medical care and insurance. She elaborates on the topic of allergies and health.
4. **Opening and closing the letter:** Danielle uses an appropriate and formal opening and closing for her letter, which are different from what appeared in the original email, *"Madame"* and *"Je vous remercie d'avance et vous prie d'agréer, madame, mes salutations distinguées."*
5. **Culturally relevant responses:** Danielle shows her knowledge of French culture by mentioning home visits by doctors.
6. **Variety of sentences**—both simple and complex. Danielle uses good **transitions** (*suite à, quant à, donc, à ce sujet*). The **vocabulary** is precise, and the **grammar** is accurate.

Sélection 2

Thème du cours : Vie contemporaine/Défis mondiaux

INTRODUCTION

Répondez à cet email qui vous a été envoyé par la société « Premiers Secours ».

De	Roland Pommier
Objet	Sondage

Cher/Chère élève,

Je vous contacte pour vous encourager à participer à notre sondage sur les connaissances que vous avez sur les premiers secours et, éventuellement, à nos cours de secourisme qui seront offerts à prix réduit pendant les prochaines vacances d'été.

Notre organisation s'engage à former les jeunes de votre âge dans les techniques essentielles pour les soins des enfants et des adolescents dans les cas d'urgence. Réfléchissez à tous les moments où vous auriez pu aider un ou une camarade sur un terrain de foot, pendant une randonnée, ou pendant que vous gardiez de jeunes enfants par exemple, si vous aviez suivi une bonne formation de secourisme.

En vous invitant à participer à cette initiative importante, je vous prie de répondre aux questions suivantes :

- De quelle situation d'urgence pour une jeune personne en danger pouvez-vous personnellement témoigner ?
- À votre avis, quel moyen serait le plus efficace pour communiquer notre message aux jeunes que vous connaissez ?

Je vous serai reconnaissant de m'envoyer vos réponses et vos idées aussitôt que possible.

Bien cordialement,

Roland Pommier

Directeur

Société « Premiers secours »

Exemplary Reply for Sélection 2

De

Objet

Cher M. Pommier,

L'idée de suivre une formation de secourisme m'est souvent venue à l'esprit mais je n'ai pas eu le temps de me renseigner car je suis extrêmement occupé(e) au lycée. Alors, en fait, je suis content(e) de recevoir cet email.

J'ai eu une expérience assez traumatisante l'été dernier lors d'une semaine de camping où j'étais en train de pêcher pendant que mon petit frère se baignait dans une rivière pas très profonde d'ailleurs. J'ai eu si peur quand je l'ai vu disparaitre sous l'eau et ne pas resurgir. Quand je l'ai récupéré, il était immobile et pâle et je pensais qu'il ne respirait pas. Je ne savais pas quoi faire. Heureusement, il est revenu à lui et tout a bien fini. A ce moment-là, je me suis dit qu'il fallait absolument que j'apprenne la ressuscitation artificielle.

Je m'intéresse donc à votre sondage et à vos cours, mais il faudrait que je sache combien coûtent ces formations, quand et où elles ont lieu, et aussi combien de temps elles durent.

Quant à votre seconde question, comment communiquer le message, je pourrais le partager avec mes camarades sur les médias sociaux, une fois que j'en saurai plus sur vos formations. C'est toujours le moyen le plus efficace parmi les jeunes, vous ne croyez pas ?

Je vais donc attendre de vos nouvelles et je vous remercie de m'avoir contacté(e).

Bien à vous,

XXXXXXX

Sélection 3

Thème du cours : Vie contemporaine/Esthétique

INTRODUCTION

L'auteur de ce message est Yves Rosier, le gérant du site web co-équipiers.com. Il vous invite à vous abonner et à trouver des compagnons de voyage sur son site.

De

Objet

Cherchez et trouvez sur co-équipiers.com

Vous avez plus de dix-huit ans et vous cherchez des compagnons de voyage pour un cours d'art en Tunisie ou une traversée de Guadeloupe à dos d'âne ? Notre réseau vous permet de trouver des compagnons d'aventure pour n'importe quelle occasion ou périple. Il suffit de vous abonner.

Choisissez dans la liste ci-dessous la destination qui correspond à l'annonce que vous voulez passer ou que vous cherchez.

Nos catégories sont les suivantes :

- La France, la Suisse, le Luxembourg, la Belgique
- Les Antilles
- Les îles polynésiennes
- Le Québec
- L'Afrique francophone
- Les pays du Maghreb

Avant de vous abonner, veuillez nous fournir les renseignements suivants :

1. Votre âge et votre nationalité
2. Votre destination et vos raisons pour vouloir y aller

Cordialement,

Yves Rosier et son équipe de co-équipiers.com

Exemplary Reply to Sélection 3

De

Objet

Monsieur Rosier,

Je ne sais pas comment vous avez obtenu mon adresse email mais je ne vous connais pas et je n'ai jamais entendu parler de votre site.

Je dois dire, toutefois, que votre annonce est très tentante. J'ai vingt et un ans. J'habite aux États-Unis et je rêve d'aller faire une expédition de pêche à Saint-Pierre et Miquelon. Il paraît que, dans ma famille, nous avons des ancêtres bretons qui ont émigré il y a très longtemps en Acadie et puis aussi à Saint Pierre et Miquelon.

Mais il me faudrait d'abord quelques renseignements sur votre site.

Avez-vous des règlements concernant les abonnés ? Je ne les ai pas vus.
Et y a-t-il des frais d'abonnement ?

Procurez-vous des renseignements tels que des itinéraires, des hôtels réputés etc. ?

Je vais faire des recherches. Mais je voudrais des références sur vous et votre équipe avant de me lancer plus loin dans cette aventure.

Bien à vous,

Philip Asouse

Sélection 4

Thème du cours : Famille et Communauté/Vie contemporaine

INTRODUCTION

Ce message électronique vient de Monsieur Richard Delaurier, rédacteur en chef d'une nouvelle revue pour les jeunes, *A L'étranger !* Il vous invite à écrire un article basé sur votre voyage au Maroc de l'année passée pour sa revue.

De

Objet

Madame/Monsieur,

Nous voudrions, en premier lieu, vous féliciter d'avoir fait des études au Maroc pendant l'année scolaire. C'est le genre d'expérience qui prépare les jeunes à entrer dans le monde des adultes et à prendre d'importantes responsabilités.

Notre nouvelle revue, intitulée *A L'étranger*, a pour but de partager les expériences des jeunes qui ont fait des voyages, des études à l'étranger et des stages de tous types. Cette revue va être accessible par Internet pour un abonnement de seulement cinq euros par an et offrira un point de vue authentique et original, rarement disponible aux jeunes.

Avant d'entreprendre cette tâche, pouvez-vous nous donner des renseignements au sujet de votre expérience :

- Quelle expérience avez-vous déjà concernant la rédaction de journaux intimes ou d'articles pour des journaux scolaires ?
- Comment votre article va-t-il inspirer d'autres jeunes à suivre vos pas ?

P.S. Si nous décidons de publier votre article, vous recevrez un abonnement gratuit de trois ans à notre revue et vous aurez le privilège d'être confirmé en tant qu'auteur !

Dans l'attente de votre réponse.

Cordialement,

Richard Delaurier
Rédacteur en chef, *A L'étranger !*

Exemplary Reply for Sélection 4

De	
Objet	

Monsieur Delaurier,

Je vous remercie de m'avoir contactée au sujet de mes expériences comme étudiante à l'étranger. Les six mois que j'ai passés au Maroc étaient pour moi des moments inoubliables. Ce séjour m'a appris à devenir une « citoyenne du monde ». Le Maroc et mes amis marocains me manquent énormément. Rédiger un article sur mes expériences me permettrait de me reconnecter avec eux.

J'ai un peu d'expérience avec le journalisme, ayant contribué quelques articles au journal de notre lycée pendant mes années de première et de terminale. J'écris aussi régulièrement à mes amis américains et marocains sur Facebook, si on peut compter cela parmi mes expériences mi-sociales, mi-professionnelles.

J'ai hâte de partager mes anecdotes et mes points de vue avec d'autres jeunes et les inspirer à suivre mes pas. Par exemple, je suis tombée follement amoureuse de la cuisine marocaine (comme le Tajine d'agneau) et plus encore des marchés marocains (les souks).

Je voudrais pourtant savoir deux choses. Tout d'abord, quand voudriez-vous mon premier article ? Deuxièmement, dans le cas où vous accepteriez plusieurs de mes articles, serait-il possible de recevoir une petite compensation pour cela ?

Cordialement,

Denise Cambray

Sélection 5

Thème du cours : Vie contemporaine/Quête de soi

INTRODUCTION

Ce message électronique vient de Madame Pauline Duchamps, Directrice du programme d'été scolaire à l'Université de Grenoble. Elle vous invite à participer à son programme d'été.

De

Objet

Madame/Monsieur,

Je suis ravie de vous annoncer que l'Université de Grenoble commence un nouveau programme d'étude pour étrangers l'été prochain. Notre programme va durer six semaines et aura lieu à notre beau campus encadré par les Alpes. Pendant votre séjour ici à Grenoble, vous aurez non seulement l'occasion de suivre un choix de plus de trente cours de langue et de culture, mais aussi de participer à une série d'activités en plein air.

Quant au logement, il y a le choix entre une chambre en cité universitaire ou le logement dans une famille de la région. Si vous décidez de loger avec une famille, il faudra remplir la fiche de logement pour donner à notre bureau de logement l'occasion de vous trouver la famille d'accueil idéale selon vos préférences.

Les tarifs pour notre programme sont de 1.125 euros, tout compris. Nous accepterons les candidatures à partir du premier décembre jusqu'au premier juin. Pour vous offrir le meilleur programme possible, veuillez répondre aux questions suivantes :

- En dehors des activités suggérées ci-dessus, quelles autres activités vous intéresseraient dans notre région pendant votre séjour à Grenoble ?
- Quels cours préféreriez-vous suivre à notre université ?

N'hésitez pas à nous contacter avec vos questions.

En attendant votre réponse.

Cordialement,

Pauline Duchamps
Directrice, Programme d'été scolaire
Université de Grenoble

Exemplary Reply for Sélection 5

De

Objet

Chère Madame Duchamps,

J'étais absolument ravie de recevoir votre message au sujet d'un programme d'été en France. Comme j'avais toujours voulu visiter les Alpes et que nous avons fait des recherches sur la ville de Grenoble en particulier dans mes cours de français ici aux États-Unis, j'avais terriblement envie d'y aller. Votre message m'est parvenu au parfait moment.

Quant aux activités que je voudrais faire dans cette région, j'aimerais bien faire du ski, un sport que je pratique passionnément avec ma famille et mes amis. Pour les cours, ma préférence serait l'histoire et particulièrement l'histoire de France et l'époque de Napoléon.

Puisque j'ai déjà étudié votre ville, sera-t-il possible de passer par le village olympique pendant notre séjour ? Cela m'intéresserait beaucoup. Peut-être pourriez-vous aussi prévoir une excursion au musée des jeux d'hiver ?

J'attends avec impatience votre réponse et j'espère vous voir en France l'été prochain.

Veuillez agréer, madame, mes salutations distinguées,

Kaela Grey

Sélection 6

Thème du cours : Vie contemporaine/Quête de soi

INTRODUCTION

Ce courriel provient de Monsieur Simon Tremblay, Directeur d'Échanges Sportifs de Québec qui vous invite à participer à un tournoi de hockey au Québec.

De

Objet

Monsieur, madame,

Si vous recevez ce message, c'est suite au fait que l'entraîneur de votre équipe de hockey vous a recommandé(e) à notre organisation. On vous a distingué(e) parmi les joueurs/joueuses les plus doué(e)s dans notre sport. Vous avez un avenir brillant devant vous. C'est pourquoi nous vous invitons à notre premier tournoi de hockey international où le Canada et les États-Unis auront l'occasion de participer à une compétition entre huit équipes. Ces équipes seront composées de tous les invités des deux pays et participeront à deux compétitions différentes—une compétition pour garçons et l'autre pour filles.

Notre tournoi aura lieu la semaine avant Pâques quand la majorité des écoles seront en vacances. Nous offrons l'hébergement dans des familles d'accueil ou dans des hôtels de la région. Les frais de participation à ce tournoi sont de 450 dollars canadiens. Des bourses seront disponibles pour ceux qui en auront besoin.

Veuillez répondre à ces trois questions pour nous permettre de mieux vous connaître :

- Depuis combien de temps jouez-vous au hockey ?
- Quel est votre plus grand atout dans ce sport ?
- Comment envisagez-vous le rôle du hockey dans votre vie dans cinq ans ?

Dans l'espoir de vous rencontrer, je vous envoie mes vœux de la belle province du Québec !

Cordialement,

Simon Tremblay
Directeur, Échanges Sportifs de Québec

Exemplary Reply for Sélection 6

De

Objet

Cher Monsieur Tremblay,

Quel plaisir de recevoir votre courriel au sujet du tournoi de hockey ! Ce sport est ma passion et j'ai toujours eu envie d'aller au Canada (où c'est le sport national, je m'en rends bien compte).

J'ai commencé à jouer au hockey à l'âge de six ans car mon père était un grand fana de ce sport depuis sa jeunesse. Le patinage sur glace, c'est vraiment l'aspect du sport où je brille. Notre entraîneur dit que je suis le patineur le plus rapide de notre équipe. Mon but dans ce sport est de jouer au niveau universitaire, mais mon rêve, si j'ose le dire, serait de jouer au niveau professionnel.

Au sujet du logement, je voudrais savoir si je resterais avec une famille francophone parce que j'aimerais avoir l'occasion d'améliorer mon français pendant cette semaine. Si ce n'était pas possible, pourrais-je au moins rencontrer des Canadiens ailleurs que sur la glace ?

Je vous remercie pour votre généreuse invitation que j'accepte avec grand plaisir.

Cordialement,

John Robert

Sélection 7

Thème du cours : Défis mondiaux/Science et Technologie

INTRODUCTION

Ce courriel a pour auteur Mélanie Lacoste, Directrice de L'Organisation pour une Communauté Verte, dont le but est l'organisation d'activités qui rendront service à l'environnement local. Elle vous invite à participer à un jour d'action pour l'environnement.

De

Objet

Madame/Monsieur,

Selon les dernières statistiques, les communautés qui réussissent à trouver des bénévoles dans leurs quartiers sont parmi les plus réussies quant à la qualité de leurs ressources naturelles, comme l'eau potable et l'air pur. Mais, l'heure sonne—c'est le moment d'agir.

L'Organisation pour une Communauté Verte vous propose un jour d'action régionale où les habitants de chaque communauté se porteront volontaires pour des activités telles que :

- la distribution des conteneurs pour les matériaux de recyclage
- l'éducation du public—la distribution de dépliants informatifs
- le nettoyage des ruisseaux et des étangs de la région

Nous voudrions savoir si vous êtes disposé(e) à aider les gens dans votre région dans cette initiative commune. Veuillez répondre aux questions suivantes :

- Quels travaux de la liste ci-dessus est-ce que vous préféreriez faire ?
- Quels sont les plus grands besoins de votre communauté dans l'aide à l'environnement ?

Nous espérons que ce jour d'action sera le catalyseur d'une série d'événements bénévoles qui mèneront à un monde où les habitants de chaque quartier joueront un plus grand rôle dans la protection de leur environnement.

Avec tous nos plus vifs remerciements,

Mélanie Lacoste
Directrice de L'Organisation pour une Communauté Verte

Exemplary Reply for Sélection 7

De	
Objet	

Chère Madame Lacoste,

Je m'intéresse beaucoup à votre initiative pour sauvegarder l'environnement. C'est une cause importante et qui m'est très chère. Je suis malheureusement parmi ceux et celles qui sont bien contents que ce soit les autres qui luttent pour la cause parce que nous sommes trop occupés nous-mêmes. Je viens cependant de prendre la résolution de m'engager dans cette cause.

Quant à mon travail préféré, je pense que je voudrais aider dans le domaine de l'éducation du public car j'ai envie d'être professeur un jour et je crois que j'ai un don pour enseigner.

A mon avis, le plus grand besoin de ma communauté est dans le domaine de la pollution causée par une usine d'équipement agricole qui se trouve dans notre ville. Et malheureusement on n'en parle pas !

Voici les questions les plus essentielles pour moi :

- En premier lieu, quel support puis-je attendre de votre part ?
- En deuxième lieu, est-ce que ce sera à moi toute seule de former une équipe pour entreprendre les recherches nécessaires et disséminer les informations au grand public ? (Comme étudiante, j'ai du temps libre mais pas trop quand même.)

J'espère être capable de travailler avec vous et de réaliser un projet dont je puisse un jour être fière.

Sincères salutations,

Martine Dessoucis

Sélection 8

Thème du cours : Défis mondiaux/Famille et Communauté

INTRODUCTION

L'auteur de cet email est Mme. Maohinui, la directrice de votre lycée à Tahiti. Elle envoie ce message au sujet du harcèlement scolaire aux parents d'élèves.

De	
Objet	

Monsieur, madame,

Je me permets d'envoyer cet appel urgent à tous nos élèves de seconde, de première et de terminale.

Le Ministère de l'Education nationale française a mis en place une initiative qui a pour but de mettre fin au harcèlement scolaire à tous les niveaux et dans toutes les académies scolaires.

Quoique nous n'ayons pas eu de problèmes majeurs dans ce domaine dans notre lycée, il est essentiel que nous suivions les directives du Ministère.

J'ai besoin d'un conseil d'élèves pour explorer les problèmes qui pourraient exister à mon insu parmi les élèves et pour entreprendre un plan d'action pour y remédier.

Les capacités et les obligations requises sont les suivantes :

1. Un respect des règles et de la discipline en général
2. Une facilité dans la communication orale et écrite
3. La permission des parents de se réunir après les heures de cours

Je demande aux élèves qui s'intéressent à ce projet de s'inscrire par retour du courrier en remplissant le formulaire ci-joint.

Je voudrais aussi savoir s'ils sont au courant de problèmes de harcèlement et s'ils peuvent se réunir régulièrement une fois par semaine.

Meilleures salutations,

Mme Maohinui, Directrice
Lycée Gauguin

Exemplary Reply for Sélection 8

De

Objet

Madame,

Je m'appelle Tiare Hemana et je suis dans la classe de Seconde Scientifique à notre lycée. Mes parents viennent de m'informer à propos de votre message concernant un projet sur le harcèlement scolaire. Vous pensez probablement qu'il n'y a aucune raison de se préoccuper de ce genre de problème parce qu'il n'y a généralement aucun problème de discipline au lycée.

Je dois vous contredire. Il y a des problèmes insidieux et probablement invisibles à vos yeux et aux yeux pourtant vigilants de nos professeurs. Avec la technologie que nous possédons aujourd'hui, le cyber harcèlement devient si facile et peut-être même que les harceleurs sont un peu inconscients des effets de leurs actions.

Je ne voudrais pas en dire plus sans l'assurance que ce que je dirai sera confidentiel. Comment proposez-vous, madame, de nous garantir l'anonymat ? De plus, j'aimerais savoir pendant combien de temps nous travaillerons à ce projet.

Mais de toute façon, je voudrais poser ma candidature pour faire partie de votre conseil d'élèves.

Cordialement,

Tiare Hemana

Sélection 9

Thème du cours : Défis mondiaux/Famille et Communauté

INTRODUCTION

Ce message vient de Monsieur Amadou Guizet, directeur de l'agence *Tolérance pour Tous*, dont le but est de promouvoir la tolérance et d'offrir de l'aide à ceux qui viennent principalement de l'Afrique francophone. M. Guizet cherche des volontaires dans la promotion de cette cause.

De

Objet

Monsieur / Madame,

Pour ceux qui étudient la langue et la culture française, il est facile de comprendre pourquoi il y a des membres de la communauté francophone qui luttent contre l'intolérance dans leur pays adopté. Notre organisation a des bureaux en France, au Canada et aux États-Unis. Nos bénévoles essaient de transmettre un message d'accueil pour les nouveaux immigrés en créant des publicités et des dépliants avec le but de promouvoir le respect des différences et la dignité de tout être humain.

Le plus grand défi pour les immigrés est souvent de communiquer et de justifier leurs coutumes, leurs points de vue et leurs rêves aux habitants des pays d'adoption. C'est pourquoi nous cherchons des jeunes qui pourraient nous aider à disséminer des informations qui combattraient les préjugés contre les immigrés.

Pour assurer que vous soyez un candidat idéal pour notre organisation, nous avons deux questions auxquelles nous demandons que vous répondiez :

- Avez-vous jamais été membre d'une organisation dédiée à la tolérance ? Sinon, avez-vous étudié le sujet des injustices sociales dans le monde moderne ?
- Comment pourriez-vous le mieux soutenir notre cause ? En écrivant des articles pour nos publications ou en préparant des publicités pour la radio ou la télé ?

En espérant vous lire prochainement, je vous offre mes sincères salutations,

Amadou Guizet
Directeur, Tolérance pour Tous

Exemplary Reply for Sélection 9

De

Objet

Cher Monsieur Guizet,

Merci pour votre courriel qui encourage le respect et la tolérance parmi les gens de notre monde. Il y a tant de causes humanitaires et pas assez d'organisations ni assez d'initiatives pour répondre à leurs besoins.

Je réponds d'abord à votre première question. Je n'ai jamais activement participé à une organisation. Au lycée, j'ai suivi des cours où nous avons eu l'occasion de discuter en détail le sujet de l'intolérance dans le monde d'aujourd'hui. A mon avis, c'est un sujet clé pour tous les membres de la société moderne.

Quant à votre deuxième question, j'ai créé, réalisé et enregistré des publicités pour la station de radio de notre lycée pendant trois ans. J'aimerais beaucoup refaire ce genre de travail qui me plaisait beaucoup pour votre organisation. Vous avez fait mention du fait que vous avez des bureaux dans trois pays. Je voudrais savoir où exactement se trouve votre bureau aux Etats-Unis au cas où je pourrais travailler avec vous. De plus, je voudrais savoir dans quels pays francophones vous avez des succursales ?

J'attends avec impatience le plaisir de votre réponse.

Cordialement,

Josette Wideman

Sélection 10

Thème du cours : Esthétique/Science et Technologie

INTRODUCTION

Cet email vous est envoyé par Josée, présidente-fondatrice d'une marque de vêtements prêt-à-porter qui s'appelle Chic-Chic. Cette couturière marocaine a ouvert plusieurs magasins dans de grandes villes francophones.

De

Objet

Chers clients,

Je vous écris pour vous informer que Chic-Chic peut maintenant vous offrir un catalogue de prêt-à-porter en ligne. Devenez client ou cliente en ligne !

Après avoir ouvert des magasins à Paris, Genève, Casablanca, Tunis et Fort-de-France, nous avons décidé de donner accès à nos marques à davantage de clients de par le monde.

Les acheteurs peuvent s'offrir notre marque marocaine—désormais reconnue et célèbre partout—de chez eux ou de n'importe où. Il suffit de se brancher sur Internet pour jouir d'un festival de mode.

Contactez-nous immédiatement et répondez aux questions suivantes afin que nous puissions mieux vous servir :

1. Quelle est votre tranche d'âge ?

   20–30 ans   30–40 ans   plus de 40 ans

2. Vous intéressez-vous au prêt-à-porter masculin ou féminin ?

Au plaisir de vous lire,

Josée
Présidente-Fondatrice

Exemplary Reply for Sélection 10

De	
Objet	

Madame,

C'est un plaisir de recevoir cette lettre de vous. Je suis une jeune fille de dix-huit ans. Ma mère (quarante-cinq ans) et moi, nous vous admirons beaucoup. Nous achetons vos vêtements prêt-à-porter depuis des années. Et nous adorons les compliments qu'on nous fait quand nous portons les vêtements Chic-Chic.

Je tiens à vous exprimer ma satisfaction avec votre marque et à vous assurer que je continuerai à être une cliente fidèle de Chic-Chic d'autant plus que vous me rendez la tâche tellement plus facile en les vendant en ligne.

Remarquez que l'achat en boutique était toujours agréable, un vrai régal même. Mais c'est tellement plus pratique en ligne.

J'aimerais savoir si vous allez continuer de vous inspirer de la mode marocaine pour les nouvelles vagues de prêt-à-porter car j'apprécie beaucoup les couleurs vives et les tissus dont vous vous êtes servie jusqu'à présent. J'oserais aussi vous demander de m'envoyer des emails dès qu'une nouvelle mode est prête. J'espère que cela sera possible.

Bien à vous,

Jasmine Soaz

Sélection 11

Thème du cours : Esthétique/Quête de soi

INTRODUCTION

Cet email vous provient de Monsieur Sambor, professeur de littérature à l'Université Diop de Dakar, au Sénégal. M. Sambor organise un concours d'essai qu'il propose aux lycéens de tous les pays francophones.

De	
Objet	

Un grand bonjour chaleureux aux lycéens francophones du monde !

Je vous lance aujourd'hui un appel auquel, j'espère, vous allez tous répondre. Dans la tradition du grand écrivain Senghor, je crois fermement que la langue française peut et doit unir des populations ethniques du monde entier. Quelle que soit votre nationalité, vous parlez tous cette belle langue internationale : le français. C'est dans cet esprit que je vous demande de participer à mon concours.

Le sujet de l'essai est le suivant :

Comment la langue française peut-elle promouvoir le bon voisinage parmi des gens de cultures diverses ?

Pour devenir participant dans ce concours, veuillez répondre à ces deux questions :

1) Quel rôle est-ce que le français peut jouer dans le monde d'aujourd'hui ?
2) Comment est-ce que le français a influencé notre monde ?

Les détails du concours suivent cette lettre. Je vous encourage à les lire et à participer.

Respectueusement,

Professeur Fatou Sambor,
Doctorat ès lettres, Université Diop, Dakar

Exemplary Reply for Sélection 11

De

Objet

Monsieur le professeur,

Je m'appelle Pierre Keire et j'habite à Lille. J'adore le français et j'ai suivi un bon nombre de cours de littérature française à mon lycée. J'ai d'ailleurs beaucoup d'amis de nationalités et de descendances diverses à mon lycée.

Quant au rôle du français, une langue doit être un outil de communication au-delà de la communication dans le commerce et dans les affaires. Elle doit aider des gens d'origines diverses à mieux se connaître comme êtres humains et à se voir comme des êtres égaux quoique différents. Le français a influencé le monde dans la domaine de la littérature avec des oeuvres de tous les genres qui sont appréciés dans le monde entier.

Je vais absolument participer à votre concours, mais je voudrais savoir s'il me serait possible, au cas où je serais l'un des gagnants, de suivre un cours à votre université dans deux étés plutôt que l'été prochain.

Je vous remercie d'avance pour votre réponse.

Cordiales salutations,

Pierre Keire

Sélection 12

Thème du cours : Vie contemporaine/Quête de soi

INTRODUCTION

Vous recevez ce message de Michael Tremblay, directeur d'une auberge de jeunesse à Montréal. Il répond à votre lettre dans laquelle vous exprimiez le désir de passer une semaine dans son auberge.

De

Objet

Monsieur, Madame,

Je m'empresse de répondre à votre lettre du 13 mars 2018 dans laquelle vous demandiez des renseignements sur notre auberge.

Vous vouliez savoir pourquoi le prix de la chambre est très modeste. Notre résidence n'est pas exactement un hôtel traditionnel comme vous semblez le croire. Une auberge de jeunesse sert de logement à de jeunes personnes qui cherchent à rencontrer d'autres jeunes de partout dans le monde plutôt que de se retirer dans une chambre privée et de s'isoler chaque soir.

Il n'y a pas de restaurant dans l'auberge mais il y a une cuisine commune pour tous. Il n'y a pas non plus de personnel pour vous nettoyer la chambre ; c'est votre responsabilité à vous.

Il faudra aider avec le nettoyage et dans la cuisine :

1) Quelles tâches ménagères faites-vous généralement chez vous ?
2) Quels plats sont vos "spécialités" ?

Je suis à votre service pour d'autres renseignements que je pourrais vous fournir. Mais si notre auberge vous convient, il faudrait absolument faire une réservation par retour du courrier en m'indiquant vos dates de séjour et le nombre de personnes à héberger.

Meilleures salutations,

Michael Tremblay

Exemplary Reply for Sélection 12

De

Objet

Monsieur Tremblay,

Je vous remercie de vos explications. Je vois qu'il y a effectivement quelques grandes différences entre l'hôtel et l'auberge de jeunesse. Mon frère Mike et moi adorons voyager et voulons visiter le Québec. Nous parlons assez bien le français mais il paraît que le français québécois est un peu différent de ce qu'on entend souvent dans nos cours au lycée.

Je pense que votre auberge nous conviendrait parfaitement. D'où viennent généralement les jeunes qui fréquentent votre auberge ?

Je me réjouis de visiter la belle ville de Montréal et de faire la connaissance d'autres jeunes grâce à votre hébergement. Vous êtes bien situé en ville, n'est-ce pas ?

Bien à vous,

Bernadette Smithy

Sélection 13

Thème du cours : Vie contemporaine/Famille et communauté

INTRODUCTION

Cet email vous a été envoyé par Madame Parnasse, la professeure responsable de votre Club Écologie.

De	Madame Parnasse
Objet	Nettoyage de plages

Chers étudiants,

Pour donner suite à la discussion lors de la dernière réunion de notre Club Écologie, je voudrais confirmer que nous allons passer environ quatre heures sur les plages locales dimanche matin dans le but de nettoyer et trier tous les déchets que nous y trouverons. Le Challenge du Cancer des poumons aura eu lieu la veille jusque tard au soir. De plus, c'est l'époque des vacances de printemps et il y aura aussi eu beaucoup de « fêteurs » sur les plages samedi soir. Je suis sûre qu'il y aura donc beaucoup à ramasser dimanche matin.

Si nous voulons faire un bon travail de triage et de recyclage, il faudra commencer très tôt dimanche matin avant l'arrivée du personnel de nettoyage, des baigneurs, des promeneurs et des maitres-nageurs. Je propose que nous commencions à 6 heures du matin. Il faudra arriver à l'heure, munis de sacs-poubelles de couleurs différentes et aussi de protection personnelle (surtout de gants). Je compte sur vous !

Pour mieux nous organiser, il faudrait rapidement me répondre aux questions suivantes :

- Qui parmi vous peut chercher et servir de chauffeur à d'autres camarades qui n'ont pas de voiture ? Si vous pouvez le faire, dites-moi combien de personnes vous pouvez transporter ?
- Avez-vous invité des parents ou d'autres adultes à participer à notre sortie ? Dans le cas affirmatif, ont-ils rempli et envoyé les formulaires à madame Arnold, notre directrice-adjointe ? Veuillez vérifier, s'il vous plaît.

J'attends vos réponses avant lundi. Surtout, sauvegardez bien cette date du 4 avril dans vos smartphones !

Cordialement,

Madame Parnasse

Exemplary Reply for Selection 13

De

Objet

Madame Parnasse,

Je vous remercie de nous avoir rappelé cette initiative sur laquelle nous étions tous d'accord. Je suis absolument prêt(e) à participer. J'ai déjà organisé mes affaires : j'ai des sacs, des gants, des serviettes et du désinfectant ; j'en ai assez pour moi et au moins deux ou trois autres personnes si c'est nécessaire.

Pour répondre à vos deux questions, je n'ai pas encore de permis de conduire ni de voiture, mais ma mère veut bien conduire et même chercher deux autres de mes camarades, Marc et Kevin. C'est déjà prévu et elle a effectivement rempli et envoyé le formulaire à la directrice.

J'ai quelques suggestions à vous faire. Il faudrait d'abord rappeler à tout le monde d'apporter beaucoup d'eau fraiche à la plage. Puisque nous commençons si tôt le matin, aucun magasin ne sera encore ouvert. Je sais que c'est logique mais quand même, il serait bon de le rappeler. Deuxièmement, il faudrait préciser où exactement on va se rencontrer dimanche matin. Nous en avons discuté mais je ne me rappelle pas quelle décision finale a été prise.

Je suis vraiment content(e) de participer à cette œuvre de bénévolat : nous devons tous en faire autant que possible pour protéger notre environnement et la santé de notre planète.

Bien à vous,

XXXXX

Sélection 14

Thème du cours : Esthétique/Vie contemporaine

INTRODUCTION

Cet email vous a été envoyé par l'organisatrice d'un concours photo nature. Elle vous contacte pour donner suite à votre inscription au concours.

De	Madame Duchantier
Objet	Concours photo-nature

Chers participants,

Je m'empresse de vous contacter à propos du concours auquel vous êtes inscrits. Je vous rappelle que vous êtes responsables pour votre familiarisation avec les règles du concours qui sont affichées en ligne.

Que vous soyez passionnés de photographie ou simplement amateurs, peu importe. Participer à des concours est une merveilleuse façon de progresser en rencontrant d'autres photographes et en vous mesurant contre eux.

Veuillez répondre aux deux questions suivantes :

- Depuis combien de temps, vous intéressez-vous à la photographie nature et avez-vous déjà participé à des concours de photographie (si oui, lesquels) ?
- Quel aspect de la nature vous fascine le plus ?

Nous n'avons pas encore choisi le thème ou lieu naturel que vos photographies devront capturer. Notre comité prendra sa décision la semaine prochaine et nous afficherons leur décision sur notre site Internet. Mettez donc cette page en favori afin de ne pas rater les annonces telles que celle-ci.

Un petit mot sur moi-même : Journaliste pour une revue peu connue, je me suis vite rendu compte que je voulais me concentrer sur la nature et les animaux. Aujourd'hui, je mets mon expérience de journaliste et de photographe au service de mes lecteurs sur le site que j'ai créé et j'aide les photographes en herbe à se faire connaitre au grand public.

Je vous félicite de vous être inscrits et je me réjouis à l'avance de voir vos chefs d'œuvre.

Bien à vous,

Adrienne Duchantier,

Photographe animalière

Exemplary Reply for Selection 14

De	
Objet	

Madame Duchantier,

Je suis heureux (-se) d'avoir trouvé votre site et de m'être inscrit(e) à votre concours. J'adore la photographie depuis mon plus jeune âge. Quand j'étais tout(e) petit(e), mes parents me prêtaient volontiers leur smartphone pour me permettre de prendre des photos dans les jardins, dans les parcs, en montagne comme en campagne. Pour mon quatorzième anniversaire, ils m'ont acheté un très bon appareil-photo et c'est là que je suis devenu(e) obsédé(e) par la photographie.

J'adore prendre des photos de fleurs mais, dernièrement, je photographie surtout les papillons et les oiseaux. La beauté et la variété de ces deux espèces me fascinent ; j'en suis follement amoureux (se).

Pour répondre à vos deux questions, j'aime la photographie depuis toujours mais je n'ai encore jamais participé à un concours.

Je vous remercie de nous rappeler qu'il faut connaître les règlements ; je vais m'y mettre tout de suite.

J'ai un souci ; je ne vois pas de frais d'inscription et je pense qu'il est gratuit de participer au concours mais je voudrais en être vraiment sûr(e) car je suis un(e) pauvre étudiant(e).

J'attends impatiemment l'annonce du sujet du concours car j'ai hâte de commencer à faire des photos et à sélectionner les meilleures.

Cordialement,

xxxxxx

Sélection 15

Thème du cours : Esthétique/Famille et Communauté

INTRODUCTION

Cet email vous a été envoyé par le propriétaire d'un café situé dans le quartier de votre lycée. Il vous invite à fêter votre fin d'année scolaire dans son établissement.

De	Jacques
Objet	Un repas français pour votre club

Cher étudiant(e),

En tant que votre président(e) de votre Club de français, vous et vos camarades aimeriez sûrement fêter la fin de l'année scolaire en dégustant toutes sortes de spécialités culinaires françaises dans un café authentiquement français comme le mien. Mon café « Chez Jacques » existe depuis dix ans et il est situé au centre-ville montréalais, pas trop loin de votre Cégep. J'ai créé des repas pour de nombreux groupes de francophiles avec beaucoup de succès.

Il faudrait discuter à fond vos propres désirs mais je peux vous offrir pour seulement 35 $ par personne : une entrée, un plat principal, un dessert et une boisson (non-alcoolisée bien sûr). Vous pourriez choisir un repas végétarien, un plat de viande ou un plat de poisson comme plat principal ; quels plats exactement, c'est encore à discuter et à décider.

En premier lieu, il faudrait me répondre aux questions suivantes :

- Après avoir fait un sondage auprès de vos camarades, dites-moi combien d'entre vous aimeraient participer.
- Quelle date vous conviendrait entre le 2 et le 6 mai ? Ou bien voulez-vous proposer une autre date ?

En deuxième lieu, il faudra que nous nous rencontrions pour discuter davantage le menu et pour que vous me donniez une caution ou une garantie de paiement.

P.S. Vous pourrez après cela continuer de correspondre avec moi par email et même choisir vos plats sur mon site internet.

Cordialement,

Jacques,

Propriétaire-Café Chez Jacques

12, rue Notre-Dame

Exemplary Reply for Selection 15

De	
Objet	

Monsieur Jacques,

Je vous remercie chaleureusement pour votre invitation à mon nom et au nom de mes camarades de club. Nous vous sommes très reconnaissants de nous avoir fait une si bonne offre.

Pour répondre à vos deux questions, je peux vous dire que nous sommes vingt-deux étudiants dans notre club et que nous aimerions tous fêter nos succès scolaires le lundi, 5 mai à votre café si nous pouvons nous arranger pour le menu et si nous sommes d'accord pour certains autres aspects de notre fête.

Pourriez-vous nous confirmer tout d'abord que la date du 5 mai marche et aussi que nous pourrions arriver chez vous à dix-neuf heures ?

Pourriez-vous aussi nous proposer quelques entrées (probablement trois ou quatre choix) ? Pouvez-vous aussi nous proposer trois plats (un végétarien, un de viande et de poisson) et chacun de nous en choisirait un à l'avance ?

En ce qui concerne les desserts, mes camarades voudraient pouvoir choisir la crêpe Suzette ou la crème brûlée ; est-ce possible ?

Je vous exprime encore une fois ma reconnaissance pour votre invitation. Dès que vous aurez répondu à mes questions, je réunirai mes camarades et je ferai la collecte des 35 $ par personne. A ce moment-là, je prendrai rendez-vous avec vous.

Mes sincères salutations,

XXXXX

Président(e) du Club Français-Cégep Cartier

Sélection 16

Thème du cours : Vie contemporaine/Défis mondiaux

INTRODUCTION

Cet email vous a été envoyé par la directrice d'une organisation qui procure de l'aide à des enfants dans les milieux défavorisés.

De	Madame Soupir
Objet	Interview et levée de fonds

Bonjour,

Pour donner suite à votre demande d'interview pour le journal de votre lycée, je vous contacte avec quelques dates qui me conviendraient.

Pouvez-vous choisir une des dates suivantes :

- lundi, le 4 septembre à 15 h
- mercredi, 6 septembre à 7h30
- vendredi, le 8 septembre à 16 h

Je vous informe aussi que votre offre de faire une levée de fonds pour les enfants que nous encadrons serait très bien accueillie. Nous sommes une organisation à but non-lucratif et nous ne fonctionnons que grâce à des dons de bienfaiteurs. Tous les services éducatifs et ceux d'assistance sociale sont gérés par des professionnels avec l'assistance de quelques volontaires soigneusement choisis et formés.

- Pouvez-vous me faire parvenir à l'avance une liste de questions que vous comptez me poser ? Nous devons respecter la confidentialité de nos « protégés » et donc être discrets dans nos interviews.
- Comment comptez-vous faire votre levée de fonds (toute publicité doit être approuvée par moi) ?

Je serai heureuse de vous rencontrer en personne. En attendant, veuillez m'envoyer vos réponses aux questions ci-dessus.

Bien à vous,

Madame Soupir,

Directrice de l'Association d'Assistance aux Enfants

Exemplary Reply for Selection 16

De

Objet

Madame Soupir,

Je vous remercie d'abord de m'accorder une interview pour le journal de mon lycée. Une fois l'interview publiée, beaucoup de lycéens voudront contribuer à une levée de fonds pour les enfants encadrés par votre organisation, j'en suis absolument certain(e). Mes camarades sont, pour la plupart, généreux et sensibles aux défis que confrontent beaucoup d'enfants et d'adolescents de nos jours. Ils sont toujours prêts à aider.

La meilleure date pour l'interview sera le lundi, 4 septembre à 15 h. Pouvez-vous me confirmer cette date par retour de courrier ?

Puisque vous me demandez une liste de questions que je voudrais poser, je vais me mettre au travail tout de suite et vous les envoyer dans les plus brefs délais (d'ici la semaine prochaine).

En ce qui concerne les moyens de faire la levée de fonds, voilà ma réponse. J'ai un plan très simple : mon article de l'interview paraitra dans notre journal fin septembre. A la fin de l'article, il y aura une petite annonce où on demandera à chaque personne intéressée de contribuer 5, 10 ou 15 dollars à cette cause. Les étudiants apporteront leur don avec un coupon bien rempli à la comptable du lycée avant le 15 octobre. Vous pourrez vous attendre à recevoir un chèque du lycée deux semaines plus tard.

Dans l'attente de la confirmation de notre rendez-vous, je vais préparer ma liste de questions et de sujets à aborder.

Mes sincères salutations,

xxxxxx

Sélection 17

Thème du cours : Vie contemporaine/Esthétique

INTRODUCTION

Cet email vous a été envoyé par Robert Martel, directeur de l'association « Connaître le Vieux-Québec ». Vous recevez ce message parce que vous avez écrit à M. Martel pour exprimer votre désir de suivre un cours offert cet été.

De	Robert Martel
Objet	Cours d'été

Cher/chère étudiant(e),

Je vous remercie de votre intérêt pour notre programme d'enrichissement culturel. Notre association vise à enseigner et promouvoir la richesse historique du Vieux-Québec aux jeunes résidents de notre ville. Le gouvernement du Québec subventionne des cours d'enrichissement aux jeunes Québécois pour leur faire mieux apprécier nos monuments bien connus, tels que le Château Frontenac ou l'Hôtel du Parlement, par exemple. Beaucoup d'étudiants en profitent chaque été pour améliorer leurs connaissances du Vieux-Québec, joyau du patrimoine mondial de l'UNESCO. Ils découvrent les riches influences françaises, britanniques, autochtones et nord-américaines de notre culture au cours des 400 dernières années.

Pour nous aider à mieux vous placer dans notre programme pour cet été, je vous serais reconnaissant de bien vouloir répondre à ces questions :

- Quel aspect de l'héritage du Vieux Québec vous intéresse le plus (artistique, touristique, historique) et pourquoi ?
- Quelles idées avez-vous pour, plus tard, transmettre ce que vous aurez appris auprès du public ?

Nous restons à votre disposition pour tout renseignement complémentaire.

Cordialement,

Robert Martel

Directeur, Association « Connaître le Vieux-Québec »

Exemplary Reply for Selection 17

De	
Objet	

Monsieur Martel,

Je vous remercie de cette prompte réponse. Je serais si heureux (-se) de pouvoir suivre un de vos cours. J'ai un ami qui l'a fait l'an dernier et ne cesse d'en parler dans les termes les plus élogieux.

Je m'empresse de répondre à vos deux questions. C'est l'aspect touristique du Vieux Québec qui m'intéresse le plus car je rêve de devenir guide touristique. J'adore l'histoire de ma ville et aussi, je dois dire, ses attraits artistiques. Quoi de plus fascinant et de plus stimulant que de profiter de notre belle ville pour satisfaire une vocation professionnelle : faire des visites guidées et exposer les touristes au passionnant historique de la ville de Québec serait un véritable privilège.

Quant à votre deuxième question, je crois y avoir partiellement répondu en vous disant que je voudrais devenir guide touristique quand j'aurai fini mes études. J'aurai alors l'occasion de partager tout ce que j'aurai appris dans vos cours avec les touristes du Québec et en dehors du Québec. Je pourrai aussi contribuer aux sites de quebec-cite.com en français et en anglais puisque je parle les deux langues couramment.

J'espère de tout cœur que vous me confirmerez très vite mon admission à vos cours. Je dois vous dire, avant de finir ma lettre, que, si j'ai le choix, je voudrais d'abord suivre le cours touristique naturellement mais je voudrais savoir quels monuments nous allons étudier de très près pour pouvoir dès maintenant les rechercher sur Internet.

Mes sincères salutations,

XXXXX

Sélection 18

Thème du cours : Science et Technologie/Vie contemporaine

INTRODUCTION

C'est un message électronique de Julien Vermont, professeur d'informatique. Il vous invite à vous inscrire à son club de robotique. Répondez-y.

De	Julien Vermont
Objet	Club robotique

Chers étudiants,

J'enseigne plusieurs cours d'informatique au lycée Blaise Pascal où je suis en train de former un club robotique. Le but de ce club sera de permettre à des étudiants passionnés par les débouchés dans le domaine de l'intelligence artificielle de se regrouper et de travailler ensemble à des projets robotiques. Par la suite, mon but serait de vous faire participer à des concours d'abord régionaux et puis nationaux.

Pour m'assurer que tous les étudiants de notre ville soient au courant, j'ai obtenu la permission des directeurs de lycée d'inviter les étudiants des trois lycées de la communauté.

Je vous invite donc à répondre aux deux questions suivantes si vous pensez vouloir vous inscrire à ce club. Notez que les réunions et les formations auront lieu dans le cadre de l'université avoisinante.

- A quelle carrière vous-destinez-vous et comment la robotique y est-elle liée (médecine, automobile, ingénierie, télésanté etc.) ?
- Quel parcours universitaire envisagez-vous pour vous préparer à cette carrière ?

Cordialement,

Julien Vermont,

Chargé du développement d'un Club robotique

Lycée Blaise Pascal en partenariat avec l'Université de Ghent

Exemplary Reply for Selection 18

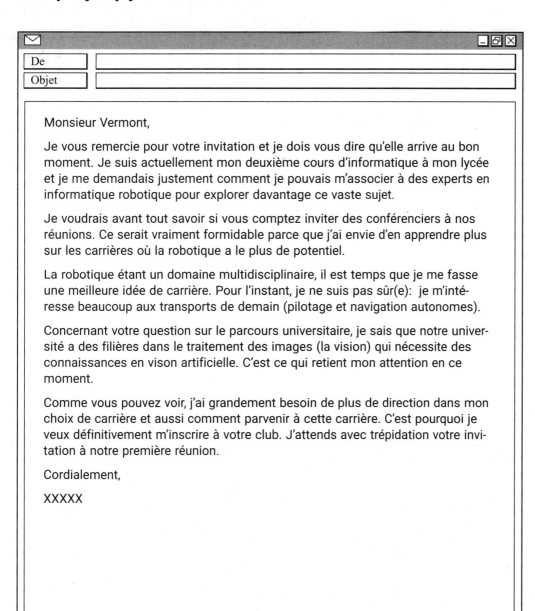

De

Objet

Monsieur Vermont,

Je vous remercie pour votre invitation et je dois vous dire qu'elle arrive au bon moment. Je suis actuellement mon deuxième cours d'informatique à mon lycée et je me demandais justement comment je pouvais m'associer à des experts en informatique robotique pour explorer davantage ce vaste sujet.

Je voudrais avant tout savoir si vous comptez inviter des conférenciers à nos réunions. Ce serait vraiment formidable parce que j'ai envie d'en apprendre plus sur les carrières où la robotique a le plus de potentiel.

La robotique étant un domaine multidisciplinaire, il est temps que je me fasse une meilleure idée de carrière. Pour l'instant, je ne suis pas sûr(e): je m'intéresse beaucoup aux transports de demain (pilotage et navigation autonomes).

Concernant votre question sur le parcours universitaire, je sais que notre université a des filières dans le traitement des images (la vision) qui nécessite des connaissances en vison artificielle. C'est ce qui retient mon attention en ce moment.

Comme vous pouvez voir, j'ai grandement besoin de plus de direction dans mon choix de carrière et aussi comment parvenir à cette carrière. C'est pourquoi je veux définitivement m'inscrire à votre club. J'attends avec trépidation votre invitation à notre première réunion.

Cordialement,

XXXXX

5

Writing the Argumentative Essay

When writing an argumentative essay, you try to convince others to agree with your point of view. To achieve that goal, you must present facts and arguments that are valid, coherent, logical, and well supported by precise and valid examples.

Instructions, Strategies, and Tips

The following contains some best practice suggestions that will help you with writing the argumentative essay.

1. Practice Paraphrasing

When you hear or read something in French, always ask yourself how you would most easily be able to summarize key points in your own words, words that are familiar to you and therefore easy to remember.

Don't quite know how to explain something? Use French words you already know even if the wording is not exactly correct or precise. You'll get your point across.

1. Think of the main message/main idea you want to convey.
2. Think of how many different ways you could convey a message (regardless of the language).
3. Think in French, and describe what you mean with language that feels familiar to you.

Suppose you want to express this message in French: One tends to get frustrated when facing big challenges. You can do this in several ways. Consider these possibilities:

- On est **généralement/souvent/quelquefois** frustré quand on fait face à de grands défis.
- **Il est possible qu'**on se sente frustré face à de grands défis.

The verb "to get" is frequently used in English and has a variety of translations in French. In order to convey its correct meaning in French, you must first paraphrase. What is another way to express "get" in this sentence? Look at the following easy possibilities:

- On a tendance à **devenir** frustré.
- On a tendance à **être** frustré.

2. Practice Synthesizing Information

Pull together various pieces of information by common threads or themes when composing your argumentative essay.

Listen to your teacher, to your classmates, and to interviews. Then draw together the common threads that you heard from all of them. Is there a common topic? Is it treated differently in the various sources? Try to identify different points of view.

While reading articles or literary extracts, practice extracting themes from these texts such as environmental issues, family issues, identity issues, and so on. Doing this will prepare you to draw together particular themes in print and audio texts. On the argumentative essay portion of the AP exam, you are asked to synthesize your own ideas with those of the print and audio documents you are given. In addition, you may be asked to synthesize information from graphs and tables. In that case, be sure to analyze the data. What information is supplied?

3. Practice Critical Thinking

Be analytical in what you hear and read. Ask yourself "why" and "how" questions all the time. One of the reasons you are exposed to three sources (print, chart, and audio) on the argumentative essay portion of the exam is that you are expected to understand that there are various perspectives to a single issue. Another reason is that you must determine the cause and effect relationships that lead to various perspectives. Determine and discuss what has led to your topic becoming an issue and why/how the issue is affecting people.

- Focus on specific contexts of the issue to narrow down the discussion field (consider the contexts cited in your sources).
- Mention the opposing argument. By doing this, you demonstrate a broad understanding of the issue and prove that you understand other perspectives even though you may disagree with them.
- Concede a little, as necessary. Admitting that your position is not perfect can alleviate your reader's concerns that you have tunnel vision of the issue. Doing this can be really persuasive.
- Propose a solution. Giving a logical and feasible solution to your issue provides authority and credibility and it can make for a strong conclusion.
- Examine the implications. What effect will this issue have on individuals and/or the world? Discussing what lies ahead for your topic also makes for a strong approach to a conclusion.

4. Practice Writing Compound Sentences

Good writing includes a good mix of simple, compound, and complex sentences. Simple sentences consist of a subject, a verb, and a complement. For example, « Il est d'accord. » /*He agrees.* Compound sentences consist of two or more simple sentences joined by conjunctions. For example, « Il répond oui **car** il est d'accord. » /*He answers yes* ***for*** *he agrees.*

Common coordinators include the following:

et	*and*
ou	*or*
ni	*nor*
donc	*so/therefore*
car	*for/because*
mais	*but*

5. Practice Writing Complex Sentences

In order to add detail and enrich your replies, practice enriching sentences by using a variety of dependent clauses.

- Infinitive clauses introduced by prepositions or prepositional phrases such as *in order to (pour), instead of (au lieu de), before (avant de)*
- Subordinate clauses introduced by *and (et), or (ou), either/or (ou, ou), but (mais)*
- Subordinate clauses introduced by *because (parce que), since (puisque), for (car),* and *while (pendant que)*

- Subordinate clauses introduced by conjunctions such as *de peur que + subjunctive* or *de peur de + infinitive*
- Subordinate clauses introduced by impersonal expressions such as *Il est impossible que + subjunctive mood* or *Il est clair que + indicative mood*

Useful Vocabulary for an Argumentative Essay

There are many cohesive devices to choose from when linking ideas. Here's a short list of terms organized by function.

1. To Establish Contrasts

au lieu de cela	*instead of that*
cependant	*however*
malgré tout	*in spite of everything/all the same*
pourtant	*yet*
sinon	*otherwise*
toutefois	*however*

2. To Establish a Sequence

tout d'abord	*first of all*
de plus	*moreover*
en deuxième lieu	*secondly*
j'ajouterais que	*I would like to add that*
en conclusion	*finally*

3. To Make Convincing Points

bien sûr que	*of course*
certainement	*certainly*
en effet	*indeed*
en fait	*in fact*
naturellement	*naturally*
sûrement	*surely*

4. To State Your Own Position

à mon avis/selon moi	*in my opinion*
je suis persuadé(e)/convaincu(e) que	*I am convinced that*
je maintiens que	*I maintain that*
il est certain que	*it is certain that*
il est incontestable/indéniable que	*it is incontestable that*

Essential Vocabulary Contained in Sources and Prompts for the Essay on Previous AP French Language and Culture Exams

The following phrases were found in source prompts or charts for Question 2 on previous AP French Language and Culture exams. We are providing exemplary sentences in French and English to illustrate how they might be used in an essay that you read or write.

baisser : Le taux de production a baissé. *The production rate went down.*

abaisser : Cela ne devrait pas abaisser le niveau des études. *It should not lower the level of studies.*

augmenter : La sous-production fait augmenter les prix. *Under-production makes prices rise.*

croître : Cette dernière année, on a vu croître la production des voitures autonomes. *This past year, we saw the production of autonomous cars go up.*

rebondir : Le taux de harcèlement a rebondi. *The harassment rate has rebounded.*

le pourcentage : Le pourcentage de jeunes adultes est énorme. *The percent of young adults is enormous.*

le reportage : Le reportage est sérieux. *The column/story/report is serious.*

le tableau : Ce tableau contient les résultats d'un sondage. *This chart/table contains the results of a poll.*

la remise en cause : La remise en cause des OGM est intéressante**.** *The questioning of GMOs is interesting.*

le droit : Le droit de vote est dans la constitution. *The right to vote is in the constitution.*

le taux : Le taux de consommation a diminué. *The consumption rate has diminished.*

How to Write an Argumentative Essay

Required Steps

1. State your point of view to your audience (perspective).
2. Develop an argument to support your point of view.
3. Make a list of specific facts and examples to support your argument.
4. Prioritize, edit, and/or sequence the facts and details in order of importance to build the argument.
5. Form and state a conclusion.

Specific Requirements for the AP Exam

1. You must demonstrate understanding of viewpoints in the print and audio sources presented to you.
2. You must cite the sources presented in your essay without simply repeating verbatim what you read or heard.
3. You must take a position on the issue and develop an argument.
4. You must organize your essay and present your ideas clearly.

What Is Not Required

You are not expected to summarize the points of view or understand every nuance or detail in the various sources. You must simply demonstrate understanding of some ideas presented in these sources while using them to support your own point of view. If you use quotes directly from the sources, use quotation marks and keep the quotes brief.

Although you may agree with one of the points of view in the sources, **you are not required** to embrace it. What is required is your own point of view.

You are not required to specify that you are referring to the print text, the audio source, or the chart (although you may if you like); feel free to simply refer to source #1, #2, or #3 when referring to the sources.

Instructions, Prompts, and Exemplary Essays

The presentational writing portion of the AP French Language and Culture Examination tests your writing ability in an essay based on information from three sources: a printed text, an audio source, and a chart or graphic. The information from the print and audio sources presents various sides of an argument. The graphic or chart is informational in nature.

You will have 6 minutes to read the essay topic and the printed material. Then you will hear the audio material twice. Your task is to synthesize the information and write an argumentative essay on the topic using information from all three sources. You are expected to indicate your own position on the topic and defend it thoroughly. We suggest you use a graphic organizer like the one presented on page 196 of this section.

Here are the instructions you can expect to be given for this portion of the exam. *We recommend you use the College Board website to check for any updates or changes.* Note that the instructions appear in both French and English. Choose one language in which to read your instructions.

You have 1 minute to read the directions for this section.	Vous avez 1 minute pour lire les instructions pour cette section.

You will write an argumentative essay to submit to a French writing contest. The essay topic is based on three accompanying sources, which present different viewpoints on the topic and include both print and audio material. First, you will have 6 minutes to read the essay topic and the printed material. Afterward, you will hear the audio material twice; you should take notes while you listen. Then, you will have 40 minutes to prepare and write your essay. In your essay, clearly present and thoroughly defend your own position on the topic. Integrate viewpoints and information you find in all three sources to support your argument. As you refer to the sources, identify them appropriately. Also, organize your essay into clear paragraphs.	Vous allez écrire un essai argumentatif pour un concours d'écriture de langue française. Le sujet de l'essai est basé sur trois sources incluses, écrites et sonore, qui présentent différents points de vue sur le sujet. Vous aurez d'abord 6 minutes pour lire le sujet de l'essai ainsi que les documents écrits. Ensuite, vous écouterez le document sonore deux fois ; vous devriez prendre des notes pendant l'écoute. Enfin, vous aurez 40 minutes pour préparer et écrire votre essai. Dans votre essai, vous présenterez et vous défendrez de la manière la plus complète votre point de vue sur le sujet. Vous soutiendrez votre argumentation en y intégrant des perspectives et des données tirées de chacune des trois sources. Il faudra indiquer de manière adéquate les sources auxquelles vous faites référence. Prenez soin également de structurer clairement votre essai à l'aide de paragraphes.

You will now begin this task	Vous allez maintenant commencer cette tâche.

Preparation for Essay #1

Thème du Cours : La Vie Contemporaine

When reading the prompt, underline or highlight the topic and task statement. Look at this example.

> **Sujet de l'Essai #1**
> Doit-on préserver la tradition du baccalauréat dans le monde francophone d'aujourd'hui ?

To prepare for listening to and reading the sources, draw three columns in which to take notes, one for the print selection, one for the graph or chart, and one for the audio selection (see page 196). Bear in mind that you do not need to understand every word in the sources presented. You simply need to gain some ideas and some understanding of what issues and perspectives may exist regarding your topic. As you practice reading and listening with the objective of writing an argumentative essay, you must learn to identify key concepts and key vocabulary for stating main ideas and perspectives.

While reading, note some essential ideas for your essay. You will later use these notes to formulate your ideas and restate them in your own words. Look at the suggested examples of notes in the graphic organizer on page 196.

While listening, you must catch one or two usable ideas in the audio selection. After you have heard the audio twice, it will no longer be accessible. If you do not take notes, you may forget entirely what ideas were presented in it. Look at the suggested examples of notes in the graphic organizer.

One of your sources is a graph or statistical data; use this factual evidence to support your opinion or main idea.

SOURCE #1

INTRODUCTION

Dans cette pétition, on demande au ministre de l'Éducation Nationale de reconsidérer sa décision de ne pas noter un exercice de l'examen de mathématiques du bac S.

Le 22 juin 2018

Monsieur le Ministre,

Nous avons pris connaissance de votre décision de ne pas noter le 1er exercice sur 4 points (soit de 24 à 36 points selon le coefficient pour le bac) de l'épreuve de mathématiques du Bac S qui s'est déroulée le 21 juin 2018 au motif de la divulgation à un tout petit nombre de personnes du sujet en amont.

Si cette décision est dans un premier temps compréhensible et aisée pour le Ministère (non obligation de refaire une épreuve avec toutes les conséquences matérielles, financières et logistiques), elle s'avère fortement préjudiciable pour les élèves qui n'étaient à priori pas du tout au courant de la fuite dans leur immense majorité.

Cet exercice qui était le premier de l'épreuve a été logiquement traité par les élèves, au détriment parfois des derniers exercices. De plus, il était relativement aisé par rapport aux autres exercices et permettait à bon nombre d'élèves de récolter des points (de 6 à 36 selon les coefficients).

En retirant la notation de cet exercice, les élèves se trouvent pénalisés pour la réussite du BAC, l'obtention d'une mention pour certains et une inscription dans certaines filières supérieures pour d'autres (pas d'option, pas d'inscription).

Nous vous demandons, par la présente, de reconsidérer votre position, et de reprendre la notation de cet exercice ou bien d'accorder à l'ensemble des copies la note de 4.

Nous vous prions d'agréer, Monsieur le Ministre, nos salutations distinguées.

SOURCE #2

Dans la source suivante, le Ministère de l'Éducation Nationale dévoile les priorités et les objectifs européens sur les enseignements.

La problématique « 80% » : le contexte international

Elaborée en 2000, la « stratégie de Lisbonne » est arrivée à échéance à la fin de l'année 2010. Les Etats membres et la Commission européenne ont donc adopté un nouveau plan stratégique pour les dix ans à venir.

Adoptée le 17 juin 2010 par le Conseil européen, la « stratégie Europe 2020 », qui succède à la stratégie de Lisbonne, regroupe l'ensemble des priorités et objectifs communs que l'Union européenne s'est fixés pour la prochaine décennie. La stratégie Europe 2020 s'appuie sur les enseignements tirés de la stratégie précédente.

Objectifs Europe 2020 définis en avril 2011	Taux d'emploi (en %)	Recherche & Développement en % du PIB	Objectifs de réduction des émissions de CO_2	Énergies renouvelables	Réduction de la consommation énergétique (en Mtep)	Déscolarisation précoce (en %)	Enseignement supérieur (en %)	Réduction de la population menacée de pauvreté ou d'exclusion sociale (en nombre de personnes)
France 2012	69,3%	2,3%		13% en 2010		11,6%	43,6%	
Objectifs France 2020	75%	3%	−14%	23%	34	9,5%	50%	1 600 000
Objectifs de l'UE	75%	3%	−20% par rapport à 1990	20%	368	10%	40%	20 000 000

Source : Communiqué de presse Eurostat 58/2013 du 11 avril 2013.

SOURCE #3

(Audio) Vous avez 30 secondes pour lire l'introduction. Transcript of audio text is in Appendix B.

Track 56

INTRODUCTION

À quoi sert le baccalauréat ?

Une émission de Myriam Lemaire

Dans cette émission, M. Legendre, président de la Commission des affaires culturelles du Sénat parle du baccalauréat à l'occasion des deux cents ans de ce « monument national ».

Look at the following example of notes that you might take while examining the three previous sources.

Document Écrit—Source #1 : Suggested Notes	Données—Source #2 : Suggested Notes	Document Audio—Source #3 : Suggested Notes
Erreur à l'examen de math du bac S :	Le taux d'emploi en France devra être de 75% (augmentation d'environ 6%) en 2020	Bac littéraire en crise
4 pts perdus : est-ce juste ?	La déscolarisation précoce en France devra être de 9,5% (réduction d'environ 2%) en 2020	Bac scientifique : beaucoup de candidats
	50% de jeunes Français devront avoir accès à l'enseignement supérieur en France en 2020 (augmentation d'environ 6%)	Bac technologique : beaucoup de candidats
		Bacs professionnels : 72 bacs différents
		Bac : tradition et point de repère et rite de passage

Writing Essay # 1

You do not have time to write a first and second draft. That's why using the preparation strategies is essential. If you follow them, you will easily be able to make an outline and then proceed to the writing. We suggest you take 5 minutes to prepare an outline, 30 minutes to write your essay, and 5 minutes at the end to review and edit.

Use your notes to make an outline.

Intro : Je suis contre ce genre d'examen.

Premier paragraphe :

- Malgré les changements et l'évolution du bac, il y a encore des problèmes. Le bac L est en crise (source #3—audio) et il y a quelquefois des erreurs aux examens du bac (source #1).
- Le taux de réussite au bac a augmenté régulièrement. Si presque tout le monde réussit, est-ce encore l'examen rigoureux d'autrefois ? (source #2—statistiques)

Deuxième paragraphe :

- Il n'est pas raisonnable de juger toutes les compétences d'une personne à partir d'un seul examen.
- Les critères d'accès aux études supérieures devraient reposer sur toutes les années d'étude secondaire plutôt que sur quelques jours d'examens.
- Beaucoup de bacheliers choisissent le bac S (source #3) pour de bonnes ou mauvaises raisons ?

Conclusion : Pourquoi l'examen du bac n'est plus valide aujourd'hui.

When you write your essay, use the following strategies.

1. Use a formal tone. Address the reader as *vous* as the essay is meant to be read by an adult and professional audience.
2. Do not hesitate to use the first person as you are expected to state a personal point of view (as in *Je pense que* . . .). However, make sure you support your point of view in a logical and reasonable manner.
3. Be convincing.
4. Quote sources. Use "source #1," "source #2," and "source #3" terminology. You may also state *dans l'article, dans l'interview, d'après le tableau/le graphe.*
5. Stay focused on your point of view even though you may cite differing points of view.
6. Support your arguments with facts and examples.
7. Summarize and then conclude your argument by referring to the thesis statement as well as the main points.
8. The number of paragraphs in your essay is less important than the fact that you organized your ideas into paragraphs. It is recommended that you develop 4–5 paragraphs.
   - One paragraph to introduce the topic and state your point of view
   - Two or three paragraphs to support your argument with facts and examples
   - One paragraph to conclude your essay
9. Read over your essay and improve it as necessary.
   - Check that you used a variety of structures.
   - Check your use of cohesive devices as seen on page 191. Add some if necessary to make the essay flow.
   - Check your vocabulary. If you notice that some words have been overly repeated, try to substitute some synonyms. Use pronouns where necessary in order to avoid redundancy.

Exemplary Essay

An essay can be written in many ways. The viewpoint was arbitrarily chosen. The following essay demonstrates organizational skills and implementation of argumentative writing strategies.

D'après M. Legendre (source #3), le baccalauréat est un « monument national » en France, c'est-à-dire qu'il existe depuis des siècles. Bien qu'un monument national doive généralement être préservé pour les générations à venir, je suis personnellement tout à fait opposée à ce genre d'examen. Je pense que le fait que le bac existe depuis longtemps n'est pas un argument valide pour qu'il continue d'exister. Il faudrait d'abord me démontrer qu'il n'y a pas d'autre ou de meilleur moyen de prouver ce qu'on sait et ce qu'on est capable de faire avec ses connaissances.

La première question qu'on doit se poser est essentielle : est-ce qu'on peut effectivement juger de toutes les connaissances d'un étudiant avec un seul examen ? La réponse est clairement négative. Dans la source #1, des bacheliers se plaignent que leurs résultats à l'examen de mathématiques du bac n'ont pas été évalués justement. A cause d'une erreur dans l'énoncé d'un problème, on a décidé de ne pas noter cette partie de l'examen. Voilà la preuve qu'un seul examen ne suffit absolument pas à juger du niveau d'un bachelier.

Une autre question à se poser est la suivante : A quoi sert le bac ? Le bac général ne permet que l'accès à l'université ; il ne prépare pas les étudiants à un métier ou à une profession. Un bac professionnel ou technologique, cependant, semble utile dans notre société actuelle. Le vingt et unième siècle est en effet le siècle de la technologie et de l'informatique. Dans une économie de plus en plus globale, la technologie permet à des entreprises d'employer des personnes aux quatre coins du monde. Il n'est donc pas étonnant que, comme le dit M. Legendre dans la source

#3, le bac technologique attire beaucoup de candidats. Mais la grande question qui se pose est la suivante : Est-ce que ces candidats, s'ils sont reçus au bac, pourront trouver du travail ?

La source #2 nous montre que les objectifs de la France pour l'année 2020 sont de faire baisser la déscolarisation précoce d'environ 2% et d'augmenter l'accès à l'enseignement supérieur de 6%. Pour avoir accès à cette formation supérieure, il faut évidemment obtenir le bac. Doit-on pourtant assumer que ces deux objectifs (s'ils sont atteints) mèneront à un plus grand taux d'emploi et à de meilleurs emplois ? Le bac et l'enseignement supérieur sont-ils absolument nécessaires pour se faire une place dans le monde fluide de la technologie ? Je suis convaincue du contraire.

Une troisième raison de douter de l'utilité et de la validité du bac est le fait qu'il y a des problèmes avec le baccalauréat actuel comme le dit M. Legendre (source #3). Il constate par exemple que beaucoup de candidats optent pour la voie scientifique à cause de sa réputation élitiste. On peut imaginer que certains de ces candidats ne seront pas reçus puisqu'ils ont choisi la voie scientifique à cause de son prestige et non pas parce qu'ils ont une aptitude et une passion pour les sciences. Cela démontre qu'un examen tel que le bac dont dépend l'avenir de tant de jeunes est loin d'être idéal.

Le fait qu'il y ait un débat sur la validité du bac témoigne que cette institution nationale mérite d'être mise en question. Dans une société globale qui évolue aussi rapidement, il faut absolument garder l'esprit ouvert vers l'avenir plutôt que vers les traditions du passé et transformer ce monument national.

Preparation for Essay #2

Thème du cours : Vie contemporaine

Vous avez 6 minutes pour lire le sujet de l'essai, la source numéro 1 et la source numéro 2.

Track 57

Sujet de l'Essai #2
Faut-il des lois pour protéger la propriété intellectuelle dans tous les domaines ?

SOURCE #1

INTRODUCTION

Cet article de David Cronin a été publié en Belgique pour l'association « Intellectual Property Watch ». Il s'agit de l'accès aux médicaments dans les pays pauvres et des accords de libre échange conclus par l'Union européenne.

Strategy: remember to highlight key ideas while reading the print source.

BRUXELLES—Les accords de commerce ne doivent pas contenir de clauses relatives aux droits de propriété intellectuelle susceptibles de remettre en cause l'accès des pays pauvres aux médicaments à des prix abordables, a déclaré un député chevronné du Parlement européen.

David Martin, membre du parti travailliste écossais et député du Parlement européen depuis 1984, a exprimé son inquiétude vis-à-vis de l'accord de libre échange que l'Union européenne négocie actuellement avec l'Inde. Des projets de l'accord rendus publics par la Commission européenne, l'organe exécutif de l'Union européenne, montrent que celui-ci contient des dispositions concernant la propriété intellectuelle d'une portée considérable. Y figure notamment une clause d'exclusivité des données qui permettra aux principales entreprises pharmaceutiques d'empêcher pendant plusieurs années les industries indiennes de médicaments génériques d'utiliser les formules à partir desquelles les nouveaux médicaments sont fabriqués.

L'Inde étant l'un des principaux exportateurs de médicaments génériques à faible coût vers les pays en développement, ces clauses pourraient avoir des répercussions dans d'autres pays, selon David Martin. « Ce n'est pas seulement une mauvaise nouvelle pour l'Inde », a-t-il indiqué. « C'est une mauvaise nouvelle pour tous les pays que l'Inde fournit en médicaments génériques ».

SOURCE #2

INTRODUCTION

Le schéma suivant résume les deux grandes classifications de propriété intellectuelle.

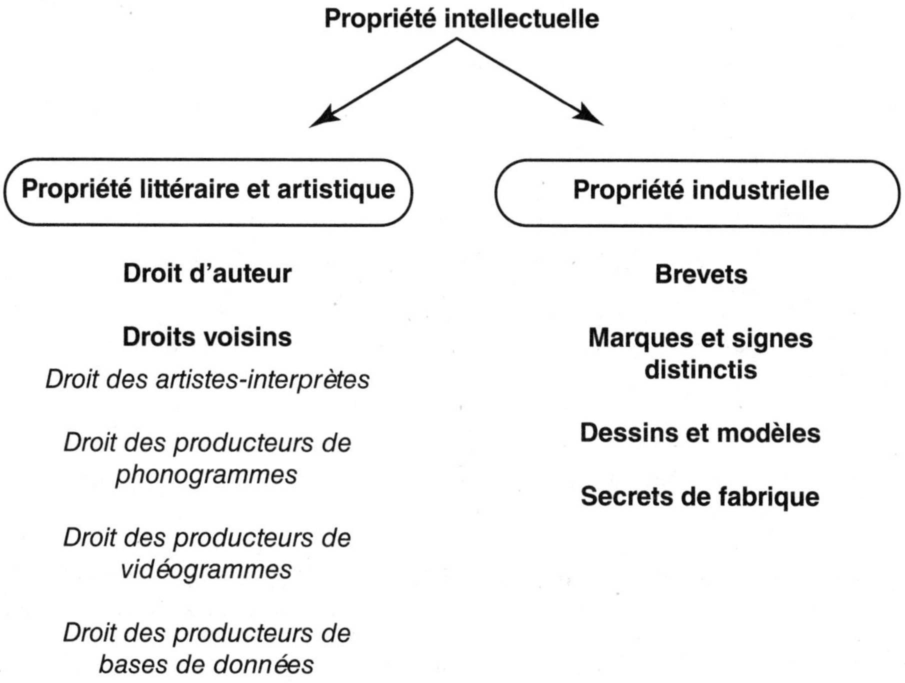

SOURCE #3

Vous avez 30 secondes pour lire l'introduction.

Track 58

INTRODUCTION

Dans ce document audio de YouTube (43 secondes), une jeune femme parle de la protection de la propriété intellectuelle en expliquant la fonction de l'Office du Bénélux de la propriété intellectuelle—idée, concept, création, prototype.

Sample Note Organizer

Source #1 (Écrite)	Source #2	Source #3 (Audio)
Il y a des clauses de commerce qui protègent les formules des médicaments comme propriété intellectuelle. Ces clauses menacent la possibilité d'offrir des médicaments génériques à bas prix.	Exemples de propriété intellectuelle : les chansons, la musique, les vidéos, les produits industriels.	Sortir des cadres-innover et créer.
Un député du parlement européen est inquiet à propos de l'accord de libre échange avec l'Inde.		Je prends soin de mes idées parce qu'elles peuvent mener à une affaire commerciale.
L'Inde fournit des médicaments génériques.		Je protège mes idées en les enregistrant avec l'Office Benelux.

Writing Essay #2

You do not have time to write a first and second draft. Remember to use the preparation strategies. Make either a chart or an outline based on the notes you recorded in your graphic organizer and then proceed to the writing.

Use your notes to make an outline. Look at this example:

Intro : Je suis convaincu(e) qu'il faut protéger la propriété intellectuelle. Une idée peut mener à une invention artistique ou commerciale de grande importance.

Premier paragraphe : Les idées que nous générons nous appartiennent et peuvent nous permettre de gagner notre vie (source #3). Prenons l'exemple de Bill Gates et de Microsoft (ou bien celui de Steve Jobs et d'Apple).

Deuxième paragraphe : Un commerce ou un pays ne peut pas s'approprier la propriété intellectuelle d'un individu, d'une corporation ou d'un pays (sources #2 et #3) sous prétexte de l'utiliser d'une manière plus « morale ».

Troisième paragraphe : Les médicaments contre le SIDA pourraient sauver toute une race ou toute une culture ethnique. Ces médicaments devraient être à la portée de tous. Voilà le conflit moral.

Conclusion: Develop a logical conclusion to the arguments in the body of the essay.

Exemplary Essay

An essay can be written in many ways. The viewpoint was arbitrarily chosen. The following essay demonstrates organizational skills and implementation of argumentative writing strategies.

La propriété intellectuelle vaut la peine d'être protégée. C'est une graine qui germe dans l'esprit. Elle peut éventuellement mener à une création artistique telle qu'une composition musicale, un tableau ou un chef d'œuvre littéraire. Elle peut aussi mener à une entreprise commerciale qui changera le style ou la qualité de vie de millions de personnes. Tout comme nous avons le droit de posséder des biens matériels (argent, maison, voitures etc.), nous devrions avoir le droit de posséder notre propriété intellectuelle.

Des exemples d'invention qui ont changé le monde actuel sont les produits Microsoft qui ont mis les applications de l'ordinateur à portée de tous, non seulement dans les bureaux, dans les commerces et dans les institutions éducatives, mais aussi dans les foyers de millions d'individus.

Ces produits ont rendu le travail de recherche plus efficace ; presque tout le monde a accès à des données d'informations qui rendent la vie plus facile, plus organisée et plus riche. Il y a évidemment aussi la portée sociale de ces applications, les rencontres et les échanges en ligne facilitées par les réseaux sociaux. N'est-il pas juste que Bill Gates, le fondateur de Microsoft, soit récompensé pour une invention qui a eu des conséquences aussi énormes ? Comme nous le dit la jeune femme de la source #3, il faut encourager les individus qui ont des idées uniques à développer ces idées et à les mettre à la portée d'autres personnes.

Le conflit qui se présente est dans la manière dont des idées uniques peuvent se propager. Faut-il protéger le droit de l'individu ou de la corporation de faire ce qu'on veut avec son idée ou de profiter financièrement de cette idée unique qu'on appelle la propriété intellectuelle ? Revenons à l'exemple de Bill Gates. Est-ce que le gouvernement aurait dû disposer de son invention simplement parce qu'elle avait un potentiel aussi énorme ? Bien sûr que non. On ne peut pas imaginer cela. Mais peut-on ignorer l'aspect moral de la question, me direz-vous ? En vendant cette invention, ne limitons-nous pas ses effets bénéfiques aux pays développés et n'encourageons-nous pas le fossé numérique dans les pays en voie de développement ? C'est exactement le problème qui cause du souci au député David Martin (source #1) car il prévient que les lois protégeant les formules pharmaceutiques comme propriété intellectuelle vont empêcher les pays pauvres de recevoir des médicaments génériques moins chers. Si l'Inde ne peut pas produire ni vendre des médicaments génériques parce qu'elle n'a pas le droit d'utiliser ou de modifier des formules protégées, les populations des pays pauvres vont souffrir.

Certaines idées mènent à des progrès pour l'humanité qu'on peut difficilement apprécier financièrement, par exemple les médicaments (source #1). Refuser l'accès aux médicaments qui attaquent le SIDA à des populations pauvres est immoral. Dans ce cas, il faudrait que les grandes compagnies pharmaceutiques qui possèdent les droits à ces médicaments trouvent une solution pour donner accès à ces médicaments aux malades. Cela devient une affaire de conscience morale. Tout comme la Fondation Bill Gates fait des œuvres éducatives dans des pays en voie de développement, les grandes compagnies pharmaceutiques devraient en faire de même.

En conclusion, dans des cas où il est question de vie ou de mort, les individus et les compagnies qui détiennent le droit à des idées susceptibles de sauver des vies, se trouvent moralement obligés de contribuer à l'aide à l'humanité. Mais en même temps il est impératif que les lois continuent de protéger la propriété intellectuelle dans les domaines des arts, de la technologie et même de la médecine.

Preparation for Essay #3

Thème du cours : Vie contemporaine

Vous aurez 6 minutes pour lire le sujet de l'essai, la source numéro 1 et la source numéro 2.

Sujet de l'Essai #3
Faut-il encourager le végétarisme ?

Track 59

SOURCE #1

INTRODUCTION

Cet article sur le végétarisme publié par Agence science.presse discute les chances du végétarisme d'augmenter le nombre de ses adhérents.

Les végétariens ne sauveront pas (tout de suite) la planète
Agence Science-Presse

Le végétarisme est peut-être une des solutions pour sauver la planète. Mais on n'arrivera pas de sitôt à en convaincre ceux qui salivent à l'idée d'un gros morceau de bœuf bien saignant : parce que le rapport à la nourriture est quelque chose de trop émotif pour être modifié par des arguments froidement rationnels.

C'est la seule conclusion sur laquelle tout le monde a semblé s'entendre, au terme d'un Bar des sciences sur le végétarisme présenté au Cégep de Saint-Laurent la semaine dernière. Pour le reste, même les positions mitoyennes ont laissé froids une partie des cégépiens— comme celle voulant que le végétarisme ne soit pas « la » solution, mais « une » des solutions. Ce sont plutôt les positions « pro-viande » qui ont provoqué le plus d'applaudissements, comme lorsqu'un étudiant est venu proclamer au micro qu'il continuerait d'adorer son barbecue et ne voyait pas en quoi la planète s'en porterait plus mal. . . .

Mais si le végétarisme n'est qu'une solution parmi d'autres (il faudra tôt ou tard réduire la circulation automobile, abandonner l'eau embouteillée, etc.), par quoi commencer ? Faut-il se fixer des objectifs chiffrés, comme le FAO (Organisation des Nations Unies pour l'agriculture et l'alimentation), qui propose une réduction de moitié de notre consommation de viande ? Ou bien commencer par revoir notre « modèle agrochimique », c'est-à-dire réduire considérablement l'usage des pesticides, comme le réclame Greenpeace ? . . . Les éleveurs québécois de boeufs ou de poulets peuvent dormir tranquilles : pour l'instant, leur avenir n'est pas menacé. . . .

SOURCE #2

INTRODUCTION

Le tableau suivant liste les différentes raisons qui influencent les gens à devenir végétariens.

Pourquoi ? Comment ?
Végétarien pour la santé
Végétarien pour le Tiers-Monde
Végétarien pour l'environnement
Végétarien pour les animaux

Track 60

SOURCE #3

Vous avez 30 secondes pour lire l'introduction.

INTRODUCTION

Pierre Feillet est directeur de recherche émérite à l'Institut national de la recherche agronomique, membre de l'Académie des technologies et de l'Académie d'agriculture de France. Ses travaux portent sur le système « technologie, alimentation et société ». Le podcast suivant s'intitule : Votre assiette en 2013 : cinq scénarios possibles.

Sample Note Organizer

Source #1 (Écrite)	Source #2	Source #3 (Audio)
Il est très difficile de changer ses habitudes alimentaires.	Il y a beaucoup de raisons pour être végétarien.	Attention aux végétariens de manger un régime équilibré.
Certains aiment trop la viande pour pouvoir s'en passer.		Le système alimentaire du citadin est coûteux en énergie.
Il y a beaucoup de malentendus concernant les avantages de manger de la viande/concernant le végétarisme.		Le mouton qui mange de l'herbe ne consomme aucune énergie mais les poules qu'on élève pour les vendre en consomment beaucoup.

Writing Essay #3

Use your notes to make an outline. Look at this example:

Intro : Le végétarisme a des effets bénéfiques pour tous.

Premier paragraphe : Il est vrai que les habitudes alimentaires sont difficiles à changer (source #1).

Deuxième paragraphe :

- Le combat pourrait commencer à l'école primaire avec l'éducation des jeunes enfants.
- Les écoles doivent être les précurseurs de bonnes habitudes alimentaires.

Troisième paragraphe : Il ya beaucoup de raisons pour être végétarien (source #2). Raisons de santé personnelles et autres raisons : l'environnement (source #3) et la protection des animaux

Conclusion : Develop a logical conclusion to the arguments in the body of the essay.

Exemplary Essay

An essay can be written in many ways. The viewpoint was arbitrarily chosen. The following essay demonstrates organizational skills and implementation of argumentative writing strategies.

Le végétarisme a des effets bénéfiques pour tous. Il semblerait donc logique de l'encourager, ne serait-ce que pour améliorer la santé de l'individu et de notre planète (source #2). Mais peut-on faire cela sans devenir fanatiquement opposé à tout ce qui provient de l'animal ?

Il est certain qu'il existe un problème de surpoids et même d'obésité dans le monde actuel. Le végétarisme semble avoir un effet positif dans ce sens-là. Cependant il est vrai que les habitudes alimentaires sont difficiles à changer et que certaines personnes restent très attachées aux habitudes alimentaires qui leur ont été inculquées pendant leur enfance. Dans la source #1, on parle de gens qui adorent leur barbecue et ne sont pas disposés à s'en passer. Il paraît que le goût à quelque chose commence très tôt dans la vie. Sinon, pourquoi les Français ne sont-ils absolument pas dégoûtés à l'idée de manger les escargots alors que beaucoup d'Américains le sont ?

S'il faut changer les habitudes alimentaires qui nuisent à la santé, il faut alors que le combat commence, sinon à la maison, à l'école primaire. Aux États-Unis, l'éducation des jeunes enfants à reconnaître les dangers du tabagisme ont commencé il y a longtemps et ont eu d'excellents résultats. On peut en faire de même pour l'alimentation. On peut servir davantage de légumes et de fruits frais dans les cantines des écoles. Ce sera un bon point de départ. Il est incontestable que nous avons un problème d'obésité qui est d'ailleurs à l'échelle mondiale. Ce problème est au moins en partie la cause de toutes sortes d'autres problèmes tels que le diabète et ses conséquences, le manque de productivité parmi les adultes, le manque d'énergie parmi les enfants etc.

En plus des problèmes qui affectent la santé des gens, le végétarisme est la solution à des problèmes de l'environnement. Dans la source audio, M. Feillet constate « que le système alimentaire du citadin des pays développés est très coûteux en énergie ». Il est certain que notre planète ne pourra pas continuer de nous alimenter de cette façon excessivement chère avec l'accroissement de la population mondiale. Il faut donc trouver des moyens de nous alimenter qui consomment moins d'énergie comme le mouton de M. Feillet qui se nourrit d'herbe.

Puisque, comme on le suggère dans l'article, beaucoup de gens ne sont pas prêts à laisser tomber la viande car ils l'aiment trop, peut-on alors envisager une population mondiale qui réduise sa consommation de viande ? Ce serait en effet **une** solution au problème de l'environnement aussi bien qu'un premier pas dans la direction d'une meilleure santé. En tout cas, il est nécessaire d'éduquer les gens sur le végétarisme et de les sensibiliser à ses effets bénéfiques. Il faut surtout commencer cette éducation dans les établissements scolaires.

Preparation for Essay #4

Thème du cours : Défis mondiaux

Vous avez 6 minutes pour lire le sujet de l'essai, la source numéro 1 et la source numéro 2.

Track 61

Sujet de l'Essai #4
Une société devrait-elle être monoculturelle ou pluriculturelle ?

SOURCE #1

INTRODUCTION

Ce texte est tiré du site du gouvernement canadien sur le multiculturalisme. Le multiculturalisme canadien : une citoyenneté ouverte à tous et à toutes.

Bien avant la Deuxième Guerre mondiale le Canada avait reçu des immigrants d'origines culturelles très diverses. Mais tous n'étaient pas accueillis de la même façon : la population nord-américaine étant surtout de culture et de tradition européennes, les nouveaux venus étaient souvent traités d' « étrangers » parce que leur race, leur couleur, leur religion ou leurs coutumes différaient de celles de la majorité. . . .

Après la guerre, certains Canadiens préconisèrent l'assimilation des immigrants, estimant que ces derniers et leurs enfants posaient un problème culturel. On fit pression sur les immigrés et surtout sur leurs enfants, afin qu'ils s'intègrent dans la culture du Canada anglais. Les gouvernements, les écoles, les églises, les médias et les organismes de bien-être social se rallièrent à ces efforts en faveur de l'assimilation, avec un certain succès. La grande majorité des immigrés et de leurs enfants apprirent l'anglais ou le français. La plupart réussirent à se tailler une place dans le système socio-économique de la communauté. Leurs enfants fréquentèrent l'école publique et malgré le racisme et la discrimination, bon nombre d'entre eux finirent par s'intégrer à la société canadienne tout en conservant des liens familiaux, ethniques, religieux et culturels avec leurs parents et grands-parents.

SOURCE #2

INTRODUCTION

Le graphe suivant montre la répartition géographique des immigrants récents et la proportion qu'ils représentent au sein de la population des régions métropolitaines de recensement au Canada en 2016.

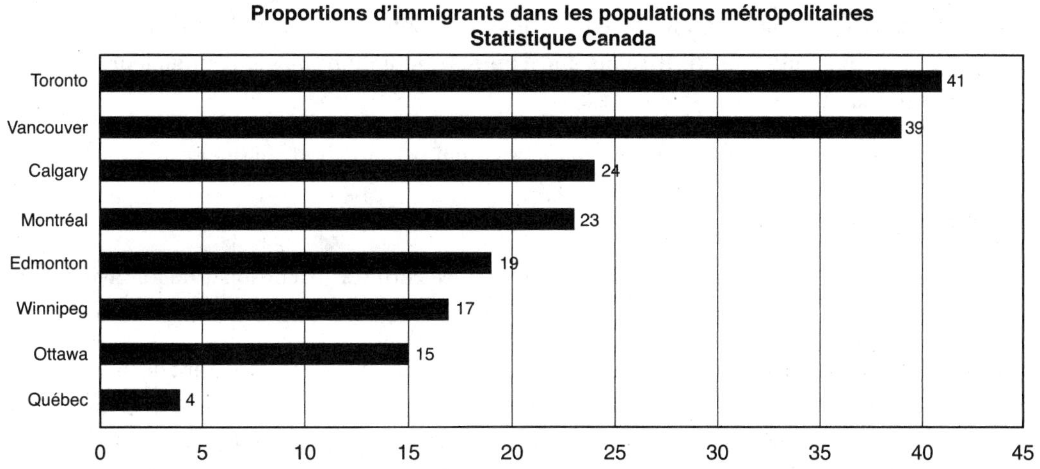

SOURCE #3

Vous avez 30 secondes pour lire l'introduction.

Track 62

INTRODUCTION

Le passage audio suivant est tiré d'un exposé audio-visuel sur L'immigration au Canada (les 3 premières minutes).

The transcript of the audio document was modified to include only the text of an MP3 document.

Sample Note Organizer

Source #1 (Écrite)	Source #2	Source #3 (Audio)
Avant la deuxième guerre, les immigrants qui ne viennent pas d'Europe sont des « étrangers ».	Les néo-canadiens s'établissent dans une variété de régions canadiennes.	Quelles occupations exige l'économie ?
Après la guerre, ils doivent s'intégrer et s'assimiler.		Comment intégrer les nouveaux immigrants ?
Malgré le racisme, les immigrants s'intègrent.		Tenir compte de la croissance de la population et vieillissement de la population-immigration nécessaire.
		Les immigrants : choisis pour ce qu'ils peuvent apporter à l'économie. Ils viennent aussi pour des raisons humanitaires.

Writing Essay #4

Use your notes to make an outline. Look at this example:

Intro : La société multiculturelle a beaucoup d'avantages parce qu'elle présente beaucoup d'opportunités pour tous.

Premier paragraphe : Il est vrai qu'elle présente pas mal de défis (variété de coutumes, religions, langues, perspectives-besoin de s'intégrer)—exemples des sources #1 et #2.

Deuxième paragraphe : Les avantages de la société multiculturelle—exemple Canada—certaines sociétés sont vieillissantes (source #3) alors que d'autres populations doivent quitter leur pays pour des raisons humanitaires ou économiques.

Conclusion: Develop a logical conclusion to the arguments in the body of the essay.

Exemplary Essay

An essay can be written in many ways. The viewpoint was arbitrarily chosen. The following essay demonstrates organizational skills and implementation of argumentative writing strategies.

Dans un monde global tel que celui où nous vivons, les populations immigrent davantage d'un endroit à l'autre selon les flux économiques et sociaux dans leurs pays d'origine. Avec beaucoup d'effort et un peu de bonne volonté, cette situation peut mener les sociétés à s'enrichir les unes les autres pour le bien de tous.

Il est évident que la société multiculturelle présente bien des défis. Le tableau (source #2) montre que la grande majorité des nouveaux immigrés au Canada s'établissent dans les grandes villes anglophones du Canada. On peut estimer qu'il est plus facile d'apprendre l'anglais comme langue étrangère plutôt que les deux langues requises au Québec. On peut aussi constater que l'immigration au Canada n'a pas toujours été sans problème. Ceci est clair dans la source #1. Une population homogène qui a des origines et donc des coutumes, des langues et des religions communes peut paraître plus stable. On penserait que dans une société monoculturelle, les gens se comprendraient et s'entendraient mieux. Pourtant il y a des problèmes sociaux comme les préjugés et les crimes même dans ce genre de société. Dans la source #1, on parle des problèmes d'assimilation des immigrants au Canada qui ne correspondaient pas au profile ethnique nord-américain ou européen. Mais n'y avait-il pas de préjugés contre les habitants autochtones du Canada bien avant les vagues d'immigration d'avant la deuxième guerre mondiale ?

La vraie solution aux problèmes posés par l'immigration est justement dans la propagation des sociétés multiculturelles. Il y a tant de richesses culturelles qu'une société peut apporter à une autre dans les domaines des beaux arts, de la musique, et de la cuisine par exemple. Il y a aussi le fait que la société vieillissante du Canada qui est mentionnée dans la source #3 peut trouver son avantage dans une main d'œuvre immigrée plus jeune. Ajoutons à cela le fait que des immigrés qui ont échappé à des crises humanitaires feront probablement d'excellents citoyens dans un nouveau pays ne serait-ce que par fierté et gratitude d'avoir trouvé un foyer.

Malgré leurs différences qui comprennent souvent une langue différente, la société culturelle est la voie vers l'avenir dans un monde global. Il suffit que les gens veuillent se connaître et se comprendre pour mieux vivre ensemble.

6

Conversation

The interpersonal speaking portion of the AP French Language and Culture exam gives you the opportunity to participate in a simulated conversation.

You will have five opportunities to speak during this conversation, each for 20 seconds, which is a total of 1 minute and 40 seconds of recorded time. Two valuable resources will assist you in completing this task.

1. You will be provided with a helpful introduction to the conversation that gives a synopsis of this exchange.
2. You will see a line by line outline/description of each part of the conversation that tells you both what your partner is saying/asking and what you need to say.

You need to read both the introduction and the outline to prepare yourself for this task. You will be given only 1 minute to read the general instructions for this section of the exam and one additional minute to read the introduction and outline of the conversation. So it is in your best interest to be completely familiar with the general instructions to this part of the exam so you can spend more time concentrating on the conversation.

About DAS and Digital Submission of Audio Files

The DAS portal is a website that schools will use to efficiently and securely upload and submit students' recorded responses. The DAS portal is used only for submitting files to the AP Program. It is not a recording method. Visit College Board's AP French Central website for further information.

Instructions, Strategies, and Tips

What Will Actually Happen?

- You will hear and see the general instructions in both English and French. You will be given 1 minute to listen to and read these instructions.
- You will have 1 minute to examine the introduction and outline.
- Your partner on the recording will begin the conversation—you will hear a beep that signals you to begin your response and a second beep that signifies that your 20 seconds are over and you must stop speaking.
- You will have the outline of the conversation in front of you.
- You will be speaking into some type of microphone.
- You will be expected to maintain and initiate interaction using appropriate vocabulary and idiomatic French.
- You will have just one last section of the test remaining after you have completed this conversation.

Interpersonal Oral Communication Strategies and Tips

In any conversation, you must synthesize and interpret the verbal message in order to produce an appropriate verbal response. Form a mental picture of the information conveyed or asked.

- What was the nature of the comment or narrative?
- What information was asked for in the question?
- What type of reaction, reply, or follow-up does the verbal message call for?
- What vocabulary from the original message (if any) can be used (recycled) or modified in order to produce a verbal response?

Answer each question completely. Provide as much information as possible (agree, disagree, ask for more details, react by showing surprise, disappointment, happiness, and so on).

Tips for Success

- Immerse yourself in this simulated conversation by playing the role described.
- Refer to the outline that tells you what each part of the conversation needs to be. Take advantage of this great asset.
- Answer each part of the conversation as thoroughly as possible.
- Don't panic if you are cut off by the second beep at the end of the 20 seconds. You are being evaluated on the quality of your response, not on your ability to speak for exactly 20 seconds.
- Whenever possible, practice on the same equipment/software that you will use on exam day.
- Speak clearly and loudly enough to be heard and understood.
- Pay attention to time frames/tenses.
- Always give a response, even if you do not completely comprehend the questions being posed. You have the script outline to give you a generic idea of what your response should be.
- Should you catch yourself making a mistake (for example, *j'ai allé* versus *je suis allé*), correct yourself. The person evaluating your response will appreciate your effort and give you credit for your corrected response.
- Lastly, and perhaps most importantly, this conversation will be conducted in the **informal register**. That means the person with whom you will be speaking will be someone who could be a friend, family member, or classmate. Using and staying in the informal register is critical. When you are addressing your partner, do not switch back and forth from *tu* to *vous*. Use *tu* consistently when addressing your conversation partner. Do not let yourself be distracted or confused by the fact that the instructions are given to you in the *vous* form.

Generally in a conversation, one person listens while the other speaks. Then the roles are reversed. You must listen to the interlocutor and then respond to the information. The steps provided in this section give you tools to improve both skills.

1. Understanding and Interpreting Each Stimulus or Message

- What was the nature of the comment or narrative?
- What is the main idea?
- What specific information was asked for in the question?
- What type of reaction, reply, or follow-up does the message require?
- What vocabulary from the stimulus (if any) can be used or modified in order to produce a response?

2. Responding

- Before listening to the recording and before the interlocutor starts talking, read the conversation outline. What does it require you to do? You may need to express interest or surprise, agree or disagree, ask for details, and so on.
- Answer *fully* by providing as much information as possible (agree, disagree, ask for more details, show surprise, show disappointment, act happy, and so on).
- Paraphrase if you do not know the exact word for something. For instance, if you can't think of the words "*réunion*" to talk about tomorrow's club meeting, just say "*quand on se verra demain*" or "*quand on se recontrera demain.*"
- Do not rack your brain trying to remember the irregular future form of *voir* as in "*on se verra.*" Since you are required to use the familiar register for this task, it is acceptable to use the near future "*on va se voir*" or even the present tense "*on se voit.*"
- Ask for clarification as in "*Tu veux que je vienne t'aider, c'est ça ?*"

3. Icing on the Cake

- Use interjections and spontaneous phrases used in conversations in the familiar register such as "*Cool,*" "*Ah non!,*" "*Ah bon!,*" "*Formidable,*" "*Mais oui,*" "*Quelle histoire!*" "*Dis donc,*" "*Pas possible!*" "*Tu blagues!*" "*Tu exagères!*" and so on.
- Use transitional phrases such as "*et puis/et alors,*" "*en plus,*" "*de ma part,*" "*à mon avis,*" "*c'est pourquoi,*" "*mais quand même,*" and so on.
- Use a variety of descriptive adjectives as appropriate ("*une **longue** journée,*" "*une **bonne** idée,*" "*de **vrais** amis*").
- Use adverbs such as "*généralement,*" "*certainement,*" "*souvent,*" and "*fréquemment,*" with verbs.
- Use the stress pronoun "*moi/quant à moi*" to contrast your own actions or opinions with those of others.
- Try to use a variety of precise verbs above and beyond the basic "*être,*" "*avoir,*" and "*faire.*"
- Try to use idioms, at least basic ones such as "*Je n'en ai pas envie*" and "*Je fais du français depuis quatre ans.*"
- Use the present tense, *the passé composé, the imparfait,* the near past, and/or the near future as accurately as possible.
- Do not agonize over forming conditional sentences or irregular subjunctive forms. However if they come naturally as in "*Je viendrais si je pouvais, mais il faut que je finisse mes devoirs,*" that's beautiful. Just do not sacrifice spontaneity for the sake of elaborate grammatical structures unless you know them really well.

A Focus on the Three Elements of the Conversation

Remember that the conversation has a *theme* and an *introduction*. So pay attention to both. Read the theme and the introduction very carefully. These two elements will help you frame and develop the upcoming conversation as well as suggest the necessary vocabulary.

- In the example below, the creation of a ciné-club falls under the context of cinematographic arts and the theme of aesthetics. That's the first clue found in the theme and introduction. You can already think of a vocabulary related to movies (i.e., *Il y a tant de bons films en français ; tous les ados adorent le cinéma*).
- A **second clue** is provided at the end of the introduction. You find out that your friend's aim in this conversation is to **invite** you to participate in his new ciné-club. Now you can start thinking of responses, such as, "*Ça me plairait beaucoup mais . . .*"

Remember to read the outline provided on the exam, which serves as a conversation preview.

- While reading it, identify **key instructional words or phrases**, such as "*Exprimez votre intérêt,*" that appear in the following passage from the AP practice exam. You can already think forward with a phrase like "*Ça m'intéresse énormément.*"
- The identified key words in the outline or preview will allow you to adhere to the intended aims of the conversation initiated by your interlocutor. Be sure to **refer to the appropriate line in the outline** each time you get ready for your interlocutor's next stimulus.
- In the outline or preview of the conversation, do not let the word "*Vous,*" which refers to you as a speaker, distract you from the fact that this task will always be set up as a conversation between you and a friend. **You must use the familar voice (*tu*) when responding.**

Example Conversation Task

Thème du cours : Esthétique

Vous aurez 1 minute pour lire l'introduction.

INTRODUCTION

C'est une conversation avec Nicolas, un camarade de classe du lycée suisse où vous passez un semestre. Vous participez à cette conversation parce qu'il est en train de créer un nouveau ciné-club, et il veut vous inviter à y participer.

Nicolas :	Il vous parle d'un nouveau projet.
Vous :	Exprimez votre intérêt.
Nicolas :	Il vous pose des questions.
Vous :	Répondez.
Nicolas :	Il vous parle d'un genre de film.
Vous :	Réagissez personnellement.
Nicolas :	Il propose certaines activités.
Vous :	Donnez et défendez votre opinion.
Nicolas :	Il promet de vous contacter avec des détails.
Vous :	Dites au revoir et assurez-le de votre intérêt.

Useful Vocabulary for a Conversation

In order to agree, disagree, show emotion, and ask for clarification, you need to use a specific set of vocabulary. Look at the following lists.

1. To Agree

D'accord.	*OK.*
Je suis d'accord.	*I agree.*
C'est vrai.	*It is true.*
C'est certain.	*It is certain.*
Bien sûr.	*Of course.*
Je veux bien.	*I am ok with that (I am willing/I don't mind).*
Je le crois.	*I believe it.*
Je pense que oui.	*I think so.*
Moi aussi.	*Me too.*
Moi non plus.	*Me neither.*

2. To Disagree

Non, pas du tout.	*Not at all.*
Ah non, je ne suis pas d'accord.	*Oh no, I do not agree.*
Ce n'est pas vrai.	*It is not true.*
Ce n'est pas certain/sûr.	*It is not certain/sure.*
Absolument pas.	*Absolutely not.*
Je ne le crois pas.	*I do not believe it.*
Je ne pense pas.	*I do not think so.*

3. To Show Enthusiasm

Bravo !	*Bravo!*
Sensationnel !	*Sensational!*
Félicitations !	*Congratulations!*
C'est intéressant !	*That's interesting!*
Quelle chance !	*What luck!*
Raconte-moi !	*Tell me!*

4. To Show Empathy

Que c'est triste !	*How sad!*
Quelle horreur !	*How awful!*
Quel malheur !	*What misfortune!*
Quel dommage !	*Too bad!*
C'est dommage !	*Too bad!*
Dommage !	*Too bad!*
Je suis désolé(e).	*I am sorry.*
Je comprends.	*I understand.*

5. To Show Happiness

Je suis content(e).	*I am happy.*
Je suis heureux(-se).	*I am happy.*
Que c'est bien !	*That's cool!*
Que c'est cool !	*That's cool!*
Formidable !	*Fantastic!*
Sensationnel !	*Sensational!*
Super !	*Super!*
Vas-y !	*Go for it!*

6. To Show Surprise

Quoi ?	*What?*
Comment ?	*What?*
Tu plaisantes ! ? Tu blagues ? !	*Are you kidding/joking?*
Ce n'est pas possible !	*That's not possible!*
Jamais de la vie!	*Never! It can't be!*

7. To Confirm

Ah! Tu veux dire que . . .	*Oh! You mean that . . .*
Tu dis que . . .	*You are saying that . . .*
Si je comprends bien, . . .	*If I understand you well, . . .*
Je pense que tu veux dire que . . .	*I think you are saying . . .*
Mais oui, c'est bien ça.	*Yes, that's it.*
Parfait.	*Perfect.*
D'accord. Oui, ça marche.	*Okay. Yes, it works.*

Example Conversation Task with Transcript of Audios and Suggested Responses

Thème du cours : Vie contemporaine

NOTE

In exemplary conversations, you will be exposed to accents from France, Africa, and Québec.

INTRODUCTION

Une de vos meilleures amies, Marie Leclair, a été récemment élue vice-présidente du conseil de classe à votre lycée. Elle est en train de chercher d'autres élèves qui voudraient faire partie de ce comité dont le but principal est de lever des fonds pour des causes humanitaires dans votre région. Elle voudrait vous inscrire à ces activités.

Conversation Preview

Marie :	Elle parle de son nouveau poste.
Vous :	Exprimez votre intérêt et indiquez une raison de votre intérêt.
Marie :	Elle vous pose des questions.
Vous :	Répondez à ces questions.
Marie :	Elle pose une question au sujet de la nature de votre participation.
Vous :	Indiquez votre choix avec une explication.
Marie :	Elle vous demande de rendre un service à cette organisation.
Vous :	Acceptez ou refusez avec une explication.
Marie :	Elle vous invite à une réunion et dit au revoir.
Vous :	Acceptez cette invitation et terminez votre conversation avec Marie.

Conversation

Marie : Salut ! Dis, maintenant, que je suis présidente de notre conseil de classe, j'aimerais bien que tu contribues à notre service communautaire qui consiste à nourrir les pauvres du quartier.

1. Vous : ______________________________

Marie : Formidable ! C'est un effort qui exige pas mal d'heures de travail. Quand es-tu libre et combien de temps peux-tu y consacrer chaque semaine ?

2. Vous : ______________________________

Marie : Bien ! Quant au travail, préfères-tu préparer la nourriture à la cantine ici à l'école ou aller en ville pour aider à distribuer les repas ?

3. Vous : ______________________________

Marie : Alors, je me demande si tu as du temps libre après l'école aujourd'hui pour nous aider à créer quelques affiches pour ce projet ?

4. Vous : ______________________________

Marie : Je comprends. Nous aurons une réunion très importante jeudi prochain à 15 heures. Peux-tu y assister ?

5. Vous : ______________________________

Suggested Responses

1. Vous : Félicitations, chère amie ! Tu vas bien nous représenter ! Oui, je m'intéresse beaucoup à cet effort car, comme tu sais, aider ceux qui sont sans ressources est quelque chose qui me tient à coeur. J'ai toujours pensé qu'il faut faire tout ce qu'on peut pour les autres.

This response satisfies the demand to indicate your interest and state why you are interested. It also includes a congratulations on your friend's election.

2. Vous : Généralement, je suis libre juste après l'école pour quelques heures sauf quand il y a un examen le lendemain. De plus, le vendredi, j'ai l'habitude de passer quelques heures chez ma grand-mère pour l'aider avec le ménage. J'ai un peu de temps samedi matin aussi.

You clearly state your availability with some details.

3. Vous : Je pense que je voudrais travailler à la cantine parce que, depuis mon enfance, j'ai toujours aimé faire la cuisine. Tu le sais bien ! Combien de repas incroyables est-ce que je t'ai préparés ? Je connais énormément de bonnes recettes de toutes sortes. Donc je peux être le plus utile à la cuisine.

You state your preference with supporting information.

4. Vous : Je serais ravi(e) de t'aider après l'école aujourd'hui. Même si je ne suis pas un(e) grand(e) artiste, je ferai de mon mieux pour aider à créer des affiches. Tu te souviens de nos jours à l'école primaire où je ne réussissais jamais à faire de dessins que les gens comprenaient.

You accept this invitation and maintain the exchange by adding details to substantiate your response.

5. Vous : Eh bien, Marie, j'y serai ! Je me réjouis de faire la connaissance des autres membres de ce groupe. J'espère faire une bonne impression et contribuer activement. Bon, à tout à l'heure !

You agree to attend the meeting, supply additional information, and bid your friend farewell.

Track 63

Instructions

You will participate in a conversation. First, you will have 1 minute to read a preview of the conversation, including an outline of each turn in the conversation. Afterward, the conversation will begin, following the outline. Each time it is your turn to speak, you will have 20 seconds to record your response. You should participate in the conversation as fully and appropriately as possible.

Vous allez participer à une conversation. D'abord, vous aurez 1 minute pour lire l'introduction de cette conversation comprenant le schéma des échanges. Ensuite, la conversation commencera, suivant le schéma. Quand ce sera votre tour de parler, vous aurez 20 secondes pour enregistrer votre réponse. Vous devez participer à la conversation de façon aussi complète et appropriée que possible.

Sélection 1

Thème du cours : Famille et Communauté/ Vie contemporaine : Visite en famille

This first selection is accompanied by suggested responses on page 216.

INTRODUCTION

Vous téléphonez à votre copain Mark et vous lui demandez de venir dîner chez vous demain soir et de rencontrer votre correspondant canadien Jean-Luc.

Conversation Preview

Mark :	Il hésite à accepter une proposition de votre part.
Vous :	Insistez fortement.
Mark :	Il vous pose deux questions.
Vous :	Répondez en donnant quelques détails.
Mark :	Il réagit.
Vous :	Exprimez votre satisfaction.
Mark :	Il vous pose une autre question.
Vous :	Répondez et expliquez.
Mark :	Il se montre plus ouvert à votre proposition.
Vous :	Réagissez et dites au revoir.

Track 64

Conversation

The following script shows a model conversation.
Exemple de conversation : script et réponse.

Mark :	Tu sais, j'aimerais bien venir dîner chez toi demain soir. D'autant plus que ta mère fait une cuisine exquise. Mais demain après-midi, j'ai un match de foot avec les copains à 15 heures.
Vous :	Écoute, Mark, du moment que tu arrives avant 18 heures, ça va. Je compte vraiment sur toi. J'ai beaucoup parlé de toi à Jean-Luc et vous avez un tas de choses en commun.
Mark :	Bon, d'abord, dis-moi, est-ce qu'il a notre âge et est-ce qu'il aime les sports ?
Vous :	Oui, il a notre âge, à peu près. Il habite Ottawa et il fait du hockey depuis l'âge de quatre ans. Il a gagné pas mal de championnats. De plus, il fait partie d'un club très spécial. Mais tu n'as qu'à venir et tu verras.
Mark :	D'accord, tu as réussi à me rendre curieux. Bon, c'est entendu. J'essaierai d'être là un peu avant 18 heures. Ça va comme ça ?
Vous :	Oui, tu vas voir, tu ne le regretteras pas. Ça va être super cool ; entre nous trois, on va faire des projets pour le weekend prochain.
Mark :	Dis-moi, il préfère parler anglais ou français ? Je parie que tu veux que je vienne parce que tu sais que je parle bien anglais.
Vous :	Ne t'en fais pas ! Il parle les deux langues puisqu'il est dans un lycée bilingue. Et puis, tu sais bien, au Canada, il vaut mieux apprendre le français. C'est la langue officielle du Québec !
Mark :	Bon, écoute, j'ai hâte de le rencontrer. Je veux lui parler de hockey bien sûr. Mais je veux savoir aussi comment fonctionnent les universités canadiennes. Il pourra peut-être me renseigner.
Vous :	Il sera ravi de parler de son sport favori. Et puis, les universités, il doit savoir pas mal de choses là-dessus. Tu vois, je savais que c'était une bonne idée. Bon, à demain, Mark et bonne chance à ton match demain !

First come up with your own replies (within 20 seconds), and then look at some possible replies in Appendix C. You can also listen to an exemplary conversation on track 86.

Sélection 2

Follow the instructions on page 214.

Thème du cours : Famille et Communauté/ Vie contemporaine : Les sorties

INTRODUCTION

Vous parlez à votre copain Pascal qui vous invite à venir dîner chez lui demain soir.

Conversation Preview

Pascal :	Il vous salue et vous annonce une nouvelle.
Vous :	Demandez des précisions.
Pascal :	Il donne des détails.
Vous :	Expliquez pourquoi vous ne pouvez pas répondre.
Pascal :	Il continue d'expliquer sa nouvelle.
Vous :	Exprimez votre surprise et donnez quelques raisons.
Pascal :	Il donne encore quelques détails.
Vous :	Donnez votre opinion et ajoutez quelques idées originales.
Pascal :	Il vous promet quelque chose.
Vous :	Exprimez votre enthousiasme et finissez la conversation.

First come up with your own replies (within 20 seconds), and then look at some possible replies in Appendix C. You can also listen to an exemplary conversation on track 87.

Conversation

Track 65

Sélection 3

Follow the instructions on page 214.

Thème du cours : Famille et Communauté/ Vie contemporaine : Rencontres

INTRODUCTION

C'est une conversation avec Chloé, une fille de votre âge avec qui vous avez correspondu et que vous rencontrez pour la première fois dans une famille d'accueil belge.

Conversation Preview

Chloé :	Elle vous salue et vous accueille.
Vous :	Réagissez.
Chloé :	Elle vous pose une question.
Vous :	Donnez votre préférence et expliquez.
Chloé :	Elle pose encore une question.
Vous :	Rejetez l'idée et expliquez.
Chloé :	Elle vous fait une proposition.
Vous :	Consentez en élaborant.
Chloé :	Elle donne quelques détails.
Vous :	Réagissez.

First come up with your own replies (within 20 seconds), and then look at some possible replies in Appendix C. You can also listen to an exemplary conversation on track 88.

Conversation

Track 66

Sélection 4

Follow the instructions on page 214.

Thème du cours : Famille et Communauté/ Vie contemporaine : Ecole et amitié

INTRODUCTION

C'est une conversation avec Jonathan, un camarade de classe qui a souvent besoin de votre aide quand il fait ses devoirs.

Conversation Preview

Jonathan :	Il explique ce qui lui arrive.
Vous :	Donnez-lui des conseils.
Jonathan :	Il vous révèle quelque chose.
Vous :	Dites ce que vous pouvez faire pour lui.
Jonathan :	Il exprime encore ses sentiments.
Vous :	Encouragez-le.
Jonathan :	Il réagit.
Vous :	Parlez de vous-même.
Jonathan :	Il déclare une résolution.
Vous :	Réagissez et continuez de l'encourager.

First come up with your own replies (within 20 seconds), and then look at some possible replies in Appendix C. You can also listen to an exemplary conversation on track 89.

Conversation

Track 67

Sélection 5

Follow the instructions on page 214.

Thème du cours : Famille et Communauté/ Vie contemporaine : Projets d'avenir

INTRODUCTION

C'est une conversation avec Valérie, une ancienne copine qui habite maintenant au Canada.

Conversation Preview

Valérie :	Elle vous salue et se présente.
Vous :	Exprimez votre surprise.
Valérie :	Elle s'excuse.
Vous :	Posez-lui une question sur sa famille.
Valérie :	Elle répond et vous annonce une décision.
Vous :	Proposez-lui de faire des études avec vous.
Valérie :	Elle accepte.
Vous :	Proposez-lui quelque chose de précis et posez-lui une question.
Valérie :	Elle répond.
Vous :	Exprimez votre enthousiasme pour les projets discutés.

First come up with your own replies (within 20 seconds), and then look at some possible replies in Appendix C. You can also listen to an exemplary conversation on track 90.

Conversation

Track 68

Sélection 6

Follow the instructions on page 214.

Thème du cours : Famille et Communauté/ Vie contemporaine : Les voyages

INTRODUCTION

C'est une conversation au téléphone avec Didier, un correspondant belge qui compte venir vous rendre visite bientôt.

Conversation Preview

Didier :	Il explique pourquoi il téléphone.
Vous :	Réagissez à sa nouvelle.
Didier :	Il vous parle d'une inquiétude.
Vous :	Exprimez de la sympathie.
Didier :	Il vous parle d'un autre souci.
Vous :	Moquez-vous gentiment de lui.
Didier :	Il continue de parler de son souci.
Vous :	Réagissez amicalement.
Didier :	Il prend une attitude modeste.
Vous :	Donnez-lui des conseils.

First come up with your own replies (within 20 seconds), and then look at some possible replies in Appendix C. You can also listen to an exemplary conversation on track 91.

Conversation

Track 69

Sélection 7

Follow the instructions on page 214.

Thème du cours : Famille et Communauté/ Vie contemporaine : L'école et les professeurs

INTRODUCTION

C'est une conversation avec Jodie, une très bonne copine du lycée. Elle se plaint de monsieur Pouce, votre professeur de mathématiques.

Conversation Preview

Jodie :	Elle se plaint de quelque chose.
Vous :	Montrez de la compréhension envers elle.
Jodie :	Elle fait une suggestion.
Vous :	Faites des suggestions raisonnables.
Jodie :	Elle se défend.
Vous :	Continuez de raisonner avec elle.
Jodie :	Elle exprime ses sentiments.
Vous :	Posez-lui des questions.
Jodie :	Elle se plaint toujours.
Vous :	Faites-lui des encouragements.

First come up with your own replies (within 20 seconds), and then look at some possible replies in Appendix C. You can also listen to an exemplary conversation on track 92.

Conversation

Track 70

Sélection 8

Follow the instructions on page 214.

Thème du cours : Famille et Communauté/ Vie contemporaine : Les fêtes avec les copains

INTRODUCTION

C'est une conversation au téléphone avec Stéphane, votre meilleur ami et un camarade de classe sur qui vous pouvez toujours compter.

Conversation Preview

Stéphane :	Il demande de vos nouvelles.
Vous :	Parlez-lui d'un projet.
Stéphane :	Il pose une question.
Vous :	Répondez et élaborez.
Stéphane :	Il vous explique une idée.
Vous :	Montrez une petite hésitation.
Stéphane :	Il propose de vous aider.
Vous :	Exprimez d'autres idées.
Stéphane :	Il donne encore des détails.
Vous :	Assurez-le de votre support et remerciez-le.

First come up with your own replies (within 20 seconds), and then look at some possible replies in Appendix C. You can also listen to an exemplary conversation on track 93.

Conversation

Track 71

Sélection 9

Follow the instructions on page 214.

Thème du cours : Famille et Communauté/ Vie contemporaine : Les programmes d'échange

INTRODUCTION

C'est une conversation avec Jacques, un Canadien qui passe une année dans votre lycée américain.

Conversation Preview

Jacques :	Il vous pose une question.
Vous :	Répondez avec des précisions.
Jacques :	Il parle de son pays.
Vous :	Parlez de votre propre expérience.
Jacques :	Il réagit avec enthousiasme.
Vous :	Donnez votre opinion.
Jacques :	Il est d'accord.
Vous :	Posez-lui des questions.
Jacques :	Il répond.
Vous :	Parlez encore de votre expérience.

First come up with your own replies (within 20 seconds), and then look at some possible replies in Appendix C. You can also listen to an exemplary conversation on track 94.

Conversation

Track 72

Sélection 10

Follow the instructions on page 214.

Thème du cours : Famille et Communauté/ Vie contemporaine : Le journal de l'école

INTRODUCTION

C'est une conversation avec Robert, un camarade de classe et un ami qui est récemment devenu rédacteur du journal de votre lycée.

Conversation Preview

Robert :	Il vous parle d'une activité au lycée.
Vous :	Exprimez votre intérêt et posez une question.
Robert :	Il répond en demandant vos préférences.
Vous :	Parlez de vos préférences.
Robert :	Il vous pose une autre question.
Vous :	Répondez avec des détails.
Robert :	Il continue de parler de l'activité et vous pose une question.
Vous :	Répondez.
Robert :	Il promet de vous donner encore des détails.
Vous :	Assurez-le de votre intérêt.

First come up with your own replies (within 20 seconds), and then look at some possible replies in Appendix C. You can also listen to an exemplary conversation on track 95.

Conversation

Track 73

Sélection 11

Follow the instructions on page 214.

Thème du cours : Famille et Communauté/ Vie contemporaine : Projets de vacances

INTRODUCTION

C'est une conversation avec votre cousin Roger, qui a votre âge, et il propose un voyage au Québec pendant les vacances d'été.

Conversation Preview

Roger :	Il vous invite à un voyage.
Vous :	Acceptez et posez une question concernant la destination.
Roger :	Il répond et vous pose une question.
Vous :	Expliquez votre préférence.
Roger :	Il vous pose d'autres questions.
Vous :	Répondez avec des détails.
Roger :	Il fait une proposition et vous demande ce que vous en pensez.
Vous :	Faites des suggestions.
Roger :	Il promet de vous en reparler.
Vous :	Assurez-le de votre intérêt et de votre enthousiasme.

First come up with your own replies (within 20 seconds), and then look at some possible replies in Appendix C. You can also listen to an exemplary conversation on track 96.

Conversation

Track 74

Sélection 12

Follow the instructions on page 214.

Thème du cours : Défis mondiaux/ Vie contemporaine : Voyage au Sénégal

INTRODUCTION

C'est une conversation au téléphone avec Jean-Louis, un copain français qui revient d'un voyage au Sénégal.

Conversation Preview

Jean-Louis :	Il commence la conversation.
Vous :	Posez des questions.
Jean-Louis :	Il parle d'une famille d'accueil.
Vous :	Demandez des précisions.
Jean-Louis :	Il répond.
Vous :	Posez-lui des questions.
Jean-Louis :	Il explique ses sentiments.
Vous :	Exprimez votre intérêt pour l'activité décrite.
Jean-Louis :	Il vous donne des conseils.
Vous :	Mentionnez un projet personnel similaire.

First come up with your own replies (within 20 seconds), and then look at some possible replies in Appendix C. You can also listen to an exemplary conversation on track 97.

Conversation

Track 75

Sélection 13

Follow the instructions on page 214.

Thème du cours : Famille et Communauté/ Vie contemporaine : Les réunions

INTRODUCTION

C'est une conversation avec Grégoire Dufer, un ancien camarade de classe du programme d'échange auquel vous avez participé l'année passée à Genève. Il voudrait savoir si vous avez envie d'assister à une "journée des anciens" où les élèves de ce programme se réunissent.

Conversation Preview

Grégoire :	Il vous invite à une réunion.
Vous :	Acceptez et exprimez vos sentiments.
Grégoire :	Il vous fait une proposition.
Vous :	Acceptez mais demandez des précisions.
Grégoire :	Il répond et vous pose une question.
Vous :	Répondez.
Grégoire :	Il raconte un souvenir.
Vous :	Réagissez.
Grégoire :	Il termine la conversation.
Vous :	Exprimez votre enthousiasme.

First come up with your own replies (within 20 seconds), and then look at some possible replies in Appendix C. You can also listen to an exemplary conversation on track 98.

Conversation

Track 76

Sélection 14

Follow the instructions on page 214.

Thème du cours : Quête de soi/ Vie contemporaine : Le moral

INTRODUCTION

C'est une conversation avec Fatima, une lycéenne parisienne. Elle dit que le moral est bas parmi les lycéens à son école.

Conversation Preview

Fatima :	Elle vous confie ses sentiments.
Vous :	Exprimez de la sympathie.
Fatima :	Elle vous explique encore ses sentiments.
Vous :	Donnez-lui un ou deux conseils.
Fatima :	Elle n'apprécie pas trop vos idées.
Vous :	Donnez-lui une autre idée.
Fatima :	Elle a un autre problème et vous demande un conseil.
Vous :	Répondez avec quelques exemples.
Fatima :	Elle se rend compte de quelque chose.
Vous :	Moquez-vous un peu d'elle mais gentiment.

First come up with your own replies (within 20 seconds), and then look at some possible replies in Appendix C. You can also listen to an exemplary conversation on track 99.

Conversation

Track 77

Sélection 15

Follow the instructions on page 214.

Thème du cours : Vie contemporaine/ Science et Technologie : La technologie des jeunes

INTRODUCTION

C'est une conversation avec votre voisine Monique, qui est aussi une camarade de classe au lycée. Elle a remarqué que vous voulez vendre votre lecteur MP3 et elle a des questions pour vous.

Conversation Preview

Monique :	Elle vous pose des questions.
Vous :	Répondez.
Monique :	Elle continue de vous poser des questions.
Vous :	Donnez les renseignements désirés.
Monique :	Elle vous pose deux dernières questions.
Vous :	Donnez les renseignements désirés.
Monique :	Elle veut négocier.
Vous :	Répondez et expliquez.
Monique :	Elle exprime une opinion.
Vous :	Terminez la conversation.

First come up with your own replies (within 20 seconds), and then look at some possible replies in Appendix C. You can also listen to an exemplary conversation on track 100.

Conversation

Track 78

Sélection 16

Follow the instructions on page 214.

Thème du cours : Vie contemporaine/ Esthétique : Les compétitions

INTRODUCTION

C'est une conversation avec votre amie Marie qui a envie de vous inscrire dans une compétition locale.

Conversation Preview

Marie :	Elle vous annonce une nouvelle.
Vous :	Exprimez votre intérêt.
Marie :	Elle vous pose une question.
Vous :	Répondez en donnant des détails.
Marie :	Elle vous pose une autre question.
Vous :	Répondez avec des détails.
Marie :	Elle vous demande d'envisager un grand succès.
Vous :	Décrivez vos désirs.
Marie :	Elle vous encourage.
Vous :	Terminez la conversation avec enthousiasme.

First come up with your own replies (within 20 seconds), and then look at some possible replies in Appendix C. You can also listen to an exemplary conversation on track 101.

Conversation

Track 79

Sélection 17

Follow the instructions on page 214.

Thème du cours : Famille et communauté/Vie contemporaine : La pièce

INTRODUCTION

C'est une conversation avec un camarade de classe qui est l'un des officiers du club de théâtre à votre école.

Conversation Preview

Malek :	Il vous parle d'une activité à l'école.
Vous :	Exprimez votre intérêt.
Malek :	Il pose une question.
Vous :	Répondez à la question.
Malek :	Il vous fait une proposition.
Vous :	Acceptez et montrez votre enthousiasme.
Malek :	Il vous raconte une anecdote.
Vous :	Donnez votre réaction.
Malek :	Il vous donne des conseils.
Vous :	Réagissez et remerciez-le.

First come up with your own replies (within 20 seconds), and then look at some possible replies in Appendix C. You can also listen to an exemplary conversation on Track 102.

Conversation

Track 80

Sélection 18

Follow the instructions on page 214.

Thème du cours : Famille et communauté/Vie contemporaine : Le cercle français

INTRODUCTION

C'est une conversation avec une camarade de classe, Hélène. Elle suit le même cours de français que vous et elle adore la langue et la culture françaises. Elle veut organiser un cercle français à votre école.

Conversation Preview

Hélène :	Elle parle de sa nouvelle idée.
Vous :	Encouragez-la.
Hélène :	Elle vous pose une question.
Vous :	Répondez à la question
Hélène :	Elle demande des conseils.
Vous :	Exprimez votre préférence.
Hélène :	Elle cherche votre opinion.
Vous :	Donnez-lui votre opinion.
Hélène :	Elle termine la conversation
Vous :	Exprimez votre optimisme.

First come up with your own replies (within 20 seconds), and then look at some possible replies in Appendix C. You can also listen to an exemplary conversation on Track 103.

Conversation

Track 81

Sélection 19

Follow the instructions on page 214.

Thème du cours : Famille et communauté/Vie contemporaine/Défis mondiaux : L'énergie

INTRODUCTION

C'est une conversation avec un vieil ami, Simon. Il s'inquiète pour l'environnement, en particulier la pollution de l'air et comment nous consommons de l'énergie.

Conversation Preview

Simon :	Il exprime ses préoccupations.
Vous :	Donnez vos réactions.
Simon:	Il partage son idée.
Vous :	Exprimez votre opinion.
Simon :	Il explique son plan.
Vous :	Proposez des suggestions.
Simon :	Il parle de ses inquiétudes.
Vous :	Offrez votre soutien
Simon :	Il donne sa vision du futur.
Vous :	Réagissez et terminez la conversation.

First come up with your own replies (within 20 seconds), and then look at some possible replies in Appendix C. You can also listen to an exemplary conversation on Track 104.

Conversation

Track 82

Sélection 20

Follow the instructions on page 214.

Thème du cours : Famille et communauté/Vie contemporaine : L'anniversaire

INTRODUCTION

C'est une conversation avec une amie, Mariame. Elle voudrait planifier une fête d'anniversaire pour un de vos amis.

Conversation Preview

Mariame :	Elle explique pourquoi elle téléphone.
Vous :	Réagissez à son idée.
Mariame :	Elle vous pose une question.
Vous :	Répondez par l'affirmative.
Mariame :	Elle propose son plan.
Vous :	Montrez votre accord.
Mariame :	Elle vous pose une question.
Vous :	Exprimez vos sentiments.
Mariame :	Elle vous demande des conseils.
Vous :	Donnez vos conseils.

First come up with your own replies (within 20 seconds), and then look at some possible replies in Appendix C. You can also listen to an exemplary conversation on Track 105.

Conversation

Track 83

Sélection 21

Follow the instructions on page 214.

Thème du cours : Famille et communauté/Vie contemporaine : Une bénévole

INTRODUCTION

C'est une conversation avec une amie, Caroline, qui est récemment revenue d'un voyage au Mali.

Conversation Preview

Caroline :	Elle vous parle et pose une question
Vous :	Répondez à la question
Caroline :	Elle vous pose une question.
Vous :	Demandez des précisions.
Caroline :	Elle vous donne des détails.
Vous :	Réagissez.
Caroline :	Elle vous propose quelque chose.
Vous :	Donnez une réponse positive.
Caroline :	Elle vous promet quelque chose.
Vous :	Terminez la conversation.

First come up with your own replies (within 20 seconds), and then look at some possible replies in Appendix C. You can also listen to an exemplary conversation on Track 106.

Conversation

Track 84

Sélection 22

Follow the instructions on page 214.

Thème du cours: La vie contemporaine/Famille et communauté : programme d'échange scolaire

INTRODUCTION

C'est une conversation avec Hamid, un élève marocain qui va passer un semestre à votre lycée. Vous vous êtes porté volontaire pour être l'étudiant-ambassadeur qui familiarisera les élèves étrangers avec la culture de votre école et de votre région.

Conversation Preview

Hamid :	Il vous remercie et vous pose une question.
Vous :	Répondez.
Hamid :	Il exprime ses préférences.
Vous :	Réagissez.
Hamid :	Il vous parle de ses coutumes.
Vous :	Exprimez vos opinions.
Hamid :	Il vous pose une autre question.
Vous :	Répondez.
Hamid :	Il montre son enthousiasme.
Vous :	Terminez la conversation.

First come up with your own replies (within 20 seconds), and then look at some possible replies in Appendix C. You can also listen to an exemplary conversation on Track 107.

Conversation

Track 85

7

Cultural Comparisons

The presentational speaking portion of the AP French Language and Culture examination consists of an oral presentation on a specific topic to your class. For this task, you will have 4 minutes to read the question, organize your thoughts, and prepare your presentation. Then you will have 2 minutes to record your presentation. The presentational speaking task will test your ability to speak about a specific topic. You need to show what you know about French and francophone cultures.

As for any presentation, you must illustrate your points by using precise examples. The prompts are generically designed so that they are subject to interpretation in order for you to pull examples from personal experience or from a variety of sources, including literature, current events, media, movies, and so on.

Remember to use the appropriate forms of address (*vous* forms). Also use effective stylistic devices as you are speaking to your class.

As the task requires you to make a comparison, be sure to include the following in your presentation:

- Your own community (as narrow as your family or as wide as your country)
- A francophone culture you know well and include examples and detailed support
- Differences and similarities between your community as you have defined it and the francophone culture you have chosen to discuss

Instructions, Strategies, and Tips

During your 4 minutes of preparation, you should jot down some ideas that will assist you when it is time to speak. Do not attempt to write a script. Instead, prepare a short outline or a list of key terms that will serve as reminders as you speak. Using a small graphic organizer is another strategy that we will demonstrate later in this section.

When it is time to speak, you must describe and explain the cultural points of the prompt as it applies to your family, school, town, region OR country, and you must do the same for a place in the francophone world. Use your experiences (based on real life or studies).

Do not hesitate to mention how and where you acquired your information. You may refer to what you have studied in class, what you have read, what you have viewed in documentaries and movies, and/or in cases where this applies, what you have personally experienced. Use specific well-developed examples that illustrate a unique perspective, point of view, or cultural value.

Manage your time. Be sure to dedicate enough time to both your community and the francophone one; the task will not be accomplished unless you compare both communities.

Finally, use appropriate comparison expressions. (See the list of terms that follows.)

Useful Vocabulary for a Comparison

Memorize some of the expressions below. Use them to introduce, connect ideas, make smooth transitions, and conclude your presentation.

To Start Your Conversation

Tout d'abord	*First of all*
En premier lieu	*First of all*
Pour commencer	*To start off with*
Premièrement	*Firstly*

To State Your Opinion/Point of View

À mon avis	*In my opinion*
Selon moi	*In my opinion*
Pour ma part	*As far as I'm concerned*
En ce qui me concerne	*As far as I'm concerned*
A mon sens	*As I see it*
Il me semble que	*It seems to me that (+ indicative mood)*
J'estime que	*I consider that*
Je soutiens que	*I maintain that*

To Add/Connect Ideas

Ensuite	*Next*
De plus	*In addition*
En outre	*Furthermore*
En deuxième lieu	*Secondly*

To Show a Difference in Opinion or a Contrast

Mais	*But*
En fait	*In fact*
Cependant	*However*
Toutefois	*However*
Au contraire	*On the contrary*
Par contre	*By contrast*
Néanmoins	*Nevertheless*
Quand même	*Nevertheless*
Pourtant	*Yet*

To Conclude

En dernier lieu	*Lastly*
Enfin	*Finally*
Pour terminer	*To finish up with*
Pour finir	*To finish up with*
Tout bien réfléchi	*All in all*
Tout bien considéré	*All in all*
Tout compte fait	*When all is said and done*
Toute réflexion faite	*When all is said and done*
En somme	*In short, all in all*
En fin de compte	*When all is said and done, at the end of the day*
En conclusion	*To conclude/in conclusion*
Pour conclure	*To conclude/in conclusion*

Remember the Following Strategies and Tips

Planning Phase

There is **no source material** for this task—**only a prompt**.

- Read the prompt carefully. Underline key words.
- Do not confuse the ***general directions*** for this task (comparing cultures) with the specific ***prompt for this task*** (focusing on a precise aspect of culture such as people's attitude toward cultural diversity).
- Relate the topic to your own experience and knowledge of cultures.
- Take notes to organize your oral presentation during the 4 minutes before you record your voice. Use a graphic organizer such as a Venn diagram to identify similarities and differences.
- You do not need numerous examples. One well-developed example on each side might be sufficient as long as you elaborate and show insight into the reasons for the differences.
- Write a ***thesis statement*** that clearly demonstrates an understanding of the topic and task and that will introduce your presentation.
- Map out your oral presentation using key words and phrases to provide ***significant and specific examples*** (products, perspectives, practices) in your own culture as well as in a francophone culture to support the thesis statement.
- Do a significant number of practice items to be comfortable using the 2-minute time allotment fully and efficiently.
- If you answer the prompt fully, it is likely that you will be stopped midsentence by the beep that signals the end of the 2-minute session. The beep does not mean that your score is penalized.

Presentational Phase

You have 2 minutes to make an oral presentation on a specific topic related to one of the six course themes.

- Your first goal in speaking French is to make yourself clearly understood. A more varied and precise vocabulary (including idiomatic expressions and transitional words) and a more varied use of grammatical structures will enhance your performance and your score.
- You are making this presentation to your class; in addressing your audience, use the plural ***vous*** and the formal register required in an academic setting (no slang).
- Use your *thesis statement* to introduce the topic and give *a concise outline* of your presentation.
- Present your ideas in an organized manner, using your outline.
- *Describe and narrate* precise observations and experiences you have had in your own community (*family, school, neighborhood, town, region, state, or country*) within the context of the task (which requires you to focus on a ***specific aspect*** of culture).
- Try to accurately reference materials you have studied as well as personal observations and life experiences that are relevant to the topic and to the French-speaking world.
- Compare and contrast products, perspectives, and practices in your own community and the francophone region of your choice, avoiding generalizations and stereotypes as much as possible.

Instructions and Examples

Below are the types of instructions you may receive on the exam.

This part requires spoken responses. Your cue to start or stop speaking will always be this tone.	Cette partie exige des réponses orales. Votre signal pour commencer ou arrêter de parler sera toujours cette tonalité.

You have 1 minute to read the directions for this part.	Vous avez 1 minute pour lire les instructions de cette partie.

Your spoken responses will be recorded. Your score will be based on what you record. It is important that you speak loudly enough and clearly enough for the machine to record what you say. You will be asked to start, pause, and stop your recorder at various points during the exam. Follow the directions and start, pause, or stop the recorder only when you are told to do so. Remember that the tone is a cue only to start or stop speaking—not to start or stop the recorder.	Vos réponses seront enregistrées. Votre note sera basée sur ce que vous aurez enregistré. Il est important que vous parliez assez fort pour que vos réponses soient enregistrées. Il vous sera demandé de mettre en marche, de mettre en pause et d'arrêter l'appareil à certains moments de l'examen. Suivez les instructions et mettez en marche, mettez en pause ou arrêtez l'appareil seulement quand on vous le dira. Rappelez-vous que la tonalité est seulement le signal pour commencer ou arrêter de parler—pas pour mettre en marche ou arrêter l'appareil.

You will now begin this part.	Vous allez maintenant commencer cette partie.

You will make an oral presentation on a specific topic to your class. You will have 4 minutes to read the presentation topic and prepare your presentation. Then you will have 2 minutes to record your presentation. In your presentation, compare a French-speaking community with which you are familiar to your own or another community. You should demonstrate your understanding of cultural features of this French-speaking community. You should also organize your presentation clearly.	Vous allez faire un exposé pour votre classe sur un sujet précis. Vous aurez 4 minutes pour lire le sujet de cet exposé et préparer votre exposé. Vous aurez alors 2 minutes pour vous enregistrer. Dans votre exposé, comparez une région du monde francophone que vous connaissez à votre propre communauté ou à une autre communauté. Vous devez démontrer votre compréhension de réalités culturelles de cette communauté francophone. Vous devez aussi organiser clairement votre exposé.

Model Prompt #1

Thème du cours : Esthétique

Quelle est l'attitude des gens que vous connaissez bien chez vous concernant l'importance de la nourriture et des repas ? Comparez-la avec ce qui se passe dans un endroit du monde francophone.

This question asks you to compare the role played by food and meals in the area where you live as compared with an area in the French-speaking world. Below is a simple graphic organizer that will help you organize your speech. See below how to create outlines of ideas to use for your comparison. Start by identifying **your own** community in the "Chez Nous" column. Jot down cultural aspects required by the prompt relating to your own community. Then identify the francophone community you will use in your comparison. List cultural aspects as required by the prompt that relate to that **specific francophone** community. Write these in either the "*En France*" or in the "*Au Canada*" column, but **not** in both. Note that the information you list in the two columns may be either similarities or differences.

Each of the graphic organizers in this section features two francophone regions. The instructions require you to compare your own community to a region of the French-speaking world. We offer two francophone regions simply to demonstrate a variety of possibilities. You can definitely get the highest score by making a valid comparison between your own region and **one region** in the francophone world.

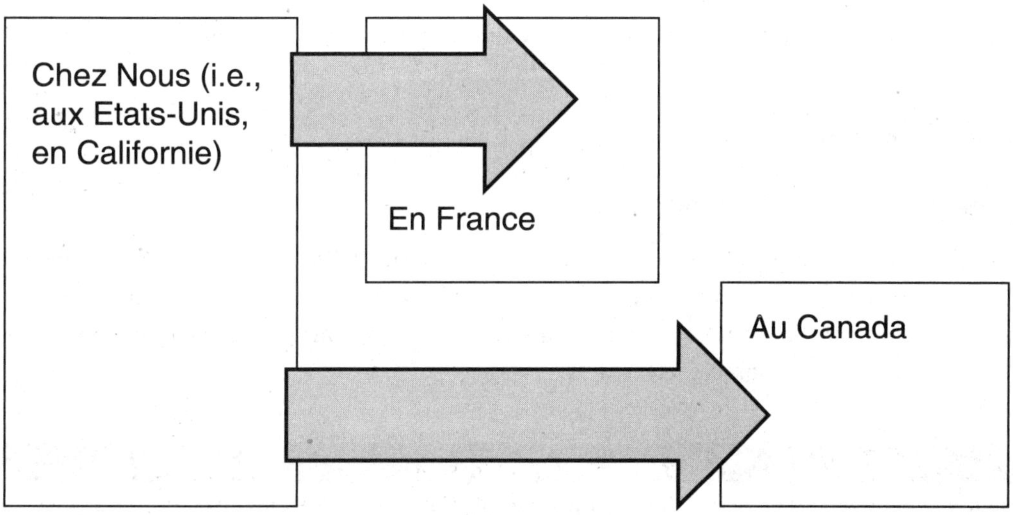

Chez Nous	En France	Au Canada
Un petit déjeuner rapide	Seulement du pain-beurre-confiture et du jus ou du café	Des plats copieux
Un déjeuner qui dure moins d'une heure	Un déjeuner qui peut durer deux heures et qui est souvent en famille	Une cuisine nord-américaine
Un dîner qui a lieu assez tôt	Un dîner assez tard le soir	La bière accompagne souvent les repas
Une cuisine influencée par les immigrés du 20ième siècle	Une cuisine variée accompagnée de fromages et de vins	
Une grande quantité de fast food ou de restauration rapide	La cuisine est considérée comme un art	

Presentation #1 (Transcript)

This is the text of a 2-minute exemplary oral presentation that responds to the example question.

Chez moi, dans ma famille et chez mes amis, la nourriture joue un rôle important surtout lors des fêtes. Mais, à mon avis, elle joue un rôle plus essentiel dans le monde francophone, surtout en France. Ici aux États-Unis, il semble que le travail et l'école gouvernent la façon dont nous vivons et mangeons. Chaque jour il y a tant de choses à faire : il y a mes études, mes activités et le travail de mes parents. Généralement, à cause des différences entre nos horaires et nos emplois du temps, nous ne prenons pas le petit déjeuner ensemble. D'habitude chacun de nous mange ses céréales pendant la semaine et peut-être des gaufres ou des œufs le week-end avec la famille. Quant au déjeuner, on n'a que vingt-cinq minutes à l'école pour manger et malheureusement, ce n'est pas le meilleur des repas : un sandwich ou une part de pizza. Ce n'est pas beaucoup mieux au dîner. Un dîner typique américain se compose trop souvent de restauration rapide comme un plat surgelé qui n'est pas très bon pour la santé mais qui convient mieux à nos vies actives.

Par contre, en France, il existe un certain respect pour les repas et pour la cuisine. Quand mon frère aîné était en France il y a deux ans, il avait toujours un petit déjeuner avec sa famille d'accueil. Ils avaient du pain frais chaque jour—un repas simple mais délicieux. Deux autres grandes différences en France sont le déjeuner relaxant et un dîner léger tard le soir—moins élaboré que le déjeuner. En France, il y a une certaine appréciation pour le fromage qu'on mange souvent après le plat principal. Ici, on le mange avant le repas. Il me semble que les repas en France représentent plus un événement social et gastronomique. Avec leurs pâtisseries, leurs pains et leur amour pour la cuisine, l'expérience de manger en France est celle qui fête la vie et le plaisir d'être ensemble avec ceux qu'on aime.

Model Prompt #2

Thème du cours : Quête de soi

L'histoire d'une région peut influencer les habitudes et la mentalité des gens. Parlez du rôle de l'histoire dans la région où vous habitez et comparez-le au rôle de l'histoire dans une région du monde francophone que vous connaissez. Dans votre réponse, vous pouvez faire référence à ce que vous avez étudié, lu, observé, etc.

Chez Nous	En France	Au Mali
Toujours encore un assez jeune pays Une société basée sur la liberté et l'indépendance Une fête nationale glorieuse Une histoire connue partout dans le monde	Une longue histoire pleine de moments mémorables Des rois célèbres Une révolution bien connue et étudiée partout	Une longue histoire avec des empires datant de l'antiquité Une période de colonisation française Une indépendance assez récente Des griots pour raconter leur histoire et leurs traditions

Presentation #2 (Transcript)

This is the text of a 2-minute verbal presentation that responds to the example question.

Il y a bien sûr partout dans le monde des gens importants qui ont changé l'histoire ou la culture de leur pays. Quand je pense aux États-Unis, Ben Franklin représente pour moi quelqu'un qui a effectué un grand nombre de changements significatifs pour un pays en train de naître. C'était un homme avec des qualités qui nous font penser à la Renaissance car il était à la fois inventeur, politicien et diplomate. Même s'il est né à Boston, Franklin est devenu nettement lié à la ville de Philadelphie où il a publié un des premiers journaux américains. C'est aussi dans cette ville qu'il a exercé une grande influence sur les représentants des treize colonies dans leur lutte contre le règne britannique. Franklin a convaincu les politiciens de rester unis pendant ces temps orageux de l'histoire américaine. Il a aussi joué un rôle diplomatique quand il est allé en France pour représenter son jeune pays en essayant de convaincre les Français d'aider les colons à former un nouveau pays indépendant. Grâce à ses astuces et à son originalité, les Français ont décidé de soutenir les Américains dans la guerre contre les Anglais. De plus, Benjamin Franklin avait l'esprit créatif ; il a créé le premier corps de pompiers, un four efficace pour chauffer les domiciles et c'est lui qui a dévoilé les premières vérités au sujet de l'électricité. On peut donc dire que Ben Franklin était un des individus les plus influents dans l'histoire des États-Unis.

Quant au monde francophone, je pense que Victor Hugo a joué un rôle important pendant tout un siècle. Pendant une des époques les plus turbulentes de l'histoire française, Victor Hugo a réfléchi aux besoins et aux espoirs de la majorité des Français. A travers des romans, des poèmes et des essais, Victor Hugo était le porte-parole des pauvres pour le public français. C'est pourquoi on lui a donné le sobriquet « la voix du siècle » et aussi pourquoi plus d'un million de gens ont assisté à ses funérailles. Non seulement était-il auteur, mais il jouait aussi le rôle de politicien en soutenant la création d'une vraie démocratie en France.

Donc, ces deux hommes représentent l'esprit et l'âme de leur peuple en jouant plusieurs rôles essentiels pour leur pays.

Facts You Should Know

Here are some suggestions for tackling the oral presentation on the exam.

First look at each prompt and ask yourself what specific examples come to mind regarding the aspect of culture described in the prompt. If you cannot think of any, look at the entries in the graphic organizers presented in this book. These will give you some ideas to be further researched, explored, and developed. To save you precious time and trigger recall of cultural features you may have been exposed to, we supply ideas for how to compare an aspect of culture in the United States with the same aspect of culture in two different francophone cultures. However, you only need to deepen your understanding of the cultural aspect to be discussed in *one* of these francophone cultures. Also remember that your examples may come from personal experience but may also be based on articles, novels, newscasts, and so on.

Note that since many topics can be linked to several of the six themes in the AP French Language and Culture course and exam (see "Overview" on page xiii), we are assigning a primary and a secondary theme to each prompt or topic. You are thus being exposed to all themes in this review and practice section. Remember, however, that the prompt for the oral presentation on your AP exam will be linked to a single theme.

Sélection 1

Thème du cours : Famille et Communauté/ Vie contemporaine

Les sports jouent un rôle important dans beaucoup de sociétés. Faire partie d'une équipe ou suivre les progrès d'une équipe favorite peut jouer un grand rôle dans la vie des gens. Décrivez le rôle des sports dans la vie des gens de votre communauté et comparez-le au rôle des sports dans une région du monde francophone que vous connaissez. Dans votre exposé, vous pouvez faire référence à ce que vous avez étudié, vécu, observé, etc.

Space for Your Notes

Note: Remember to compare your community to ONLY ONE francophone community.

Sample Notes

Chez Nous	En France	Au Canada
Le baseball Le football américain Les fanas qui paient des milliers de dollars pour des billets Chaque match est suivi par des millions des spectateurs à la télé Les athlètes sont traités comme des idoles de la société Les sports font partie de la vie sociale au lycée et à l'université	Le foot : La Coupe du Monde Le cyclisme : Le Tour de France Les fanas des « bleus » Le stade de France Une passion depuis l'enfance La gloire (1998) et la misère (2010)	Sport national : le hockey Identité nationale Des joueurs québécois célèbres : Henri Richard et Jean Beliveau Conte de Roch Carrier : « L'abominable Feuille d'Érable »

Sélection 2

Thème du cours : Famille et Communauté/ Vie contemporaine

Le rôle et la structure de la famille varient beaucoup aujourd'hui. La définition d'une famille semble changer fréquemment. Comparez l'attitude des gens de votre milieu envers la famille à celle des gens dans une région du monde francophone que vous connaissez.

Space for Your Notes

Note: Remember to compare your community to ONLY ONE francophone community.

Sample Notes

Chez Nous	En France	Au Maroc
La structure familiale change Beaucoup de familles monoparentales Moins de temps à passer en famille à cause du travail Un taux croissant de divorces	Même aujourd'hui la famille joue un grand rôle dans la vie Le dimanche est un jour consacré à la famille Un grand respect pour les personnes âgées	La famille est au centre de la vie Les grandes familles sont typiques Plusieurs générations de familles habitent ensemble Il y a des mariages entre certains membres de la famille

Sélection 3

Thème du cours : Famille et Communauté/ Vie contemporaine

Avec tout le stress de notre monde moderne, les vacances jouent un plus grand rôle pour ceux qui travaillent. Décrivez comment on passe ses vacances dans votre pays et comparez cela à ce qu'on fait dans une région du monde francophone que vous connaissez.

Space for Your Notes

Note: Remember to compare your community to ONLY ONE francophone community.

Sample Notes

Chez Nous	En France	A Tahiti
Les vacances de deux semaines sont typiques Elles se passent tout au cours de l'année Le jour de Thanksgiving est quand on voyage le plus Les Américains travaillent sans cesse	Cinq semaines de vacances payées en moyenne pour les salariés Les vacances représentent un droit pour les Français Les montagnes, la mer et les terrains de camping sont populaires	La région francophone avec le moins de stress 60% de son économie est basée sur le tourisme C'est une grande destination pour des vacances de détente

Sélection 4

Thème du cours : Famille et Communauté/ Vie contemporaine

Les fêtes peuvent être des célébrations religieuses ou des célébrations laïques comme les fêtes nationales. Celles-ci varient selon les évènements historiques qui ont formé ce pays. Comparez une fête laïque de chez vous à celle d'un pays ou d'une région francophone que vous connaissez.

Space for Your Notes

Note: Remember to compare your community to ONLY ONE francophone community.

Sample Notes

Chez Nous	En France	Au Québec
La fête de l'indépendance Origine : indépendance de la Grande Bretagne Jour férié Feux d'artifice Barbecue Parades Hymne : Star-Spangled Banner	Le 14 juillet Origine : la prise de la Bastille Jour férié Feux d'artifice Pique-nique Défilés militaires Hymne : la Marseillaise	Le 24 juin Origine : déclaration de la fête par un acte de la législature en 1977—le but est de reconnaître la culture franco-québécoise Jour férié Saint Jean Feux d'artifice On danse autour d'un grand feu Concerts gratuits en plein-air

Sélection 5

Thème du cours : Famille et Communauté/ Vie contemporaine

Pour certains, la musique est un simple divertissement. Pour d'autres, elle permet de refléter des attitudes et des opinions sur des sujets variés comme la politique, la société, l'environnement, etc. Comparez l'importance de divers styles de musique dans votre communauté et dans une communauté francophone que vous connaissez.

Space for Your Notes

Note: Remember to compare your community to ONLY ONE francophone community.

Sample Notes

Chez Nous	En France	Au Sénégal
Le rock Le jazz Les artistes comme Presley, Sinatra, et Ellington Une tradition assez récente qui influence le monde entier	La musique qui rend hommage à la France Les artistes comme Piaf et Montand La musique classique avec les compositeurs comme Bizet et Ravel	Une musique née en même temps que l'indépendance du pays Elle reflète la négritude Des artistes connus comme Youssu N'dour et M.C. Solaar Des instruments de musique typiquement africains (le tambour)

Sélection 6

Thème du cours : Famille et Communauté/ Vie contemporaine

Regarder la télé est une activité quotidienne, normale ou typique dans certaines sociétés. Le temps passé devant l'écran semble avoir augmenté dans certains pays. Décrivez les habitudes vis-à-vis de la télé dans votre milieu et comparez-les à celles d'une région du monde francophone que vous connaissez.

Space for Your Notes

Note: Remember to compare your community to ONLY ONE francophone community.

Sample Notes

Chez Nous	En France	En Belgique
Un nombre illimité de chaînes de télé Plusieurs téléviseurs dans chaque domicile Les Américains regardent en moyenne trois heures de télé par jour	Des chaînes de télé subventionnées et gérées par l'état Bon nombre d'émissions americaines Une influence américaine (les émissions-jeux) Un rôle moins important dans la vie quotidienne	Des émissions qui sont en français et en flamand RTBF est la chaîne française en Belgique Les traditions et la culture belges se manifestent à la télé (par exemple des émissions basées sur les personnages de BD Tintin et Astérix)

Sélection 7

Thème du cours : Défis mondiaux/Vie contemporaine

L'époque moderne se distingue par une diversité culturelle où les gens de descendances différentes cohabitent en société. Cette situation peut créer des tensions. Décrivez l'attitude des gens dans votre communauté et comparez-la à celle d'une région du monde francophone que vous connaissez.

Space for Your Notes

Note: Remember to compare your community to ONLY ONE francophone community.

Sample Notes

Chez Nous	En France	Au Sénégal
La lutte continuelle des Afro-Américains pour l'égalité La Guerre Civile américaine Les organisations comme NAACP et KKK Une population hispanique de plus de 34 millions d'habitants	Un pays qui devient de plus en plus multiethnique La plus grande population musulmane en Europe Les émeutes récentes Les organisations comme SOS-Racisme Les préjugés dans la société	Société avec des langues dialectiques et des ethnies diverses—environ 22 ethnies (Peuhls, Toucouleurs) La religion musulmane domine mais le concept de la polygamie est rejeté par les femmes Les communautés religieuses ont une entente cordiale : nombreux mariages inter-religieux L'esprit de Senghor est toujours présent (fierté de la négritude)

Sélection 8

Thème du cours : Défis mondiaux/Vie contemporaine

Nous vivons dans un monde où la politique est un sujet de plus en plus souvent discuté grâce aux médias et grâce à l'Internet. Comparez l'importance de la politique dans la région où vous vivez à l'importance de la politique dans une région du monde francophone que vous connaissez.

Space for Your Notes

Note: Remember to compare your community to ONLY ONE francophone community.

Sample Notes

Chez Nous	En France	En Haïti
Les élections présidentielles créent beaucoup d'intérêt Une énorme présence à la télévision américaine Une grande différence philosophique entre les deux partis politiques (démocrate et républicain)	Une grande diversité de philosophies vis-à-vis de la politique et de nombreux partis politiques L'histoire d'un peuple qui est traditionnellement engagé Une grande différence entre les partis de droite et ceux de gauche	Un gouvernement basé sur des principes de gouvernement français et américains Une instabilité politique La corruption d'Aristide L'intérêt de Wyclef Jean à la politique d'aujourd'hui

Sélection 9

Thème du cours : Défis mondiaux/Vie contemporaine

La structure et les institutions d'un gouvernement contribuent à définir un peuple. Par exemple, les citoyens d'un pays sont-ils libres de choisir les membres de leur gouvernement ? Comparez le rôle du gouvernement dans votre pays à celui du gouvernement d'un pays que vous connaissez dans le monde francophone.

Space for Your Notes

Note: Remember to compare your community to ONLY ONE francophone community.

Sample Notes

Chez Nous	En France	Au Sénégal
Des élections populaires La sécurité sociale Les subventions alimentaires FEMA La philosophie « nous le peuple »	Les services de santé pour tous et pour la vie Le rôle du gouvernement dans les transports, dans l'assurance médicale, dans le système bancaire Une révolution historique La cinquième république et le gouvernement constitutionnel	Une démocratie réussie (avec un nombre de femmes dans des postes importants) Senghor—le président modèle Un rôle présidentiel très fort Un gouvernement considéré parmi les plus honnêtes et les plus stables d'Afrique

Sélection 10

Thème du cours : Défis mondiaux/Vie contemporaine

Parler plus d'une seule langue semble devenir de plus en plus important dans un monde global. Discutez l'importance donnée à l'instruction des langues dans votre milieu et dans une région du monde francophone que vous connaissez.

Space for Your Notes

Note: Remember to compare your community to ONLY ONE francophone community.

Sample Notes

Chez Nous	En France	A Madagascar
Aux États-Unis, une grande majorité de gens est monolingue Un besoin croissant de parler et de comprendre l'espagnol Deux langues qui deviennent de plus en plus importantes—le chinois et l'arabe	L'enseignement des langues commence à l'école primaire Une majorité de Français parlent une deuxième langue Importance de la proximité des pays voisins où on parle d'autres langues	Une propre langue polynésienne Le français accepté comme langue officielle L'anglais est de plus en important parce que c'est la langue des affaires, de l'économie et de l'Internet

Sélection 11

Thème du cours : Défis mondiaux/Vie contemporaine

Dans le monde actuel, les gens se déplacent facilement et fréquemment d'un lieu à l'autre. Les transports en commun sont plus développés dans certaines sociétés que dans d'autres. Comparez la place des transports encommun dans votre ville ou région et celle des transports en commun dans une région francophone que vous connaissez.

Space for Your Notes

Note: Remember to compare your community to ONLY ONE francophone community.

Sample Notes

Chez Nous	En France	En Suisse
La voiture règne comme moyen de transport malgré les frais d'essence On se sert de la voiture pour le travail et les loisirs D'importantes publicités pour les voitures L'industrie automobile à Détroit	Le rôle clé du métro dans les grandes villes (celui de Paris connu pour son efficacité), du bus dans les villages et des trains pour les grands déplacements Les frais exorbitants d'essence Une tradition de transport en commun pour le travail et les loisirs	La ponctualité bien connue des trains suisses Un des meilleurs réseaux de transports en commun Très peu de voitures—moins de pollution

Sélection 12

Thème du cours : Défis mondiaux/Vie contemporaine

Les sociétés multiculturelles sont un produit concret des flux d'immigration à partir de régions en voie de développement ou en proie à des guerres civiles vers des terres d'accueil qui offrent des opportunités de paix et de prospérité. Comparez l'effet de l'immigration dans votre région ou pays à celui dans une région francophone que vous connaissez.

Space for Your Notes

Note: Remember to compare your community to ONLY ONE francophone community.

Sample Notes

Chez Nous	En France	Au Canada/Au Québec
Beaucoup de grandes villes multiculturelles : immigration d'Amérique latine et centrale en prévalence, mais beaucoup d'autres origines aussi-tout dépend où on habite L'espagnol, le français et le créole sont par exemple parlés à Miami Problème d'immigration illégale surtout d'Amérique centrale et d'Amérique latine : grand débat	Beaucoup de grandes villes multiculturelles : immigration d'Afrique du nord et de l'ouest en prévalence Une seule langue officielle : le français Des tensions entre les cultures africaines ou arabes et la culture traditionnelle française	Beaucoup de grandes villes multiculturelles : immigration d'Asie, d'Afrique et d'Europe Le Canada est bilingue, le produit de deux cultures européennes (anglophone et francophone) avec de nouveaux immigrés du monde entier Bon nombre de lois pour permettre aux nouveaux immigrés de s'intégrer Le Canada choisit ses immigrés selon les besoins économiques du pays et par souci d'offrir de l'aide humanitaire

Sélection 13

Thème du cours : Défis mondiaux/Vie contemporaine

Le monde du travail varie selon les pays et les gouvernements. Le nombre d'heures de travail par semaine, les congés payés, et d'autres avantages peuvent être très différents dans le monde global. Comparez le monde du travail de votre pays à celui dans une région francophone que vous connaissez.

Space for Your Notes

Note: Remember to compare your community to ONLY ONE francophone community.

Sample Notes

Chez Nous	En France	Au Tchad
Congés payés de 2 à 3 semaines La semaine de 40 heures Beaucoup d'entreprises privées qui établissent leurs propres normes	Les congés payés de 3 à 7 semaines par an La semaine de 35 heures (débat—pour et contre) Beaucoup de fonctionnaires	Pays pauvre au gouvernement instable Ressources agriculturelles : travail dans les champs Chômage et problème du travail des enfants

Sélection 14

Thème du cours : Défis mondiaux/Vie contemporaine

L'enseignement secondaire diffère d'un pays à l'autre et quelquefois d'une région à l'autre. Comparez votre expérience des études secondaires à celle d'un lycéen dans une région francophone que vous connaissez.

Space for Your Notes

Note: Remember to compare your community to ONLY ONE francophone community.

Sample Notes

Chez Nous	En France	Au Tchad
Presque tout le monde finit ses études secondaires dans un lycée Il faut obtenir un certain nombre de crédits et avoir réussi dans un certain nombre de cours pour obtenir son diplôme Le diplôme de fin d'études et un dossier d'admission sont nécessaires pour se faire admettre à l'université L'accès à Internet joue un rôle essentiel dans les études	Beaucoup de jeunes vont au lycée, mais il y a aussi des écoles professionnelles Il faut réussir au baccalauréat pour obtenir son diplôme Le diplôme du bac est nécessaire pour se faire admettre à l'université L'accès à Internet est fortement encouragé dans les lycées	A cause du niveau socioéconomique bas parmi beaucoup de familles, seuls les jeunes dont les parents peuvent et veulent investir dans l'éducation, pourront finir leurs études secondaires Une fois les études secondaires terminées, les jeunes doivent souvent se déplacer et déménager pour aller faire des études supérieures Accès à Internet souvent insuffisant

Sélection 15

Thème du cours : Défis mondiaux/Vie contemporaine

La communication moderne se fait principalement par Internet. Les réseaux sociaux ont des millions d'abonnés et jouent des rôles de plus en plus variés. Comparez votre expérience et votre connaissance du rôle des réseaux sociaux à celles d'une personne d'une région francophone que vous connaissez.

Space for Your Notes

Note: Remember to compare your community to ONLY ONE francophone community.

Sample Notes

Chez Nous	En France	En Afrique
Facebook Craig's List Twitter Les États-Unis sont le premier pays du monde pour le nombre d'abonnés Les Américains ont créé les plus grands réseaux sociaux	La France est le cinquième pays du monde pour sa participation Le site web « Copains d'avant » est extrêmement populaire Presque 80% des Français utilisent les réseaux sociaux	Depuis 2008 ForgetMeNot Africa, en utilisant des portables, a lié des millions d'Africains à Facebook Facebook a remplacé d'autres ressources pour la diffusion d'actualités Les évènements en Afrique du nord (le printemps arabe)

Sélection 16

Thème du cours : Esthétique/Quête de soi

Le patrimoine culturel d'un pays ou d'une région peut comprendre des productions littéraires et artistiques, des productions symboliques, rituelles, orales et sociales. Comparez ce que vous considérez comme une partie importante de votre patrimoine à celui d'une région francophone que vous connaissez.

Space for Your Notes

Note: Remember to compare your community to ONLY ONE francophone community.

Sample Notes

Chez Nous	En France	Au Sénégal
Les grands écrivains et poètes américains (Maya Angelou) Les peintres La tradition de la comédie musicale (Gershwin) Monuments historiques et musées (le Smithsonian, etc.)	Les grands penseurs français (Rousseau) Les peintres (Monet) Le théâtre (Molière) Monuments historiques et musées (le Louvre)	Les grands écrivains (Mariama Bâ), les poètes et les griots Le peintre Abdoulaye Armin Kane La musique mbalax Musée des civilisations noires

Sélection 17

Thème du cours : Esthétique/Quête de soi

Chaque société et chaque culture comprend des moments qui marquent le passage d'une phase de la vie à une autre. Comparez les rites de passage dans votre culture à ceux que vous connaissez dans une culture francophone.

Space for Your Notes

Note: Remember to compare your community to ONLY ONE francophone community.

Sample Notes

Chez Nous	En France	En Côte d'Ivoire
Le baptême ou le Bar/Bat Mitzvah Le mariage Sweet sixteen Remise des diplôme—fin des études secondaires Un premier job Un premier enfant	La Communion Le permis de conduire Le mariage Le bac	Les masques ou les maquillages rituels dans des cérémonies ancestrales où on s'adresse à des esprits Initiation aux classes d'âge « awade » préparation pour le mariage, un échange de cadeaux Les célébrations au son des tams-tams

Sélection 18

Thème du cours : Esthétique/Quête de soi

Les conditions dans lesquelles on obtient son permis de conduire varient d'un pays à l'autre. Décrivez votre propre expérience de ce moment important et comparez-la à l'expérience d'une personne dans une région francophone.

Space for Your Notes

Note: Remember to compare your community to ONLY ONE francophone community.

Sample Notes

Chez Nous	En France	Au Canada
L'âge—moins de 18 ans L'assurance automobile est très chère Un symbole d'indépendance et d'autonomie Un certain danger posé par des conducteurs inexpérimentés sur la route Un rite de passage américain	L'âge—18 ans Il faut suivre des cours à une auto-école D'importance relative pour les jeunes Français L'âge pour le permis de conduire de la mobylette—14 ans	L'âge varie de province en province Généralement, l'âge de l'apprentissage à conduire est de 16 ans, l'âge de conduire est de 17 ans Interdiction absolue de l'utilisation de portables en conduisant

Sélection 19

Thème du cours : Esthétique/Quête de soi

Le cinéma joue un grand rôle dans la vie des gens dans le monde entier. Décrivez le rôle du cinéma chez vous et comparez-le au rôle du cinéma dans un pays du monde francophone.

Space for Your Notes

Note: Remember to compare your community to ONLY ONE francophone community.

Sample Notes

Chez Nous	En France	En Afrique
Le cinéma est un grand divertissement pour tous Les États-Unis sont le plus grand distributeur de films du monde L'industrie cinématographique est énorme et continue de grandir Célébrités : Spielberg, Lucas, Eastwood, Brad Pitt, Meryl Streep	Le berceau du cinéma (les frères Lumière) Troisième pays du monde (premier en Europe) pour la vente de billets de cinéma Grands noms : François Truffaut, Gérard Depardieu, Audrey Tautou, Jean Dujardin	Des films avec un message culturel et historique « Kirikou la sorcière » (Afrique de l'ouest), « La Fille de Keltoum » (Algérie), « Chocolat » (Cameroun) Le sujet de beaucoup de films est l'identité africaine

Sélection 20

Thème du cours : Esthétique/Quête de soi

Est-ce que la qualité de la vie peut être définie dans une certaine mesure par ce qu'on mange ? Comment est-ce que les habitudes alimentaires influencent votre vie quotidienne ? Comparez vos habitudes et vos attitudes à celles d'une personne dans une région francophone.

Space for Your Notes

Note: Remember to compare your community to ONLY ONE francophone community.

Sample Notes

Chez Nous	En France	En Belgique
La mode de la restauration rapide Une cuisine avec beaucoup d'aliments congelés Des plats à emporter Des problèmes de surpoids Des problèmes de santé en raison d'un régime mal équilibré (diabète)	Une cuisine classique Une réputation mondiale Cuisine saisonnière avec des ingrédients et des aliments frais Le pain, le fromage, les pâtisseries, les cafés Un déjeuner long et copieux Campagnes publicitaires pour de bonnes habitudes alimentaires	Une cuisine abondante « la cuisine française en grandes portions » Les friteries, les gaufres, les moules, les bières

Sélection 21

Thème du cours : Science et Technologie/Vie contemporaine

À l'heure actuelle, le monde semble être inondé de toutes sortes de médias. Avec la télévision, la radio et Internet, on est toujours à proximité des ressources médiatiques. Décrivez l'effet des médias dans votre milieu et comparez-le à celui d'une région du monde francophone.

Space for Your Notes

Note: Remember to compare your community to ONLY ONE francophone community.

Sample Notes

Chez Nous	En France	Au Canada
24 heures sur 24 Un énorme nombre de chaînes de télévision et de journaux La culture de l'information instantanée Il y a deux fois plus de portables que de téléphones fixes	Un pays avec une tradition de médias Une énorme présence et un grand contrôle de l'état dans le domaine de la radio et de la télévision De moins et moins de gens lisent les journaux Il y a deux fois plus de portables que de téléphones fixes	TV5monde est un des plus grands réseaux télévisés du monde—disponible au Canada Télé-Québec offre des emissions en français Avec sa proximité des États-Unis, le Canada n'a pas besoin de produire autant de programmes originaux

Sélection 22

Thème du cours : Science et Technologie/Vie contemporaine

Les mesures pour la protection de l'environnement diffèrent d'un pays à l'autre. Comparez ce qu'on fait dans votre pays ou dans votre communauté pour protéger l'environnement et comparez cela à ce qu'on fait dans une région francophone.

Space for Your Notes

Note: Remember to compare your community to ONLY ONE francophone community.

Sample Notes

Chez Nous	En France	Au Canada
La création de l'EPA (Environmental Protection Agency) Les régulations concernant l'émission de CO_2 Des efforts communautaires et locaux pour le recyclage L'Air Pur Les désastres comme Katrina et Exxon Valdez	Depuis 1990 il y a des lois de protection pour l'air, l'eau et le bruit L'Union européenne prépare un ensemble de stratégies pour protéger les espèces et les habitats menacés ainsi que l'utilisation plus efficace des ressources naturelles L'accord Grenelle 2 va mettre en œuvre des réformes pour la protection de l'environnement français (écologie, transport, logement)	Le premier pays dans la protection de l'environnement Une série de lois protégeant les eaux, les parcs et les océans Le soutien du gouvernement Un public conscient de la conservation

PART 3
Practice Exams

ANSWER SHEET
Practice Exam 1

Section I: Multiple-Choice

PART A

Interpretive Communication: Print Texts

1. Ⓐ Ⓑ Ⓒ Ⓓ	9. Ⓐ Ⓑ Ⓒ Ⓓ	17. Ⓐ Ⓑ Ⓒ Ⓓ	25. Ⓐ Ⓑ Ⓒ Ⓓ
2. Ⓐ Ⓑ Ⓒ Ⓓ	10. Ⓐ Ⓑ Ⓒ Ⓓ	18. Ⓐ Ⓑ Ⓒ Ⓓ	26. Ⓐ Ⓑ Ⓒ Ⓓ
3. Ⓐ Ⓑ Ⓒ Ⓓ	11. Ⓐ Ⓑ Ⓒ Ⓓ	19. Ⓐ Ⓑ Ⓒ Ⓓ	27. Ⓐ Ⓑ Ⓒ Ⓓ
4. Ⓐ Ⓑ Ⓒ Ⓓ	12. Ⓐ Ⓑ Ⓒ Ⓓ	20. Ⓐ Ⓑ Ⓒ Ⓓ	28. Ⓐ Ⓑ Ⓒ Ⓓ
5. Ⓐ Ⓑ Ⓒ Ⓓ	13. Ⓐ Ⓑ Ⓒ Ⓓ	21. Ⓐ Ⓑ Ⓒ Ⓓ	29. Ⓐ Ⓑ Ⓒ Ⓓ
6. Ⓐ Ⓑ Ⓒ Ⓓ	14. Ⓐ Ⓑ Ⓒ Ⓓ	22. Ⓐ Ⓑ Ⓒ Ⓓ	30. Ⓐ Ⓑ Ⓒ Ⓓ
7. Ⓐ Ⓑ Ⓒ Ⓓ	15. Ⓐ Ⓑ Ⓒ Ⓓ	23. Ⓐ Ⓑ Ⓒ Ⓓ	
8. Ⓐ Ⓑ Ⓒ Ⓓ	16. Ⓐ Ⓑ Ⓒ Ⓓ	24. Ⓐ Ⓑ Ⓒ Ⓓ	

PART B

Interpretive Communication: Print and Audio Texts (Combined)

31. Ⓐ Ⓑ Ⓒ Ⓓ	36. Ⓐ Ⓑ Ⓒ Ⓓ	41. Ⓐ Ⓑ Ⓒ Ⓓ	46. Ⓐ Ⓑ Ⓒ Ⓓ
32. Ⓐ Ⓑ Ⓒ Ⓓ	37. Ⓐ Ⓑ Ⓒ Ⓓ	42. Ⓐ Ⓑ Ⓒ Ⓓ	47. Ⓐ Ⓑ Ⓒ Ⓓ
33. Ⓐ Ⓑ Ⓒ Ⓓ	38. Ⓐ Ⓑ Ⓒ Ⓓ	43. Ⓐ Ⓑ Ⓒ Ⓓ	48. Ⓐ Ⓑ Ⓒ Ⓓ
34. Ⓐ Ⓑ Ⓒ Ⓓ	39. Ⓐ Ⓑ Ⓒ Ⓓ	44. Ⓐ Ⓑ Ⓒ Ⓓ	49. Ⓐ Ⓑ Ⓒ Ⓓ
35. Ⓐ Ⓑ Ⓒ Ⓓ	40. Ⓐ Ⓑ Ⓒ Ⓓ	45. Ⓐ Ⓑ Ⓒ Ⓓ	

Interpretive Communication: Audio Texts

50. Ⓐ Ⓑ Ⓒ Ⓓ	54. Ⓐ Ⓑ Ⓒ Ⓓ	58. Ⓐ Ⓑ Ⓒ Ⓓ	62. Ⓐ Ⓑ Ⓒ Ⓓ
51. Ⓐ Ⓑ Ⓒ Ⓓ	55. Ⓐ Ⓑ Ⓒ Ⓓ	59. Ⓐ Ⓑ Ⓒ Ⓓ	63. Ⓐ Ⓑ Ⓒ Ⓓ
52. Ⓐ Ⓑ Ⓒ Ⓓ	56. Ⓐ Ⓑ Ⓒ Ⓓ	60. Ⓐ Ⓑ Ⓒ Ⓓ	64. Ⓐ Ⓑ Ⓒ Ⓓ
53. Ⓐ Ⓑ Ⓒ Ⓓ	57. Ⓐ Ⓑ Ⓒ Ⓓ	61. Ⓐ Ⓑ Ⓒ Ⓓ	65. Ⓐ Ⓑ Ⓒ Ⓓ

Practice Exam 1

SECTION I: MULTIPLE CHOICE

Part A

TIME: 40 MINUTES

Interpretive Communication: Print Texts

In this part of the exam, you will read several selections accompanied by a number of questions. For each question, choose the most appropriate response.

Dans cette partie de l'examen, vous allez lire plusieurs sélections accompagnées de questions. Pour chaque question, choisissez la réponse la plus appropriée

Sélection 1

Thème du cours : Vie contemporaine

INTRODUCTION

Dans cette sélection, il s'agit d'une annonce affichée dans diverses gares et aux arrêts d'autobus de la ville de Lyon, en France.

Arrêtons la fraude !

Vous ne possédez pas de titre de transport et vous voyagez dans la région lyonnaise en bus, en tramway ou en métro ? Attention, vous risquez le procès-verbal (PV) si un contrôleur vous en demande un !

Comment voyager en règle ?
• Avec une carte d'abonnement : validez votre carte à chaque voyage y compris au changement de ligne. L'oubli de valider, l'oubli de la carte elle-même voire le prêt de cette carte à un autre vous met en infraction !

• Avec un ticket : validez votre ticket et ne le jetez pas avant votre sortie du transport en commun. En cas d'oubli de valider votre ticket, d'utilisation du dit ticket excédant la limite d'une heure, de retour sur la même ligne avec le même ticket ou de perte de votre titre de transport vous serez également passible d'un PV !

1. Quel est le but de l'annonce ?

   (A) De prévenir les touristes en France qu'ils doivent protéger leurs cartes de crédit
   (B) D'éclaircir les nouveaux règlements concernant le code de la route
   (C) De donner de bons conseils aux usagers des transports collectifs
   (D) D'expliquer le nouveau rôle des contrôleurs d'autobus et de train

2. Quel aspect culturel de la France cette annonce évoque-t-elle ?

   (A) Le gouvernement français impose beaucoup de taxes.
   (B) La police française est responsable des délits routiers.
   (C) Il y a énormément de vols de voitures en France.
   (D) Les transports en commun sont très régulés en France.

3. Selon l'annonce, que faut-il faire avec sa carte d'abonnement ?

   (A) La porter sur soi et la valider quand c'est nécessaire
   (B) L'acheter en ligne et en avance de ses voyages ou trajets
   (C) L'emprunter seulement aux membres de la famille proche
   (D) En acheter une nouvelle quand on a une correspondance

4. Dans le contexte de l'annonce, que veut dire « vous serez également passible d'un PV » ?

   (A) On vous pardonnera peut-être.
   (B) Vous risquez une pénalisation.
   (C) Vous devrez paraître devant un juge.
   (D) Vous irez certainement en prison.

5. Dans l'esprit de l'annonce, que pourrait-on ajouter à la fin ?

   (A) Bon voyage !
   (B) Bon retour !
   (C) Écoutez les contrôleurs.
   (D) Suivez les règles.

Sélection 2

Thème du cours : Esthétique

INTRODUCTION

Dans cet extrait de l'œuvre classique de Victor Hugo « Les Misérables », vous découvrez le portrait de l'un des personnages principaux, Jean Valjean.

Jean Valjean

Jean Valjean était d'un caractère pensif sans être triste, ce qui est le propre des natures affectueuses. Somme toute, pourtant, c'était quelque chose d'assez endormi et d'assez insi-gnifiant OR insigni-fiant, en apparence du moins, que Jean Valjean. Il avait perdu en très bas âge son père et sa mère. Sa mère était morte d'une fièvre de lait mal soignée. Son père, émondeur comme lui, s'était tué en tombant d'un arbre. Il n'était resté à Jean Valjean qu'une sœur plus âgée que lui, veuve, avec sept enfants, filles et garçons. Cette sœur avait élevé Jean Valjean, et tant qu'elle eut son mari elle logea et nourrit son jeune frère. Le mari mourut. L'aîné des sept enfants avait huit ans, le dernier un an. Jean Valjean venait d'atteindre, lui, sa vingt-cinquième année. Il remplaça le père, et soutint à son tour sa sœur qui l'avait élevé. . . . Il faisait ce qu'il pouvait. Sa sœur travaillait de son côté, mais que faire avec sept petits enfants ? C'était un triste groupe que la misère enveloppa et étreignit peu à peu. Il arriva qu'un hiver fut rude. Jean n'eut pas d'ouvrage. La famille n'eut pas de pain. Pas de pain. À la lettre. Sept enfants ! Un dimanche soir, Maubert Isabeau, boulanger sur la place de l'Église, à Faverolles, se disposait à se coucher, lorsqu'il entendit un coup violent dans la devanture grillée et vitrée de sa boutique. Il arriva à temps pour voir un bras passé à travers un trou fait d'un coup de poing dans la grille et dans la vitre. Le bras saisit un pain et l'emporta. Isabeau sortit en hâte ; le voleur s'enfuyait à toutes jambes ; Isabeau courut après lui et l'arrêta. Le voleur avait jeté le pain, mais il avait encore le bras ensanglanté. C'était Jean Valjean. . . .

Jean Valjean fut déclaré coupable. Les termes du code étaient formels. Il y a dans notre civilisation des heures redoutables ; ce sont les moments où la pénalité prononce un naufrage. . . . Il partit pour Toulon. Il y arriva après un voyage de vingt-sept jours, sur une charrette, la chaîne au cou. À Toulon, il fut revêtu de la casaque rouge. Tout s'effaça de ce qui avait été sa vie, jusqu'à son nom ; il ne fut même plus Jean Valjean ; il fut le numéro 24601. Que devint la sœur ? Que devinrent les sept enfants ? Qui est-ce qui s'occupe de cela ? Que devient la poignée de feuilles du jeune arbre scié par le pied ?

6. D'après le début du passage, lequel des adjectifs suivants décrirait Jean Valjean le mieux ?

   (A) Rebelle
   (B) Bien intentionné
   (C) Belligérant
   (D) Optimiste

7. Comment la mère de Jean Valjean est-elle morte ?

   (A) D'un accident de travail
   (B) D'une maladie contagieuse
   (C) De chagrin à la suite de la mort du père
   (D) D'un manque de soin pour une indisposition

8. Laquelle des expressions suivantes remplacerait le mieux le verbe « étreignit » (ligne 21) ?

(A) Caressa gentiment
(B) Entoura doucement
(C) Tua d'un seul coup
(D) Écrasa impitoyablement

9. Selon le passage, quel changement suit la mort du beau-frère de Jean ?

(A) Toute la famille doit travailler.
(B) La sœur de Jean est déprimée.
(C) La famille ne peut pas se nourrir.
(D) Jean perd son seul soutien.

10. Comment est-ce que Jean Valjean a obtenu du pain dans ce passage ?

(A) Il a cassé la fenêtre d'une boulangerie.
(B) Il a travaillé.
(C) Il a attaqué un homme.
(D) Il a volé le pain d'un passant.

11. Dans le contexte du passage, laquelle des expressions suivantes remplacerait le mieux « à toutes jambes » (ligne 32) ?

(A) À pied
(B) Aussi vite que possible
(C) En bondissant
(D) Avec grande peur

12. Comment l'auteur décrit-il la sœur et les sept enfants à la fin du passage (lignes 45–48) ?

(A) Un poids trop lourd à porter
(B) De futurs délinquants
(C) Des victimes
(D) La cause des problèmes de Jean Valjean

GO ON TO THE NEXT PAGE

Sélection 3

Thème du cours : Vie contemporaine

SOURCE #1

INTRODUCTION

Dans cet extrait d'article qui provient du site de La Tribune de l'Art (publié vendredi 4 mars 2011), Didier Rykner discute la taxe qu'on appelle ISF (Impôt de Solidarité sur la Fortune).

L'ISF et les œuvres d'art : un serpent de mer (venimeux)

Un peu comme le débat sur l'inaliénabilité des collections des musées, celui sur l'inclusion des œuvres d'art dans l'assiette de l'impôt sur la fortune revient périodiquement sur le devant de la scène. Cela prouve, une nouvelle fois, l'incompétence absolue de certains de nos dirigeants dans le domaine de l'art et/ou leur désintérêt total pour le patrimoine national.

Que certains lecteurs du *Monde* récriminent à ce propos (numéro daté du vendredi 4 mars 2011) passe encore, même si l'on s'étonne que ce journal choisisse de les publier sans, au moins, replacer ces courriers dans leur contexte et rappeler les conséquences désastreuses qu'aurait une telle mesure. Mais que des hommes politiques de la trempe supposée d'un Jean-Louis Borloo (dont on parlait encore récemment comme d'un premier ministrable) ressortent une nouvelle fois cette proposition (alors que la question est justement celle d'une éventuelle suppression de cet impôt) est totalement désolant.

Quand bien même—ce qui reste à prouver—certains gros contribuables décideraient d'investir dans des œuvres d'art pour échapper en partie à ce prélèvement obligatoire, il faudrait s'en féliciter OR félici-ter. Car le développement des collections privées en France est un élément essentiel pour la croissance du marché de l'art, lui-même directement lié à l'enrichissement du patrimoine national. . . . Les collectionneurs donnent et lèguent aux musées, ils peuvent faire des dations (parfois d'ailleurs pour payer l'ISF). A terme, une œuvre d'art a beaucoup plus de chances de terminer son parcours dans nos collections publiques lorsqu'elle se trouve dans notre pays qu'après l'avoir quitté. . . .

SOURCE #2

Vous aurez 2 minutes pour lire la source numéro 2 et parcourir les questions.

INTRODUCTION

Le tableau suivant montre quelques catégories d'objets d'art sujet à la TVA (taxe sur la valeur ajoutée—un impôt indirect sur les dépenses de consommation). Elle est payée par le consommateur et collectée par les entreprises qui participent au processus de commercialisation.

Avis aux vendeurs et aux acheteurs d'art !

Savez-vous que la vente et l'achat d'art sont soumises à la TVA ? Elle est payée par le consommateur et collectée par ceux qui participent au processus de commercialisation. Voici des exemples d'œuvres d'art soumis à la taxe quand ils sont commercialisés.

Meubles d'antiquité ou d'époque exécutés à la main	**Biens de collection à intérêt historique executés à la main**	**Autres œuvres artistiques exécutées à la main**
Meubles de plus de cent ans d'âge Meubles illustrant une période comme Art nouveau ou Art déco (même s'ils ont moins de cent ans)	Joaillerie Orfèvrerie Articles de mode vestimentaire	Tableaux, collages, tapisseries, céramiques, émaux sur cuivre Gravures, estampes et lithographies tirées en nombre limité Art statuaire et sculptures Photographies anciennes

13. Quelle question supporte le titre et l'idée principale de l'article ?

    (A) La propriété artistique devrait-elle être taxée ?
    (B) L'art peut-il être mauvais pour la santé ?
    (C) L'art est-il pour tous ?
    (D) Les mouvements artistiques sont-ils fluides ?

14. Quel est le ton de l'auteur de l'article dans le premier paragraphe ?

    (A) Il est nationaliste.
    (B) Il est accusateur.
    (C) Il est mélancolique.
    (D) Il est triste.

15. Dans le contexte de l'article, qu'est-ce que c'est que *Le Monde* ?

    (A) Le titre d'un article
    (B) Le nom d'un blogueur
    (C) Le nom d'un journal
    (D) Le nom d'une organisation

16. De quoi est-ce que l'auteur de l'article accuse *Le Monde* ?

    (A) Il ne présente pas tous les faits.
    (B) Il est archaïque.
    (C) Il est juste.
    (D) Il a fermé ses portes.

17. Qui sont les « dirigeants » dans l'article (ligne 7)?

(A) Des éditeurs
(B) Des experts académiques
(C) Des leaders politiques
(D) Des directeurs de musée

18. Dans le contexte du deuxième paragraphe de l'article, qu'est-ce que l'expression « premier ministrable » nous dit sur Jean-Louis Borloo ?

(A) Il était une fois premier ministre.
(B) Il a perdu sa place de premier ministre.
(C) On pensait qu'il pouvait un jour devenir premier ministre.
(D) On vient de le nommer premier ministre.

19. Qu'est-ce qui désole surtout l'auteur de l'article ?

(A) Que les dirigeants politiques français soient résolument pour une taxe sur l'art
(B) Que les Français ne se préoccupent pas de leur patrimoine artistique
(C) Que les médias s'opposent à la taxe sur l'art
(D) Que la question d'une taxe sur l'art se pose encore une fois

20. D'après l'article, pourquoi « certains gros contribuables » sont-ils aussi de grands consommateurs d'art ?

(A) Ils s'entendent mieux en art que d'autres personnes.
(B) Ils bénéficient de déductions aux impôts.
(C) Ils sont très intéressés au patrimoine de la France.
(D) Ils obtiennent des collections d'art des musées.

21. D'après le tableau, qu'est-ce qui constitue une œuvre d'art ?

(A) Une réalisation manuelle à valeur historique
(B) Une œuvre de plus de cent ans d'âge
(C) Tout ce qui appartient aux beaux-arts
(D) Tout ce qu'on trouve dans un musée

22. En vous basant sur les données du tableau, quel type d'objet pourrait être soumis à la TVA en France, si vous vouliez le vendre ?

(A) Un produit vestimentaire du dernier cri
(B) Un bijou de famille en or remontant à plusieurs générations
(C) Une copie de table Louis XIV fabriquée par votre père
(D) La carte d'un vieux quartier récemment publiée dans un quotidien

23. Vous faites une présentation écrite basée sur l'article et le tableau. Parmi les sources suivantes, laquelle est la plus proche du sujet traité dans les deux sources.

(A) *L'art dans le monde francophone*
(B) *Les musées et les galeries d'art en France*
(C) *Le code général des impôts en France*
(D) *Les frais de scolarisation aux écoles d'art*

PRACTICE EXAM 1

Sélection 4

Thème du cours : Famille et Communauté

SOURCE #1

Vous aurez d'abord 4 minutes pour lire la source numéro 1 et parcourir les questions.

INTRODUCTION

Dans cette lettre, Yvette Saunier écrit à la Société Protectrice des Animaux et expose un problème personnel.

Monsieur, Madame,

En premier lieu, je veux vous exprimer mon admiration profonde pour le travail que vous faites au profit des animaux abandonnés. J'ai trouvé vos coordonnées et beaucoup de renseignements très utiles—y compris la carte des régions où il y a des refuges pour les animaux—sur le site Internet de la Société Protectrice des Animaux.

En deuxième lieu, je vous expose mon problème. J'habite encore actuellement dans les Vosges. Mais ma famille va déménager dans quelques mois à Caen. Nous ne pourrons malheureusement pas emmener notre chienne Greta avec nous parce que mes parents vont emménager dans un petit appartement et parce que moi, je serai dans un dortoir à l'université.

Or il se trouve que Greta est une grosse chienne des Pyrénées qui a besoin de beaucoup d'espace et de longues randonnées. De plus, elle est jeune et plutôt enjouée. Il lui faudrait un foyer avec des enfants et des adolescents qui puissent s'amuser avec elle et lui procurer de l'exercice.

Comme nous adorons Greta, nous avons naturellement cherché une nouvelle famille pour elle parmi nos connaissances et nos amis, mais en vain. Greta exige pas mal de soins non seulement à cause de sa taille mais surtout, parce qu'il faut constamment la brosser et passer l'aspirateur partout où elle va. Alors voilà, j'ai pensé que la SPA qui a un réseau national de centres d'accueil pourrait m'aider. Peut-être pourriez-vous faire une demande à tous vos adhérents ? C'est avec plaisir que je procurerais une fiche de renseignements et des photos de Greta.

Je me mets à votre disposition pour vous aider à l'avenir. Que ce soit un don monétaire ou du travail bénévole, vous pourrez compter sur moi.

Pouvez-vous accuser réception de ce message et confirmer que vous serez en mesure de faire de la publicité pour Greta ?

Je vous en remercie d'avance et vous prie d'accepter mes sentiments distingués.

Yvette Saunier

GO ON TO THE NEXT PAGE

SOURCE #2

Vous aurez 2 minutes pour lire la source numéro 2 et parcourir les questions.

INTRODUCTION

La carte suivante indique où se trouvent les refuges et les dispensaires SPA pour animaux abandonnés en France.

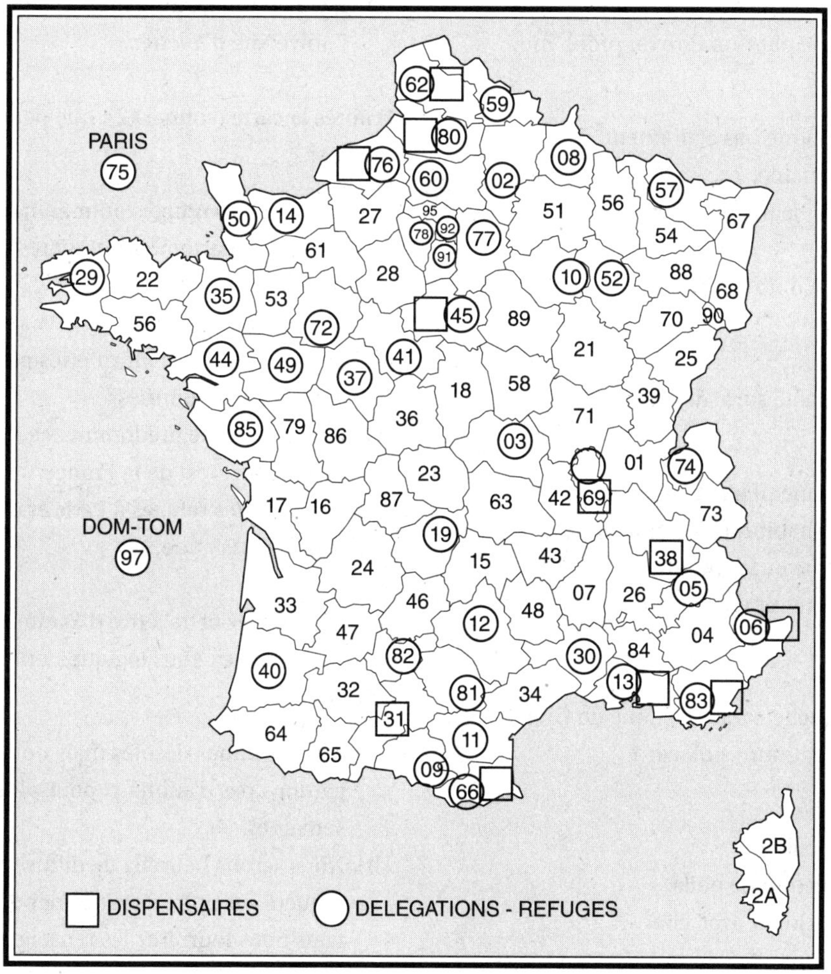

24. Que peut-on dire de la façon dont Yvette commence sa lettre ?

    (A) Elle va droit à son problème.
    (B) Elle montre un certain tact.
    (C) Elle n'utilise pas la bonne formule de politesse.
    (D) Elle se presse d'affirmer qu'elle est membre de la SPA.

25. D'après la lettre, que peut-on dire du problème de Greta ?

    (A) Yvette ne l'explique pas clairement.
    (B) Il est insurmontable.
    (C) Il paraît causer beaucoup de peine à Yvette.
    (D) Yvette s'occupe d'une affaire qui ne la concerne pas.

26. D'après la lettre, quelle sorte de chienne est Greta ?

    (A) C'est une chienne peu active.
    (B) Son espèce a l'habitude des montagnes.
    (C) Elle veut jouer avec les moutons.
    (D) Elle peut facilement vivre à l'intérieur d'une niche.

27. D'après la lettre, quelle caractéristique de Greta la rend spécialement dure à placer ?

    (A) Elle est agressive.
    (B) Elle est trop vieille.
    (C) Elle perd beaucoup de poils.
    (D) Il faut toujours jouer avec elle.

28. D'après la lettre, pourquoi Yvette pense-t-elle que la SPA pourra l'aider ?

    (A) Greta pourrait rester dans l'un des nombreux refuges de la SPA.
    (B) La SPA pourrait chercher un foyer pour Greta parmi ses adhérents.
    (C) La SPA pourrait héberger Greta en échange du travail bénévole d'Yvette.
    (D) Il y a un refuge dirigé par la SPA près de l'université d'Yvette.

29. D'après la carte (source #2), que peut-on affirmer ?

    (A) La SPA a des refuges pour animaux dans tous les départements et toutes les régions de France.
    (B) Toutes les branches de la SPA sont à la fois des refuges et des infirmeries pour les animaux abandonnés.
    (C) Il y une grande prédominance de refuges SPA au nord-est de la France.
    (D) La SPA a des refuges à Paris et dans la région parisienne.

30. Si vous receviez cette lettre d'Yvette, quelle réponse pourriez-vous logiquement lui donner ?

    (A) Nous sommes désolés mais nous ne gardons pas d'animaux pour plus de deux semaines.
    (B) Nous serons heureux de diffuser votre requête sur notre site Internet dès que vous nous fournirez les renseignements requis.
    (C) Nous sommes malheureusement au maximum de notre capacité actuellement.
    (D) Contactez-nous l'année prochaine quand vous déménagerez.

End of Part A

Part B

Track 108

TIME: APPROXIMATELY 55 MINUTES

Interpretive Communication: Print and Audio Texts (Combined)

You have 1 minute to read the directions for this section.	Vous aurez 1 minute pour lire les instructions pour cette section.

You will listen to several audio selections. The first two audio selections are accompanied by reading selections. When there is a reading selection, you will have a designated amount of time to read it.

For each audio selection, first you will have a designated amount of time to read a preview of the selection as well as to skim the questions that you will be asked. Each selection will be played twice. As you listen to each selection, you may take notes. Your notes will not be scored.

After listening to each selection the first time, you will have 1 minute to begin answering the questions; after listening to each selection the second time, you will have 15 seconds per question to finish answering the questions. For each question, choose the response that is best according to the audio and/or reading selection and mark your answer on your answer sheet.

Vous allez écouter plusieurs documents sonores. Les deux premiers documents sonores sont chacun accompagnés d'une lecture. Vous aurez un temps déterminé pour faire chaque lecture.

Pour chaque document sonore, vous aurez d'abord un temps déterminé pour lire une introduction et pour parcourir les questions qui suivent. Chaque document sonore sera passé deux fois. Vous pourrez prendre des notes pendant l'écoute de chaque document sonore, mais elles ne seront pas prises en compte.

Après avoir écouté chaque document sonore une première fois, vous aurez 1 minute pour commencer à répondre aux questions ; après avoir écouté chaque document sonore une deuxième fois, vous aurez 15 secondes par question pour finir d'y répondre. Pour chaque question, choisissez la réponse la plus appropriée selon le document sonore et/ou la lecture et indiquez votre réponse sur la feuille de réponses.

You will now begin this part.	Vous allez maintenant commencer cette partie.

Sélection 1

Track 109

Thème du cours : Esthétique

SOURCE #1

Vous aurez d'abord 4 minutes pour lire la source numéro 1.

INTRODUCTION

Dans ce Focus (2/3) dédié à Léopold Sédar Senghor, Lilyan Kesteloot évoque sa bi-culturalité.

GO ON TO THE NEXT PAGE

Mouvement culturel et politique, la négritude est un courant né dans les années 1930 avec Aimé Césaire et L. S. Senghor. Ce terme permet de s'affirmer comme étant noir et de s'accepter en tant que tel. Le suffixe « itude » traduit une forme de nostalgie, car être noir peut être ressenti comme une « malédiction ». C'est en quelque sorte la négritude « subie ». La partie senghorienne de la négritude revêt un aspect beaucoup plus positif. Elle est chargée des valeurs des civilisations de l'Afrique noire.

Un de leurs détracteurs était Jean-Paul Sartre. Il pensait que la négritude était le « racisme de l'antiracisme » ; une formule malheureuse puisque s'est substituée à cette formule la vision d'un néoracisme. Or, elle est tout son contraire et Léopold Sédar Senghor l'écrit lui-même : « La négritude n'est pas racisme, elle est culture. . . . La négritude telle que nous la concevions en 1930 était une arme de refuge, plus qu'un élément de construction ».

Aujourd'hui, on préfère le terme d' « africanité » à celui de la négritude.

Mais Léopold Sédar Senghor, c'est aussi le grand créateur de la Francophonie. Dans les années 1960, il lance ce mouvement avec le tunisien Habib Bourguiba et le nigérien Hamani Diori. Mais quelles sont les raisons de ce mouvement ? La Francophonie tout d'abord permet de garder un lien structurel avec la France, après l'indépendance du Sénégal. C'est également une manière de donner un statut égal entre les pays d'Afrique noire et les autres pays francophones tels que la Belgique ou le Québec. Et puis enfin, le professeur et amoureux de langue française que Léopold Sédar Senghor était, souhaitait que le Français soit la langue fédératrice des ethnies sénégalaises.

Track 110

SOURCE #2

Vous aurez 2 minutes pour lire l'introduction et parcourir les questions.

INTRODUCTION

Dans cette interview, Élodie Courtejoie demande à Lylian Kesteloot, professeur à l'université de Dakar en littérature comparée, de parler du mouvement de la négritude lié aux noms des écrivains Senghor et Césaire.

31. Dans l'article, quel est le focus sur l'aspect suivant de Senghor et de Césaire ?

    (A) Leurs origines africaines et sénégalaises
    (B) Leur extraordinaire talent artistique
    (C) Leur besoin de réconcilier deux cultures auxquelles ils s'identifient
    (D) Leurs œuvres artistiques et littéraires

32. Dans le contexte de l'article, lequel des adjectifs suivants est synonyme du mot « subie » dans le premier paragraphe (ligne 8) ?

    (A) Détestée
    (B) Réservée
    (C) Endurée
    (D) Bien accueillie

33. D'après l'article, en quoi Senghor et Jean-Paul Sartre s'opposaient-ils ?

(A) Dans leur attitude envers les Africains
(B) Dans leur respect des cultures
(C) Dans leur interprétation du mouvement de la négritude
(D) Dans leur philosophie existentialiste

34. D'après l'article, qu'est-ce qui a conduit à la naissance de la négritude ?

(A) Le besoin de construire une nouvelle race africaine
(B) Le besoin de se défendre contre les préjugés des blancs
(C) La nécessité d'assimiler de nouvelles croyances religieuses
(D) La nécessité d'échapper aux nationalismes

35. D'après l'article, quelle était l'attitude de Senghor envers la langue française ?

(A) Il la voyait comme moyen d'unifier des peuples de cultures et d'ethnies différentes.
(B) Il pensait qu'elle valait la peine d'être étudiée à cause de la richesse de sa littérature.
(C) Il voulait en faire une langue universelle sur plusieurs continents.
(D) Il voulait fortement lier le Niger, la Tunisie et le Sénégal grâce à une langue commune.

36. Dans l'interview, comment Lylian Kesteloot définit-elle d'abord la négritude ?

(A) C'est la couleur d'une personne.
(B) C'est une philosophie de la vie.
(C) C'est la tradition orale africaine.
(D) C'est le titre d'une œuvre de Senghor.

37. Dans l'interview, quel aspect important est-ce que Lylian Kesteloot ajoute ensuite à sa définition de la négritude ?

(A) Il faut s'accepter comme on est.
(B) Il faut persuader les autres de changer.
(C) Il faut se rebeller.
(D) Il faut respecter tout le monde.

38. Selon Lylian Kesteloot, et d'après les deux sources, qu'est-ce que Senghor voyait surtout dans la négritude ?

(A) Un mouvement anti-raciste
(B) Une idéologie démodée
(C) Un mouvement d'action politique
(D) Une affirmation de la civilisation africaine

39. D'après les deux sources, quand se sent-on noir ?

(A) Quand on est en Afrique de l'ouest
(B) Quand on est dans les pays du Maghreb
(C) Quand on est parmi les peuples européens
(D) Quand on est sous le regard des blancs

40. D'après les deux sources, comment certaines personnes perçoivent-elles leur naissance en tant que noires ?

(A) C'est un pur hasard.
(B) Ce n'est pas important.
(C) C'est un mauvais sort.
(D) C'est un aspect minime de leur identité.

Track 111

Sélection 2

Thème du cours : Quête de soi

SOURCE # 1

Vous aurez d'abord 1 minute pour la source numéro 1.

INTRODUCTION

Cette infographie explique l'idée d'épigénétique, la discipline de la biologie qui étudie la nature des mécanismes modifiant l'expression des gènes.

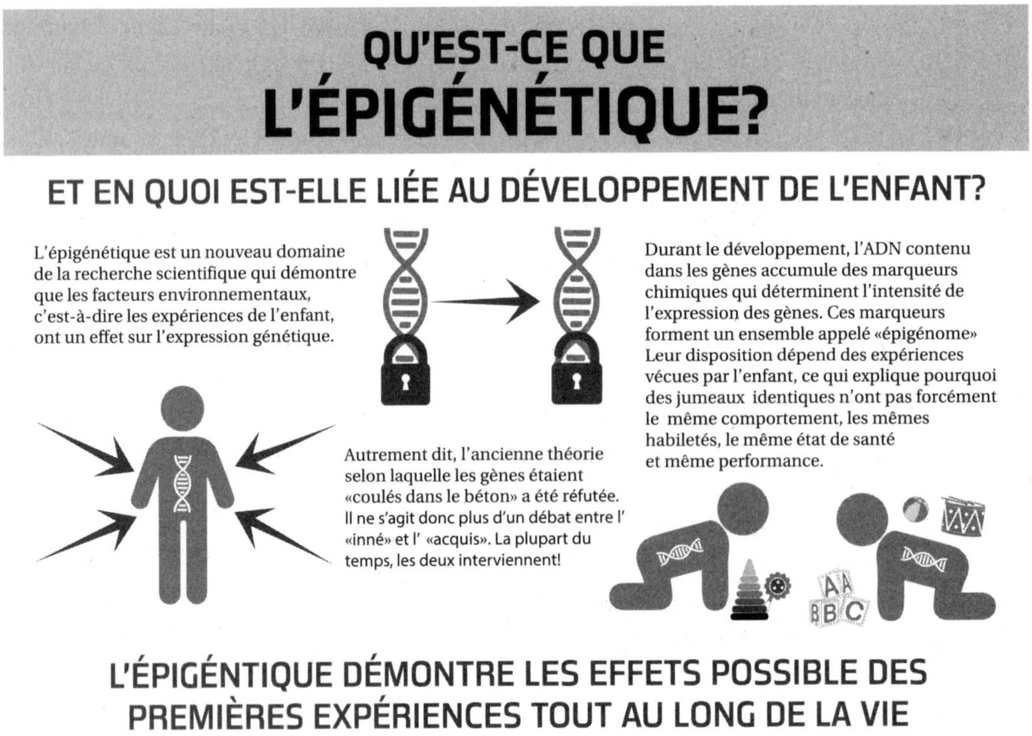

QU'EST-CE QUE
L'ÉPIGÉNÉTIQUE?
ET EN QUOI EST-ELLE LIÉE AU DÉVELOPPEMENT DE L'ENFANT?
L'épigénétique est un nouveau domaine de la recherche scientifique qui démontre que les facteurs environnementaux, c'est-à-dire les expériences de l'enfant, ont un effet sur l'expression génétique.
Durant le développement, l'ADN contenu dans les gènes accumule des marqueurs chimiques qui déterminent l'intensité de l'expression des gènes. Ces marqueurs forment un ensemble appelé «épigénome» Leur disposition dépend des expériences vécues par l'enfant, ce qui explique pourquoi des jumeaux identiques n'ont pas forcément le même comportement, les mêmes habiletés, le même état de santé et même performance.
Autrement dit, l'ancienne théorie selon laquelle les gènes étaient «coulés dans le béton» a été réfutée. Il ne s'agit donc plus d'un débat entre l' «inné» et l' «acquis». La plupart du temps, les deux interviennent!
A A
B C
L'ÉPIGÉNTIQUE DÉMONTRE LES EFFETS POSSIBLE DES PREMIÈRES EXPÉRIENCES TOUT AU LONG DE LA VIE

SOURCE #2

Vous aurez 2 minutes pour lire l'introduction et parcourir les questions.

Track 112

INTRODUCTION

Jean-Claude Kaufmann est sociologue, directeur de recherches au CNRS. Il est l'auteur de nombreux livres sur la vie quotidienne. Dans cette interview par Élodie Courtejoie, il définit ce qu'est l'identité pour le sociologue.

41. Dans l'infographie, quelle est l'idée principale de l'épigénétique ?

    (A) L'environnement est principalement responsable pour l'identité humaine.
    (B) Nos expériences peuvent changer notre structure génétique.
    (C) Les facteurs génétiques contrôlent essentiellement notre identité.
    (D) Le développement humain dépend autant de l'environnement que de la génétique.

42. Dans le deuxième paragraphe, à quoi le mot « *acquis* » fait-il référence?

    (A) Ce qu'on apprend
    (B) La génétique humaine
    (C) Les facteurs générationnels
    (D) Ce qu'on achète

43. Quelle idée reflète l'ancienne théorie des gènes ?

    (A) La génétique domine la personnalité.
    (B) L'environnement a un effet négligeable sur l'identité.
    (C) La composition des gènes n'est pas modifiable.
    (D) L'identité humaine est permanente.

44. Selon cette infographie, pourquoi les jumeaux identiques ne sont-ils pas tout à fait identiques ?

    (A) Ils sont nés avec des gènes différents.
    (B) Pendant l'enfance, la composition de l'ADN peut être altérée.
    (C) Beaucoup d'entre eux sont issus des parents divorcés.
    (D) Deux personnes ne peuvent jamais avoir la même structure génétique.

45. Dans l'interview, que dit le sociologue Kaufmann à propos du mot identité ?

    (A) C'est un mot qui ne veut rien dire.
    (B) C'est un mot facile à expliquer.
    (C) C'est un mot très à la mode.
    (D) C'est un mot mal utilisé.

46. Dans l'interview, selon M. Kaufmann, où a-t-on vu paraître les premiers papiers d'identité ?

    (A) Dans les archives paroissiales
    (B) Dans les journaux
    (C) Dans les aéroports
    (D) Dans les institutions scolaires

47. Dans l'interview, selon M. Kaufmann, à quoi doit-on les premiers papiers d'identité ?

    (A) L'émergence de l'état comme corps administratif
    (B) L'établissement de préfectures régionales
    (C) Les grandes vagues d'immigration
    (D) L'administration des départements français

48. Dans l'interview, selon M. Kaufmann, qu'est-ce que les Français ont depuis 1940 ?

    (A) Le droit de changer de nom et d'identité
    (B) Une carte d'identité avec quelques faits personnels
    (C) L'illusion d'être uniques
    (D) Le sentiment qu'ils doivent être uniques

49. Quelle idée trouve-t-on dans les deux sources sur l'identité ?

    (A) L'identité peut seulement se définir biologiquement.
    (B) La notion d'identité est compliquée et complexe.
    (C) Seuls les sociologues comprennent que l'identité a plus d'une facette.
    (D) La notion d'identité change à chaque époque.

Interpretive Communication: Audio Texts

Track 113

You have 1 minute to read the directions for this section.	Vous avez 1 minute pour lire les instructions pour cette section.

You will answer multiple-choice questions based on only audio selections. Listen to each selection twice. Then choose the best answer for each question.	Vous allez répondre aux questions à choix multiples basées sur des sélections audio. Vous allez écouter chaque sélection deux fois. Ensuite choisissez la meilleure réponse pour chaque question.

Sélection 3

Thème du cours : Vie contemporaine

Vous aurez d'abord 1 minute pour lire l'introduction et parcourir les questions.

INTRODUCTION

Dans cet extrait, Elodie Courtejoie fait l'interview d'André Aurengo, membre de l'Académie nationale de médecine, chef du service de médecine nucléaire à l'hôpital Pitié-Salpêtrière à Paris et membre du Haut conseil de la santé publique. Elle lui parle des risques à la santé qu'on attribue au téléphone portable.

USEFUL TERMS FOR THIS PRACTICE EXAM ONLY

The actual exam will not include them.

Bouygues Telecom : opérateur de téléphonie mobile
AFSSET (f) : Agence Française de Sécurité Sanitaire de l'Environnement et du Travail
OMS (f) : Organisation mondiale de la santé
SCENIHR : Scientific Committee on Emerging and Newly Identified Health Risk
Innocuité (f) : qui ne fait pas de mal

GO ON TO THE NEXT PAGE

50. Dans sa question au début de l'interview, quel problème suivant lié au téléphone portable est-ce que la journaliste Élodie Courtejoie évoque ?

(A) L'émission de sons forts
(B) Un effet de chaleur
(C) Les distractions qu'il cause
(D) La nécessité de le tenir en main

51. Pourquoi M. Aurengo se sent-il obligé de dire qu'il fait du travail bénévole pour France Telecom ?

(A) Il veut rassurer les auditeurs que ses conseils sont objectifs.
(B) Il veut montrer qu'il connaît bien les téléphones.
(C) Il est fier de faire partie de cette grande compagnie.
(D) Il ne veut pas qu'on lui reproche de gagner trop d'argent.

52. Lequel des avis suivants décrit ce que M. Aurengo exprime concernant une crise sanitaire causée par le téléphone portable ?

(A) Il y a des raisons de craindre des conséquences néfastes à la santé.
(B) Il pense que les portables causent des tumeurs chez les jeunes.
(C) Il dit que les femmes enceintes sont vulnérables.
(D) Il n'y a pas d'évidence scientifique que les portables soient à craindre.

53. De quoi est-ce que M. Aurengo se rend parfaitement bien compte ?

(A) Il y a des problèmes de santé pas très graves qui sont dûs au portable.
(B) Il y a des gens qui craignent que le portable cause des problèmes de santé graves.
(C) Le problème d'échauffement de l'oreille est effectivement sérieux.
(D) Certaines recherches prouvent que le cancer est un effet prouvé de l'utilisation prolongée du portable.

54. A la fin de l'extrait, que dit M. Aurengo au sujet des incertitudes concernant les risques de santé associés au portable ?

(A) Il faut faire attention et ne pas excessivement utiliser les portables.
(B) Une étude en cours va révéler qu'il y a beaucoup de risques associés au portable.
(C) Il n'y pas de risques pendant la première année d'utilisation du portable.
(D) Il n'y a probablement pas de risques les dix premières années.

55. Quelle question est-ce que la journaliste pourrait logiquement poser à la fin de cet extrait ?

(A) Vous dites donc que les dangers du téléphone portable ont été sous-estimés ?
(B) Pourriez-vous nous résumer les dangers de l'utilisation excessive du téléphone portable ?
(C) Je ne devrais donc pas m'inquiéter du fait que j'utilise un portable tous les jours ?
(D) Il faudrait donc que je tienne mon portable à une certaine distance de l'oreille ?

GO ON TO THE NEXT PAGE

Sélection 4

Track 114

Thème du cours : Défis mondiaux

Vous aurez d'abord 1 minute pour lire l'introduction et parcourir les questions.

INTRODUCTION

Dans cet extrait sonore diffusé par Radio Nations Unies en mai 2010, les propos de M. Frank Hageman, chef de la section « Politique et Recherche » du Programme international pour l'élimination du travail des enfants au BIT (Bureau International du Travail) sont recueillis par M. Alpha Diallo.

56. D'après ce rapport, où s'est passée la conférence du BIT au mois de mai 2010 ?

    (A) En France
    (B) Au Canada
    (C) En Afrique du nord
    (D) En Europe

57. D'après ce rapport, quel but principal s'est donné le BIT à la conférence ?

    (A) De faire des études concernant le travail des enfants
    (B) De publier les résultats de leurs recherches
    (C) De stimuler la campagne contre le travail des enfants
    (D) De tonifier l'économie

58. Qu'est-ce que le BIT voudrait surtout faire avant 2016 ?

    (A) Améliorer les conditions de travail pour tous
    (B) Faire monter l'âge de travail des mineurs
    (C) Ralentir le rythme du travail globalement
    (D) Éliminer certaines formes de travail pour les enfants

59. Laquelle des raisons suivantes est invoquée comme raison majeure du travail des enfants en Afrique subsaharienne ?

    (A) La scolarité n'y est pas valorisée.
    (B) Leurs pères les forcent à travailler.
    (C) Le SIDA y a des proportions épidémiques.
    (D) L'infrastructure sociale n'y existe pas.

60. D'après ce rapport, pourquoi les enfants africains travaillent-ils surtout dans l'agriculture ?

    (A) Ils habitent dans des pays pauvres où il y a peu de ressources en dehors de l'agriculture.
    (B) Ils habitent dans des endroits désertiques en dehors des agglomérations.
    (C) Ils ne peuvent rien faire d'autre car ils sont très jeunes.
    (D) Ils apprennent à cultiver très tôt car ils ne vont pas à l'école.

GO ON TO THE NEXT PAGE

Track 115

Sélection 5

Thème du cours : Science et Technologie

Vous aurez d'abord 1 minute pour lire l'introduction et parcourir les questions.

INTRODUCTION

Cet entretien avec Vincent Jacques le Seigneur, le secrétaire général de l'INES (Institut National de l'Énergie Solaire) concerne les performances actuelles et attendues de l'énergie solaire en France.

61. Dans ses propos, que dit M. le Seigneur du coût de l'énergie fossile ?
    (A) Il a atteint un point excessivement élevé à l'heure actuelle.
    (B) Il descendra quand l'économie sera meilleure.
    (C) A l'avenir, il continuera nécessairement de monter.
    (D) Il est plus bas que celui de l'énergie nucléaire.

62. Que pense M. le Seigneur de l'énergie solaire en France ?
    (A) Dans dix ans, elle coûtera environ la même chose que l'énergie fossile.
    (B) Elle coûte déjà moins cher que l'énergie fossile.
    (C) La France ne s'y investit pas assez.
    (D) L'Espagne est la rivale de la France dans la production d'énergie solaire.

63. Qu'est-ce que M. le Seigneur pense du rôle de l'état dans la production d'énergie solaire ?
    (A) Il croit que l'état ne doit jamais intercéder dans les marchés économiques.
    (B) Il est persuadé que l'état ne peut pas diriger de grandes compagnies.
    (C) Il pense que l'état peut aider à faire démarrer une nouvelle industrie.
    (D) Il pense que l'état peut contrôler le coût de l'énergie.

64. D'après M. le Seigneur, que peut-on dire des consommateurs d'énergie solaire en France ?
    (A) Ils préféreraient l'énergie fossile traditionnelle.
    (B) Ils ont de l'énergie gratuite.
    (C) Ils ont un contrat avec l'electricité nationale.
    (D) Ils paient double à la compagnie d'electricité.

65. Avec quelle garantie M. le Seigneur finit-il ses propos ?
    (A) Son matériel d'énergie solaire aura encore 100% de sa puissance dans vingt ans.
    (B) Son matériel d'énergie solaire peut être revendu plus tard à un prix un peu plus bas.
    (C) Le consommateur d'énergie solaire ne paiera rien pour son électricité pendant les dix ans qui viennent.
    (D) Le consommateur d'énergie solaire fera un profit de son matériel d'énergie solaire dans dix ans.

End of Section I

SECTION II: FREE RESPONSE

Part A

TIME: APPROXIMATELY 1 HOUR AND 10 MINUTES

Task 1: Email Reply

TIME: 15 MINUTES

You will write a reply to an email message. You have 15 minutes to read the message and write your reply.

Your reply should include a greeting and a closing and should respond to all the questions and requests in the message. In your reply, you should also ask for more details about something mentioned in the message. Also, you should use a formal form of address.

Vous allez répondre à un courrier électronique. Vous aurez 15 minutes pour lire le message et composer votre réponse.

Votre réponse doit commencer par une salutation et se terminer par une formule de politesse. Vous devez répondre à toutes les questions et à toutes les demandes du message. Dans votre réponse, vous devez demander des détails sur un sujet évoqué dans le courrier. Vous devez utiliser un registre de langue soutenu.

Thème du cours : Vie contemporaine

INTRODUCTION

Vous recevez cet email après avoir demandé des renseignements sur la ville d'Aix en Provence à l'Office du Tourisme de cette ville. Répondez à cet email !

De

Objet

Monsieur, Madame,

L'Office de Tourisme d'Aix en Provence vous remercie de votre intérêt à visiter les sites et découvrir l'héritage culturel et artistique du pays d'Aix. Sur notre site Internet, vous avez coché les sujets suivants :

✔ Visite guidée de la ville

✔ Studio de Cézanne

✔ Hôtel

Veuillez nous donner quelques renseignements supplémentaires pour que nous puissions mieux vous servir.

Dates exactes de votre séjour.
Nombre de personnes pour la visite guidée.
Nombre de chambres d'hôtel à réserver.

Veuillez aussi nous dire si vous comptez rester dans la ville d'Aix ou si vous envisagez à faire des excursions en dehors de la ville.

Une fois que nous aurons reçu votre réponse, nous nous ferons un plaisir de vous proposer des hôtels, des sites et des activités dans le beau pays d'Aix.

Bien à vous,

Marius Reis
Marius.reis@aix

Task 2: Argumentative Essay

Track 116

TIME: APPROXIMATELY 55 MINUTES

You have 1 minute to read the directions for this section.	Vous avez 1 minute pour lire les instructions pour cette section.

You will write an argumentative essay to submit to a French writing contest. The essay topic is based on three accompanying sources, which present different viewpoints on the topic and include both print and audio material. First, you will have 6 minutes to read the essay topic and the printed material. Afterward, you will hear the audio material twice; you should take notes while you listen. Then, you will have 40 minutes to prepare and write your essay. In your essay, clearly present and thoroughly defend your own position on the topic. Integrate viewpoints and information you find in all three sources to support your argument. As you refer to the sources, identify them appropriately. Also, organize your essay into clear paragraphs.	Vous allez écrire un essai argumentatif pour un concours d'écriture de langue française. Le sujet de l'essai est basé sur trois sources incluses, écrites et sonore, qui présentent différents points de vue sur le sujet. Vous aurez d'abord 6 minutes pour lire le sujet de l'essai ainsi que les documents écrits. Ensuite, vous écouterez le document sonore deux fois ; vous devriez prendre des notes pendant l'écoute. Enfin, vous aurez 40 minutes pour préparer et écrire votre essai. Dans votre essai, vous présenterez et vous défendrez de la manière la plus complète votre point de vue sur le sujet. Vous soutiendrez votre argumentation en y intégrant des perspectives et des données tirées de chacune des trois sources. Il faudra indiquer de manière adéquate les sources auxquelles vous faites référence. Prenez soin également de structurer clairement votre essai à l'aide de paragraphes.

You will now begin this task.	Vous allez maintenant commencer cette tâche.

Thème du cours : Vie contemporaine/Science et Technologie

Vous aurez 6 minutes pour lire le sujet de l'essai, la source numéro 1 et la source numéro 2.

Sujet de l'essai :

Faut-il faire confiance aux médias ?

SOURCE #1

INTRODUCTION

Les propos suivants de M. Francis Balle, professeur à l'Université Paris 2, ont été recueillis par Myriam Lemaire pour le site Canalacadémie. Il s'agit de la façon dont les réseaux sociaux comme Twitter et Facebook sont devenus des moyens d'information.

Un nouveau basculement

Francis Balle rappelle qu'il y a 30 ans, la télévision a mis fin au règne absolu de la presse imprimée. Mais c'est l'arrivée d'Internet qui a bouleversé le paysage des médias au milieu des années 1990–2000, marquant une véritable rupture au tournant du 20ème siècle. En 2010–2011, l'essor des blogs et des réseaux sociaux, comme Facebook ou Twitter, a provoqué un basculement considérable. « Internet continue à faire ce que les autres médias faisaient avant mais il ajoute des services nouveaux interactifs en direct ».

« C'est un basculement qui nous oblige à revoir toutes les règles du jeu », explique Francis Balle. Il évoque le rôle joué par le site Twitter dans plusieurs événements d'actualité : révolutions dans le monde arabe, catastrophes au Japon, mise en accusation à New York du directeur général du FMI.

Qu'est-ce qu'un twit ? C'est un gazouillis, précise Francis Balle, un message très court qui ne dépasse pas 140 signes, espaces compris. Ces petits messages permettent d'apporter l'information en temps réel. Elle est ensuite relayée par la télévision à travers des images qui peuvent être « sidérantes », puis viennent les analyses et les commentaires de la presse écrite.

SOURCE #2

INTRODUCTION

Le graphique suivant est basé sur une enquête menée par l'Institut national de la statistique et des études économiques. Il montre l'évolution de l'utilisation d'Internet (la toile) par les entreprises françaises.

Graphique—De plus en plus d'entreprises possèdent un site web

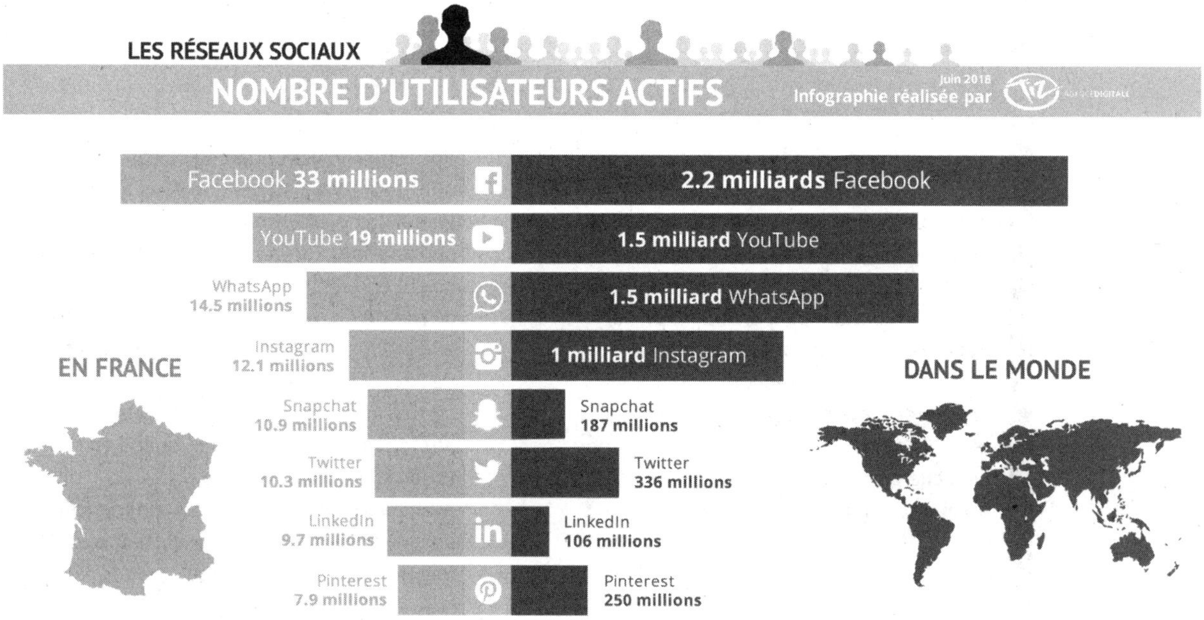

SOURCE #3

Vous avez 30 secondes pour lire l'introduction.

Track 117

INTRODUCTION

Dans cet extrait, Myriam Lemaire parle à Francis Balle, spécialiste des médias, sur la surveillance par les grandes marques de produits de vente de ce qui se dit sur les réseaux sociaux.

Track 118

Part B

TIME: APPROXIMATELY 15 MINUTES

This part requires spoken responses. Your cue to start or stop speaking will always be this tone.	Cette partie exige des réponses orales. Votre signal pour commencer ou arrêter de parler sera toujours cette tonalité.

You have 1 minute to read the directions for this part.	Vous avez 1 minute pour lire les instructions de cette partie.

Your spoken responses will be recorded. Your score will be based on what you record. It is important that you speak loudly enough and clearly enough for the machine to record what you say. You will be asked to start, pause, and stop your recorder at various points during the exam. Follow the directions and start, pause, or stop the recorder only when you are told to do so. Remember that the tone is a cue only to start or stop speaking—not to start or stop the recorder.	Vos réponses seront enregistrées. Votre note sera basée sur ce que vous aurez enregistré. Il est important que vous parliez assez fort pour que vos réponses soient enregistrées. Il vous sera demandé de mettre en marche, de mettre en pause et d'arrêter l'appareil à certains moments de l'examen. Suivez les instructions et mettez en marche, mettez en pause ou arrêtez l'appareil seulement quand on vous le dira. Rappelez-vous que la tonalité est seulement le signal pour commencer ou arrêter de parler—pas pour mettre en marche ou arrêter l'appareil.

You will now begin this part.	Vous allez maintenant commencer cette partie.

Task 3: Conversation

You have 1 minute to read the directions for this part.	Vous aurez 1 minute pour lire les instructions de cette partie.

You will participate in a conversation. First, you will have 1 minute to read a preview of the conversation, including an outline of each turn in the conversation. Afterward, the conversation will begin, following the outline. Each time it is your turn to speak, you will have 20 seconds to record your response. You should participate in the conversation as fully and appropriately as possible.	Vous allez participer à une conversation. D'abord, vous aurez 1 minute pour lire l'introduction de cette conversation comprenant le schéma des échanges. Ensuite, la conversation commencera, suivant le schéma. Quand ce sera votre tour de parler, vous aurez 20 secondes pour enregistrer votre réponse. Vous devez participer à la conversation de façon aussi complète et appropriée que possible.

You will now begin this task.	Vous allez maintenant commencer cette tâche.

Thème du cours : Famille et Communauté/Vie contemporaine

Vous avez 1 minute pour lire l'introduction et le schéma de la conversation.

INTRODUCTION

Vous parlez à votre copine Hélène qui a un grand service à vous demander.

Hélène :	Elle vous propose une idée.
Vous :	Posez-lui une question.
Hélène :	Elle donne des détails et pose une question.
Vous :	Acceptez et élaborez.
Hélène :	Elle donne une explication.
Vous :	Exprimez votre enthousiasme.
Hélène :	Elle vous demande quelque chose.
Vous :	Assurez votre aide avec des détails.
Hélène :	Elle vous remercie.
Vous :	Indiquez votre anticipation et terminez la conversation.

Task 4: Cultural Comparison

TIME: 7 MINUTES

You have 1 minute to read the directions for this task.	Vous aurez 1 minute pour lire les instructions de cette tâche.

You will make an oral presentation on a specific topic to your class. You will have 4 minutes to read the presentation topic and prepare your presentation. Then you will have 2 minutes to record your presentation. In your presentation, compare a French-speaking community with which you are familiar to your own or another community. You should demonstrate your understanding of cultural features of this French-speaking community. You should also organize your presentation clearly.	Vous allez faire un exposé pour votre classe sur un sujet précis. Vous aurez 4 minutes pour lire le sujet de cet exposé et préparer votre exposé. Vous aurez alors 2 minutes pour vous enregistrer. Dans votre exposé, comparez une région du monde francophone que vous connaissez à votre propre communauté ou à une autre communauté. Vous devez démontrer votre compréhension de réalités culturelles de cette communauté francophone. Vous devez aussi organiser clairement votre exposé.

You will now begin this task.	Vous allez maintenant commencer cette tâche.

Thème du cours : Vie contemporaine

Sujet de présentation :

Chaque culture a des célébrations très spécifiques à cette culture. Comparez l'importance d'une célébration traditionnelle dans votre communauté et celle d'une célébration qui a lieu dans une région francophone que vous connaissez.

STOP End of Practice Exam 1

ANSWER KEY
Practice Exam 1

Section I: Multiple-Choice

Part A

Interpretive Communication: Print Texts

1. **C**
2. **D**
3. **A**
4. **B**
5. **D**
6. **B**
7. **D**
8. **D**
9. **C**
10. **A**
11. **B**
12. **C**
13. **A**
14. **B**
15. **C**
16. **A**
17. **C**
18. **C**
19. **D**
20. **B**
21. **A**
22. **B**
23. **C**
24. **B**
25. **C**
26. **B**
27. **C**
28. **B**
29. **D**
30. **B**

Part B

Interpretive Communication: Print and Audio Texts (Combined)

31. **C**
32. **C**
33. **C**
34. **B**
35. **A**
36. **A**
37. **A**
38. **D**
39. **D**
40. **C**
41. **B**
42. **A**
43. **C**
44. **B**
45. **C**
46. **A**
47. **A**
48. **B**
49. **B**

Interpretive Communication: Audio Texts

50. **B**
51. **A**
52. **D**
53. **A**
54. **D**
55. **C**
56. **D**
57. **C**
58. **D**
59. **C**
60. **A**
61. **C**
62. **A**
63. **C**
64. **C**
65. **D**

Section II: Free Response

See Appendix D for transcripts of audio documents.

Score Analysis

Section I: Multiple Choice

Number Correct = ____________
(out of 65)

Section II: Free Response

Question 1 [ ] × 3.2500 = ____________
(Out of 5) (Do not round)

Question 2 [ ] × 3.2500 = ____________
(Out of 5) (Do not round)

Question 3 [ ] × 3.2500 = ____________
(Out of 5) (Do not round)

Question 4 [ ] × 3.2500 = ____________
(Out of 5) (Do not round)

Total = ____________
Weighted
Section II Score
(Do not round)

Composite Score

__________ + __________ = ______________

Section I Score | Section II Score | Composite Score (Rounded to the nearest whole number)

AP French Language and Culture
Score Conversion Chart

Composite Score Range	AP Score
101–130	5
82–100	4
61–81	3
42–60	2
0–41	1

Answer Explanations

Section I: Multiple Choice

Part A

Interpretive Communication: Print Texts

Sélection 1

1. **(C)** The announcement is about avoiding the fraudulent use of public transportation, *"validez votre carte . . . votre ticket. . . ."*
2. **(D)** The announcement emphasizes the French rules and regulations of public transportation, as in properly using a ticket or a subscription to avoid possible fines.
3. **(A)** The announcement clearly states that a public transportation ticket or card must be used and validated on every segment of a ride, *"à chaque voyage y compris au changement de ligne."*
4. **(B)** Failure to carry and validate a ticket or a card according to the rules may result in a fine, PV = *procès verbal* = *pénalisation.*
5. **(D)** The entire announcement is about using tickets and cards appropriately and honestly while using public transportation.

Sélection 2

6. **(B)** He is pensive and affectionate, not sad or optimistic, or rebellious.
7. **(D)** The mother died of an illness that was not treated properly, *"Fièvre de lait mal soignée."*
8. **(D)** Misery enveloped the family little by little.
9. **(C)** The family, no longer supported by Jean Valjean's brother-in-law, goes hungry, *"La famille n'eut pas de pain."*
10. **(A)** The baker saw his arm through the window, *"Un bras passé . . . dans la vitre."*
11. **(B)** The word *jambe* suggests on foot and the phrase *à toutes* suggests with all your legs or with maximum speed.
12. **(C)** Valjean represents the cut-off tree when he is arrested, and the family members are the leaves that inevitably fall off. Therefore, they are victims.

Sélection 3

13. **(A)** The case is made that a tax on artistic property would adversely impact the appreciation of art: *"conséquences désastreuses."*
14. **(B)** He accuses political and government leaders of being incompetent, *"L'incompétence absolue."*
15. **(C)** *Le Monde* is a newspaper, *"Ce journal."*
16. **(A)** The author of this article clearly thinks that the newspaper should have presented both sides of the argument, for and against the tax.

17. **(C)** "*Nos dirigeants*" is followed by "*Mais que des hommes politiques. . . .*"

18. **(C)** The suffix -able connotes doable and a context clue is: "*dont on parlait encore récemment. . . .*"

19. **(D)** The passage states that this tax was supposed to be eliminated, but here it is again being debated, "*Ressortent une nouvelle fois cette proposition.*"

20. **(B)** The important taxpayers, "*gros contribuables,*" can save on taxes by using art purchases as deductions, "*pour échapper en partie à ce prélèvement obligatoire.*"

21. **(A)** Any handcrafted work, "*exécuté à la main,*" with historical significance is considered a work of art according to the chart.

22. **(B)** The correct answer is choice B because it is the only option that meets both criteria: historical relevance and craftsmanship.

23. **(C)** The correct answer is choice C because both sources talk about taxation on art in France.

Sélection 4

24. **(B)** She first compliments the person to whom she is writing on the good work of the program.

25. **(C)** Yvette expresses her sorrow at having to place her dog elsewhere, "*Nous ne pourrons malheureusement pas emmener. . . .*"

26. **(B)** Yvette mentions that her dog is from the *Pyrénées* (the Pyrenees Mountains).

27. **(C)** Yvette mentions that the dog has a lot of hair, which makes her high maintenance, "*Brosser et passer l'aspirateur. . . .*"

28. **(B)** Yvette wants the SPA to advertise her dog's need for a home to its many members.

29. **(D)** The map shows a number of shelters in the Paris area.

30. **(B)** It is the only logical answer in the context of the information provided. The association might reasonably approve the request once the required information is provided.

Part B
Interpretive Communication: Print and Audio Texts (Combined)

Sélection 1

31. **(C)** The focus is on cultural identity, "*Mouvement culturel.*"

32. **(C)** The context suggests that one's "blackness" was not reserved, hated, or welcomed. Rather, it was endured.

33. **(C)** Sartre interpreted the movement as racism against racism, whereas Senghor saw it as a cultural movement.

34. **(B)** Senghor saw the movement as a means to protect oneself against prejudice based on color of the skin, "*Arme de refuge.*"

35. **(A)** Senghor saw French as a language capable of unifying people of different cultures. The last paragraph contains many clues.

36. **(A)** She defines it by quoting Césaire as saying, "*le fait d'être noir.*"

37. **(A)** This answer is justified by the expression "*tel qu'on est.*"

38. **(D)** Both documents focus on the cultural dimension and intent of the *négritude* movement as a validation of African culture.

39. **(D)** Black people are only seen as black by white people. Lylian Kesteloot uses the following quote, "*C'est le blanc qui crée le nègre.*"

40. **(C)** This answer is suggested by the use of the word "*malédiction*" in the print article and "*ce côté subi . . . par le regard de l'autre*" in the interview.

Sélection 2

41. **(B)** « les expériences de l'enfant ont un effet sur l'expression génétique ».

42. **(A)** The word means « acquired », as in acquired through life experience.

43. **(C)** The former theory believed that genes were "coulés dans le béton"—cast in concrete and therefore could not be altered.

44. **(B)** As children develop, their environment can change the chemical structure of their genes.

45. **(C)** The word is used a lot in contemporary society and in many contexts, "*Le mot est employé de manière banale, je dirais ordinaire, dans la presse, par tout le monde.*"

46. **(A)** Identity papers first emerged in parishes, "*Ça date de l'époque des registres paroissiaux.*"

47. **(A)** This answer is a consequence of states taking on administrative functions over citizens, which made identity papers necessary, "*Avant l'État, la communauté se connaît elle-même.*"

48. **(B)** Since 1940, French citizens have been expected to carry the *carte d'identité*, which states their name, their birth date, and so on.

49. **(B)** Both sources mention the complexity of defining identity.

Interpretive Communication: Audio Texts

Sélection 3

50. **(B)** She mentions the "*échauffement*" caused by cell phones.

51. **(A)** The context suggests that his advice not to worry about health problems because of cell phones might be perceived as a conflict of interest since he is on the board of a big phone company, "*Je fais partie du conseil scientifique de Bouygues Telecom mais que je ne suis pas rémunéré.*"

52. **(D)** He says no evidence indicates that there are health risks in spite of many studies, "*On n'a pas mis en evidence.*"

53. **(A)** He suggests that ailments such as a little heat emanating from the cell phone are minor, "*Petits désagréments du genre échauffement.*"

54. **(D)** Studies that are being done should reveal that there is no danger, "*Il y a une certitude d'inocuité jusqu'à dix ans.*"

55. **(C)** M. Aurengo has made the case that even frequent use of cell phones has not proven to be a health risk.

Sélection 4

56. **(D)** This answer is correct because *Les Pays Bas* (The Netherlands) are mentioned.
57. **(C)** The campaign against the worst forms of child labor was successful for a while but is slowing down, *"Ralentissement du rythme de réduction à l'échelle globale."*
58. **(D)** The organization seeks to eliminate *"les pires formes du travail des enfants."*
59. **(C)** Due to the AIDS epidemic (*SIDA qui fait ravage*), many children are orphaned and have to work.
60. **(A)** The problem of child labor is worst mostly in developing countries where agriculture is the only resource, *"Des pays à faibles revenus où on voit une prédominance de l'agriculture."*

Sélection 5

61. **(C)** M. le Seigneur states that the cost of fossil energy will necessarily go up in the future, *"Il ne peut qu'augmenter."*
62. **(A)** M. le Seigneur states that ten years from now, the cost of solar energy will be about the same as the cost of fossil energy, *"On va rattraper le coût du kilowater fossile . . . dans les dix ans."*
63. **(C)** M. le Seigneur states that a state must often help a new industry get started but must eventually let the market forces take over, *"L'état il est là pour lancer une filière, il est pas là pour la porter."*
64. **(C)** M. le Seigneur states that every consumer of solar energy has a contract with *L'électricité nationale.*
65. **(D)** M. le Seigneur states that in ten years, a consumer is sure to start making a profit from his or her investment, *"Au bout de 10 ans, il ne peut que vous rapporter."*

Section II: Free Reponse

Interpersonal Writing: Exemplary Email Reply

De

Objet

Monsieur,

Je m'empresse de vous répondre car j'ai hâte d'organiser et de planifier mon séjour à Aix en Provence.

Je serai accompagné par mes parents. Donc, pour l'hôtel, il nous faudra deux chambres, une grande chambre avec toilettes et bain pour mes parents et une petite chambre pour moi. Je vois d'ailleurs qu'il y a des hôtels près de l'université. Comme je compte y faire des études éventuellement, je voudrais y aller pour me donner une idée de l'ambiance. Alors un hôtel près du campus, ce serait idéal. Ceci dit, ce n'est pas absolument nécessaire puisque la ville n'est pas très grande et presque tout semble être à proximité.

Pour la visite guidée de la ville, nous serons 3 personnes adultes. Moi, j'ai ma carte internationale d'étudiant qui me permet d'avoir des rabais, n'est-ce pas ?

Nous n'avons pas encore acheté nos billets d'avion mais je peux vous dire que notre séjour sera pendant la période du 1er au 15 juillet.

Pour ce qui est des excursions en dehors de la ville, nous nous aimerons visiter les villages environnants. Comme j'étudie l'architecture, je m'intéresse spécialement aux sites d'intérêt artistique.

Je vous remercie vivement et j'attends de vos nouvelles.

Sincères salutations,

Phillip Marsh

Presentational Writing: Exemplary Argumentative Essay

Personne ne peut nier qu'il y a énormément d'avantages à utiliser Internet tant dans sa vie privée que dans le monde du travail et de l'entreprise. Si Internet peut malheureusement être utilisé à des fins nuisibles, il faut trouver des moyens de décourager et d'éliminer cela en passant des lois qui contrôlent les actions malhonnêtes des usagers de Internet.

Un premier avantage d'utiliser Internet est l'acquisition immédiate de toutes sortes de renseignements. Si ma mère cherche une recette, elle consulte Internet et trouve un grand choix de toutes sortes de recettes. Si je cherche la définition d'une expression, j'ai des dictionnaires en ligne parmi lesquels je n'ai que l'embarras du choix. Sur une plus grande échelle, on peut en temps réel, voir ce qui se passe dans le monde. Dans la source 1, M. Francis Balle évoque « le rôle joué par le site Twitter dans plusieurs événements d'actualité : révolutions dans le monde arabe, . . . ». Qui peut contester que le « printemps arabe » ait jamais pu avoir lieu sans les communications Internet qui montraient au monde ce qui se passait dans le monde arabe, sans les contacts que les manifestants maintenaient les uns avec les autres ? Dans la source 1, M. Balle évoque aussi les grandes catastrophes comme les tremblements de terre. Là encore, la mobilisation de tous les pays du monde pour venir en aide aux victimes serait-elle aussi efficace sans les images et les informations instantanées qui nous parviennent lors d'une catastrophe ? J'en doute !

Un autre avantage d'utiliser Internet est son rôle dans notre enrichissement culturel. Quand on a accès à Internet, on peut suivre ce qui se passe dans son quartier, sa ville, sa région, son pays et dans le monde entier. On a accès instantanément aux divertissements (théâtre, cinéma, expositions d'art etc.). On peut même s'inscrire immédiatement à des activités ou acheter des billets pour des spectacles. On peut aussi trouver sa musique préférée et la télécharger à un prix modeste ou gratuitement.

D'autre part il est vrai qu'Internet est devenu un instrument extrêmement utile et efficace pour le commerce et pour les entreprises privées dont le but est de vendre à gros volume. Le graphique de la source 2 nous prouve que le nombre d'entreprises qui se servent d'Internet et qui ont des sites web ne fait que monter. Les entreprises peuvent non seulement faire de la publicité en ligne mais aussi, comme dit M. Balle dans la source 3, « espionner » le consommateur en suivant les remarques faites par les gens sur les réseaux sociaux ou sur les blogs. Mais est-ce si grave que cela ? Si les entreprises apprennent que leurs produits ne sont pas appréciés pour une raison quelconque, ne voudront-elles pas modifier et améliorer leurs produits ? On peut le souhaiter !

Bien qu'il y ait certainement des utilisations égoïstes et désagréables d'Internet, je dirais que les avantages d'Internet sont si importants qu'il faut permettre à autant de gens que possible d'en profiter. Il faut cependant aussi mettre en place des contrôles et des lois pour protéger les utilisateurs de l'Internet contre des actions malhonnêtes.

Track 119

Interpersonal Speaking: Exemplary Conversation

See Appendix D for transcripts of audio documents.

Track 120

Presentational Speaking: Exemplary Cultural Comparison

See Appendix D for transcripts of audio documents.

ANSWER SHEET
Practice Exam 2

Section I: Multiple-Choice

Part A

Interpretive Communication: Print Texts

1. Ⓐ Ⓑ Ⓒ Ⓓ	**9.** Ⓐ Ⓑ Ⓒ Ⓓ	**17.** Ⓐ Ⓑ Ⓒ Ⓓ	**25.** Ⓐ Ⓑ Ⓒ Ⓓ
2. Ⓐ Ⓑ Ⓒ Ⓓ	**10.** Ⓐ Ⓑ Ⓒ Ⓓ	**18.** Ⓐ Ⓑ Ⓒ Ⓓ	**26.** Ⓐ Ⓑ Ⓒ Ⓓ
3. Ⓐ Ⓑ Ⓒ Ⓓ	**11.** Ⓐ Ⓑ Ⓒ Ⓓ	**19.** Ⓐ Ⓑ Ⓒ Ⓓ	**27.** Ⓐ Ⓑ Ⓒ Ⓓ
4. Ⓐ Ⓑ Ⓒ Ⓓ	**12.** Ⓐ Ⓑ Ⓒ Ⓓ	**20.** Ⓐ Ⓑ Ⓒ Ⓓ	**28.** Ⓐ Ⓑ Ⓒ Ⓓ
5. Ⓐ Ⓑ Ⓒ Ⓓ	**13.** Ⓐ Ⓑ Ⓒ Ⓓ	**21.** Ⓐ Ⓑ Ⓒ Ⓓ	**29.** Ⓐ Ⓑ Ⓒ Ⓓ
6. Ⓐ Ⓑ Ⓒ Ⓓ	**14.** Ⓐ Ⓑ Ⓒ Ⓓ	**22.** Ⓐ Ⓑ Ⓒ Ⓓ	**30.** Ⓐ Ⓑ Ⓒ Ⓓ
7. Ⓐ Ⓑ Ⓒ Ⓓ	**15.** Ⓐ Ⓑ Ⓒ Ⓓ	**23.** Ⓐ Ⓑ Ⓒ Ⓓ	
8. Ⓐ Ⓑ Ⓒ Ⓓ	**16.** Ⓐ Ⓑ Ⓒ Ⓓ	**24.** Ⓐ Ⓑ Ⓒ Ⓓ	

Part B

Interpretive Communication: Print and Audio Texts (Combined)

31. Ⓐ Ⓑ Ⓒ Ⓓ	**36.** Ⓐ Ⓑ Ⓒ Ⓓ	**41.** Ⓐ Ⓑ Ⓒ Ⓓ	**46.** Ⓐ Ⓑ Ⓒ Ⓓ
32. Ⓐ Ⓑ Ⓒ Ⓓ	**37.** Ⓐ Ⓑ Ⓒ Ⓓ	**42.** Ⓐ Ⓑ Ⓒ Ⓓ	**47.** Ⓐ Ⓑ Ⓒ Ⓓ
33. Ⓐ Ⓑ Ⓒ Ⓓ	**38.** Ⓐ Ⓑ Ⓒ Ⓓ	**43.** Ⓐ Ⓑ Ⓒ Ⓓ	
34. Ⓐ Ⓑ Ⓒ Ⓓ	**39.** Ⓐ Ⓑ Ⓒ Ⓓ	**44.** Ⓐ Ⓑ Ⓒ Ⓓ	
35. Ⓐ Ⓑ Ⓒ Ⓓ	**40.** Ⓐ Ⓑ Ⓒ Ⓓ	**45.** Ⓐ Ⓑ Ⓒ Ⓓ	

Interpretive Communication: Audio Texts

48. Ⓐ Ⓑ Ⓒ Ⓓ	**53.** Ⓐ Ⓑ Ⓒ Ⓓ	**58.** Ⓐ Ⓑ Ⓒ Ⓓ	**63.** Ⓐ Ⓑ Ⓒ Ⓓ
49. Ⓐ Ⓑ Ⓒ Ⓓ	**54.** Ⓐ Ⓑ Ⓒ Ⓓ	**59.** Ⓐ Ⓑ Ⓒ Ⓓ	**64.** Ⓐ Ⓑ Ⓒ Ⓓ
50. Ⓐ Ⓑ Ⓒ Ⓓ	**55.** Ⓐ Ⓑ Ⓒ Ⓓ	**60.** Ⓐ Ⓑ Ⓒ Ⓓ	**65.** Ⓐ Ⓑ Ⓒ Ⓓ
51. Ⓐ Ⓑ Ⓒ Ⓓ	**56.** Ⓐ Ⓑ Ⓒ Ⓓ	**61.** Ⓐ Ⓑ Ⓒ Ⓓ	
52. Ⓐ Ⓑ Ⓒ Ⓓ	**57.** Ⓐ Ⓑ Ⓒ Ⓓ	**62.** Ⓐ Ⓑ Ⓒ Ⓓ	

Practice Exam 2

SECTION I: MULTIPLE CHOICE

Part A

TIME: 40 MINUTES

Interpretive Communication: Print Texts

In this part of the exam, you will read several selections accompanied by a number of questions. For each question, choose the most appropriate response.

Dans cette partie de l'examen, vous allez lire plusieurs sélections accompagnées de questions. Pour chaque question, choisissez la réponse la plus appropriée.

Sélection 1

Thème du cours : Vie contemporaine

INTRODUCTION

Dans cette annonce, une association qui se charge de la préservation d'un site central et historique de la ville de Montréal, informe les habitants de leur fête annuelle.

Le jour du Mont Royal—Fêtons notre passé et notre avenir !

La société pour la protection du Mont Royal (SPMR) patronne son événement annuel avec des activités éducatives et récréatives qui soulignent l'importance culturelle et historique du lieu pour les habitants et les visiteurs de tout âge. Pour fêter ce site qui a inspiré le nom de notre chère ville, la SPMR propose une gamme d'activités qui comprend ce qui suit :

- une série de randonnées au Mont Royal : les durées et les distances varieront de façon à convenir aux amateurs de sport aussi bien qu'aux débutants. Certaines randonnées seront guidées pour ceux qui ne connaissent pas les sentiers.
- des présentations de l'effet de la vie moderne sur le Mont Royal et sur ses environs par nos directeurs : le sujet en sera l'avenir du parc face aux défis écologiques.

- une chasse au trésor dans le parc pour les jeunes, tant bien pour leur amusement que pour leur montrer que le Mont Royal est un lieu historique associé aux loisirs de la vie.

Cet événement est gratuit (on acceptera néanmoins les dons) et les activités commenceront à midi et finiront à 18h. Pour plus d'informations ou pour faire du bénévolat, veuillez contacter la société à fête@spmr.ca.

1. Quel est le but de l'annonce ?

(A) Essayer de sauver le Mont Royal
(B) Inviter le public à mieux connaître cette merveille
(C) Lever des fonds pour l'entretien du Mont
(D) Attirer des touristes de très loin

2. Qui cette publicité cible-t-elle principalement ?

(A) Les familles avec des enfants
(B) Ceux qui aiment passer leurs vacances en ville
(C) Les randonneurs sérieux
(D) Ceux qui habitent ou visitent la ville de Montréal

3. Quelles menaces la société prévoit-elle ?

(A) Des difficultés liées à l'environnement
(B) Un manque de soutien financier
(C) L'indifférence du public
(D) L'attitude du gouvernement

4. Comment peut-on décrire les activités pour les enfants ?

(A) Sportives et compétitives
(B) Éducatives et ludiques
(C) Un peu dures mais agréables
(D) De courte durée et faciles à faire

5. Si on voulait contacter la société, comment devrait-on formuler la correspondance ?

(A) « Dis, quelles sont les tâches à faire en avance de la journée » ?
(B) « Je voudrais savoir quels sont les tarifs d'entrée pour la fête ».
(C) « Comme prof de biologie, comment puis-je rendre service à votre organisation » ?
(D) « Peux-tu préciser ce que tu entends par la variété de randonnées » ?

Sélection 2

Thème du cours : Esthétique

INTRODUCTION

Dans cet extrait du conte de Guy de Maupassant « La Parure », l'auteur fait le portrait de l'un des personnages principaux.

C'était une de ces jolies et charmantes filles, nées, comme par une erreur du destin, dans une famille d'employés. Elle n'avait pas de dot, pas d'espérances, aucun moyen d'être connue, comprise, aimée, épousée par un homme riche et distingué ; et elle se laissa marier avec un petit commis du ministère de l'instruction publique.

Elle fut simple ne pouvant être parée, mais malheureuse comme une déclassée ; car les femmes n'ont point de caste ni de race, leur beauté, leur grâce et leur charme leur servant de naissance et de famille. Leur finesse native, leur instinct d'élégance, leur souplesse d'esprit, sont leur seule hiérarchie, et font des filles du peuple les égales des plus grandes dames.

Elle souffrait sans cesse, se sentant née pour toutes les délicatesses et tous les luxes. Elle souffrait de la pauvreté de son logement, de la misère des murs, de l'usure des sièges, de la laideur des étoffes. Toutes ces choses, dont une autre femme de sa caste ne se serait même pas aperçue, la torturaient et l'indignaient. La vue de la petite Bretonne qui faisait son humble ménage éveillait en elle des regrets désolés et des rêves éperdus. Elle songeait aux antichambres muettes, capitonnées avec des tentures orientales, éclairées par de hautes torchères de bronze, et aux deux grands valets en culotte courte qui dorment dans les larges fauteuils, assoupis par la chaleur lourde du calorifère. Elle songeait aux grands salons vêtus de soie ancienne, aux meubles fins portant des bibelots inestimables, et aux petits salons coquets, parfumés, faits pour la causerie de cinq heures avec les amis les plus intimes, les hommes connus et recherchés dont toutes les femmes envient et désirent l'attention.

Quand elle s'asseyait, pour dîner, devant la table ronde couverte d'une nappe de trois jours, en face de son mari qui découvrait la soupière en déclarant d'un air enchanté : « Ah ! le bon pot-au-feu ! je ne sais rien de meilleur que cela . . . » elle songeait aux dîners fins, aux argenteries reluisantes, aux tapisseries peuplant les murailles de personnages anciens et d'oiseaux étranges au milieu d'une forêt de féerie ; elle songeait aux plats exquis servis en des vaisselles merveilleuses, aux galanteries chuchotées et écoutées avec un sourire de sphinx, tout en mangeant la chair rose d'une truite ou des ailes de gélinotte.

Elle n'avait pas de toilettes, pas de bijoux, rien. Et elle n'aimait que cela ; elle se sentait faite pour cela. Elle eût tant désiré plaire, être enviée, être séduisante et recherchée.

Elle avait une amie riche, une camarade de couvent qu'elle ne voulait plus aller voir, tant elle souffrait en revenant. Et elle pleurait pendant des jours entiers, de chagrin, de regret, de désespoir et de détresse.

6. Comment était-elle différente des autres femmes de sa classe sociale ?

   (A) Elle était plus belle.
   (B) Elle s'est mariée très jeune.
   (C) Elle ne supportait guère ses environs.
   (D) La maison de sa jeunesse lui manquait.

7. Comment peut-on caractériser le style de l'auteur ?

   (A) Fleuri et plein de passion
   (B) Nostalgique et optimiste
   (C) Franc et révélateur
   (D) Festif et joyeux

8. Quelle « erreur du destin » mentionnée dans le premier paragraphe a subi la jeune fille ?

   (A) Elle n'est pas jolie.
   (B) Elle doit travailler.
   (C) Sa famille n'est pas riche.
   (D) Elle n'a pas d'amis.

9. Quel commentaire social sur les femmes trouve-t-on dans le deuxième paragraphe de ce passage ?

   (A) Elles ne peuvent pas faire partie de la haute société.
   (B) Elles sont classées selon des critères comme la beauté.
   (C) Elles sont nettement inférieures aux hommes.
   (D) Elles doivent se marier pour s'insérer dans la société.

10. Que peut-on conclure de l'expression « Ah ! le bon pot-au-feu ! » (ligne 41) ?

    (A) L'homme est satisfait de peu.
    (B) La jeune femme est une excellente cuisinière.
    (C) Le couple mange des mets raffinés.
    (D) L'homme est gourmand et gourmet.

11. Lesquels des adjectifs suivants décrivent le mieux l'état psychologique de la jeune femme ?

    (A) Optimiste mais pauvre
    (B) Belle mais triste
    (C) Laide mais mariée
    (D) Rêveuse mais résignée

12. Qu'est-ce qui chagrinait le plus la jeune femme ?

    (A) Elle avait rêvé d'une autre vie.
    (B) Son logement était mal décoré.
    (C) Son mari n'était pas beau.
    (D) Elle n'avait pas de serviteurs.

Sélection 3

Thème du cours : Vie contemporaine

SOURCE #1

INTRODUCTION

Dans ce document, on discute les bienfaits du chocolat et on en décrit les ingrédients.

Le chocolat est un aliment éminemment énergétique par sa teneur en sucre et par sa teneur en matières grasses. Au final, même si c'est une recette secrète de chaque chocolatier, le beurre de cacao représente entre 30 et 35 pour cent du produit, donc ce n'est quand-même pas négligeable. Alors, je précise tout de suite pour les dames qui vont dire « Hou la la ! je ne mange plus de chocolat ! » : le beurre de cacao se fixe très peu sur le tissu adipeux humain. Je reviendrai là-dessus. Et puis le sucre, donc le sucre, plus le chocolat est faible en cacao, plus il y a de sucre, donc là-aussi on a un aliment énergétique. Globalement, on peut voir que 100 grammes de chocolat, alors qu'il soit noir ou au lait, apportent aux alentours de 550, 560 kilocalories. Alors on dit : « le chocolat ne fait pas grossir », si on est vautré toute la journée devant la télévision et que l'on mange cinq plaques, cinq tablettes de chocolat, oui on va grossir ! Par contre, si on a une activité normale, alors on peut aller jusqu'à manger une demi tablette par jour, il n'y a pas de souci.

Il y a plus de théobromine dans le chocolat que de caféine—en moyenne 1,6% de théobromine et 0,4% de caféine ; en moyenne, parce que ça va dépendre des variétés, des origines, des terroirs, etc., bien entendu. Alors tout ça, ce sont des substances d'éveil : quand on a envie de se réveiller le matin, on prend un bon café. Le chocolat ne va pas amener autant de caféine mais quand même, il en apporte un peu et puis il apporte de la théobromine. Donc pour cette raison, le chocolat est un tonique. Et puis la théobromine, elle-même, a des propriétés intéressantes puisqu'elle permet la dilatation des bronches. Donc, quand on est enrhumé ou si on monte en altitude—on sait très bien que les alpinistes mangent du chocolat—alors c'est énergétique, mais c'est aussi pour cette raison ; ça stimule le système nerveux central et ça peut améliorer les performances musculaires. La caféine, tout le monde le sait, c'est un tonique cardiaque : elle augmente la vigilance et retarde l'apparition de la fatigue.

Alors juste une petite anecdote, je ne sais pas s'il y a des fumeurs parmi vous, certains fabricants de cigarettes rajoutent du chocolat, de la poudre de cacao, cette fameuse poudre dont on parlait tout à l'heure, elle est rajoutée dans les cigarettes non pas, enfin si aussi, pour les aromatiser, mais surtout parce qu'on s'est rendu compte que cette théobromine portée à très haute température, vous savez que le bout de cigarette ça monte à des centaines de degrés, et bien, cette théobromine se transforme en substance chimique qui crée l'accoutumance.

SOURCE #2

INTRODUCTION

Ce tableau montre la consommation relative du chocolat dans le monde.

Même s'ils sont dans la moyenne de l'Union européenne (6,7 kilos), les Français (7e) restent toutefois loin derrière les Irlandais, les Suisses, les Allemands, les Britanniques ou les Belges qui engloutissent tous plus de 10 kilos par habitant et par an (source : syndicat du chocolat).

Dans le monde en 2007, la consommation mondiale de cacao était d'environ 0,97 kg/personne.

1,87 kg en Europe,
1,20 kg en Amérique,
0,13 kg en Afrique,
0,11 kg en Asie/Océanie.

Les Suisses sont les plus gros consommateurs de chocolat avec 12,3 kg par an et par habitant.

La France arrive en 11e position avec 7 kg.

13. Quel adjectif décrit le mieux le ton de l'article ?

(A) Éducatif
(B) Ironique
(C) Amusant
(D) Sérieux

14. Que veut dire « on est vautré . . . » (ligne 17) dans le premier paragraphe de l'article ?

(A) On est impatient.
(B) On regarde avec intensité.
(C) On est paralysé.
(D) On est forcé de rester assis.

15. Selon l'article, quel est l'effet de la théobromine ?

(A) Elle aide à bien respirer.
(B) Elle rend le chocolat moins idéal pour le régime.
(C) Elle peut nuire à la santé.
(D) Elle n'offre d'avantages qu'aux alpinistes.

16. Pourquoi fait-on la comparaison entre le café et le chocolat dans l'article ?

(A) Tous deux présentent certains dangers.
(B) Ils peuvent compromettre le cœur.
(C) Ces deux aliments peuvent faire grossir.
(D) Ils peuvent donner de l'énergie.

17. Selon l'article, dans quelles conditions peut-on manger du chocolat tous les jours ?

(A) Si on en mange très peu.
(B) Si on est actif.
(C) Si c'est du chocolat sans sucre.
(D) Si c'est du chocolat noir.

18. Selon l'article, pourquoi met-on parfois du chocolat dans les cigarettes ?

(A) Pour les aromatiser
(B) Pour créer une dépendance
(C) Pour leur donner bon goût
(D) Pour en cacher les effets néfastes

19. Selon l'article, que dit-on du beurre de cacao dans la phrase « le beurre de cacao se fixe très peu sur le tissu adipeux humain » (lignes 9–10) ?

(A) Il fait grossir.
(B) Il ruine la santé.
(C) Il n'ajoute pas nécessairement de poids.
(D) Il a des avantages pour la santé.

20. Selon le graphique, que peut-on dire des Européens ?

(A) Ce sont les plus grands consommateurs de chocolat du monde.
(B) Ils sont dans la moyenne pour ce qui est la consommation de chocolat.
(C) Ils consomment moins de chocolat que les Américains.
(D) Leur consommation de chocolat est mauvaise pour leur santé.

21. Selon le graphique, quelle phrase décrit la consommation de chocolat par les Américains ?

(A) Ce sont les plus grands consommateurs de chocolat au monde.
(B) Ils en mangent nettement plus que les Français.
(C) Ils en consomment presque dix fois plus que les Africains.
(D) Ils sont troisième au monde pour la consommation du chocolat.

22. Dans le graphique, quel mot serait le meilleur synonyme pour l'expression « engloutissent » ?

(A) Dévorent
(B) Évitent
(C) Essayent
(D) Se passent de

23. Qu'apprend-on sur le chocolat dans l'ensemble des deux sources ?

(A) Son importance au niveau mondial
(B) Ses effets positifs et négatifs
(C) Les raisons d'éviter de le manger
(D) Ses effets et sa consommation

Sélection 4

Thème du cours : Esthétique

INTRODUCTION

M. Bruno Lafarge est directeur commercial du groupe Le Cirque des Etoiles, un ensemble d'artistes internationaux. Il écrit la lettre suivante au maire de la ville de Chambéry pour lui demander la permission de présenter un spectacle cet été.

Monsieur le Maire,

Le Cirque des Étoiles est une compagnie d'artistes issus de douze pays différents. Parmi ces artistes, il y a des acrobates, des magiciens et des gymnastes qui ont émerveillé des publics très divers partout dans le monde. Accompagnés d'un orchestre jouant des compositions musicales créées exclusivement pour eux, les artistes du Cirque présentent un spectacle saisissant qui attire les gens de tout âge.

Le fondateur de notre organisation, M. Marcel Dutoit, est à la fois entrepreneur et philanthrope. Sous sa direction, Le Cirque des Étoiles est devenu une des attractions les plus spectaculaires du monde avec plus de six répertoires qui représentent le monde entier et des spectacles sur tous les continents. Ayant gagné une fortune considérable, M. Dutoit a décidé de contribuer vingt pour cent des bénéfices de ses entreprises à la Société pour la Protection des Orphelins (SPO). La raison de son dévouement à cette cause remonte à son enfance et à la mort tragique de ses parents. Après avoir passé quatre ans dans un orphelinat, il a eu la chance d'être adopté par un couple qui s'est dévoué à former son caractère et à cultiver ses talents. A l'âge de dix ans, sa vie avait alors repris dans une ambiance familiale et culturelle. Son amour des arts et son travail académique lui ont valu une bourse généreuse à l'Université de Montpelier. Avec deux amis de faculté, M. Dutoit a fondé Le Cirque et à l'heure qu'il est, vingt-deux ans plus tard, il emploie cinq cents artistes et ouvriers.

M. Dutoit est connu comme le plus grand bienfaiteur des orphelinats français. Il encourage le public à considérer l'adoption et il fait construire des orphelinats. M. Dutoit reconnaît qu'il a, lui-même, eu beaucoup de chance d'être adopté car 68 pour cent de garçons de plus de dix ans ne sont jamais adoptés—étant considérés « trop âgés ». M. Dutoit est le champion de centaines de jeunes—ces orphelinats sont parmi les meilleurs en France avec un programme éducatif sans pareil.

Le Cirque vous propose de faire une série de spectacles à Chambéry vers la fin du mois de juillet. Nous procurons nos propres tentes. Nous avons simplement besoin d'un espace où nous pourrons nous installer pour dix jours. Nous voulons aussi faire un don de 1.500 euros à l'orphelinat de Chambéry.

Je vous remercie d'avance de l'attention que vous donnerez à ce projet.

Mes sincères salutations,

Bruno Lafarge, directeur commercial, Le Cirque des Étoiles

24. Dans le contexte du passage, que veut dire l'adjectif « émerveillé » (ligne 4) ?

(A) Diverti
(B) Déçu
(C) Surpris
(D) Ébloui

25. Quel aspect de ce groupe d'artistes les rend uniques ?

(A) Ce sont tous des gymnastes connus.
(B) Ils s'accompagnent eux-mêmes d'instruments musicaux.
(C) Ils soutiennent les défavorisés.
(D) Ce sont tous des artistes qui ont perdu des parents.

26. D'après le contexte, que veut dire « bourse » (ligne 28) ?

(A) Une indemnité pour frais d'études
(B) Un diplôme d'études avancées
(C) Une admission spéciale
(D) Un concours d'entrée

27. Qu'est-ce qui est surtout décrit dans cette lettre ?

(A) La générosité de M. Dutoit
(B) Les exploits de la troupe d'artistes
(C) Le talent de chaque artiste du Cirque des Étoiles
(D) La condition des orphelinats français

28. Quelle leçon est-ce que M. Dutoit a tirée de ses expériences ?

(A) Une bonne éducation est nécessaire pour réussir dans la vie.
(B) Il est impératif qu'on travaille avec des amis.
(C) Il faut rendre à la communauté ce qu'elle nous a donné.
(D) L'entourage familial de l'enfant détermine son succès comme adulte.

29. Selon la lettre, quelle est la meilleure description du rôle de Bruno Lafarge ?

(A) Il est à la fois artiste et administrateur.
(B) C'est le chef de cette entreprise.
(C) C'est le secrétaire de ce groupe.
(D) Sa responsabilité est d'entrer en contact avec des municipalités.

30. Quel serait le titre le plus approprié pour une biographie de M. Dutoit ?

(A) Le grand entrepreneur international
(B) Le monde est mon théâtre
(C) Ma vie: Spectacle et Artistes
(D) Une vie enchantée: Divertir et donner

End of Part A

Track 121

Part B

TIME: APPROXIMATELY 55 MINUTES

Interpretive Communication: Print and Audio Texts (Combined)

You have 1 minute to read the directions for this section.

Vous aurez 1 minute pour lire les instructions pour cette section.

You will listen to several audio selections. The first two audio selections are accompanied by reading selections. When there is a reading selection, you will have a designated amount of time to read it.

For each audio selection, first you will have a designated amount of time to read a preview of the selection as well as to skim the questions that you will be asked. Each selection will be played twice. As you listen to each selection, you may take notes. Your notes will not be scored.

After listening to each selection the first time, you will have 1 minute to begin answering the questions; after listening to each selection the second time, you will have 15 seconds per question to finish answering the questions. For each question, choose the response that is best according to the audio and/or reading selection and mark your answer on your answer sheet.

Vous allez écouter plusieurs documents sonores. Les deux premiers documents sonores sont chacun accompagnés d'une lecture. Vous aurez un temps déterminé pour faire chaque lecture.

Pour chaque document sonore, vous aurez d'abord un temps déterminé pour lire une introduction et pour parcourir les questions qui suivent. Chaque document sonore sera passé deux fois. Vous pourrez prendre des notes pendant l'écoute de chaque document sonore, mais elles ne seront pas prises en compte.

Après avoir écouté chaque document sonore une première fois, vous aurez 1 minute pour commencer à répondre aux questions ; après avoir écouté chaque document sonore une deuxième fois, vous aurez 15 secondes par question pour finir d'y répondre. Pour chaque question, choisissez la réponse la plus appropriée selon le document sonore et/ou la lecture et indiquez votre réponse sur la feuille de réponses.

You will now begin this part.

Vous allez maintenant commencer cette partie.

Track 122

Sélection 1

Thème du cours : Vie contemporaine

SOURCE #1

Vous aurez d'abord 4 minutes pour lire la source numéro 1.

INTRODUCTION

Cet extrait provient du site web *synygaal.com*, qui se propose de répandre la culture sénégalaise partout dans le monde.

Les différentes ethnies du Sénégal sont intimement liées par les mêmes moeurs et traditions de sorte qu'il est très difficile de les distinguer simplement par leur port vestimentaire. Le coton local constitue l'étoffe de base. Le coton imprimé est la base de l'habillement de tous les jours tandis que les tissus teints ou tissés à la main sont portés lors des occasions spéciales. La teinture utilisant des produits végétaux comme l'indigo est un art qui passe de mère à fille tandis que le tissage est exclusivement réservé aux hommes. Chaque évènement social dicte le port vestimentaire mais le boubou est généralement porté en dehors des heures de travail. Les hommes portent une large chemise et un pantalon assortis sous leur boubou. Le boubou se porte avec une chéchia rouge, un petit chapeau ou un chapeau en coton tressé décoré et des sandales en cuir.

Les femmes, quant à elles, portent des habits aux couleurs vives et radiantes. Pour compléter leur tenue, les femmes nouent un pagne autour de leur ceinture, un foulard assorti sur leur tête et portent des sandales ou mules en cuir. Avec leurs combinaisons variées, leurs dessins sophistiqués, et la délicatesse de leurs motifs, les Sénégalais et Sénégalaises occupent une place privilégiée dans la mode en Afrique Noire. Outre le port vestimentaire, la coiffure occupe aussi une place importante. Dès leur plus tendre âge, les petites filles ont les cheveux tressés et décorés de perles et autres accessoires. Les jeunes garçons ont les cheveux coupés ou rasés selon le choix de leurs parents. En général, les musulmans préfèrent raser la tête de leurs enfants alors que la coutume de certains groupes ethniques du Sud permet même aux jeunes garçons de porter des tresses. Les types de coiffure diffèrent selon l'âge et l'ethnicité. En plus des habits et de la coiffure, les bijoux en or, argent, bronze et cuivre complètent la tenue surtout lors des grandes cérémonies familiales. En fait, la couture, la coiffure et la bijouterie sont les professions qui s'exportent mieux du Sénégal vers l'Afrique, l'Europe et les Amériques.

Contribution par : Mohamed Mbodj, Associate Professor, History Department, Columbia University

PRACTICE EXAM 2

SOURCE #2

Vous aurez 2 minutes pour lire l'introduction et parcourir les questions.

Track 123

INTRODUCTION

Dans cet extrait, il s'agit de l'effet des couleurs des équipes sportives et comment le sport a influencé la société. Le journaliste Bruno Dusaussoy fait l'interview de Michel Pastoureau, professeur et historien.

31. Selon l'article, quel est le rôle essentiel du choix de vêtements au Sénégal ?

    (A) Les vêtements indiquent le lieu de naissance de chacun.
    (B) Les couleurs des vêtements représentent l'ethnicité des personnes.
    (C) Les vêtements lient les membres de groupes culturels bien définis de ce pays.
    (D) Le choix de vêtements indique la richesse et la classe sociale des gens.

32. Qu'est-ce que les tâches de « teinture » et « tissage » révèlent sur la société sénégalaise ?

    (A) Certains travaux sont divisés entre hommes et femmes.
    (B) Tous les Sénégalais travaillent très dur.
    (C) Il y a des traditions anciennes dans la société sénégalaise.
    (D) La fabrication de vêtements est une industrie-clé au Sénégal.

33. Dans le contexte de cet article, qu'est-ce que c'est qu'un « boubou » ?

(A) Un faux-pas dans le choix de vêtements
(B) Un habit qu'on porte au travail
(C) Une sorte de chapeau
(D) Un vêtement porté par-dessus d'autres vêtements

34. Quels accessoires vont bien avec les vêtements, selon cet article ?

(A) Les chaussures et les chapeaux
(B) La coiffure et les bijoux
(C) Les foulards et les perles
(D) L'or et l'argent

35. Selon l'audio, que peut-on constater au sujet du football ?

(A) Il est plus populaire en Europe qu'en Amérique du Sud.
(B) Il a beaucoup d'influence sur la mode.
(C) L'équipe nationale d'Uruguay est la meilleure.
(D) La culture sportive française est très différente de celle d'Amérique latine.

36. Qu'est-ce qui était « impensable » dans les années 30 ?

(A) Que le Brésil soit la meilleure équipe du monde
(B) Que la France gagne la coupe du monde
(C) Que les équipes françaises portent des couleurs aussi vives
(D) Que l'équipe argentine joue en Europe

37. Selon l'audio, que peut-on dire de l'Uruguay ?

(A) C'est un pays pauvre.
(B) C'est un pays fort en foot.
(C) Ce pays est en fait plus fort en foot que le Brésil.
(D) C'est le pays qui a vu naître le foot.

38. Quel événement a marqué l'année 1918 en Angleterre ?

(A) On commence à porter des vêtements de sport au travail et en société.
(B) On commence à voir le style sportif dans les vêtements quotidiens.
(C) Les tenues de sport se voient de plus en plus en ville.
(D) Les grands couturiers présentent des tenues de soirée en style sportif.

39. Qu'est-ce que les deux sélections ont en commun ?

(A) Elles soulignent l'influence étrangère dans la mode.
(B) Elles montrent que la mode est la manifestation d'une culture.
(C) Elles soulignent le rôle des athlètes dans le domaine de la mode.
(D) Elles montrent comment l'Amérique du Sud influence la mode.

40. D'après ces deux sources, que peut-on dire de la mode ?

(A) La mode est influencée par les cultures étrangères.
(B) La mode dans certains pays est dictée par les sports.
(C) La mode change peu d'une génération à l'autre.
(D) La mode aide souvent à définir une société.

Sélection 2

Track 124

Thème du cours : Science et Technologie

SOURCE #1

Vous aurez d'abord 4 minutes pour lire la source numéro 1.

INTRODUCTION

Ce tableau retrace le développement de l'homme : les lieux où il a vécu, ses outils et son mode de vie.

DATES	-2,4 à - 1,6 Ma	- 1,9 Ma à - 300 000 ans	-350 000 à - 35 000 ans	- 35 000 ans
ESPECE	*Homo habilis*	*Homo ergaster* *Homo erectus*	*Homo neandertalensis*	*Homo sapiens*
LIEU	Afrique de l'Est Afrique due Sud	Afrique du Sud Afrique de l'Est Afrique du Nord Europe, Asie Indonésie	Europe Proche-Orient Asie	Tous les continents
OUTILS	Plus anciens outils retrouvés : galets aménagés ou Choppers 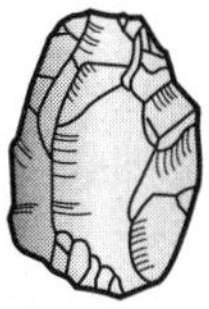	Invention du biface. Diversification des outils à symétries et formes géométriques variées. 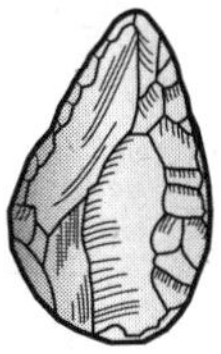	Outils en os. Généralisation d'outils sur éclats. Lames plus minces et allongées. 	Propulseur, harpon en os, aiguille à chas, . . . 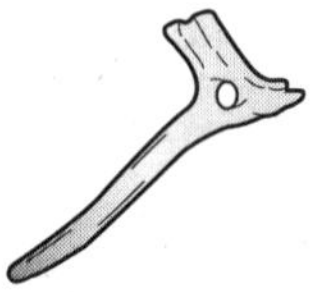
MODE DE VIE	Bipédie et marche, moins arboricole, Omnivore avec viande	Parfait bipède Bon chasseur, Organisation sociale Langage articulé. Domestication de feu Campements en plein air	Bon chasseur, Début de la pêche, Premières sépultures Premiers bijoux	Chasse, Pêche, peintures, gravures Sédentarisation, agriculture, élevage . . .

Track 125

SOURCE #2

Vous aurez 1 minute pour lire l'introduction et parcourir les questions.

INTRODUCTION

Dans cet extrait, il s'agit d'une grotte préhistorique qui se trouve en France. La grotte Chauvet est pleine de dessins représentant la vie d'un âge où les lions, les bisons et les rhinocéros erraient dans les champs.

41. Selon le reportage audio, quel est l'indice principal qui indique l'âge de cette grotte ?

    (A) La mauvaise qualité des dessins
    (B) Les dessins des animaux disparus en France
    (C) Les représentations de Vénus et d'un sorcier
    (D) La présence d'une idée de Dieu dans les images

42. Quel adjectif décrit le mieux le ton de cet extrait audio ?

    (A) Respectueux
    (B) Enthousiaste
    (C) Douteux
    (D) Sceptique

43. Que peut-on dire des anciens habitants de cette grotte ?

    (A) Ils n'avaient rien en commun avec les gens d'aujourd'hui.
    (B) Ils appréciaient l'art autant que l'homme moderne.
    (C) Ils manifestaient une grande appréciation pour la spiritualité.
    (D) Ils craignaient les animaux de leur époque.

44. Que peut-on déduire du graphique au sujet de celui qu'on nomme « *Homo neandertalensis* » ?

    (A) Le poisson et les fruits de mer étaient inclus dans leur régime.
    (B) Ils marchaient exclusivement sur leurs deux pieds.
    (C) Ils dépendaient de ressources agricoles pour leur nourriture.
    (D) Ils avaient une bonne organisation et structure de société.

45. Selon le graphique, où est-ce que la vie humaine a commencé ?

    (A) En Europe
    (B) En Asie
    (C) En Afrique
    (D) En Indonésie

46. Dans le graphique, quelle évolution est indiquée par le mot « sédentarisation » qui paraît dans la catégorie « mode de vie » pour les *Homo sapiens* ?

  (A) Le passage de l'alimentation à base de viande à celle des légumes.
  (B) Le passage de la vie nomade à la vie en un lieu fixe.
  (C) Le passage d'une société où on vit de la chasse à une vie de commerce.
  (D) Le passage d'une société agricole à une société industrielle.

47. Selon les deux sources, que peut-on constater sur les anciens habitants de la grotte Chauvet ?

  (A) Ils étaient végétariens.
  (B) Ils avaient un rapport incontestable avec l'espèce animale.
  (C) Ils venaient de maîtriser l'art de faire un feu.
  (D) Ils étaient spirituels.

Track 126

Interpretive Communication: Audio Texts

You have 1 minute to read the directions for this section.	Vous avez 1 minute pour lire les instructions pour cette section.

You will answer multiple-choice questions based on only audio selections. Listen to each selection twice. Then choose the best answer for each question.	Vous allez répondre aux questions à choix multiples basées sur des sélections audio. Vous allez écouter chaque sélection deux fois. Ensuite choisissez la meilleure réponse pour chaque question.

Sélection 3

Thème du cours : Famille et Communauté

Vous aurez d'abord 1 minute pour lire l'introduction et parcourir les questions.

INTRODUCTION

Cette conversation présente l'importance de la gastronomie non seulement dans le domaine culinaire mais aussi dans le domaine social.

48. D'après cet interview audio, que peut-on dire du repas gastronomique ?
    (A) Ce n'est pas un rite important dans la société francaise.
    (B) C'est un sujet cher à beaucoup de Français.
    (C) C'est une habitude qui se perd de plus en plus en France.
    (D) C'est une appréciation à partager avec les étrangers.

49. Quelle est l'importance de cette consécration par l'UNESCO ?
    (A) C'est le résultat de trois ans de travail assidu.
    (B) Elle affirme une grande valeur au repas gastronomique.
    (C) Elle inspire le reste du monde à partager cette tradition.
    (D) Cela permet aux étrangers de copier le style culinaire des Français.

50. Pourquoi M. Pitte fait-il la comparaison entre un bâtiment historique et le repas gastronomique ?

(A) Ce sont des choses qui peuvent être détruites.
(B) Tous les deux sont créés par les hommes.
(C) Ils peuvent représenter l'identité française.
(D) Ils changent toujours.

51. Pourquoi le repas gastronomique est-il menacé ?

(A) À cause des initiatives de l'UNESCO
(B) À cause de l'économie
(C) Par manque de nourriture
(D) Dû à la complexité de la vie moderne

52. Quel est le conseil offert dans le dernier paragraphe ?

(A) Ce type de repas devrait passer dans les archives de l'histoire.
(B) Cette tradition peut être sauvegardée même dans nos vies actives.
(C) Une omelette ne vaut pas un bon repas gastronomique.
(D) On a besoin de temps pour préparer un bon repas.

Sélection 4

Track 127

Thème du cours : Vie contemporaine

Vous aurez d'abord 1 minute pour lire l'introduction et parcourir les questions.

INTRODUCTION

Dans cet extrait, on donne des instructions pour faire des économies à la pompe à essence. L'extrait vient du site web *Pratiks.com*

53. D'après ce reportage audio, pourquoi faut-il faire le plein le matin ?

(A) Les prix sont généralement moins élevés.
(B) Il y a moins de motoristes avec qui il faut rivaliser.
(C) Le carburant est plus dense et on en reçoit d'avantage.
(D) La combustion pose moins de dangers.

54. Quelle est l'idée principale de cette émission ?

(A) L'augmentation du prix de l'essence force les gens à faire des économies.
(B) Les réserves d'essence diminuent chaque année.
(C) La plupart des gens ne savent pas comment faire le plein.
(D) Il faut apprendre à tout prix comment éviter les dangers à la pompe à essence.

55. De quelle instance est-ce que le narrateur parle quand il dit qu'il ne faut pas attendre pour faire le plein « quand on est dans la réserve » ?

(A) Le moment où les pompes rationnent l'essence
(B) Le moment où il reste très peu d'essence dans votre réservoir
(C) Le jour où on est pressé
(D) Le jour où on a besoin d'un peu d'essence

56. Quel est le but principal de ce narrateur ?

(A) D'encourager l'achat de l'essence
(B) D'aider les entreprises pétrolières
(C) D'éviter des accidents à la pompe d'essence
(D) D'aider la personne ordinaire

57. Selon le narrateur, pourquoi est-ce qu'on ne doit pas « enfoncer la gachette à fond » ?

(A) On perdrait de l'essence à cause des vapeurs qui s'échappent.
(B) On peut finir par acheter plus d'essence que nécessaire.
(C) On finirait par dépenser trop d'argent.
(D) On gaspillerait l'essence qui s'écoulerait goutte à goutte.

Track 128

Sélection 5

Thème du cours : Ésthétique/Quête de soi

Vous aurez d'abord 1 minute pour lire l'introduction et parcourir les questions.

INTRODUCTION

Il s'agit de l'histoire des bandes dessinées d'Uderzo et Goscinny par Bertrand Galimard Flavigny qui célèbre leurs oeuvres populaires.

58. D'après cette présentation audio, que dit-on de l'idée de créer une BD qui serait basée sur les « premiers Français » ?

(A) Elle a été reçue avec enthousiasme.
(B) Elle a été ridiculisée par les historiens.
(C) Elle était tout à fait originale.
(D) Elle a d'abord été rejetée par la maison d'édition.

59. Comment est-ce que les auteurs caractérisent les Français à l'époque de Jules César ?

(A) Plutôt faibles
(B) Assez modernes
(C) Inférieurs à l'homme contemporain
(D) Rebelles en face de l'ennemi

60. D'après cet extrait, comment les jeunes Français d'une certaine époque se sont-ils familiarisés avec la structure des tribus gauloises ?

(A) En discutant avec leurs parents
(B) A l'école, dans leurs cours
(C) En lisant les aventures d'Astérix
(D) En visitant des sites historiques

61. Qu'est-ce que ce passage nous apprend sur la série Oumpah-Pah ?

(A) Elle était aussi populaire que celle d'Astérix.
(B) Elle a trouvé le succès seulement en Amérique.
(C) Elle a assuré des profits financiers aux deux auteurs.
(D) Elle représente le début des œuvres de ces deux hommes.

62. Pour quelle raison Goscinny et Uderzo ont-ils créé la BD Astérix ?

(A) Par amour pour l'histoire de France
(B) Pour captiver l'attention des jeunes Français
(C) Pour devenir célèbres
(D) Pour devenir riches

63. Pourquoi est-ce que le nom « Astérix » devait commencer avec la lettre « A » ?

(A) Pour paraître au commencement des encyclopédies de BD
(B) Pour être facile à prononcer
(C) Pour être facilement reconnu dans les librairies
(D) Pour commencer avec une voyelle comme Oumpah-Pah

64. Que signifie « primordiale » dans le contexte du passage ?

(A) Essentielle
(B) Nouvelle
(C) Différente
(D) Historique

65. Qu'est-ce qui caractérise les personnages de la BD Oumpah-Pah ?

(A) Ils vivent dans une société traditionnelle du monde moderne.
(B) Ils ont des difficultés avec de nouveaux habitants.
(C) Ils s'adaptent à la vie moderne.
(D) Ils existent dans une société futuriste.

SECTION II: FREE RESPONSE

Part A

TIME: APPROXIMATELY 1 HOUR AND 10 MINUTES

Task 1: Email Reply

TIME: 15 MINUTES

You will write a reply to an email message. You have 15 minutes to read the message and write your reply.

Your reply should include a greeting and a closing and should respond to all the questions and requests in the message. In your reply, you should also ask for more details about something mentioned in the message. Also, you should use a formal form of address.

Vous allez répondre à un courrier électronique. Vous aurez 15 minutes pour lire le message et composer votre réponse.

Votre réponse doit commencer par une salutation et se terminer par une formule de politesse. Vous devez répondre à toutes les questions et à toutes les demandes du message. Dans votre réponse, vous devez demander des détails sur un sujet évoqué dans le courrier. Vous devez utiliser un registre de langue soutenu.

Thème du cours : Quête de soi

INTRODUCTION

Ce courriel a été envoyé par Monsieur Bernard Poirier, chef des services promotionnels de la revue mensuelle *La Francophonie.* Cette revue veut partager l'expérience d'être français dans un monde où la francophonie est définie en tant de termes différents. On vous invite à contribuer un article à une prochaine édition de cette revue.

De

Objet

Monsieur, Madame,

Je vous invite à partager vos expériences dans le monde francophone avec notre revue qui s'appelle *La Francophonie*. Le but de cette revue est de présenter au monde entier l'identité changeante des membres du monde francophone. Le Français stéréotypé des années 50 ou 60 doit être remplacé avec la vérité d'aujourd'hui—c'est qu'un Français ne peut pas être expliqué ou décrit d'une seule manière mais plutôt avec toutes les couleurs d'une palette.

Vous avez été choisi pour notre revue à cause de votre participation à un échange scolaire dans un pays francophone. Il est essentiel que les jeunes se fassent entendre dans la discussion de la nationalité. Je vous invite à présenter un essai ou un article qui décrit et explique la francophonie comme vous l'avez vue récemment pendant votre séjour.

Voilà quelques questions au sujet de votre participation à ce projet :

- Quels aspects de la vie francophone (selon ce que vous avez remarqué) préférez-vous discuter—la langue, les coutumes, la cuisine, ou d'autres aspects de la vie ?
- Décrivez le type d'article que vous voudriez écrire—un essai basé sur vos expériences ou une collection de vos photos qui montrent un certain aspect de la société avec de brèves explications qui les accompagneraient.

Je compte vous ajouter à notre liste de jeunes gens qui partageront leur vue du monde francophone avec le monde. Pour vous remercier pour votre participation, nous voudrions vous offrir un abonnement gratuit de deux ans à notre revue si vous choisissez d'y contribuer.

Dans l'attente de votre réponse.

Sincères salutations,

Bernard Poirier
Chef des services promotionnels

Track 129

Task 2: Argumentative Essay

TIME: APPROXIMATELY 55 MINUTES

You have 1 minute to read the directions for this section.

Vous avez 1 minute pour lire les instructions pour cette section.

You will write an argumentative essay to submit to a French writing contest. The essay topic is based on three accompanying sources, which present different viewpoints on the topic and include both print and audio material. First, you will have 6 minutes to read the essay topic and the printed material. Afterward, you will hear the audio material twice; you should take notes while you listen. Then, you will have 40 minutes to prepare and write your essay.

In your essay, clearly present and thoroughly defend your own position on the topic. Integrate viewpoints and information you find in all three sources to support your argument. As you refer to the sources, identify them appropriately. Also, organize your essay into clear paragraphs.

Vous allez écrire un essai argumentatif pour un concours d'écriture de langue française. Le sujet de l'essai est basé sur trois sources incluses, écrites et sonore, qui présentent différents points de vue sur le sujet. Vous aurez d'abord 6 minutes pour lire le sujet de l'essai ainsi que les documents écrits. Ensuite, vous écouterez le document sonore deux fois ; vous devriez prendre des notes pendant l'écoute. Enfin, vous aurez 40 minutes pour préparer et écrire votre essai.

Dans votre essai, vous présenterez et vous défendrez de la manière la plus complète votre point de vue sur le sujet. Vous soutiendrez votre argumentation en y intégrant des perspectives et des données tirées de chacune des trois sources. Il faudra indiquer de manière adéquate les sources auxquelles vous faites référence. Prenez soin également de structurer clairement votre essai à l'aide de paragraphes.

You will now begin this task.

Vous allez maintenant commencer cette tâche.

Thème du cours : Vie contemporaine/Science et Technologie

Vous aurez 6 minutes pour lire le sujet de l'essai, la source numéro 1 et la source numéro 2.

Sujet de l'essai :

Faut-il un peu de stress dans la vie quotidienne ?

SOURCE #1

INTRODUCTION

Cet article écrit par Michel de Sarrieu, docteur en pharmacie et directeur scientifique du service Fleurance Nature décrit la nature du stress. Selon le docteur, il y a du stress chaque fois qu'un individu est sollicité par son environnement et doit s'adapter ; cette sollicitation peut être bonne ou mauvaise.

Il y a du stress chaque fois qu'un individu est sollicité par son environnement et doit s'adapter. Cette sollicitation peut être bonne ou mauvaise. Le stress n'est donc pas une maladie de l'homme moderne mais une réaction normale de l'organisme. Il s'agit d'un mécanisme de défense, présent chez tous les êtres vivants, qui permet de mobiliser très rapidement les réserves de l'organisme pour assurer survie et adaptation. Par exemple, l'élévation du rythme cardiaque et respiratoire permet de mieux oxygéner les muscles ; c'est une réaction animale (préparation à la fuite ou au combat face à un danger). Mais il peut aussi faire perdre les moyens et nuire à l'action. Les causes de stress sont multiples (problèmes familiaux, soucis de santé, surcharge de travail), et les réactions très différentes d'un individu à l'autre.

Lorsque l'on parle de stress, trois composantes entrent en jeu. Selon l'OMS (Organisation Mondiale de la Santé), près de 450 millions de personnes seraient directement concernées par le stress dans le monde. En France, on estime ce chiffre à 4 millions, soit près d'une personne sur 15. Entre 23 000 et 36 000 décès par an seraient dus au stress en France. Une enquête à l'échelle européenne a révélé que pour 17% des Européens, le stress était considéré comme le facteur de risque le plus important pour la santé, à égalité avec le tabac.

Tant que la stimulation n'est pas anormalement élevée et ne contraint pas l'individu, on parle de bon stress. De nombreuses études ont ainsi montré que le niveau de performance, physique ou intellectuelle, est supérieur en situation de stress modéré et beaucoup d'entre nous ont besoin de ce petit stress quotidien pour être efficaces au travail. Certaines personnes recherchent l'excitation liée au stress dans le sport ou la compétition. Mais, dès lors que la stimulation externe s'inscrit dans la durée ou nous contraint de façon excessive, on parle de mauvais stress : l'organisme ne parvient pas à s'adapter et des déséquilibres physiques, mentaux ou comportementaux s'installent.

Il est établi que la plupart des personnes ayant du mal à gérer leur stress compensent en mangeant des aliments gras et/ou sucrés, favorisant ainsi l'accumulation de graisses. Concernant la prise de poids, des études ont montré que des femmes soumises à un stress psychologique intense avaient une propension plus grande à prendre du poids. Ainsi, une étude américaine menée auprès de 2017 femmes pendant 4 ans a montré que les femmes qui avaient subi les stress les plus importants avaient pris significativement plus de poids.

Cependant, là encore, ces réponses sont fonction de l'intensité du stress subi, et aussi du métabolisme de la personne stressée. Nous avons tous dans notre entourage des hommes ou des femmes, très actifs, qui mangent mal, soumis à un stress quotidien et qui pourtant restent minces !

SOURCE #2

INTRODUCTION

Le graphique suivant montre l'échelle des évènements de la vie, de Holmes et Rahe (1967), qui tente de « chiffrer » le stress causé par différentes situations.

Track 130

SOURCE #3

Vous avez 30 secondes pour lire l'introduction.

INTRODUCTION

Dans cet extrait, Élodie Courtejoie parle à Michel Le Moal, neuropsychiatre, membre de l'Académie des sciences et premier psychiatre à devenir membre de cette Académie, sur la nature du stress dans notre monde.

Part B

Track 131

TIME: APPROXIMATELY 15 MINUTES

This part requires spoken responses. Your cue to start or stop speaking will always be this tone.	Cette partie exige des réponses orales. Votre signal pour commencer ou arrêter de parler sera toujours cette tonalité.

You have 1 minute to read the directions for this part.	Vous avez 1 minute pour lire les instructions de cette partie.

Your spoken responses will be recorded. Your score will be based on what you record. It is important that you speak loudly enough and clearly enough for the machine to record what you say. You will be asked to start, pause, and stop your recorder at various points during the exam. Follow the directions and start, pause, or stop the recorder only when you are told to do so. Remember that the tone is a cue only to start or stop speaking—not to start or stop the recorder.	Vos réponses seront enregistrées. Votre note sera basée sur ce que vous aurez enregistré. Il est important que vous parliez assez fort pour que vos réponses soient enregistrées. Il vous sera demandé de mettre en marche, de mettre en pause et d'arrêter l'appareil à certains moments de l'examen. Suivez les instructions et mettez en marche, mettez en pause ou arrêtez l'appareil seulement quand on vous le dira. Rappelez-vous que la tonalité est seulement le signal pour commencer ou arrêter de parler—pas pour mettre en marche ou arrêter l'appareil.

You will now begin this part.	Vous allez maintenant commencer cette partie.

Task 3: Conversation

You have 1 minute to read the directions for this part.	Vous avez 1 minute pour lire les instructions de cette partie.

You will participate in a conversation. First, you will have 1 minute to read a preview of the conversation, including an outline of each turn in the conversation. Afterward, the conversation will begin, following the outline. Each time it is your turn to speak, you will have 20 seconds to record your response. You should participate in the conversation as fully and appropriately as possible	Vous allez participer à une conversation. D'abord, vous aurez 1 minute pour lire l'introduction de cette conversation comprenant le schéma des échanges. Ensuite, la conversation commencera, suivant le schéma. Quand ce sera votre tour de parler, vous aurez 20 secondes pour enregistrer votre réponse. Vous devez participer à la conversation de façon aussi complète et appropriée que possible

You will now begin this task.	Vous allez maintenant commencer cette tâche.

Thème du cours : Vie contemporaine

Vous avez 1 minute pour lire l'introduction et le schéma de la conversation.

INTRODUCTION

C'est une conversation avec une camarade de classe, Suzanne, avec qui vous devez faire un projet pour la classe de français. Le sujet de ce projet est une ville française.

Suzanne :	Elle propose un plan.
Vous :	Acceptez ses idées et parlez de votre rôle.
Suzanne :	Elle vous pose des questions.
Vous :	Dites-lui vos préférences.
Suzanne :	Elle vous pose une question.
Vous :	Répondez et expliquez pourquoi.
Suzanne :	Elle vous pose des questions.
Vous :	Répondez à ses questions.
Suzanne :	Elle exprime son enthousiasme et vous salue.
Vous :	Résumez vos sentiments et terminez la conversation.

Task 4: Cultural Comparison

TIME: 7 MINUTES

You have 1 minute to read the directions for this task.	Vous aurez 1 minute pour lire les instructions de cette tâche.

You will make an oral presentation on a specific topic to your class. You will have 4 minutes to read the presentation topic and prepare your presentation. Then you will have 2 minutes to record your presentation. In your presentation, compare a French-speaking community with which you are familiar to your own or another community. You should demonstrate your understanding of cultural features of this French-speaking community. You should also organize your presentation clearly.	Vous allez faire un exposé pour votre classe sur un sujet précis. Vous aurez 4 minutes pour lire le sujet de cet exposé et préparer votre exposé. Vous aurez alors 2 minutes pour vous enregistrer. Dans votre exposé, comparez une région du monde francophone que vous connaissez à votre propre communauté ou à une autre communauté. Vous devez démontrer votre compréhension de réalités culturelles de cette communauté francophone. Vous devez aussi organiser clairement votre exposé.

You will now begin this task.	Vous allez maintenant commencer cette tâche.

Thème du cours : Quête de soi

Sujet de présentation :

Dans chaque pays, il y a certains individus qui ont influencé la vie de leur société pour le meilleur ou pour le pire. Comparez une telle personne de votre pays à une personne du monde francophone. Dans votre exposé, vous pouvez faire référence à ce que vous avez étudié, vécu, observé, etc.

STOP END OF PRACTICE EXAM 2

ANSWER KEY
Practice Exam 2

Section I: Multiple-Choice

Part A

Interpretive Communication: Print Texts

1. **B**
2. **D**
3. **A**
4. **B**
5. **C**
6. **C**
7. **C**
8. **C**
9. **B**
10. **A**
11. **B**
12. **A**
13. **A**
14. **C**
15. **A**
16. **D**
17. **B**
18. **B**
19. **C**
20. **A**
21. **C**
22. **A**
23. **D**
24. **D**
25. **C**
26. **A**
27. **A**
28. **C**
29. **D**
30. **D**

Part B

Interpretive Communication: Print and Audio Texts (Combined)

31. **C**
32. **A**
33. **D**
34. **B**
35. **B**
36. **C**
37. **B**
38. **B**
39. **B**
40. **D**
41. **B**
42. **A**
43. **C**
44. **A**
45. **C**
46. **B**
47. **B**

Interpretive Communication: Audio Texts

48. **D**
49. **B**
50. **C**
51. **D**
52. **B**
53. **C**
54. **A**
55. **B**
56. **D**
57. **A**
58. **C**
59. **D**
60. **C**
61. **D**
62. **B**
63. **A**
64. **A**
65. **A**

Section II: Free Response

See Appendix D for transcripts of audio documents.

Score Analysis

Section I: Multiple Choice

Number Correct = ____________
(out of 65)

Section II: Free Response

Question 1 [ ] × 3.2500 = ____________
(Out of 5) (Do not round)

Question 2 [ ] × 3.2500 = ____________
(Out of 5) (Do not round)

Question 3 [ ] × 3.2500 = ____________
(Out of 5) (Do not round)

Question 4 [ ] × 3.2500 = ____________
(Out of 5) (Do not round)

Total = ____________
Weighted
Section II Score
(Do not round)

Composite Score

__________ + __________ = ______________

Section I Score | Section II Score | Composite Score (Rounded to the nearest whole number)

AP French Language and Culture Score Conversion Chart

Composite Score Range	AP Score
101–130	5
82–100	4
61–81	3
42–60	2
0–41	1

Answer Explanations

Section I: Multiple Choice

Part A
Interpretive Communication: Print Texts

Sélection 1

1. **(B)** The goal is to increase public awareness of this significant site, "*activités éducatives . . . importance culturelle et historique.*"
2. **(D)** The correct response is choice D because it invites all inhabitants and guests to attend, "*habitants et visiteurs.*"
3. **(A)** The announcement states that Mont Royal is faced with environmental challenges, "*défis écologiques.*"
4. **(B)** The children's activities are both educational, referring to Mont Royal as historical, "*historique,*" and enjoyable, "*pour leur amusement.*"
5. **(C)** "*Comme prof de biologie, comment puis-je rendre service à votre organisation* ?" is the correct response because it uses the proper formal register and makes an offer from an appropriate source.

Sélection 2

6. **(C)** She cannot tolerate her living conditions, "*Son humble ménage éveillait en elle des regrets.*"
7. **(C)** The author's style is honest and revealing when it comes physical and emotional description.
8. **(C)** The fact that her family is not rich is pointed out by such expressions as her being born into "*une famille d'employés*" (a family of workers) and that she had no dowry ("*Elle n'avait pas de dot*").
9. **(B)** The second paragraph points out that a woman's qualities such as beauty, delicacy, elegance, and flexibility of spirit make a "*fille du peuple*" (common girl) equal to a "*grande dame*" (high-society lady): "*[Ils] font des filles du peuple les égales des plus grandes dames.*"
10. **(A)** This expression refers to a modest meal that clearly pleases the husband, while the wife dreams of much more refined cuisine in the lines that follow: "*Dîners fins, aux argenteries reluisantes. . . .*"
11. **(B)** The best description of this woman is that she is lovely yet sad: "*une de ces jolies et charmantes filles . . . mais malheureuse.*"
12. **(A)** There are constant references to her longing for another life, such as "*Nées, comme par une erreur du destin, dans une famille d'employés,*" and "*Elle souffrait sans cesse, se sentant née pour toutes les délicatesses et tous les luxes.*" The constant use of the verb *songeait* also contributes to her dreaming of something better.

Sélection 3

13. **(A)** The article has an instructive tone.

14. **(C)** The sense of this expression is that one is lounging in front of the TV set, *"Si on est vautré toute la journée devant la télévision . . . oui on va grossir."*

15. **(A)** This substance aids in breathing, *"Et puis la théobromine, elle-même, a des propriétés intéressantes puisqu'elle permet la dilatation des bronches."*

16. **(D)** Both products have the capacity to provide energy, *"Ce sont des substances d'éveil."*

17. **(B)** This is the correct answer because remaining active while eating chocolate is recommended: *"Si on est vautré toute la journée devant la télévision et que l'on mange cinq plaques, cinq tablettes de chocolat, oui on va grossir ! "*

18. **(B)** Chocolate creates "*une accoutumance*" or a sort of addiction. You can use a root reading strategy to determine that *accoutumance* is derived from the word *coutume* (custom). Therefore, it is the action of getting accustomed to something.

19. **(C)** Chocolate does not necessarily make one fat.

20. **(A)** Europeans are the world's biggest consumers of chocolate. *"1,87 kg en Europe "* represents the largest amount consumed.

21. **(C)** Americans eat nearly ten times more chocolate than do Africans. *"1,20 kg en Amérique, 0,13 kg en Afrique. "*

22. **(A)** This is the correct answer because the context helps infer that the verb "*engloutir*" means to devour.

23. **(D)** The correct answer is choice D because, considering the content of the two sources, both the effects and the consumption of chocolate are the most prominent features.

Sélection 4

24. **(D)** Context clues such as "*ont diverti* " (entertained) help you infer that this term means dazzled.

25. **(C)** What makes this group unique is their support of the underprivileged, *"M. Dutoit a décidé de contribuer vingt pour cent des bénéfices de ses entreprises à la Société pour la Protection des Orphelins (SPO)."*

26. **(A)** The word "*généreux* " helps infer that it is a scholarship.

27. **(A)** The generosity of the owner is key, *"M. Marcel Dutoit, est à la fois entrepreneur et philanthrope."*

28. **(C)** Giving back is essential to this man, *"M. Dutoit est connu comme le plus grand bienfaiteur des orphelinats français."*

29. **(D)** He contacts cities to establish plans.

30. **(D)** His life is defined by entertaining and giving, *"Le fondateur de notre organisation, M. Marcel Dutoit, est à la fois entrepreneur et philanthrope."*

Part B

Interpretive Communication: Print and Audio Texts (Combined)

Sélection 1

31. **(C)** Clothing unifies the people of Senegal, *"Les différentes enthnies du Sénégal sont intimement liées par . . . leur port vestimentaire."*

32. **(A)** These tasks are divided between men and women, *"La teinture utilisant des produits végétaux comme l'indigo est un art qui passe de mère à fille tandis que le tissage est exclusivement réservé aux hommes."*

33. **(D)** This garment is worn over other garments, *"Les hommes portent une large chemise et un pantalon assortis sous leur boubou."*

34. **(B)** Both hair style and jewelry help define one's look in Senegal, *"La coiffure, les bijoux . . . complètent la tenure."*

35. **(B)** Soccer has influenced fashion all over the world, *"En football . . . les couleurs de l'Amérique du Sud sont devenues à la mode en Europe."*

36. **(C)** It was unthinkable in the 1930s that French soccer teams would wear such vivid colors, *"Saint-Étienne avec le maillot vert et Nantes, les « Canaris », avec leur maillot jaune. C'était impensable dans les années 30."*

37. **(B)** Uruguay is pretty good in soccer, *"L'Uruguay, par exemple, . . . a des palmarès magnifiques."*

38. **(B)** During the World War I era, the first signs of sports clothing influencing everyday clothing were seen, *"Au lendemain de la Première Guerre mondiale, dans le monde britannique d'abord et puis ailleurs ensuite, ce qu'on appelle le sportswear est devenu dans l'air du temps."*

39. **(B)** The two selections show how culture is reflected in fashion.

40. **(D)** Fashion can help define a people.

Sélection 2

41. **(B)** The age of the cave drawings is indicated by the presence of animals that have been long extinct in France, *"Il y a un cheval qui semble sortir de cette niche et puis d'un côté, il y a toute une troupe de rhinocéros."*

42. **(A)** The overall tone of the article is one of respect.

43. **(C)** The idea of a God is revealed by the cave drawings according to the interview, *"Cette notion de Dieu est finalement très ancienne."*

44. **(A)** This is the correct answer because this is the era when we see the first evidence of fishing, *"Début de la pêche."*

45. **(C)** Africa is where human life was first recorded, *"Lieu—Afrique de l'Est et Afrique du Sud."*

46. **(B)** This term indicates change from a nomadic life to a life where one stays in one place.

47. **(B)** There was an essential relationship between men and animals, *"Il y a un être assez curieux qui a une tête et une bosse de bison. . . . Mais au lieu d'avoir une patte de bison, c'est un bras humain avec une main humaine."*

Interpretive Communication: Audio Texts

Sélection 3

48. **(D)** This type of meal is copied and shared by people all over the world, *"La gastronomie est vraiment un élément essentiel de leur identité, de leur joie de vivre, du plaisir d'habiter en France et de partager avec beaucoup d'étrangers cet élément majeur de notre culture."*

49. **(B)** This decision by UNESCO recognizes this tradition as one that has great value and importance, *"La gastronomie est vraiment un élément essentiel . . . cet élément majeur de notre culture."*

50. **(C)** Both the building and the meal represent cultural identity, *"Reconnu comme important, de l'identité culturelle."*

51. **(D)** This type of meal is threatened by the complexity and demands of modern life, *"Du travail, du stress de la vie d'aujourd'hui, on n'a pas le temps de faire ses achats, de faire la cuisine."*

52. **(B)** Even though people are busier than ever, time can still be made for such a tradition, *"On n'a pas le temps de faire ses achats, de faire la cuisine."*

Sélection 4

53. **(C)** This expression means the gas is cooler and more dense, *"Et la terre étant plus froide le matin, la densité du carburant est plus grande."*

54. **(A)** Gas prices are rising and money can be saved, *"Nous allons apprendre (à) économiser du carburant."*

55. **(B)** The expression refers to the reserve in the tank, *"N'attendez pas d'être dans le réserve pour faire le plein. Un réservoir vide favorise l'évaporation car, plus le réservoir est vide, plus il reste d'air, donc plus de possibilité de s'évaporer."*

56. **(D)** The narrator wishes to help the average person, *"Nous allons apprendre (à) comment économiser du carburant en allant à la pompe."*

57. **(A)** Squeezing the pump handle harder causes vapors that can escape the tank, *"Si vous faites le plein avec la gachette en position rapide, un certain pourcentage du carburant qui entre dans le réservoir de l'auto deviendra des vapeurs—et les vapeurs ainsi formées s'échappent."*

Sélection 5

58. **(C)** Using the Gaulois as inspiration for a comic strip had never been done before, *"Les deux compères songèrent aux Gaulois, non encore utilisés dans la bande dessinée."*

59. **(D)** Early Frenchmen resisted the occupation of Caesar, *"Lors de l'occupation . . . par César . . . un village, un seul résista."*

60. **(C)** This is the correct answer because French children learned about their earliest ancestors by reading the stories of Astérix. "*Comme tous les enfants qui allaient à l'école, à une certaine époque, René Goscinny et Albert Uderzo apprirent que : « chaque tribu gauloise était principalement composée d'un chef, d'un barde et d'un druide ».*"

61. **(D)** This is the correct answer because the Oumpah-Pah series was the first work by this pair, "*Oumpah-Pah fut le premier personage commun de Goscinny et Uderzo.*"

62. **(B)** The authors wanted to capture the interest of young people, "*Cherchant « une nouvelle idée originale de conception bien française et qui pourrait intéresser les jeunes lecteurs français ».*"

63. **(A)** Using the letter "A" put Astérix at the top of the list in the encyclopedias, "*Goscinny était ainsi « certain que le personnage sera cité parmi les premiers dans les encyclopédies de BD qui commencent à naître ».*"

64. **(A)** Context clues such as the reference to the authors in the previous phrase and the word *deux* before *compères* help indicate that the two men were associates.

65. **(A)** These characters lived in a traditional culture but in the modern age, "*L'ébauche Oumpah-Pah, sur six pages, mettait en scène ce personnage, vivant dans une réserve indienne, au milieu de la vie moderne des Américains.*"

Section II: Free Response

Interpersonal Writing: Exemplary Email Reply

De

Objet

Cher Monsieur Poirier,

Merci pour votre courriel qui m'invite à écrire pour votre revue de la francophonie. Je peux dire, sans hésitation que les mois que j'ai passés dans le monde francophone—le Mali—représentent pour moi les moments les plus importants de ma jeune vie.

J'aime bien l'idée de présenter les images de ce pays et une identité francophone qui n'est pas bien connue par le reste du monde.

Quant au sujet de préférence pour mon article, je pense que je voudrais écrire au sujet de la situation de la langue qui existe au Mali. Il y a des douzaines de langues parlées dans ce pays et le français, même si c'est une langue officielle du pays, n'est pas la première langue. Je voudrais examiner la relation entre les langues et les niveaux d'éducation du peuple malien. Pour le genre de présentation, je choisirais un essai car mes photos ne pourraient pas raconter cette histoire d'une manière efficace.

Je suis très curieux où et en combien de pays vous vendrez votre revue. Je voudrais aussi savoir le prix de cette revue au cas où mes amis ou ma famille auraient envie d'en acheter un exemplaire.

Sincères salutations,

Jean Leblanc

Presentational Writing: Exemplary Argumentative Essay

Il est sûr que le stress afflige un grand nombre de gens dans notre monde actuel. Selon l'article (source #1), il y a près de 450 millions de gens qui sont directement concernés par le stress. Mais je pense que le stress peut être un élément de notre vie qui a le pouvoir de nous aider dans certaines situations.

D'après la source #1, le stress est vraiment une réaction normale de notre organisme et représente un mécanisme de défense qui nous permet de mobiliser nos ressources rapidement. Le stress a mené l'homme préhistorique à se défendre et à survivre à une période historique qui n'offrait que d'incessants dangers. La vie des hommes préhistoriques était constamment menacée par toutes sortes d'animaux dangereux et par de rudes conditions climatiques et géographiques. C'était le stress qui, paraît-il, aidait nos ancêtres à survivre à ces obstacles. Aujourd'hui, le stress peut continuer de nous aider avec les défis quotidiens que nous devons confronter. Même si nous ne sommes pas en danger mortel chaque jour, Michel Le Moal dit dans son interview (source #3) que les conditions de vie sociale sont de plus en plus difficiles. Il dit aussi que les individus se sentent plus isolés ou seuls à cause de la structure de la société de nos jours. Parce qu'il faut tant de temps pour aller d'un point à un autre, la vie est plutôt pressée. Selon l'article, c'est le stress qui peut nous forcer à nous élever à un niveau de performance supérieur et les gens ont besoin de ce stress pour être efficaces au travail et aussi dans la domaine des sports. En somme, nous pouvons devenir plus motivés par le stress si nous pouvons éviter d'être accablés par ce phénomène.

Le graphique (source #2) nous montre également qu'il y a du "stress positif" dans la vie, c'est à dire, les éléments de la vie qui nous aident à surmonter les problèmes de notre vie. Quand on s'entend bien avec ses proches, il semble qu'on réussisse mieux. De plus, quand on se sent en bonne santé et qu'on se soigne bien, on crée de plus en plus de stress positif qui améliore notre existence.

Pour conclure, le stress est considéré comme un aspect essentiel de notre âge et on peut voir qu'il y a deux côtés différents du stress. A mon avis, on peut être motivé par le stress au lieu d'être bouleversé par ce même phénomène. Pour réussir dans ce monde moderne, on doit voir le stress comme quelque chose d'utile au lieu de quelque chose de nocif.

Track 132

Interpersonal Speaking: Exemplary Conversation

See Appendix D for transcripts of audio documents.

Track 133

Presentational Speaking: Exemplary Cultural Comparison

See Appendix D for transcripts of audio documents.

APPENDICES

Appendix A

SCRIPTS FOR CHAPTERS 2 AND 3

Chapter 2: Combined Reading-Listening Selections

Track 2

Sélection 1 Source #2—Tourisme Spatial

Nous sommes tous vierges en business avait lancé une de ses collaboratrices à l'époque où il créait son entreprise de commercialisation de disques par correspondance—Vierge—Virgin—Richard Bronson allait faire de ce mot un label désormais mondialement connu. Lorsqu'il se lance à l'aventure du tourisme spatial en 2004, il aurait pu répéter « Nous sommes encore presque tous vierges en voyage spatial ». Cinq ans plus tard alors qu'il vient de présenter à la presse son vaisseau Spaceship 2, le temps des mots et des rêves paraît s'achever-celui des réalisations, mais aussi des interrogations commencer.

Avec Virgin Galactic l'espace aurait-il lui aussi perdu de sa virginité en devenant la prochaine destination pour touristes fortunés ? A la vue des billets à 200 000 dollars qui permettent d'entrer dans le club jusqu'à présent très fermé des hommes et des femmes qui ont quitté l'atmosphère terrestre et sont allés se frotter aux premières franges galactiques ; les gardiens de la pureté de l'orthodoxie spatiale s'inquiètent. Qu'est-ce que ce revendeur de rêves à bas prix ou presque viendrait faire sur les terres des héros de l'espace avec ses allures de star et ses hôtesses de l'air aguichantes bientôt reliques spatiales ? Déjà malmené par les activités militaires qui l'hébergent, l'espace ne risque-t-il pas de perdre avec le temps toute chance de garder son statut de patrimoine commun de l'humanité ? Le danger est réel et la prudence requise. Pour autant il ne faudrait pas oublier comment dans l'histoire de l'humanité, l'explorateur et le savant ont rapidement vu leurs traces si difficilement inscrites dans des terres inconnues, recouvertes par celles des marchands, des rêveurs et des touristes, une excellente manière pour les aventuriers, m'avouait un jour un astronaute, de se faire déloger et renvoyer à de nouveaux mondes à découvrir. Il reste à souhaiter qu'avec le titre et les insignes d'astronaute, les clients de Virgin Galactic ne reçoivent pas seulement une sorte de reconnaissance, de récompense comprise avec le prix du billet, mais aussi une mission, une responsabilité, celle de rendre les activités spatiales plus proches du public, plus accessibles, celle aussi d'incarner un instant ce mouvement vers l'avant, vers l'avenir qui appartient tellement à notre humanité.

Track 4

Sélection 2 Source #2—Les Femmes et les Études Scientifiques

C'est vrai qu'aujourd'hui on se rend compte qu'il y a une difficulté, je dirais, pour toute la jeune génération, de se motiver vers des carrières scientifiques, techniques, enfin, vraiment, leurs carrières de vie. Et pourtant on sait qu'au 21e siècle, c'est la science et les progrès techniques qui vont structurer tout notre avenir et tout notre progrès social, aussi en tant qu'individu, plus chaque individu doit se sentir concerné. On l'accompagne vers ces éléments. Mais il faut qu'il y ait des jeunes gens, des jeunes intelligences pour s'y consacrer.

Le problème est effectivement encore plus poignant pour les jeunes femmes, les jeunes femmes dont on voit qu'elles ont de très très bons résultats pendant leur cursus scolaire parfois une difficulté de se lancer au moment d'entrer dans le choix de carrière, vers une carrière qui va effectivement mobiliser toute une vie. On sait que les carrières scientifiques et les carrières d'ingénieur, c'est ça, c'est vraiment une vie consacrée à sa passion à son désir.

On voit beaucoup de jeunes femmes aujourd'hui sur des métiers qui sont plus, je dirais, dans un contexte sociétal, sens du vivant, et beaucoup moins vers des carrières qu'on appelle encore de sciences pures et dures mais qui incluent l'informatique, enfin, toutes ces techniques qui sont aujourd'hui à la portée, à la main de tout un chacun et c'est vrai qu'il faut adresser probablement des messages un peu particuliers aux jeunes filles ; déjà leur présenter vraiment ce que sont ces études d'abord et puis ces métiers. Il faut qu'à l'école, vers l'orientation, on soit très présent, en particulier pour les jeunes filles pour les sortir de certains stéréotypes et je dirais pour leur donner confiance en elles. Beaucoup de ces jeunes filles qui sont très brillantes peut-être visent à la perfection, ce qui n'est atteignable, si ça l'est, qu'à la toute fin de sa vie et qui sont et qui ont un peu moins tendance à se lancer spontanément dans quelque chose qui est ardu, certes, rigoureux, long dans le chemin mais qui donne tellement de bonheur quand on y est. Donc il faut les encourager à entrer. Il faut les aider pendant la réalisation de leur carrière parce qu'elles ne sont pas toujours soutenues comme il le faudrait au sein des entreprises, au sein de la fonction publique, avec effectivement quand même des particularités des rôles de la femme dans la société, dans sa famille.

Et puis il faut aussi les reconnaître, leur témoigner notre admiration et notre respect quand elles arrivent des résultats formidables et de donner donc la possibilité de faire partie de ces cercles de haute décision également.

J'ai pas eu l'impression, moi, à aucun moment, de sacrifier quelque chose dans ma vie parce qu'il y a des gens qui croyaient en moi, il y a des gens qui étaient en support, qui m'ont soutenue et des choses qui me facilitaient la vie. Donc il faut trouver le moyen d'organiser sa vie pour qu'elle soit plus facile, pour aller au bout de son désir.

Track 6

Sélection 3 Source #2—Nathalie et les Parcs Naturels

Rémy : Tu sais, Nathalie, on devrait aller faire des randonnées au parc national des Pyrénées cet été. Il contient, paraît-il, plusieurs espèces d'animaux en danger.

Nathalie : Je sais, par exemple, les derniers ours bruns en France, et aussi des vautours et des chamois. Mais les ours, il n'y en a presque plus en France. Quel dommage !

Rémy : Je vois que tu as fait des recherches, toi aussi. Oui, je suis d'accord que c'est triste.

Nathalie : Heureusement que nous avons quelques parcs nationaux en France où on peut préserver et protéger certaines espèces d'animaux.

Rémy : Oui, mais tu sais, pas tout le monde n'est d'accord pour qu'on prenne plus de terres pour faire des parcs et des réserves naturelles.

Nathalie : Moi, je voudrais bien. Qui n'est pas d'accord, je me demande ?

Rémy : Eh bien, par exemple, les agriculteurs. Ils gagnent leur vie en cultivant leurs terres ; ils ne veulent pas les perdre, leurs terres cultivables.

Nathalie : Oh ! Il y aura toujours assez de terres à cultiver. Mais les espèces d'animaux en danger, une fois qu'elles seront éteintes, on ne pourra pas les ressusciter.

Rémy : Ce n'est pas si simple que ça. Il y a beaucoup d'agriculteurs qui pensent qu'on ne devrait pas défendre toute activité humaine sur des étendues si larges. Ils disent que les agriculteurs et les animaux peuvent vivre côte à côte.

Nathalie : Ah oui ? Les chamois, je veux bien ; mais les ours alors ?

Rémy : Oui, oui, je sais. Mais il faut aussi voir le point de vue de l'agriculteur qui doit survivre économiquement. De plus, l'entretien de tous ces parcs nationaux, c'est cher pour tout le monde.

Nathalie : Écoute, s'il faut payer un peu pour préserver notre patrimoine, moi, je suis prête à le faire. C'est important.

Rémy : Ne te fâche pas avec moi, Nathalie ! Moi aussi, je veux protéger notre environnement, notre faune et notre flore. Je te dis simplement qu'il faut respecter les points de vue des autres.

Nathalie : Je sais, je comprends cela. Mais moi, je te dis que souvent on néglige la nature et l'environnement sous prétexte que les associations locales font assez-même si ce n'est pas vrai.

Rémy : Eh bien, nous deux, nous pouvons aller visiter le parc des Pyrénées cet été et nous contribuerons à l'économie touristique locale en restant dans un hôtel près du parc pendant quelques jours.

Nathalie : C'est entendu ! Et puis, comme ça, nous profiterons de notre flore et de notre faune pendant qu'elle existe encore.

Sélection 4 Source #2—Programmes de Jeunesse et de Volontariat

Track 8

Dernières vérifications avant le début de la leçon de roller. Les patins sont bien accrochés, les protections sont en place. Dernier conseil et c'est parti.

Cette initiation n'aurait rien de bien surprenant si ce n'est qu'elle est animée par un officier de la brigade roller de Paris. Durant les grandes vacances, près de 170 enfants seront quotidiennement au parc du Tremblay dans le Val de Marnes. Au programme : roller, vélo, football, piscine, jeux collectifs. Toutes ces activités sont encadrées par des policiers, un moyen pour eux de sensibiliser des enfants souvent issus de quartiers difficiles.

Le but du jeu c'est prendre des enfants qui sont sur Paris, qui n'ont rien à faire de la journée pendant les vacances aussi bien les grandes vacances que les petites vacances et on s'occupe d'eux. Donc ça permet d'avoir un relationnel avec des policiers qui est autre que la tenue, on est tous en T-shirts, avec les T-shirts de la préfecture de police—donc ça leur permet de nous voir autrement que dans la rue, en train d'arrêter les gens. Ils voient qu'on est des animateurs, des gens comme tout le monde et ça se passe très bien.

Très bon, c'est également le ressenti des jeunes qui reviennent très souvent au centre d'une année sur l'autre. Pour eux, le policier disparaît derrière l'animateur.

Ils sont cool. On est cool avec eux. Ils ne font pas les policiers ; ils sont là comme des animateurs et on s'entend bien.

On les voit moins comme des policiers, on les voit plus comme des êtres humains. Il y a des policiers, on les a croisés dans la rue, on *les* a dit bonjour. C'était pas *qu'est-ce qu'on* faisait d'habitude.

Le programme Ville, Vie, Vacances existe depuis 1982. Chaque année, près de 170 jeunes franciliens en bénéficient totalement gratuitement.

Track 10

Sélection 5 Source #2—Le Progrès des Pays les Moins Avancés Passe par l'Accès à des Services Énergétiques Modernes, Selon la CNUCED

Une récente étude de la Conférence des Nations Unies pour le commerce et le développement (CNUCED) souligne qu'il est indispensable de développer l'accès à des sources énergétiques modernes adéquates, abordables et fiables pour permettre aux pays les plus pauvres du monde de se libérer du piège de la pauvreté.

Selon le Rapport 2017 sur les pays les moins avancés : l'accès à l'énergie comme vecteur de transformation, publié mercredi par la CNUCED, les 47 PMA, les pays les moins avancés sont en train de prendre un retard considérable par rapport au reste du monde en développement pour ce qui est de l'accès des ménages et des entreprises à l'énergie.

Malgré les progrès importants qu'ils ont réalisés ces dernières années, ces pays devraient augmenter leur taux d'électrification de 350% par an pour atteindre l'objectif mondial de l'accès universel à l'énergie d'ici à 2030.

Alors que dans les autres pays en développement, 10% de la population en moyenne n'ont pas accès à l'électricité, ce taux reste supérieur à 60% dans les PMA.

L'agence onusienne estime qu'il est grand temps pour les donateurs d'honorer leurs engagements en matière d'aide. Dans le cadre du Programme d'action d'Istanbul, les donateurs internationaux se sont engagés à allouer au moins 0,15% à 0,20% de leur revenu national à l'aide aux PMA pour la décennie 2011-2020.

New York, Jérôme Longué

Track 12

Sélection 6 Source #2—Internet Démocratie et Piratage

Hélène Renard : Si je vous envoie le mot « piratage », qu'est-ce que vous avez envie de renvoyer comme réponse ?

Didier Lombard : C'est un mot qui est, dans sa connotation, excessif parce qu'on a l'impression—le mot « pirate » ça renvoie aux bandes dessinées de notre enfance—de gens terribles qui sont en train de faire des choses affreuses, alors que le pirate standard, ben en gros, ce sont nos enfants. . . .

David Juni : Ou nos parents.

Didier Lombard : Ou nos parents, oui. Donc, ce sont des gens parfaitement respectables. Ils ont l'impression qu'ils peuvent accéder à tout un tas de contenus. L'habitude de la gratuité les a habitués à accéder à un tas de choses légales ou pas légales. En gros, ils ne ressentent pas de sentiment de culpabilité dans le système. Alors d'où la politique qui est menée à l'heure actuelle qui consiste à dire : il faut progressivement changer les habitudes et la sociologie des choses, avec deux volets au plan d'action qui a été mis en place par le président de la République. Un premier volet qui est faire en sorte qu'il y ait une offre payante, accessible, claire, et intéressante et attractive parce que, s'il n'y a pas d'offre normale, on a le choix entre rien et rien. Et puis d'autre part, quelques messages de d'avertissement avant une coupure, enfin des choses très progressives, de façon à permettre ce changement d'attitude, sans créer des chocs. Et c'est ça le choix qui a été choisi. Ça a déjà marché sur d'autres continents donc je pense que ça va marcher. Il s'agit en fait de ramener progressivement les revenus dans la poche de ceux qui fabriquent les biens.

Sélection 7 Source #2—Les Langues Maternelles

Track 14

Les langues de communication

Dans l'histoire, les langues de communication ont commencé, à ma connaissance, vers le cinquième ou sixième siècle avant Jésus-Christ où le grec, sur la totalité du monde habité, est devenu la « koinè », c'est-à-dire la langue commune, langue commune aux marins, aux commerçants et aux scientifiques. Et, en effet, nos amis Juifs disent « synagogue », ce qui est un mot grec et non pas hébreu. Et nos amis Egyptiens disent « pyramide », ce qui est un mot grec également. Par conséquent, la « koinè » a d'abord été grecque, puis elle a été remplacée par le latin. Le latin est devenu la langue commune. Et vous savez aussi que l'arabe a tenu ce rôle-là pendant quatre siècles après l'Hégire et que, pour la médecine et l'astronomie, elle a été une langue générale qui a été le véhicule souvent des sciences que nous avons reçues à la Renaissance. Et nous disons encore « algorithme », ce qui est la répétition du mot « alguarismi » qui n'est pas du tout un mot grec mais un mot arabe. Et le français a été la langue de communication scientifique et intellectuelle, disons, et même commerciale tout au long des âges classiques, dix-septième, dix-huitième siècle et début du dix-neuvième. Y compris la langue diplomatique. Et désormais l'anglais a pris le relais. Est-ce que la langue diplomatique devient une langue universelle ? C'est toute la question. Et je suis incapable de prévoir si demain, après-demain, c'est-à-dire dans les siècles futurs, quelle sera la langue de communication. Car on voit très bien comment l'ourdou, comment le cantonais, comment même l'espagnol se répandent beaucoup plus rapidement que l'anglais. Et, par conséquent, on ne voit pas pourquoi une autre langue ne prendrait pas ce relais-là. Puisque l'anglais n'est, finalement, que la nième langue de communication qui a marché dans l'histoire.

Sélection 8 Source #2—Le Mur et les Gîtes

Track 16

Gîtes ruraux, fermes-auberges, tables d'hôtes . . . : l'hébergement se décline de mille et une façons dans les campagnes françaises.

Une herse, un tracteur, des vignobles . . . . Le mas Bruguière ne se différencie en rien des fermes visibles ici et là dans la région du Pic Saint Loup, dans le sud de la France. Pourtant cette façade cache quelque chose d'inhabituel : ici, on reçoit les touristes à bras ouverts. Pas de maître d'hôtel ou de garçon en livrée, Isabelle et Guilhem Bruguière s'occupent eux-mêmes de leurs hôtes.

Dans la cour de la ferme, quelques Parisiens et des Belges que trahit leur teint pâle, profitent du soleil d'été pour faire leur mue annuelle. Ils sont en famille et au bout d'une semaine, leurs frais de séjour, non compris la restauration, s'élèveront à 1500 F, une rentrée d'argent que ne néglige pas Guilhem, même si elle ne représente qu'une infime partie de ses revenus. « *C'est une activité rentable* », reconnaît-il, « *car je me suis contenté d'aménager une ancienne écurie, une bergerie et un élevage de vers à soie désaffecté* ».

Aidé de son beau-père, un maçon à la retraite, Guilhem a aménagé ses locaux sans se ruiner. En effet, les frais de restauration de ces bâtisses, souvent centenaires, sont très élevés. Transformer sa ferme en gîte est une opération coûteuse. D'où le recours aux crédits et aux subventions octroyées d'abord par le ministère de l'Agriculture puis par les collectivités locales et la Communauté européenne. Cette prime d'encouragement à une agriculture en crise a permis aux paysans de diversifier leurs revenus et parallèlement le décollage du tourisme vert. Celui-ci marque aujourd'hui le pas après avoir connu une phase d'euphorie.

Vivre au vert : un privilège

Cette année, les gîtes ruraux de France ont soufflé leurs 41 bougies. Créés en 1954, ils visaient deux objectifs : développer le tourisme en zone rurale par la rénovation de l'habitat rural d'une part et promouvoir d'autre part les échanges villes-campagnes. Aujourd'hui, la France compte près de 50 000 gîtes ruraux auxquels il faut ajouter les chambres et tables d'hôtes, les gîtes de groupes, les campings à la ferme et de nombreuses activités de loisirs.

Au fil des années, les gîtes se sont professionnalisés au point de faire parfois de l'ombre à l'hôtellerie classique. C'est le cas dans l'Hérault. En l'espace de dix ans, le nombre de gîtes y a doublé, passant de 400 en 1977 à 767 dont le mas Bruguière. Les citadins, en majorité d'origine rurale, renouent ainsi avec leurs racines. Des retrouvailles dont profitent surtout les enfants. Jean-Claude Cavalier, un agriculteur du Gard, confirme : « *Les petits citadins apprennent beaucoup. Ils découvrent d'où vient l'oeuf, ils ne savent pas à quoi ressemble une poule. Pour eux, c'est une cuisse au supermarché* ».

Track 18

Sélection 9 Source #2—La Pain en France et l'Alimentation Globale

Julie Devaux : Pourquoi vous êtes-vous intéressé à la mondialisation des aliments ?

Jean Vitaux : Parce que la mondialisation des aliments apparaît être quelque chose d'immémorial et presque d'éternel depuis le paléolithique supérieur, et même encore avant et parce qu'actuellement, on nous présente la mondialisation comme un « spectre funeste » alors qu'une immense partie des produits que nous consommons sont le résultat de mondialisations passées.

Julie Devaux : Alors, de quand date cette mondialisation ?

Jean Vitaux : Les mondialisations débutent très loin. Par exemple, tous les animaux domestiques ont été domestiqués en Asie centrale qu'il s'agisse du mouton, de la chèvre, même du cochon, de la vache et puis du cheval. Tous ces animaux ont été domestiqués, environ entre 6 et 8 000 ans avant notre ère, en Asie centrale et ensuite ont progressé, d'abord, vers la Mésopotamie puis l'Égypte et ensuite l'ensemble du monde méditerranéen et ensuite le monde entier beaucoup plus tard.

Également, on peut dire que les céréales sont quelque chose qui a été mondialisé parce que le blé vient du Croissant fertile, le riz vient de Chine et le maïs (qu'on ne connaîtra qu'au XVIe siècle) est la céréale de l'Amérique précolombienne. C'est d'ailleurs assez amusant de constater qu'aux trois grands foyers primordiaux de l'humanité correspond à chacun une céréale.

Julie Devaux : Comment a évolué la mondialisation gastronomique au fil des siècles ?

Jean Vitaux : La mondialisation gastronomique a commencé très tôt. On a des recueils précis des palais mésopotamiens et notamment de celui de Marie qui avait été fouillé par l'École du Louvre où on a les catalogues de tout ce qui entre au palais et là, on se rend compte qu'il y avait déjà des produits qui venaient de fort loin, d'Inde comme le gingembre ou de la montagne, c'est-à-dire du Caucase, comme le vin.

Sélection 10 Source #2—Les Éléphants

Track 20

« Avoir une mémoire d'éléphant », « avoir la peau ridée comme une peau d'éléphant ». Vous avez sans doute entendu ces expressions, mais que connaissez-vous de cet animal ? Savez-vous par exemple que ces pachydermes, hauts de près de quatre mètres, peuvent peser plus de sept tonnes, c'est-à-dire autant qu'une centaine d'hommes ? Que, comme les chats, leurs yeux voient mieux dans l'obscurité ? Que c'est la femelle, appelée aussi la matrone, qui mène la troupe ? Que si l'on tue cette femelle, la troupe est désemparée ?

L'éléphant est aussi reconnu pour son intelligence, au même titre que le dauphin. Ces animaux sont très sociables. La matrone qui mène sa troupe est suivie des autres éléphants et en particulier des plus jeunes. Ceux-ci s'encordent à la queue de celui ou de celle qui le précède. Ces éléphanteaux, pèsent, déjà à la naissance, près de 120 kilos. De plus, jusqu'à l'âge de quatorze ans, ils restent auprès de leur famille et en particulier de leur mère. Ils attendront, en général, trente ans pour devenir père. La femelle, elle, peut avoir son propre petit à partir de l'âge de 13 ans. Sa fécondité s'arrêtera vers les cinquante ans. Cependant, elle ne peut concevoir que tous les deux ou trois ans. Une femelle est toujours la patriarche du groupe. Toutefois, il existe aussi des troupes de mâles uniquement, célibataires endurcis ! Même en captivité, l'éléphant est connu pour les liens qu'il crée avec ses compagnons et ses compagnes. Ainsi dans un zoo, la semaine dernière, un vieil éléphant est mort de chagrin après le décès de sa compagne. Celle-ci ayant donné naissance à un mort-né n'a pas pu supporter la tragédie. A part ces circonstances exceptionnelles, un éléphant peut vivre jusqu'à soixante-dix ans.

Malgré cette sociabilité, les éléphants sont des nomades et ils ont besoin de beaucoup de terrain. Pour communiquer à distance, ils emploient une gamme de vingt-cinq appels, dont plus de la moitié sont des infrasons, inaudibles à l'être humain. De plus, leur mémoire est, apparemment, phénoménale. Un petit peut retourner sur le lieu où sa mère est morte 30 ans après l'événement. Cet animal n'oublie pas non plus une personne qui lui a fait du mal. De fait, à cause de leur taille, leurs pérégrinations opposent souvent l'homme à ces pachydermes. Et gare ! L'éléphant est aussi connu pour ses sautes d'humeur. Si vous en rencontrez un, faites très attention. Observez bien ses oreilles. S'il les rabat, c'est qu'il n'est pas content et qu'il peut à tout moment vous charger . . . il faut alors se faire très, très petit.

Sélection 11 Source #2—Satellites Québec

Track 22

Pour établir des prévisions météorologiques sur Terre, il faut une vue de l'espace. Et pour obtenir ce point de vue spatial, il faut une fusée. Lancée en novembre dernier, la mise en orbite de capteurs ultra précis marque le début d'une nouvelle génération de satellites météorologiques. Ce lancement annonce l'avènement d'une nouvelle ère, celle de la prévision numérique portée par les superordinateurs. Au cœur de ce déploiement se trouve une pièce cruciale conçue au Québec. Son nom ? L'interféromètre. Un instrument de détection essentiel aux prévisions météorologiques. L'instrument de mesure, celui pensé, conçu et réalisé par l'entreprise ABB, est un sondeur à infrarouge. Bardé de 1300 capteurs, il offre un niveau de résolution 100 fois plus élevé que par le passé. Au total, l'interféromètre recueille et retourne à la Terre 45 000 données à la seconde. Assez de pixels pour représenter les profils de température et les niveaux d'humidité du sol jusqu'à l'atmosphère, et ça, en trois dimensions. Il fournit tant d'informations que seul un superordinateur peut les digérer. Au-delà de la température et de l'humidité atmosphériques, le satellite permet aussi d'obtenir la couverture de glace de la mer, la trajectoire d'un ouragan et même l'étendue géographique d'une panne électrique. Finalement, on améliorera les prévisions météorologiques à court terme, celles qui justement, vous font si souvent rager. Le Japon lancera d'ici quelques mois le deuxième satellite, à bord duquel on retrouvera la technologie québécoise. Un satellite sera ensuite déployé tous les 5 ans. Fini, les prévisions erronées. Vive la précision !

Track 24

Sélection 12 Source #2—Côte d'Ivoire : Les droits de l'enfant et La violence infantile

Le journaliste: Nous sommes ici avec madame Hynd Ayoubi Idrissi. Vous êtes membre du comité sur les droits de l'enfant. Le rapport parle d'une prévalence et d'une tolérance de la violence contre les enfants en Côte d'Ivoire. Quelle est l'ampleur du problème?

Hynd Ayoubi Idrissi: Il est toujours difficile de parler d'ampleur, surtout lorsqu'on parle de violence, pour la simple raison que aucun pays ne peut se targuer d'avoir une collecte de données qui lui permet d'avoir vraiment une idée assez réaliste de la situation. Mais il y a augmentation selon les informations dont nous avons été saisis par différents . . .-des informations concordantes-émanant de différentes parties prenantes que l'état Partivine reconnaît que, il y a effectivement un problème de violence, de violence au sein . . ., parce que, au sein des familles, il est difficile de changer des habitudes. Ce qui est ancré dans les cultures, par exemple éduquer un enfant, faire recours au châtiment corporel etc. etc. ce sont des choses qu'on ne peut pas éliminer du jour au lendemain même si on se dote d'une législation pour. La chose, c'est que, même dans le milieu scolaire, même si c'est interdit, le châtiment corporel est interdit, on y fait encore recours. Donc là, je ne parle que de la violence physique. Il y a d'autres formes de violence, les violences sexuelles . . .

Le journaliste: Justement, mais quand le comité recommande des stratégies nationales pour la protection de l'enfance, que faire pour changer face à ces attitudes et à ces traditions ?

Hynd Ayoubi Idrissi: Très bien, parce que là, justement, le comité, à l'instar d'autres comités, il est conscient que l'effectivité des droits de l'homme ou l'effectivité des droits de l'enfant dans notre cas, ne passera pas seulement par un cadre légal. Ce cadre légal doit s'appuyer sur d'autres-un cadre non-légal si je peux l'appeler ainsi -et c'est tout un travail de prévention, d'éducation, de conscientisation, de formation, de formation continue. Tout le monde doit être impliqué. L'enfant lui-même doit savoir qu'il a des droits et donc, il aura tendance à une autoprotection parce que s'il a toujours grandi avec cette impression que oui, le châtiment est normal, il va être châtié par sa famille, par ses pères, par ci, par ça, il ne saura jamais que c'est une violation de ses droits. Donc c'est tout un cadre sur lequel il faut vraiment travailler pour pouvoir permettre à ces lois d'être effectives.

Track 26

Sélection 13 Source #2—L'importance de la femme dans le sport

Le journaliste: Dans beaucoup de pays dans le monde, le football est considéré comme un sport principalement masculin et les femmes qui sont footballeuses ne sont pas toujours rétribuées à égalité par rapport aux hommes. Quel est euh, à ton avis, comment est-ce qu'on peut faire pour changer cette situation ?

Lisa: Je pense que ça a déjà beaucoup évolué par rapport au moment où moi, j'ai commencé à jouer au foot et à l'heure actuelle, il y a beaucoup plus de femmes qui s'expriment et qui jouent au foot. C'est beaucoup plus visible à la télé, par exemple, il y a la coupe du monde féminine qui arrive en France cet été. Donc ça va être diffusé à la télé. Moi, je me rappelle, on ne voyait pas trop les matchs diffusés à la télé à mon époque, même les matchs de championnat. C'est vrai qu'il y a encore une énorme progression à faire-la différence avec les hommes est encore très grosse et je pense qu'il y a des marques qui s'y mettent- y a les femmes et y a les clubs aussi qui vont se mettre à faire évoluer ce sport côté des femmes.

Le journaliste: Alors, tu es suivie par près de 2 millions de personnes sur Instagram, plus de 1,2 million de personnes sur Facebook. Qu'est-ce qui t'a poussée à utiliser les médias sociaux ?

Lisa : Alors, c'est ma génération. Donc j'ai utilisé les réseaux sociaux. Au départ, j'utilisais pour moi, pour mettre mes photos de la vie et puis, tout d'un coup, je me suis dit « Pourquoi pas mettre une vidéo sur scène ? ». J'ai vu qu'il y avait des réactions différentes et du monde entier, en fait. Les réseaux sociaux, c'est . . ., je peux toucher le monde très facilement ; donc j'ai commencé à mettre des vidéos. Ça a commencé à marcher ; les gens ont . . . sont attachés à ce genre de vidéo et c'est vrai que j'essaie de faire différents contenus et de changer, de montrer que toujours la femme peut faire du sport, elle peut jouer au foot comme des hommes, comme des femmes, avec des femmes, voilà.

Le journaliste: Alors, l'ONU souligne que le sport est un élément indispensable pour réaliser le développement durable. On a 17 objectifs de développement durable. A ton avis, comment est-ce que le sport dans une pratique professionnelle ou même amateur peut aider à rendre le monde meilleur ?

Lisa: Déjà, ça fait évoluer les mentalités. Je pense que les sports regroupent tout le monde. Il n'y a pas de de, y a pas de racisme, en tout cas, il y en a moins, mais y a pas de couleur, y a pas de race, c'est vrai que ça regroupe tout le monde. Quand je mets un ballon dans la rue, ben, les femmes, les hommes, tout le monde est attiré par le ballon. Donc, c'est ça qui fait plaisir., et c'est ça, que je pense, peut rendre le monde meilleur, le sport, les compétitions mondiales où il y a tous les pays qui se regroupent, ça rend le monde meilleur.

Sélection 14 Source #2—Radio-Canada-les effets des médias

Track 28

Le journaliste: Faites vos recherches. Les réseaux sociaux auraient un côté obscur et ils pourraient créer une dépendance. George et Rosalie le savent trop bien.

Rosalie : En fait, j'ai beaucoup d'applications pour diminuer mon temps d'écran et . . .

George : J'étais accro mais là j'ai désactivé toutes mes notifications.

Le journaliste: Le documentaire derrière nos écrans de fumée Netflix se penche sur la part d'ombre des réseaux sociaux à l'aide de témoignages d'anciens employés, et souvent de géants comme Google, Instagram et Facebook. Tous affirment que l'intelligence artificielle pourrait créer une dépendance comme la drogue.

Ancien employé: C'est vrai que ces systèmes intelligentielles sont entraînés à prédire nos réactions, puisqu'elles- qu'est-ce qu'on peut vous montrer pour que vous passiez plus de temps devant l'écran-donc y a [y a] une vérité sous-jacente seulement le contrôle que ces systèmes-là ont sur nous est pas du tout à l'échelle de ce qui est montré.

Le journaliste: Le documentaire va assez loin, allant même jusqu'à dire que les réseaux sociaux infligeraient un lavage de cerveau à certains utilisateurs en manipulant leurs pensées à leur insu.

Ancien employé: Les outils technologiques avec la publicité, les réseaux sociaux tirent parti de nos biens cognitifs, de nos faiblesses psychologiques, finalement pour nous influencer. Et ça, c'est quelque chose dont on doit se préoccuper.

Le journaliste: Avec leurs théories du complot, leurs fausses nouvelles et leur lot de trolls, les réseaux sociaux devenus au contrôle auraient un impact majeur sur notre niveau d'anxiété depuis arrivée sur le téléphone portable il y a dix ans.

Une dame: Absolument, il y a beaucoup de données même au Québec qui montrent que le taux de dépression, le taux d'anxiété, le taux d'antidépresseurs, le taux d'anxiolytiques et même de psychostimulants pour le TDH, tous ces indicateurs-là, même le taux d'hospitalisation pour des idées suicidaires, ils ont tous augmenté depuis dix ans.

Le journaliste: La solution passe nécessairement par l'éducation et la sensibilisation à la maison et dans les écoles, et même si le documentaire de Netflix trace un portrait plutôt sombre, bien sûr, les réseaux sociaux n'ont pas que du mauvais ; ils peuvent être divertissants, rassembleurs, informatifs et porteurs de changement. Tout dépend bien sûr de l'utilisation que l'on en fait. Ici Louis Philippe Ouimet, Radio Canada-Montréal.

Track 30

Sélection 15 Source #2—Le Patrimoine en Normandie

Chercheuse #1: L'inventaire général est une compétence de la région dont la mission est de recenser, étudier et faire connaître le patrimoine de la Normandie. Souvent révélateur d'un patrimoine méconnu, il contribue à la connaissance du territoire normand. Les recherches scientifiques menées par l'équipe de l'Inventaire portent sur les édifices publics et privés, habitat, industrie et bien d'autres mais aussi sur les objets, les espaces ruraux, urbains et maritimes qui font la spécificité de notre région.

Chercheuse #2 : Un métier de chercheur consiste à documenter le patrimoine d'un territoire. Il s'agit à la fois d'observer ce patrimoine sur le terrain et de le documenter en menant des recherches dans les centres d'archives et dans les bibliothèques. Il est important d'associer la population aux études d'Inventaire tout simplement parce que... ils ont aussi euh une histoire à raconter sur leur habitation, sur les édifices publics ; ils en ont vu euh souvent l'évolution. Une fois que le repérage est terminé, je vais voir le photographe pour lui soumettre la sélection des édifices.

Photographe: Eh bien, je vais faire une vue d'ensemble ; je fais une vue de quelques détails éventuellement, et puis après, je te propose de faire une vue plus large de toute la rue avec l'arrière-plan sur la ville de Cherbourg. J'interviens pour réaliser les campagnes de prises de vue de l'Inventaire du patrimoine culturel suite au passage des chercheurs qui ont identifié et repéré des édifices à photographier. Mes photos vont servir à illustrer et apporter une image à l'étude d'Inventaire.

Chercheuse #1: Les dossiers réalisés par les chercheurs et photographes sont désormais consultables sur le site Inventaire du patrimoine de Normandie.fr. Cette documentation patrimoniale s'adresse à tous, Normands, professionnels du patrimoine et du tourisme, touristes, visiteurs, enseignants, aménageurs et amateurs passionnés. Vous pourrez y découvrir des trésors insoupçonnés de notre région.

Track 32

Sélection 16 Source #2—Conversation à propos des vacances

Josiane : Salut, Antoine. Ça va? Vive la fin de l'année scolaire ! L'école est finie et c'est les grandes vacances.

Antoine : Salut, Josiane. Tu sais, pour moi, les grandes vacances vont être un peu différentes cette année.

Josiane : Ah tiens ! Pourquoi ça ? Vous n'allez pas comme d'habitude faire des randonnées en Corse ou dans les Pyrénées, toi, tes parents et tes cousins ?

Antoine : Non, pas cette année. Tu vois, avec la pandémie et tous les confinements de cette année, nous n'avons pas vu les grands-parents depuis longtemps, ni les oncles, les tantes, les cousins et les cousines.

Josiane : Ah oui, c'est vrai. Tes grands-parents n'habitent pas près de chez toi comme les miens que je vois quand même régulièrement. Alors ? Tu vas leur rendre visite ?

Antoine : En fait, comme mes grands-parents paternels vivent dans une ferme dans les Vosges, toute la famille va aller en Alsace. Mais, au lieu de les envahir, on va louer une énorme et ancienne ferme rénovée tout près de chez eux. Comme ça, on pourra les voir tous les jours, mais ne pas leur imposer de si nombreuses personnes.

Josiane : Bien sûr. Quelle excellente idée ! Combien de temps est-ce que vous allez rester et qu'est-ce que vous allez faire comme activités ?

Antoine : On a loué la ferme pour trois semaines. Pour les choses à faire, ne t'inquiète pas, il y a des endroits à découvrir. On peut faire des randonnées, des pique-niques, du cheval, du kayak et, naturellement, il y les marchés et les restos sympas. Ça va être chouette !

Sélection 17 Source #2—Conversation à propos des habitudes alimentaires des jeunes

Track 34

Colette : Salut, Thomas. Merci de bien vouloir répondre à quelques questions. Comme je t'ai dit, je voudrais écrire un article sur les habitudes alimentaires des jeunes. D'abord, évidemment, il faut que je fasse un sondage. Alors, voilà ma première question pour toi : est-ce que tu dînes chaque soir à la maison avec tes parents et ta famille ?

Thomas : Généralement oui. Mes parents rentrent à la maison vers 18 h et ils se mettent tout de suite à préparer le dîner. De toute façon, les dîners chez nous sont légers et équilibrés : des salades, des légumes, des fruits et un peu de charcuterie, tu vois.

Colette : D'accord, merci. Ma deuxième question : est-ce que vous sortez diner, fréquemment, quelquefois ou rarement ?

Thomas : Nous sortons rarement diner en famille. Mes parents fêtent leur anniversaire de mariage séparément de moi et de ma sœur, par exemple. Ils sortent aussi souvent avec des amis à eux. Parfois, moi, je sors avec ma copine séparément aussi. Nous aimons notre intimité; alors nous allons en ville dans un café comme ça à l'improviste.

Colette : Cool, merci, Thomas. Une autre question : qu'est-ce que tu manges au déjeuner ? Tu vas à la cantine ou bien est-ce que tu apportes ton propre manger ?

Thomas : Alors ça, je peux te dire positivement que je vais à la cantine. Je trouve que la bouffe, bien que ça soit chaque semaine la même chose, n'y est pas mauvaise du tout. Et puis, à te dire la vérité, je suis trop paresseux pour me faire et m'emballer un sandwich. D'autre part, pour sortir acheter quelque chose, non, ça prend trop de temps. Je préfère m'asseoir à table avec les copains et les copines, et manger avec eux tout en bavardant.

Colette : Tu es bien gentil de répondre à ces questions, Thomas. Maintenant, dis-moi honnêtement si tu consommes de la malbouffe.

Thomas : Pas tellement ! Tu sais, dans ma famille, on est plutôt écolo. On se rend bien compte que manger sainement, ce n'est pas seulement bon pour notre santé physique et mentale, mais c'est aussi bon pour notre environnement.

Colette : Tiens ! C'est une réponse à laquelle je ne m'attendais pas. Merci pour ta franchise, Thomas.

Track 36

Sélection 18 Source #2—Conversation à propos des forêts

Colette : Qu'est-ce que tu penses d'une présentation sur les dangers de la pollution de l'air, Thomas ? C'est un défi dans le monde entier ; on en parle beaucoup en ce moment et c'est drôlement important pour nous, les jeunes.

Thomas : Tiens, c'est drôle. Je pensais justement aussi à ça. Avec mes parents, nous avons parcouru le parc régional des Ballons des Vosges l'été dernier. Est-ce que tu savais qu'il y a cinquante-six parcs naturels en France ?

Colette : Non, je ne savais pas. Les Vosges, je les connais un peu parce qu'on y va pour skier en hiver. Mais on y va rarement en été. Qu'est-ce que vous y avez fait et vu de remarquable ?

Thomas : Pour bouger, on a fait des randonnées à pied et à vélo. Mais ce qui y est tout à fait remarquable, c'est les immenses forêts qui ont une composition liée aux conditions climatiques : en bas des montagnes, il y a les forêts feuillues, sur les versants il y a la forêt mélangée de sapin et de hêtre. Les forêts couvrent les deux tiers du parc naturel.

Colette : Super. Thomas. De très nombreuses études démontrent qu'on a terriblement besoin des arbres et de la forêt. On devrait faire notre exposé là-dessus et on pourra se servir du parc naturel des Ballons d'Alsace comme exemple particulier. Tout d'abord, il faut rappeler que, face aux dérèglements climatiques avec les températures dysfonctionnelles qu'on voit ces jours-ci, les forêts fonctionnent comme un réservoir de carbone et elles contribuent à l'épuration des polluants atmosphériques.

Thomas : Oui, elles combattent la pollution de l'air, c'est sûr. Mais, après la pandémie de la Covid-19, je pense, moi, qu'il faudrait aussi faire le lien entre la déforestation et l'émergence de nouvelles épidémies, tu ne crois pas ?

Colette : Tu as raison. Il paraît que 60 % des maladies humaines infectieuses ont une origine animale et sont associées à l'agriculture. C'est parce que la déforestation augmente les interactions entre les animaux et les êtres humains.

Thomas : Exact ! Bon, il faut maintenant qu'on trouve un titre pour notre présentation, un titre qui présente le message principal ; et puis, il faut aussi qu'on s'organise et qu'on décide qui fait quelles recherches sur le sujet.

Track 37

Chapter 3 : Multiple-Choice Audio Selections

Sélection 1—La Suisse Raconte

Journaliste : Je vais vous présenter l'activité d'une compagnie qui est basée à Vevey et qui se préoccupe particulièrement de l'éveil culturel des enfants. Je suis en compagnie de sa fondatrice et responsable artistique, Nathalie Jhendly. Nathalie Jhendly, bonjour. Merci de nous accueillir devant votre beau chapiteau bleu avec des petits pois. Qu'est-ce que c'est la compagnie des Aventuriers ?

Nathalie : Alors, la compagnie des Aventuriers a été créée en 2003 à Vevey. Et l'objectif, l'un des objectifs, en fait, c'est la défense des droits de l'enfant par rapport à la culture c'est-à-dire l'expression, l'information, la pensée, la participation à la vie culturelle. Donc pour l'expression, on se soucie de développer tout ce qui est en rapport avec par exemple le théâtre, les contes par le biais de différents supports. Pour l'information c'est plutôt par le biais d'une démarche qui est liée à la prévention, c'est-à-dire la prévention de la violence, de l'illettrisme, de la santé, entre autres. La pensée, c'est la pratique de la philosophie avec les enfants, comment les amener petit à penser plus—par et pour—eux-mêmes et à développer un lien avec les autres tant dans leurs actions que dans ce qu'ils pensent, une démarche citoyenne.

Journaliste : Alors on verra tout à l'heure plus concrètement comment ça se présente comment vous y prenez pour insuffler cette philosophie. . . .

Nathalie : J'étais comédienne au départ et puis animatrice culturelle et ce qui ce dont je me suis toujours souciée—c'est en fait—quel est, comment est-ce que l'enfant grandit et qu'est-ce qui lui permet de s'épanouir en lien avec les autres et la cité dans laquelle il habite. Donc il y a aussi un autre pont, c'est la participation à la vie culturelle puisque je pense que le dialogue avec l'enfant est essentiel et que par exemple, dans le biais du théâtre, et des contes, des conteries, une histoire est racontée pour amener l'enfant à raconter à son tour et avec les autres, en nuançant aussi ses propos, en étant avec les autres, et en articulant et en jouant, ce qui va se jouer ensemble.

Sélection 2—Air France

Track 38

Madame, monsieur, bonjour et bienvenue à bord. Vous devez attacher votre ceinture pour votre sécurité. Nous vous recommandons de la maintenir attachée de façon visible lorsque vous êtes à votre siège. Pour détacher votre ceinture, soulevez la partie supérieure de la boucle. Il est strictement interdit de fumer dans l'avion y compris dans les toilettes. En cas de dépressurisation, un masque à oxygène tombera automatiquement à votre portée. Tirez sur le masque pour libérer l'oxygène. Placez-le sur votre visage. Une fois votre masque ajusté, il vous sera possible d'aider d'autres personnes. En cas d'évacuation, des panneaux lumineux EXIT vous permettent de localiser les issues de secours. Repérez maintenant le panneau EXIT le plus proche de votre siège. Il peut se trouver derrière vous. Les issues de secours sont situées de chaque côté de la cabine, à l'avant, au centre, à l'arrière. Pour évacuer l'avion, suivez le marquage lumineux. Les portes seront ouvertes par l'équipage. Les toboggans se déploient automatiquement. Le gilet de sauvetage est situé sous votre siège ou dans l'accoudoir central. Passez la tête dans l'encolure, attachez et serrez les sangles. Une fois à l'extérieur de l'avion, gonflez votre gilet en tirant sur les poignées rouges. Nous allons bientôt décoller. La tablette doit être rangée et votre dossier redressé. L'usage des appareils électroniques est interdit pendant le décollage et l'atterrissage. Les téléphones portables doivent rester éteints pendant tout le vol. Notice de sécurité placée devant vous est à votre disposition. Merci pour votre attention. Nous vous souhaitons un bon vol.

Sélection 3—Journée Terre

Track 39

La terre nourricière qui est notre unique demeure est exposée à des menaces. C'est par ce cri d'alarme que débute le message du secrétaire général de l'ONU à l'occasion de cette journée internationale de la Terre nourricière. Pour Ban Ki-moon, l'action démesurée des êtres humains sur la terre a des conséquences néfastes ayant entre autres pour noms : changement climatique, appauvrissement de la couche d'ozone. Il s'inquiète également du déclin rapide de la diversité biologique ainsi que de la pollution des mers et la raréfaction des ressources halieutiques. Une gestion négligente de la terre dont pâtissent les groupes de population les plus vulnérables tels que les peuples autochtones, les paysans pauvres, les habitants des bidonvilles, regrette Ban Ki-moon. Il rappelle que la préservation de l'environnement grâce à une gestion avisée des richesses que nous offre la terre est l'un des huit objectifs du Millénaire pour le développement adopté il y a dix ans par les états membres de l'ONU.

Des *OMD, souligne-t-il, qui auront peu de chance d'être réalisés, notamment ceux consistant à réduire la pauvreté et la faim et à améliorer la santé et les conditions de vie de la population en l'absence d'une protection durable de l'environnement. Par conséquent, Ban Ki-moon lance un appel urgent à tous les gouvernements, les entreprises et les citoyens du monde à donner à la terre le respect et les soins qu'elle mérite.

*OMD : Objectifs du millénaire pour le développement

Track 40

Sélection 4—Les Herbes Médicinales

Marie Provost, les gens trouvent différents produits naturels dans les boutiques spécialisées, même les pharmacies. Les gens peut-être oublient que, à la base, c'est des plantes. Alors, de quelle façon intervient l'herboristerie dans la production-produits naturels ?

Certaines herboristeries traditionnelles qui étaient métiers absolument millénaires il y a quelques générations, on ne pouvait pas oublier que l'herboristerie c'est des plantes parce que, à ce moment-là, quand on prenait des produits herboristerie, on ramassait sa racine d'échinacée dans les champs, on l'avait besoin même et on la prenait brut, crue avec tout ce que ça impliquait de bon et mauvais. Aujourd'hui quand on achète à l'épicerie d'aliments naturels, à la pharmacie ou à la clinique une fiole avec un contenu liquide, on est beaucoup plus loin de la plante mais il faut se rappeler il faut savoir qu'à l'origine de ces produits d'herboristerie-là, ce sont toujours des jardins, des plantes et des racines pleines de terre avec lesquelles ça commence. En réalité, ceux qui le souhaitent peuvent récolter et transformer des plantes. Alors on s'assure de certains éléments de base bien sûr, le premier étant l'identification des plantes. Je crois que c'est un point crucial sur lequel il ne faut pas aller trop peu. Si on n'extrait pas la bonne plante, à ce moment, on peut se retrouver vraiment dans une situation problématique parce que certaines plantes sont toxiques. C'est pas parce que c'est naturel que c'est bon bien sûr. Alors l'identification de la plante qui doit être absolument juste et de bien connaître aussi non seulement la récolte, de quelle façon on la transporte. Mais à partir du moment où on connaît ce qu'on veut faire et comment on veut faire, c'est d'une simplicité vraiment—vraiment—enfantine et ça nous permet dans certains cas de nous rapprocher de ce qu'on prend, de ce qu'on utilise et de ce qui nous fait du bien.

Track 41

Sélection 5—Le Pays des Vans—Office du Tourisme

Bonjour et bienvenue au pays des Vans. Nous sommes situés en sud Ardèche à la limite du Gard et de la Lozère au quart des Cévennes et de l'Ardèche méridionale à environ 1h 30 de la vallée du Rhône. Nous vous invitons à découvrir le pays des Vans. Cette richesse de paysages est propice à la pratique en famille de nombreuses activités de pleine nature. La rivière Chassezac relie ces deux territoires des Cévennes et de l'Ardèche méridionale. Elle se descend en canoë depuis les Vans jusqu'à Casteljeaux. Quelques rapides pour des sensations d'aventure et de belles plages pour des pauses baignade. Un programme détente à vivre en famille sur une demie ou une journée au coeur de ce site magnifique et préservé. Le Chassezac a creusé dans la roche calcaire les falaises que nous observons. C'est le lieu privilégié de l'escalade avec 400 voies équipées ainsi que des blocs et des parcours-aventure. Cette roche calcaire inlassablement creusée et travaillée par les eaux donne là encore la possibilité de s'aventurer dans des sites exceptionnels. Comme en spéléo la découverte souterraine offre ici de nombreux avantages. Cette aventure souvent nouvelle pour les enfants permet aussi de cheminer dans l'ambiance fascinante des concrétions, d'accéder aux salles parfois spacieuses des grottes comme celles de Chadouillet, de beaux souvenirs et des traces de glaise en perspective. En dehors des gorges à 4 kilomètres des Vans, le bois de Païolive est un site naturel appelé aussi bois des fées. C'est un lieu extraordinaire à découvrir en famille. En empruntant les sentiers balisés comme celui de Saint Eugène, vous admirerez le magnifique panorama des gorges du Chassezac. Sur le circuit de la vierge, vous découvrirez l'éléphant, la tortue. Sur ces sentiers, vous pourrez admirer les sites les plus caractéristiques du bois tout en laissant tranquilles les espèces remarquables qui ont trouvé là un lieu de vie propice.

Sélection 6—Discours du Général de Gaulle

Track 42

Le gouvernement français, après avoir demandé l'armistice, connaît maintenant, les conditions dictées par l'ennemi.

Il résulte de ces conditions que les forces françaises de terre, de mer et de l'air seraient entièrement démobilisées, que nos armes seraient livrées, que le territoire français serait totalement occupé et que le gouvernement français tomberait sous la dépendance de l'Allemagne et de l'Italie. On peut donc dire que cet armistice serait non seulement une capitulation mais encore un asservissement. Or, beaucoup de Français n'acceptent pas la capitulation ni la servitude pour des raisons qui s'appellent l'honneur, le bon sens, l'intérêt supérieur de la patrie. Je dis l'honneur, car la France s'est engagée à ne déposer les armes que d'accord avec ses alliés. Tant que ses alliés continuent la guerre, son gouvernement n'a pas le droit de se rendre à l'ennemi.

Le gouvernement polonais, le gouvernement norvégien, le gouvernement hollandais, le gouvernement belge, le gouvernement luxembourgeois, quoique chassés de leur territoire, ont compris ainsi leur devoir. Je dis le bon sens, car il est absurde de considérer la lutte comme perdue.

Oui, nous avons subi une grande défaite. Un système militaire mauvais, les fautes commises dans la conduite des opérations, l'esprit d'abandon du gouvernement pendant ces derniers combats nous ont fait perdre la bataille de France. Mais il nous reste un vaste empire, une flotte intacte, beaucoup d'or. Il nous reste des alliés dont les ressources sont immenses, et qui dominent les mers. Il nous reste les gigantesques possibilités de l'industrie américaine.

Les mêmes conditions de la guerre qui nous ont fait battre par cinq mille avions et six mille chars peuvent nous donner, demain, la victoire par vingt mille chars et vingt mille avions.

Je dis l'intérêt supérieur de la patrie car cette guerre n'est pas une guerre franco-allemande, qu'une bataille puisse décider. Cette guerre est une guerre mondiale. Nul ne peut prévoir si les peuples qui sont neutres aujourd'hui, le resteront demain.

Même les alliés de l'Allemagne resteront-ils toujours ses alliés ?

Si les forces de la liberté triomphent finalement de celles de la servitude, quel serait le destin d'une France qui se serait soumise à l'ennemi ? L'honneur, le bon sens, l'intérêt supérieur de la patrie commandent à tous les Français libres de continuer le combat là où ils seront et comme ils pourront. Il est, par conséquent, nécessaire de grouper partout où cela se peut une force française aussi grande que possible. Tout ce qui peut être réuni en fait d'éléments militaires français et de capacité française de production d'armement doit être organisé partout où il y en a. Moi, général de Gaulle, j'entreprends ici, en Angleterre, cette tâche nationale.

J'invite tous les militaires français des armées de terre, de mer et de l'air, j'invite les ingénieurs et les ouvriers français spécialistes de l'armement qui se trouvent en territoire britannique ou qui pourraient y parvenir, à se réunir à moi. J'invite les chefs, les soldats, les marins, les aviateurs des forces françaises de terre, de mer, de l'air, où qu'ils se trouvent actuellement, à se mettre en rapport avec moi. J'invite tous les Français qui veulent rester libres à m'écouter et à me suivre.

Vive la France libre dans l'honneur et dans l'indépendance !

Track 43

Sélection 7—Le Baiser

Le Baiser, un petit ouvrage publié chez Stanké, retrace l'histoire fascinante du baiser, ce petit geste, sonore ou langoureux, furtif ou interminable, qui a joué un rôle majeur chez les humains de tous les temps.

Pour les anthropologues, le baiser sur la bouche serait issu de la pratique des mères de porter la nourriture de leur bouche à celle de leurs enfants. Cette pratique a été observée chez les aborigènes de la terre de Feu. C'est à travers sa bouche que le nourrisson reçoit la pulsion de vie et fait aussi la connaissance de l'autre. . . .

Les primatologues ont même observé que les femelles chimpanzés qui veulent se réconcilier se donnent des baisers sur le bras et la bouche et que les mâles s'embrassent à la suite d'un conflit. . . .

Le geste, récupéré par les humains, n'aura pas tardé à emprunter des formes diverses avant de devenir le symbole de pulsions sexuelles profondes.

Ainsi, les Tamouls de Ceylan se frottent le nez comme les Lapons du nord de l'Europe avant de se lécher réciproquement la bouche et la langue. Les Mongols, les membres de tribus du Sud-Est indien, les Inuits, les Indiens blackfeet d'Amérique du Nord et plusieurs groupes africains pratiquent pour leur part le baiser olfactif. En Gambie, lit-on dans *Le Baiser*, les hommes saluent les femmes en leur sentant l'arrière de l'une des mains !

Et le baiser, même filial, porte son lot de poids mystique et de charge symbolique. Selon *Le Livre des superstitions de Mozzani*, cité dans *Le Baiser*, le baiser annonce une longue vie s'il est donné librement par un enfant mais apporte l'inverse si l'enfant y est contraint. On évitait également d'embrasser les enfants avant le baptême parce qu'ils appartenaient encore au diable. . . . En Afrique, le baiser porte une connotation particulière du fait qu'on croit que l'âme des humains entre et sort par la bouche. . . . Dans les sociétés traditionnelles du Maghreb, la salive que l'on donne avec le baiser serait porteuse d'un souffle vital, et des qualités du donneur. . . .

Chaste baiser : Au Moyen Âge, le baiser a une valeur sacrée, les fidèles mâles l'échangent entre eux à l'office, le vassal et le seigneur l'échangent, lèvres closes, au moment de sceller un contrat de fidélité. En guise de pénitence, on s'imposait d'embrasser le sol, les pieds d'un mendiant ou un lépreux, avant que des critères d'hygiène ne viennent mettre un terme à cette pratique.

Track 44

Sélection 8—Choisir son Conjoint au Burkina Faso

Choisir son conjoint, l'épouser devant le maire, opter pour la monogamie : la conception du mariage change, même au village. Au Burkina, de vieux couples viennent ainsi de se marier civilement pour avoir des papiers d'identité et sécuriser les femmes.

Lorsqu'ils se remémorent cette journée de juin dernier, les cinq vieux assis sur le banc ont le sourire aux lèvres et les yeux qui pétillent. Ce jour-là, ces hommes à barbiches blanches et têtes chenues se sont « officiellement » mariés avec celles qui partagent leur vie depuis plusieurs dizaines d'années. Ce fut une belle fête qui a réuni tous les habitants de Wobrigre, non loin de Ouagadougou. En effet, ce 7 juin 1997, 60 couples âgés de 20 à 80 ans sont passés devant monsieur le maire qui s'était déplacé jusqu'au village pour célébrer leur union civile. Quelques heures durant, les anciens ont ainsi revécu l'époque de leur jeunesse, celle de leur mariage coutumier avec leur première femme, suivie pour la plupart d'une seconde et souvent d'une troisième.

Appuyé sur sa canne, l'un des vieux, encouragé par les autres qui opinent du chef sous leur chapeau de paysan, explique pourquoi, à leur âge, ils ont pris cette décision inhabituelle. En début d'année, raconte-t-il, une troupe de théâtre leur a joué une pièce présentant le triste sort d'une jeune femme donnée à un vieil homme qui décède peu après. Elle se trouve alors en butte à sa belle-famille qui la dépouille de tout car elle n'a aucun papier prouvant ses droits sur l'héritage de son mari. Cette histoire les a fait réfléchir. C'était le but de l'association « Promo-Femmes », à l'origine de cette initiative, qui a poursuivi durant plusieurs mois les discussions avec les villageois.

« *Avant* », explique Mounir Traorés, « *nous pensions que c'était les fonctionnaires et les gens des villes qui faisaient le mariage civil et que nous, nous ne pouvions pas le faire*s ». D'ailleurs, rares étaient ceux qui avaient les papiers d'état-civil nécessaires, surtout parmi les femmes. Un gros handicap pour toutes les démarches administratives qui étaient interminables, voire impossibles. « *Nous nous sommes dit qu'il fallait donner l'exemple à nos enfants. C'est pourquoi nous nous sommes mariés* », poursuit-il. Et très vite, ils en ont vu l'utilité : grâce au livret de famille, leurs enfants ont pu facilement s'inscrire à l'école, les recherches d'emploi des plus âgés ont été simplifiées, leurs relations avec l'administration allégées.

Mais ces mariages civils sont aussi le fruit d'une évolution dans leur conception du mariage. « *Quand je me suis marié, il y a 34 ans* », raconte l'un d'eux, « *c'est la famille qui m'a donné ma femme. Je la connaissais car elle était du village mais je ne savais pas qu'elle serait ma femme* ». Il n'a pas non plus choisi ses deux autres épouses. Comme tous les vieux présents qui ont pris les femmes qu'on leur donnait, sans discussion. « *Aujourd'hui, nous ne pouvons pas chercher des filles ou des garçons pour nos enfants. Maintenant on se voit et on est d'accord pour vivre ensemble. C'est mieux* », affirment ces pères. Pourtant, ils constatent que les divorces sont plus fréquents qu'auparavant lorsque l'entourage familial, concerné au premier chef par ces unions, faisait tout pour réconcilier les époux.

Sélection 9—Poisson d'Avril

Track 45

Ça y est, c'est officiel ! Des termites mutantes attaquent le pilier nord de la Tour Eiffel et celle-ci menace de s'écrouler. Catastrophe ! D'autant plus que je venais de la racheter. Poisson d'avril ! Vous m'avez cru, non . . . c'est bien entendu—un poisson d'avril.

Rassurez-vous ! La Tour Eiffel n'a rien. Mais au fait, pourquoi cette tradition de faire des blagues le jour du premier avril et puis vous savez, on parle toujours du poisson d'avril. Pourquoi un poisson ? Pourquoi est-ce qu'on s'amuse souvent à coller des poissons dans le dos de ses amis ? Tenez, on va les vérifier. En attendant, faut pas être malin pour s'avoir un poisson dans le dos.

L'origine du premier avril est controversée. La légende la plus connue raconte que l'année commençait à l'origine le premier avril. En 1564, le roi Charles décide que l'année commencera désormais le premier janvier ! Cependant les gens n'acceptent pas tout de suite cette décision et continuent de s'offrir des étrennes-les petits cadeaux de début d'année—le premier avril. Mais au fur et à mesure les gens s'habituèrent et ceux qui continuaient de fêter le nouvel an en avril furent la cible des farceurs qui leur offraient de faux cadeaux. Le premier avril est donc l'occasion de mystifier ceux qui n'acceptent pas la réalité.

Mais d'où vient le poisson ? Généralement le premier avril tombe aux alentours de la fin du carême, période durant laquelle les chrétiens ne sont pas supposés manger de viande, l'un des cadeaux les plus prisés était donc le poisson. L'une des plaisanteries les plus courantes était donc d'offrir un faux poisson à ceux dont on voulait se moquer.

On raconte aussi que la tradition du premier avril viendrait du signe zodiacal « poisson ». En effet, le poisson est le dernier signe de l'hiver, entre le 19 février et le 20 mars. On peut supposer que les festivités du retour du printemps ont amené les plaisanteries.

Une troisième théorie est que comme au mois d'avril la pêche était interdite, on offrait des poissons aux gens en guise de plaisanterie en leur faisant croire qu'on les avait pêchés.

Nous ne sommes donc pas sûrs de l'origine exacte du premier avril, probablement un mélange des raisons que nous avons présentées.

Ce qui est sûr en revanche, c'est que la coutume des plaisanteries du premier avril est née en France avant de s'exporter dans les pays voisins. En effet, la coutume existe aujourd'hui en Angleterre, aux États-Unis, en Allemagne, aux Pays-Bas, en Belgique, au Canada, en Italie, en Pologne, au Portugal, en Suisse, en Suède, et même au Japon. Le poisson en revanche n'a pas été systématiquement exporté, en anglais on parle de « jour des idiots » « April Fool's Day » et en Russie de jour des fous.

Track 46

Sélection 10—*Titanic*

L'épave du *Titanic* bénéficie désormais de la protection de la Convention de l'UNESCO sur le patrimoine culturel subaquatique et la Directrice générale de cette agence onusienne, Irina Bokova, en a profité jeudi pour rappeler la nécessité de protéger le patrimoine subaquatique.

Dans la nuit du 14 au 15 avril 1912, le *Titanic* faisait naufrage dans l'Atlantique nord en heurtant un iceberg. Le centenaire de cette tragédie est l'occasion pour l'UNESCO d'exprimer sa préoccupation quant à la destruction et au pillage de milliers d'épaves anciennes et de sites archéologiques submergés dans le monde.

Les vestiges du *Titanic* gisent à quelque 4.000 mètres de fond au large de Terre-Neuve. L'épave se trouvant dans les eaux internationales, aucun État ne peut revendiquer une juridiction exclusive sur le site. Les États ne peuvent en effet exercer une juridiction que sur les épaves se trouvant dans les eaux territoriales ou battant pavillon national. Jusqu'ici, le *Titanic* ne pouvait bénéficier de la protection de la Convention adoptée par l'UNESCO en 2001, celle-ci ne s'appliquant qu'aux vestiges immergés depuis au moins cent ans.

« Le naufrage du *Titanic* est ancré dans la mémoire de l'humanité et je me réjouis à l'idée que ce site bénéficie désormais de la protection de la Convention de l'UNESCO. Mais il existe des milliers d'autres épaves à protéger. Toutes ces épaves anciennes sont des sites archéologiques qui présentent une valeur scientifique », a dit Irina Bokova dans un communiqué de presse.

Désormais, les États parties à la Convention pourront interdire la destruction, le pillage, la vente et la dispersion des objets trouvés sur le site. Ils peuvent prendre toutes les mesures en leur pouvoir pour protéger l'épave et faire en sorte que les restes humains soient traités dignement.

La Convention de 2001 fournit un cadre de coopération aux États parties afin de prévenir des explorations dont le caractère scientifique ou éthique est contestable. Ils peuvent également saisir les objets sortis de l'eau illégalement et fermer leurs ports à tout navire se livrant à des activités d'exploration non conformes aux principes de la Convention.

La Directrice générale de l'UNESCO a fait part de son inquiétude face à la destruction et au pillage de nombreuses épaves anciennes, rendus possible par le développement de technologies exploratoires toujours plus performantes.

« Les épaves sont aussi la mémoire de tragédies humaines qui doivent être traitées avec le respect qui leur est dû. On ne tolère pas que le patrimoine culturel terrestre soit pillé, il doit en aller de même pour les trésors engloutis », a déclaré Irina Bokova qui a exhorté les plongeurs à ne pas déposer de détritus ou de plaques commémoratives sur l'épave du *Titanic*.

Adoptée en 2001 par la Conférence générale de l'UNESCO, la Convention sur la protection du patrimoine subaquatique vise à assurer une meilleure protection des épaves, sites, grottes ornées et autres vestiges culturels reposant sous l'eau. Ce traité international est une réponse de la communauté internationale au pillage et à la destruction croissante du patrimoine subaquatique exposé aux chasseurs de trésors.

Destinée à préserver de préférence in situ le patrimoine englouti, la Convention a aussi pour objectif de favoriser l'accès du public à ce patrimoine et d'encourager la recherche archéologique. A ce jour, 41 États ont ratifié la Convention pour la protection du patrimoine culturel subaquatique qui est entrée en vigueur le 2 janvier 2009.

Sélection 11—Claire Coç-Le prénom de la honte

Track 47

La première journaliste: Il est 9h13. Merci d'être avec nous. Pour ce témoignage très très courageux pour ce livre, Claire, le prénom de la honte, aux éditions Albert Michel, Claire Coç est avec nous, un journaliste, fille d'émigrés turcs. Elle est devenue Claire en 2008.

Le deuxième journaliste: Oui, et vous racontez, bonjour, vous racontez tout votre parcours et la vie dans les quartiers là où vous avez vécu, à Rennes, dans le quartier Kronenbourg à Strasbourg, comment ces quartiers ont évolué au fil des années, comment il y a le communautarisme qui s'est installé progressivement-on verra. Vous dites qu'il y a un tournant, c'est l'installation des paraboles-hein-vous dites que ça, ça changé parce que on... c'est relié avec son pays d'origine et ça a été le cas avec vous notamment, votre famille qui est d'origine turque. D'abord, pourquoi vous avez changé, choisi de changer de prénom et de vous appeler après Claire, pourquoi avoir fait cette démarche ?

Claire Coç: Parce que tout d'abord c'est une possibilité qu'on vous offre quand vous faites une demande de naturalisation et puis, souvent, et je parle vraiment de mon cas personnel-voilà je pense que, parfois, quand on a envie d'être français, on a envie de prendre un prénom français. C'est déjà arrivé avec-sans vouloir me comparer à ces illustres auteurs ou personnages de la, en France, enfin de l'histoire de la France ; il y avait Guillaume Apollinaire qui était né à Rome ; sa mère lui avait donné un nom italien, Guglielmo, et donc c'est un apatride d'origine russe et quand il est devenu français, il a choisi le prénom de Guillaume-ou encore Romain Gary qui s'appelait Romane-[*man interrupts* : c'est vrai] voilà, c'est aussi simple que ça, en fait.

Le deuxième journaliste: Oui, oui. Et alors pourquoi vous avez voulu aussi, ben, adopter la nationalité française, quoi ? Parce que ça, ça a été un moment très fort dans votre parcours, quoi.

Claire Coç: Alors, tout d'abord, contrairement à mes frères, moi, je n'étais pas née en France. Et souvent, sous le ton de la blague, ils me disaient souvent « l'immigrée, l'immigrée » et, en fait, à un moment donné, je me suis comme si -il y a quelque chose à réparer ; je ne m'étais jamais posé la question de savoir si j'étais française ou pas ; j'étais française, ça allait de soi. J'ai-je suis arrivée à l'âge d'un an- j'ai grandi dans cette culture. Pour moi, j'étais française ; mais, c'est le regard des autres et souvent, c'était pas fait de manière méchante, mais ça m'a fait prendre conscience effectivement qu'il fallait que je franchisse le pas, que je répare quelque chose.

Track 48

Sélection 12—Journée mondiale sans tabac

Le journaliste: En cette journée mondiale sans tabac, pourquoi insister sur le fait de ne pas me laisser le tabac me couper le souffle ?

Mme Sinclair: En fait, tous les ans, le tabac tue au moins 8 millions de personnes et, dans ces 8 millions, 40% des décès sont liés à des maladies pulmonaires comme le cancer, des infections respiratoires chroniques et la tuberculose. Donc on a choisi ce thème cette année parce que c'est des maladies très importantes qui affectent beaucoup de personnes dans le monde.

Le journaliste: Et donc, n'est-ce pas, les dégâts causés sur la santé pulmonaire -plus de 40% des décès liés au tabac-sont imputables à des maladies pulmonaires comme le cancer. Peut-on parler du tabac comme d'un virus ?

Mme Sinclair: Justement, on dit souvent que si le tabac était un virus, ça aurait été éradiqué il y a longtemps. Ça doit être quelque chose qui est important pour les gouvernements parce que ça affecte des millions de personnes dans tout le monde et des millions de fumeurs et de non-fumeurs qui sont exposés à ... le tabac passif.

Le journaliste: Le tabac tue 8 millions de personnes. Est-ce des décès causés par le cancer des poumons ?

Mme Sinclair: Alors non. Ce n'est pas que des décès causés par le cancer des poumons, le plus commun des maladies. C'est l'infarctus et aussi les accidents vasculaires cérébraux. Y a plein d'autres maladies qui sont causées par le tabac ainsi que le tabac secondaire et le tabac non-fumé.

Le journaliste: Et le tabac qui atteint plus de 3 millions de fumeurs et de personnes exposées à la fumée en 2017, quelle est la proportion des décès liés au tabagisme passif, surtout pour les enfants ?

Mme Sinclair: Les décès liés au tabagisme passif et aux maladies pulmonaires, c'est plus que 500,000 et pour les enfants, tous les ans, il y a 60,000 enfants de moins de 5 ans qui meurent d'infections de voir respiratoire inférieure.

Le journaliste: Et sur ces 60,000 enfants de moins de 5 ans qui meurent de maladies causées par le tabagisme passif, quelle est la proportion des décès liés par un tabagisme à domicile via les parents ?

Mme Sinclair: Alors, je veux pas dire le nombre de décès liés à ça, mais je peux vous dire que 20% des personnes dans le monde sont exposées à un tabagisme passif à la maison.

Le journaliste: Dernière question : finalement, que recommande l'OMS pour faire baisser la demande du tabac dans le monde ?

Mme Sinclair: On a quelques mesures stratégiques prévues dans le cadre EMPOWER, par exemple, c'est forcer de faire baisser la demande de tabac par l'intermédiaire de mesures fiscales, créer des espaces non-fumeurs et mettre en place des aides au sevrage.

Sélection 13—Seychelles: le thon, une grande valeur économique

Track 49

La journaliste: M. Phillipe Michaud, donc, bonjour. Aujourd'hui nous célébrons la Journée Mon diale du Thon. Donc on sait que le thon possède de nombreuses espèces. Comment le thon est un poisson durable ?

M. Michaud: Ben, le thon est un poisson qui devrait être durable parce que c'est une espèce d'une grande valeur pas seulement économique mais socio-culturelle surtout pour des petites villes et des économies insulaires, donc nous avons à s'assurer que cette ressource soit pérenne.

La journaliste: Justement, quels sont les dangers que le thon euh fait face de nos jours ?

M. Michaud: Bon, ce serait une exploitation excessive étant donné que le thon est une espèce migratrice. Donc il faudrait que toute la communauté internationale, enfin, en particulier dans l'Océan Indien, tous les pays, tous les membres de la commission du thon de l'Océan Indien s'intéressent à la bonne gestion de cette ressource.

La journaliste: Et justement, donc vous êtes aux Seychelles. Que représente le thon dans la région et quels sont les programmes qui sont mis sur place pour essayer de protéger cette espèce ou ces espèces ?

M. Michaud: Voilà, le thon est très important dans l'économie des Seychelles, pas seulement dans le domaine de l'emploi mais aussi des exportations, des entrées en devises étrangères. Mais nous, nous pensons que c'est une ressource, même si elle est très importante, nous ne sommes pas suffisamment conscients de son importance, raison pour laquelle nous avons, enfin, une des raisons pour laquelle, nous avons voulu célébrer cette journée et elle est également une ressource très importante pour d'autres pays de la région, des petites villes en particulier.

La journaliste: Et justement, vous pouvez nous expliquer en quoi le thon est important-comment il est utilisé. Vous parlez justement au point de vue économique, est-ce qu'il y a d'autres secteurs où le thon est important aux Seychelles et dans la région ?

M. Michaud: Oui, et bien, prenons par exemple les Comores, le thon est une espèce pêchée par . . . la pêcherie artisanale ; elle est consommée énormément par les insulaires. Aux Seychelles, c'est une pêcherie qui est plutôt exploitée par la flotte industrielle, que ce soit la flotte à la chaîne ou à la palangre, et puis, bon, à part que, du côté économique, y a, bon, les aspects emplois- mais aussi, en ce qui concerne la sécurité alimentaire, c'est très important parce que c'est une ressource très abondante mais qu'il faudrait mieux valoriser. Voilà.

Sélection 14—L'Afrique en Marche

Track 50

First Man: Reportage à présent en Ouganda, pays où l'on estime le nombre de réfugiés à un million quatre cent mille pour la plupart venus du Soudan du sud , une situation qui pose évidemment des questions humanitaires mais aussi environnementales. Leur installation a entraîné un important déboisement puisque, faute d'accès à l'électricité ou au gaz, ils utilisent beaucoup de bois notamment pour la cuisine dans le camp d'Imvepi. Vision du Monde a donc facilité la mise en place de 160 petites cuisinières à faible consommation-Reportage Charlotte Cosset.

Charlotte Cosset-First woman: Dans la petite hutte de Dawou Aros, une cuisinière pas comme les autres est installée, une sorte de réchaud et de différents matériaux qui gardent la chaleur. Il a remplacé le système traditionnel de feu de bois posé sur trois pierres. Hélène Akelo de Visions du Monde.

Hélène Akelo-Second woman: Voici la cuisinière à basse consommation d'énergie; il y a deux emplacements que vous faites à la taille des plats et selon la taille de la famille. Vous utilisez moins de bois de chauffe par rapport au traditionnel feu de bois sur les trois pierres. C'est ce que nous faisons pour sauver l'environnement parce qu'avec le système traditionnel des pierres, vous consommez beaucoup de bois. Dawaro est dehors, elle prépare les aliments pour la cuisine. Ce système a changé son quotidien.

Dawaros-Third woman: Cela nous a apporté un grand changement; je vais chercher du bois qu'une ou deux fois par semaine et j'ai plus de temps pour cultiver. Isaac est l'un des premiers à avoir été formé pour fabriquer ces petites cuisinières. Ils sont désormais une trentaine dans la communauté à pouvoir aider à leur mise en place. Il est ravi du résultat.

Man speaking for Isaac: Oui, c'est la même chose que l'autre système mais cela consomme moins de bois et même il cuit plus vite. Maintenant nous allons devenir un exemple pour les gens dans les villages. C'est pourquoi nous l'avons installé dans la famille. C'est important; cela nous aide, surtout nos mères qui souffrent pour collecter du bois dans les villages. On veut du bois qui chauffe, ça n'est pas facile. Et puis aussi, vous voyez, les enfants ne peuvent pas se brûler parce que le bois est à l'intérieur donc cela protège les enfants.

Track 51

Sélection 15—Pâtisserie française

Female reporter: Bonjour à tous. Macarons, profiteroles ou encore éclairs, les produits stars des pâtissiers sont souvent des spécialités françaises. Les Français sont les champions du monde du temps passé à table, sans doute, parce qu'ils s'attardent sur le dessert. Lorsqu'il n'est pas fait maison, les familles françaises dépensent chaque année 350 euros en pâtisseries -d'autres chiffres en images tout de suite.

Other female reporter: Avec plus de 35, 000 établissements en France, la boulangerie-pâtisserie ne connaît pas la crise. Elle emploie plus de 180 000 personnes dont une sur huit sont des apprentis-une proportion qui en fait un secteur jeune, innovant et en plein boum avec 1 milliard d'euros de chiffre d'affaires annuel. Sur les réseaux sociaux ou à la télévision, les accros à la pâtisserie sont de plus en plus nombreux. Si 38% des Français achètent leurs pâtisseries en boutique, 46% préfèrent le fait-maison. Du macaron à l'éclair, en passant par la mille-feuille ou le Saint-Honoré, parmi les classiques du genre, on recense plus de 120 créations pâtissières ou

	spécialités régionales. Son origine remonte au milieu du 16e siècle avec la première pâte à chou créée par le cuisinier de Catherine de Medici. Certaines pâtisseries deviennent des objets de luxe: 5000 euros pour une collection de macarons haute-couture ou pour un kilo de truffes au chocolat et feuilles d'or. Preuve de leur succès, certaines pâtisseries-star ont leur journée internationale : le macaron est célébré chaque année le 20 mars.
First female reporter:	La pâtisserie en France, c'est un art pris très au sérieux. Des livres, des concours, des émissions de télévision très populaires lui sont consacrés. Pour les amateurs comme pour les professionnels, il ne s'agit pas que de faire bon : il faut aussi faire beau aussi, notamment pour les réseaux sociaux.
Male reporter:	Avenue de l'Opéra Garnier à Paris, il fait froid mais une file d'attente un peu étrange s'est déjà formée.Des dizaines de gourmands attendent patiemment-pour certains depuis des heures- et tout ça pour une pâtisserie.
Woman interviewed:	J'ai pris une heure pour venir ici, ouai, j'ai pris ma journée.
Man interviewed:	S'il faut attendre trois heures, eh ben, y a pas de souci, j'attendrai trois heures.
Male reporter:	A l'intérieur de la boutique, le patron est une star. Cédric Grollet, champion du monde de pâtisserie, chef chouchou des réseaux sociaux, est comme aujourd'hui victime de son succès.
Chef:	On a doublé la production. J'ai fait au mieux avec mes équipes. Ça s'est vidé énormément très très vite. Les gens achetaient euh à une vitesse incroyable. Les gens étaient . . . La première personne est arrivée à 23h30 hier soir.

Sélection 16—P'tits Héros

Track 52

Notre association, les P'tits héros, a été créée au cœur de la Bretagne, en avril 2015, par une équipe professionnelle de la santé et de l'éducation. Le but de l'association est de former les enfants de 3 à 7 ans sur les gestes de premier secours. Pour cela, nous organisons des stages de secourisme et des évènements. Nous mettons en place des actions ludiques et responsabilisantes comme l'ouverture de l'école de secourisme autour des thèmes protéger, alerter, secourir. A travers le jeu et notre pédagogie, vos enfants vont développer leur intérêt pour la santé et la citoyenneté, et progressivement prendre conscience qu'ils peuvent agir et venir en aide aux personnes en situation de danger.

En tant que parents, nous faisons au mieux pour protéger nos enfants au jour le jour. Les protéger, c'est aussi leur apprendre les bons comportements en toutes circonstances. Grâce aux P'tits Héros, ils sont mieux préparés face aux situations graves. Notre association les aide à acquérir des automatismes dans les gestes qui peuvent sauver et à prendre confiance en eux. Ils ont ainsi, en main, les outils pour réagir spontanément et devenir le premier maillon de la chaîne de secours. Les enfants sont fiers de leur apprentissage et souhaitent même transmettre leurs connaissances aux plus grands. Pour former les secouristes de demain, l'association Les P'tits héros a imaginé des jeux et activités destinés aux plus jeunes citoyens qui permettent de prévenir les dangers. Médecins, psychologues de la petite enfance, moniteurs de secourisme, professeurs des écoles, pompiers, nos intervenants bénévoles proposent un contenu pédagogique adapté à chaque tranche d'âge, de 3 à 5 ans, de 6 à 8 ans, et de 9 à 10 ans. Les P'tits héros de demain apprennent à dédramatiser des situations difficiles, dire des mises en scènes et à agir. Mais au cœur de la Bretagne, les petits héros s'implantent petit à petit dans tout le reste de la France.

Suivez-nous sur Facebook ou sur notre site Internet lesptitshéros.fr et si vous souhaitez devenir bénévoles, écrivez-nous à contact@lesptitshéros.fr

Track 53

Sélection 17—L'IMA et la fête de la musique

Chers amis de L'IMA, j'ai grand plaisir à vous annoncer que l'institut du monde arabe sera fortement présent le Jour de la Fête de la Musique dimanche, 21 juin prochain : d'abord à travers un karaoké géant, c'est une opération absolument unique sur le parvis de L'IMA -400 personnes seront, chaque fois, admises de 17h à la nuit pour permettre à ses visiteurs de chanter des chansons français(es), des standards du rap et d'autres musiques. Et en même temps, des boissons seront servies pour ceux qui voudront vraiment faire la fête et nous prenons des dispositions pour que les 400 personnes puissent être séparées selon les règles sanitaires autour de tables confortables. Il faut s'inscrire évidemment ; il faudra à chaque fois prendre une place en ligne et puis il y aura un autre évènement parallèlement pour ceux qui ne voudront pas se déranger ou qui préfèrent rester à la maison ou qui aiment la musique électronique. Nous nous associons depuis l'Institut du Monde arabe à la même heure avec des DJ qui vont participer à un évènement mondial dédié à la musique électronique. Là aussi, vous entendrez, si vous le suivez, les meilleurs DJ qui soient. Ce sera encore une fois un évènement unique en son genre.

Track 54

Sélection 18—L'architecte-Designer

Aujourd'hui, nous vivons sur une petite planète bleue qui est recouverte à 71% d'océans et pourtant, nous sommes des terriens. Est-ce qu'un jour, nous pourrions devenir des merriens, c'est-à-dire des habitants de la mer et des océans, des habitants de cette petite planète bleue qui aura réussi à rerégler le climat, à vivre en symbiose avec la nature en passant de l'économie linéaire qui produit, qui consomme, qui jette et qui génère de la dette pour créer véritablement une économie circulaire qui fait en sorte que tout ce qui est produit et consommé soit recyclé en boucle vertueuse ? Ces villes, elles sont directement inspirées de l'analyse du vivant. En tant qu'architecte, je me suis spécialisé dans ce qu'on appelle aujourd'hui le biomimétisme, c'est-à-dire s'inspirer des formes, des structures, de l'intelligence des matériaux et de toutes les boucles de rétroaction qui existent dans les écosystèmes matures. Donc, effectivement, nos projets sont de véritables écosystèmes habités. Je vous invite, par exemple, à découvrir le projet Aequorea, le projet Aequorea inspiré d'une méduse bioluminescente, est un « ocean scraper » à l'inverse d'un « skyscraper », c'est à dire une tour inversée qui, au lieu d'aller gratter le ciel, va gratter le fonds des océans. On y entre par une grande marina qui vient accueillir des champs dédiés à la permaculture qui nourrit les habitants de cette ville. Vous pourriez, par exemple, enfiler un masque à branchies qui viendrait casser les particules de CO_2 et d'oxygène pour en extraire, justement, toutes les particules nécessaires pour votre respiration. Vous pourriez vivre dans une ville amphibienne qui se développe aussi bien au-dessus du niveau de l'eau qu'au-dessous du niveau de l'eau. Cette ville construite en algoplaste serait destinée à être calcifiée, c'est-à-dire à construire un exosquelette exactement comme le font tous les coquillages qui se trouvent dans les océans. C'est une ville qui vivrait en totale symbiose avec votre environnement où l'être humain vivrait dans des espaces intérieurs biophiliques et son jardin, finalement, serait constitué par les baleines, les orques et tous les poissons qui vivraient en liberté autour de cette ville. Le but, en 2050, là où nous serons 9 milliards d'habitants sur terre, avant d'atteindre 12 milliards annoncés pour 2100, c'est effectivement exploiter tous les champs encore aujourd'hui méconnus pour l'urbanisation du futur. Explorer comment, en respectant la terre, on peut également construire sur la mer, inventer des nouveaux modes de vie qui soient voués non pas aux sédentaires, mais bien à des nouveaux nomades qui pourraient, durant toute leur vie, vivre en symbiose avec les océans.

Sélection 19—COVID-19-un message important

Track 55

Pendant cette épidémie, notre priorité c'est votre santé. Écouter, examiner, dépister, traiter et vous rassurer, c'est notre métier. Avant le confinement, vous veniez nous consulter. Aujourd'hui soyez rassurés. Face au virus, on s'est équipés, organisés. Aujourd'hui, on est prêt à vous recevoir en toute sécurité. Appelez votre médecin ; il vous expliquera les conditions dans lesquelles il vous recevra. Salles d'attente fléchées aux créneaux horaires dédiés-consultations présentielles ou télé-santé-masques si nécessités et distances de sécurité. Les maladies pour lesquelles vous veniez dans nos cabinets restent d'actualité. En cas d'inquiétude sur votre santé, appelez ou télé-consultez. En cas de symptômes anormaux, appelez ou venez vérifier. En cas de maladie chronique, venez vous faire examiner et surveiller. Pour rester en bonne santé, venez vous faire dépister. Pour votre grossesse, maintenez le suivi au cabinet ou à la maternité. Pour protéger vos enfants, venez les faire vacciner. Pour trouver un soutien à votre mal-être, venez nous rencontrer. Car pour vous protéger, pour vous éviter un diagnostic tardif et compliqué, pour que la priorité reste votre santé, sur nous vous pourrez toujours compter. On est préparé.

Appendix B

SCRIPTS FOR CHAPTER 5

Chapter 5: Writing the Argumentative Essay

Track 56

Essay 1 Source #3

Quand on parle du bac dans ce pays, on pense aux bacs généraux et quand on regarde les bacs généraux, ils sont articulés sur trois bacs : le bac S, le bac dit scientifique, le bac littéraire et un bac qui se veut plus équilibré : le bac ES.

On se rend compte qu'un de ces bacs, le bac littéraire, est actuellement en crise, et que beaucoup de jeunes passent le baccalauréat S non pas, parce qu'ils sont scientifiques, mais parce qu'il a la réputation d'être le bac d'excellence, celui qui vous permettra de faire de fortes études, donc ça pose déjà sur ce point un problème.

À côté, vous avez les bacs technologiques qui avaient été mis en place, au cours de la Ve République, pour faire face à une demande spécifique et pour une poursuite d'études ensuite dans des séries technologiques. On se rend compte maintenant que ces séries sont souvent envahies par des jeunes titulaires du bac général, ce qui pose pour les titulaires du bac technologique un certain nombre de problèmes.

Enfin, il y a la création la plus récente, les bacs professionnels qui n'ont pas pour vocation de vous préparer à aller dans l'enseignement supérieur et vous permettent d'entrer dans la vie professionnelle avec une formation générale d'un niveau donc déjà important et aussi une qualification professionnelle assez pointue puisqu'il y a, c'est quand même assez étonnant, 72 bacs professionnels différents.

Le meilleure défense du baccalauréat, c'est le fait que les Français n'ont pas envie de le voir disparaître.

C'est un monument national qui existe depuis 200 ans. C'est surtout un repère pour une génération. C'est un petit peu aussi un rite de passage. Être bachelier, cela veut dire être au-delà d'une certaine époque. Avant, on préparer le bac on est un lycéen et on n'est pas majeur si on peut dire, donc c'est un moment important. Est-ce qu'il faut faire perdre aux jeunes un des derniers repères qui leur restent ? Moi, je pose la question et je crois que, avant de dire qu'il faut le supprimer, il faut être extrêmement prudent.

C'est un des repères dans la vie d'un jeune et maintenant ce n'est pas une minorité de jeunes qui est concernée par le bac, j'insiste là-dessus, c'est la majorité la grande majorité d'une génération qui est confrontée à l'épreuve du baccalauréat.

Track 58

Essay 2 Source #3

Mon travail de créateur est régi par des dates-butoirs. Ma journée est souvent trop agitée pour que je puisse réfléchir à de nouvelles idées. Mais elles surgissent d'elles-mêmes dans les moments le plus calmes. J'aime jouer avec ces idées soudaines. Par exemple, le matin, lorsque je me rends à mon travail, tout ce que je rencontre est source d'inspiration, les gens, les étalages, le brouhaha de la rue.

Dans les moments tranquilles, je développe ensuite les idées qui subsistent. Les créations graphiques peuvent être utilisées de façon infinie. Il suffit de sortir un peu des cadres habituels pour s'apercevoir que les possibilités commerciales sont souvent plus nombreuses qu'il ne paraît à première vue. C'est pour cette raison que je prends soin de mes idées. Je veux absolument éviter que quelqu'un d'autre les accapare.

L'I-dépôt en ligne de l'Office du Benelux de la propriété intellectuelle m'aide dans ces démarches. Dans le bouillonnement des activités quotidiennes, il reste toujours un moment libre pour remettre un I-dépôt. Cela se fait très rapidement et très facilement. Vous remplissez vos coordonnées et vous ajoutez une description de votre idée. Vous pouvez même y ajouter un croquis. Ensuite vous pouvez télécharger un certificat sécurisé. Avec ce document en main, vous détenez une preuve solide de votre bien. I-dépôt, la première étape dans votre processus d'innovation.

Track 60

Essay 3 Source #3

L'homme est omnivore ; il mange de la viande, il mange des légumes, il mange des fruits. C'est important, pour son plaisir, pour son équilibre. Je dis ça tout en respectant parfaitement les gens qui, pour certaines raisons, sont ou végétaliens ou végétariens. C'est très bien, pas de soucis. Attention simplement à ce qu'ils gardent un bon équilibre des nutriments pour ne pas avoir des carences, c'est ça que je dirais.

Mais, vous parlez d'énergie, c'est vrai que le système alimentaire du citadin des pays développés est très coûteux en énergie : si la population du monde se nourrissait comme le citadin new-yorkais, il faudrait mobiliser 50% de l'énergie utilisée dans le monde rien que pour se nourrir. Ce qui n'est pas possible ni imaginable.

On fait des économies d'énergies et on protège l'environnement par des décisions qui sont prises sur l'habitat, et sur la circulation automobile. Il faut effectivement aussi réfléchir sur ce qu'il faut faire au niveau énergétique et au niveau environnement, sur notre alimentation. Il faudra trouver des systèmes alimentaires qui consomment moins d'énergie.

Alors, vous dites « végétariens », non ! Le mouton qui paisse tranquillement sur les alpages, et qui mange de l'herbe, produit une énergie photosynthétique (celle du soleil). Son rendement énergétique est tout à fait remarquable puisqu'il ne consomme aucune énergie fossile. Par contre, le poulet en batterie, lui, il est un peu mis en cause parce qu'il réclame beaucoup d'énergie.

Track 62

Essay 4 Source #3

Saviez-vous que le Canada a l'un des programmes d'immigration les plus importants dans le monde ? Chaque année, le Canada accueille trois types—ou catégories—d'immigrants. Il y a des immigrants que le Canada sélectionne en fonction de leur formation et de leurs compétences, et qui, par leur travail, contribuent à développer notre économie. Il y a des gens qui viennent au

Canada pour rejoindre des membres de leur famille. Et il y a des gens qui ont besoin de protection, comme les réfugiés qui fuient la torture ou les persécutions dans leur pays d'origine. Ce sont là les trois catégories d'immigrants que le Canada accueille.

Le nombre total d'immigrants que le Canada accepte chaque année est fixé en fonction de plusieurs facteurs. Quels types de travailleurs contribueront à la croissance de notre économie ? Quels sont les emplois disponibles qui ne peuvent pas être comblés par des Canadiens ? Quel est l'état de l'économie canadienne ? Quels sont les mécanismes mis en place pour aider les immigrants à bien s'intégrer une fois arrivés au Canada ?

Pour répondre à ces questions, nous nous fondons sur des recherches et nous consultons beaucoup de gens, de même que les gouvernements provinciaux et territoriaux. Nous consultons également des experts, parmi lesquels des chefs d'entreprises, des associations professionnelles et des groupes d'immigrants. Et nous sollicitons l'avis des gens qui sont en contact direct avec les nouveaux arrivants, comme ceux et celles qui donnent des cours de français ou d'anglais.

Nous tenons également compte d'autres facteurs. Par exemple, la tradition humanitaire du Canada, qui est fier d'offrir un asile à ceux et celles qui fuient la torture et l'oppression, ou encore, le taux de croissance de la population canadienne. A l'heure actuelle, le Canada a besoin d'un haut niveau d'immigration légale pour que sa main-d'œuvre reste forte. Comme d'autres pays où la population est vieillissante et le taux de natalité est bas, le Canada n'aura pas une population suffisante, dans un avenir pas très lointain, pour assurer la croissance de sa main-d'œuvre.

Bien sûr, le Canada et ses établissements d'enseignement continueront à produire la majorité des nouveaux venus sur le marché du travail mais à mesure que les baby-boomers prendront leur retraite, l'économie du pays dépendra de plus en plus de l'immigration pour assurer la croissance de la main-d'œuvre. Sans immigration, notre population active déclinera. C'est à partir de ces divers facteurs que le Canada fixe les nombres d'immigrants qu'il accueillera chaque année.

Appendix C

AUDIO AND EXEMPLARY CONVERSATIONS FOR CHAPTER 6

Chapter 6: Conversation

[For audio containing prompts only—*not* responses—see bracketed entries following Sélection heads.]

> Take 2 minutes to read the introduction and the preview of the conversation. Once the conversation is initiated by the speaker, give a reply to the recorded voice as fully as possible using as much of the 20 seconds provided as possible, and following the instructions from the preview.
>
> Passez 2 minutes à lire l'introduction et le plan de la conversation. Une fois que la conversation est commencée par l'interlocuteur, répondez aussi complètement que possible en utilisant autant que possible les 20 secondes qu'on vous donne et en suivant les instructions du plan.

Sélection 1 [Track 64]

Track 86

Mark : Tu sais, j'aimerais bien venir dîner chez toi demain soir. D'autant plus que ta mère fait une cuisine exquise, mais demain après-midi j'ai un match de foot avec les copains à 15 heures.

Vous : Écoute, Mark, du moment que tu arrives avant 18 heures, ça va. Je compte vraiment sur toi. J'ai beaucoup parlé de toi à Jean-Luc et vous avez un tas de choses en commun.

Mark : Bon, d'abord, dis-moi, est-ce qu'il a notre âge et est-ce qu'il aime les sports ?

Vous : Oui, il a notre âge, à peu près. Il habite à Ottawa et il fait du hockey depuis l'âge de quatre ans. Il a gagné pas mal de championnats. De plus, il fait partie d'un club très spécial. Mais tu n'as qu'à venir et tu verras.

Mark : D'accord, tu as réussi à me rendre curieux. Bon, c'est entendu. J'essaierai d'être là un peu avant 18 heures. Ça va comme ça ?

Vous : Oui, tu vas voir, tu ne le regretteras pas. Ça va être super cool ; entre nous trois, on va faire des projets pour le weekend prochain.

Mark : Dis-moi, il préfère parler anglais ou français ? Je parie que tu veux que je vienne parce que tu sais que je parle bien anglais.

Vous : Ne t'en fais pas ! Il parle les deux langues puisqu'il est dans un lycée bilingue. Et puis, tu sais bien, au Canada, il vaut mieux apprendre le français. C'est la langue officielle du Québec !

Mark : Bon, écoute, j'ai hâte de le rencontrer. Je veux lui parler de hockey bien sûr. Mais je veux savoir aussi comment fonctionnent les universités canadiennes. Il pourra peut-être me renseigner.

Vous : Il sera ravi de parler de son sport favori. Et puis, les universités, il doit savoir pas mal de choses là-dessus. Tu vois, je savais que c'était une bonne idée. Bon, à demain, Mark et bonne chance à ton match demain !

Track 87

Sélection 2 [Track 65]

Pascal : Salut. J'espère que tu vas bien ? Dis, je t'appelle pour t'inviter à ma fête d'anniversaire. Ce sera chez moi et mes parents m'encouragent à inviter mes meilleurs amis. Donc, j'ai pensé à toi en premier.

Vous : Je suis touché(e), Pascal. Et tu penses bien que je veux venir. Mais, dis-moi, c'est quel jour et à quelle heure ?

Pascal : Ce sera samedi le 20 septembre de dix-huit à vingt et une heures chez moi. On n'a pas cours le lendemain ; alors tu n'as pas d'excuse.

Vous : Je ne cherche pas d'excuses, Pascal. Je dois seulement demander permission à maman et papa. Ces derniers temps, je suis beaucoup sorti(e) et ils sont un peu inquiets. Ils veulent savoir où je vais et avec qui.

Pascal : Tu sais, tu peux leur dire qu'il n'y aura que mes trois meilleurs amis et ma famille. Ils peuvent téléphoner à mes parents pour vérifier.

Vous : Est-ce que tu as bien dit trois amis ? Alors là, je suis vraiment surprise. L'année dernière, tu en avais une vingtaine, je me souviens.

Pascal : Eh bien, c'est vrai, mais j'ai envie de passer du temps avec les gens qui comptent le plus pour moi. Et puis, ma famille est déjà assez nombreuse ! Je pensais qu'on pouvait écouter de la bonne musique, bien manger et jouer à des jeux.

Vous : J'ai une idée. Tu pourrais faire une soirée bal masqué. Ce serait drôle. Ou bien tu pourrais demander à chacun d'apporter un dessert et donner un prix au meilleur.

Pascal : Tu as toujours des idées sensationnelles. Je vais y penser. En tout cas, attends-toi à recevoir une invitation par email.

Vous : D'accord. N'oublie pas que j'adore organiser les fêtes. Ça me ferait plaisir d'aider avec les décorations ou les activités. Tu me connais !

Track 88

Sélection 3 [Track 66]

Chloé : Bonjour et bienvenue chez nous. Quel plaisir de te rencontrer. Tu as fait bon voyage ?

Vous : Quel plaisir pour moi aussi de te parler en personne après tous ces échanges de courriels.

Chloé : Tu dois être bien fatigué. Tu veux qu'on parle anglais ou tu as le courage de parler français dès aujourd'hui ?

Vous : Si ça ne te dérange pas, on peut parler français. Il faut bien que je m'y mette. Mais j'espère seulement que tu me comprendras.

Chloé : Je comprends parfaitement, ne t'en fais pas. Tu parles très bien, je t'assure. Est-ce que tu as besoin de te reposer après ce long voyage ?

Vous : Pas vraiment ! J'ai bien dormi dans l'avion. Je me sens tout à fait en forme et maintenant je veux surtout voir ta ville et même tes amis.

Chloé : Eh bien, allons-y alors ! On va sortir faire un tour de vélo et voir s'il y a du monde à rencontrer dans le quartier et au parc avoisinant.

Vous : Chouette ! Il me faut juste quelques minutes pour prendre une douche et me changer. D'accord ?

Chloé : Je t'attends avec les vélos devant la porte. Je prends aussi deux bouteilles d'eau au cas où on aurait soif et un goûter au cas où tu aurais faim.

Vous : Excellent ! Tu es super. J'arrive tout de suite. A tout à l'heure.

Sélection 4 [Track 67]

Track 89

Jonathan : Je suis désespéré. Je ne sais pas comment j'ai pu oublier l'essai d'anglais. Je viens tout juste de me rendre compte que c'est demain qu'il faut que je le rende.

Vous : Calme-toi, Jonathan. Tu as encore toute la soirée pour le faire. Tu as fait tes recherches au moins ?

Jonathan : Non, rien du tout, je n'ai rien fait du tout. Je n'y arriverai jamais. Je vais échouer à ce cours, c'est sûr et certain.

Vous : Bon, écoute, lis bien le sujet, va surfer Internet, cherche tes sources et rappelle-moi. Je t'aiderai à les organiser.

Jonathan : Je vais passer au moins trois heures à chercher mes sources. Il sera neuf heures et après cela, je vais passer encore au moins deux heures à rédiger l'essai.

Vous : Et alors ? Même si tu te couches à minuit ce soir, ce n'est pas si grave si tu réussis à finir ton devoir.

Jonathan : Je déteste travailler au dernier moment. Ça me cause énormément de stress. J'aimerais être comme toi. Tu ne stresses jamais.

Vous : Nous sommes tous différents, Jonathan. Moi, je commence toujours un travail dès que possible parce que j'ai trop peur d'oublier, tu vois.

Jonathan : C'est une bonne leçon pour moi. Je devrais faire comme toi, mais je pense toujours avoir tout le temps du monde. A partir d'aujourd'hui, je vais suivre ton exemple.

Vous : D'accord. Mais pour l'instant, mets-toi au travail et rappelle-moi quand tu auras fait tes recherches.

Sélection 5 [Track 68]

Track 90

Valérie : Salut ! Ca va bien ? C'est moi, Valérie. Ne me dis pas que tu as déjà oublié ta bonne amie.

Vous : Valérie ! Ça alors. Quelle surprise ! Ça fait longtemps que j'attends de tes nouvelles. Je t'ai envoyé des texto et des courriels mais tu n'as pas répondu !

Valérie : Tu sais, il faut que je m'excuse. Mais quand je suis retournée au Canada, j'ai changé mon adresse courriel et je voulais te l'envoyer mais il y avait tant de choses à faire tout le temps. Enfin j'espère que tu peux me pardonner.

Vous : Ne t'en fais pas ! Tu sais, chez moi, tout le monde va bien, Laurent demande souvent de tes nouvelles. Et ta famille à toi, tout le monde va bien ?

Valérie : Oui, tout le monde va bien et te dit bonjour. Écoute, ma grande nouvelle c'est que je pose ma candidature à l'université de Bâton-Rouge.

Vous : Pas possible ! Si tu es admise, on pourra continuer de s'aider comme on faisait avant. Je serais ravie. On pourrait même suivre les mêmes cours ! Il faudrait en parler.

Valérie : Excellente idée ! On va rester en contact et discuter les cours qui nous intéressent.

Vous : Je peux te dire tout de suite que l'université offre un cours de cinématographie française qui est, paraît-il, super. Tu es toujours fana de films étrangers comme moi ?

Valérie : Oh que oui. D'ailleurs je suis membre d'un club ici et je vois régulièrement d'excellents films étrangers.

Vous : Formidable. Avec tout ce qu'on a en commun, d'aller à la même université serait fantastique. Que je suis contente.

Track 91

Sélection 6 [Track 69]

Didier : Allô, bonjour. C'est Didier à l'appareil. Je téléphone pour vérifier si tu as bien reçu mon itinéraire et si tu comptes toujours me chercher à l'aéroport.

Vous : Salut Didier. Oui, j'ai bien reçu tes données, l'aéroport où tu arrives, ton heure d'arrivée, et ta ligne aérienne. Je serai là pour te rencontrer dès ton débarquement.

Didier : Ah bon, c'est bien. Je me sens mieux. C'est la première fois que je fais un aussi long voyage et je ne connais personne d'autre que toi aux États-Unis, tu comprends.

Vous : Je comprends, Didier, mais tu n'as vraiment pas besoin de t'inquiéter. J'ai ta photo, donc je te reconnaîtrai. Tu as mon numéro de cellulaire ; alors tu peux aller au centre d'information et me téléphoner. Mais ce ne sera pas nécessaire parce que je te promets que je serai là à l'avance.

Didier : Dis donc, encore autre chose. Tu as de la place dans ta voiture pour deux grosses valises et un sac à dos ?

Vous : Tu es drôle. Je sais que tu as l'habitude des petites voitures européennes. Mais ici les voitures sont généralement assez grandes pour deux personnes et deux grosses valises.

Didier : D'habitude, quand je vais en voyage, j'ai une valise et ça suffit largement. Mais, figure-toi que ma mère est allée acheter toutes sortes de cadeaux pour toi et ta famille et voilà que j'ai une valise pleine de présents.

Vous : C'est gentil de la part de ta mère. Eh bien, quand tu rentreras chez toi, il faudra remplir ta valise avec des présents de nous à vous.

Didier : Ne te sens surtout pas obligé de faire cela. Ma mère tend à exagérer de ce côté-là. Bon, écoute, à lundi prochain alors.

Vous : D'accord, je te souhaite bon voyage. J'espère que ton vol ira bien. Repose-toi bien dans l'avion ; on a des tas de choses à faire à ton arrivée.

Track 92

Sélection 7 [Track 70]

Jodie : Salut ! Ça va ? Dis, j'aimerais savoir comment tu as réussi à la dernière épreuve de maths. Moi, j'ai eu une note désastreuse et je ne m'attendais pas à ça.

Vous : Je suis désolé, Jodie ! J'ai réussi mais ma note n'est pas fameuse non plus. C'était l'épreuve la plus difficile de l'année !

Jodie : Et pourtant, toi, tu es vraiment fort en maths. A mon avis, Monsieur Pouce exagère. Il nous a donné une épreuve pour laquelle les élèves n'étaient pas préparés.

Vous : Je ne sais pas si c'est juste de blâmer le prof, Jodie. Quand on a fait la correction en classe, j'ai bien compris. Il faut peut-être que nous soyons plus attentifs en cours.

Jodie : Tu crois ça, vraiment ? Moi, je suis aussi attentive que possible. De plus, je rentre à la maison et je me mets tout de suite à faire les devoirs de maths.

Vous :	Ce n'est pas la peine de me le dire. Je te connais, Jodie. Tu es très diligente ; tu fais toujours tes devoirs. Tout ce que je veux dire, c'est que M. Pouce est un très bon prof. Je trouve que nous apprenons beaucoup dans son cours.
Jodie :	Ce qui est frustrant, c'est que quelquefois j'ai l'impression de tout comprendre. Je me sentais tout à fait prête à passer cet examen et je suis stupéfaite d'avoir eu une si mauvaise note.
Vous :	Laisse-moi te poser cette question : est-ce que tu comprends maintenant où tu as fait des erreurs et pourquoi tu les as faites, ces erreurs ?
Jodie :	Oui, mais maintenant c'est trop tard. Je ne peux pas changer ma note. Ma moyenne est encore satisfaisante, mais pas aussi bonne qu'avant.
Vous :	Tu ne penses pas que le plus important, c'est que tu aies appris quelque chose ? On aura sûrement ce genre de problème au prochain examen et cette fois, ça se passerait différemment.

Sélection 8 [Track 71]

Track 93

Stéphane :	Salut. Dis, ça va ? J'ai reçu ton texto et tu dis que tu as quelque chose d'urgent à me dire ?
Vous :	Et comment ! J'ai complètement oublié que j'avais promis à Marc de lui organiser sa fête d'anniversaire.
Stéphane :	Oh zut ! Moi aussi j'ai oublié ! C'est ce mois-ci, mais quelle date exactement ?
Vous :	C'est vendredi prochain, mon cher. Il faut absolument que je fasse quelque chose et quelque chose de bien.
Stéphane :	Si on invitait tous les copains et les copines à la patinoire de glace qui vient d'ouvrir ? Il faudrait être discret pour que ce soit une surprise pour Marc.
Vous :	Excellente idée ! Mais il y a un autre problème. C'est le vendredi avant les vacances. Tu crois que les copains seront disponibles ou bien est-ce que beaucoup d'entre eux partiront tout de suite en vacances ?
Stéphane :	Écoute, on peut faire une liste de nos amis tout de suite. On se partage le travail ; tu vas appeler la moitié et moi l'autre. Je peux aussi appeler Marc et l'inviter à m'accompagner à la patinoire.
Vous :	D'accord, appelle-le ! Par contre, moi, je vais contacter la patinoire pour voir combien nous coûteraient les boissons et quelques pizzas.
Stéphane :	On se rappellera demain pour voir les résultats. Il nous faut naturellement un gâteau et des ballons aussi.
Vous :	Je m'occupe de tout cela ! Je vais demander à maman de préparer le gâteau et je vais acheter les ballons tout à l'heure. Merci, Stéphane. Tu es cool !

Sélection 9 [Track 72]

Track 94

Jacques :	Salut ! Ça va ? Dis donc, il paraît que les Américains font beaucoup de sport au lycée. Tu fais partie d'une équipe toi ?
Vous :	Et comment ! Je fais du foot mais pas le foot américain, ce qu'on appelle soccer chez nous. C'est un sport moins agressif que le foot américain mais il demande beaucoup de talent et d'endurance physique.

Jacques : Moi, au Canada, je faisais partie d'une équipe de hockey sensationnelle. On n'a pas perdu un seul match toute la saison et on a gagné le championnat dans notre ligue.

Vous : Bravo ! Je ne peux pas en dire autant de mon équipe de foot. Par contre, nous avons pratiqué tout l'été et nous sommes sûrs d'être en excellente forme pour cette année. J'espère bien qu'on va gagner beaucoup de matchs.

Jacques : Je te souhaite bonne chance. Moi, il faut que je me trouve une nouvelle équipe de hockey. J'aime tellement ce sport que je ne pourrais jamais m'en passer. Je joue au hockey depuis l'âge de quatre ans.

Vous : Moi, je pense que tous les sports d'équipe sont excellents, et pas seulement pour rester en bonne forme physique. Le sport d'équipe t'apprend à collaborer avec d'autres personnes par exemple. Ça t'apprend aussi l'esprit de corps, ne pas penser seulement à soi mais aux autres.

Jacques : Tu as tout à fait raison. D'ailleurs, j'espère bien que quand je ferai ma demande d'admission à l'université, mes talents sportifs compteront pour quelque chose.

Vous : Dis donc, Jacques : est-ce que tu jouais parfois pendant la semaine scolaire et est-ce que tu manquais des cours ?

Jacques : Je manquais les cours très rarement. On s'entraînait après l'école et on avait des matchs le weekend surtout. Les profs, chez nous, étaient très sympas. Comment sont-ils ici ?

Vous : Du moment que tu fais des tas d'efforts pour ne pas manquer ou pour faire le travail que tu manques, tu n'auras pas de problème ici non plus. Il faut surtout montrer que tu es responsable et respectueux.

Track 95

Sélection 10 [Track 73]

Robert : Dis donc, je viens d'être nommé rédacteur du journal de notre lycée. Alors, il faut que je trouve quelques élèves qui voudraient contribuer des articles chaque mois. Cela t'intéresse ?

Vous : Oui, ça m'intéresse beaucoup à vrai dire ! J'aime bien écrire et j'ai toujours apprécié notre journal. Quelles sortes d'articles voudrais-tu dans ce journal et combien d'articles par mois comptes-tu recevoir ?

Robert : Chaque mois nous demandons un article d'une demi-page de chaque journaliste. Notre sujet favori c'est la vie à notre école. A propos de quel événement ou problème ici à notre lycée préfères-tu écrire ?

Vous : Comme je suis assez sportive, j'aimerais bien écrire des articles au sujet de notre équipe de foot américain. Cette équipe est une la meilleure de notre ligue cette année et on espère qu'elle se qualifiera pour le championnat à la fin de la saison.

Robert : Bon, de temps en temps, il faut avoir des articles qui abordent la vie contemporaine, y compris la politique, le cinéma, l'environnement, etc. Lequel de ces types de sujets te dit quelque chose ?

Vous : Je dirais que ma préférence est le cinéma. J'y vais tous les weekends avec des copains. J'adore les films de toutes sortes et je dirais que les films d'action sont mes favoris. Je pourrais écrire des critiques d'un bon nombre de films pendant l'année.

Robert : Bien, évidemment nous avons besoin de nous réunir pour bien coordonner nos efforts pour ce journal. Combien de temps libre as-tu par semaine et quand serait le meilleur jour pour les réunions ?

Vous : Ah, malheureusement, avec tous mes cours et mon travail, je n'ai pas beaucoup de temps libre pendant la semaine. Je n'ai qu'un seul jour par semaine où je peux t'aider avec le journal. Généralement, je suis libre le mardi juste après les classes jusqu'à six heures du soir.

Robert : D'accord. Je suis très content de t'avoir parlé. J'ai l'impression que tu peux nous aider au journal et je te parlerai la semaine prochaine au sujet de ta participation. A bientôt.

Vous : Bon, on se parlera la semaine prochaine. J'ai toujours voulu contribuer à notre journal et je suis tellement contente d'avoir l'occasion de le faire. A plus tard !

Sélection 11 [Track 74]

Track 96

Roger : Salut, je te propose une idée pour l'été prochain. Ça fait des années que nous discutons de faire un séjour à l'étranger. Qu'est-ce que tu penses d'un voyage au Québec ?

Vous : Quelle idée merveilleuse ! J'ai toujours eu envie d'y aller. J'adore l'histoire de cette région et de plus, le climat me plaît beaucoup là-bas. As-tu déjà pensé aux lieux qu'on visiterait au Québec ?

Roger : Le premier choix à faire, c'est sans doute notre destination—Montréal, une grande ville qui est plus moderne et branchée dans le monde du commerce ou bien Québec, une ville historique qui est le berceau de la civilisation française au Canada. Qu'est-ce que tu préfères, toi ?

Vous : Je choisirais sans aucun doute la ville de Québec car j'ai étudié l'histoire québécoise à l'école. J'imagine que la ville de Québec sera un lieu avec une ambiance européenne or européen-ne. Et il ne faut pas oublier tous les bons restaurants qu'on peut trouver là-bas !

Roger : Bien, à ton avis, combien de temps est-ce qu'on devrait passer au Canada et quel moyen de transport sera le meilleur pour y voyager ?

Vous : Pour bien voir les sites touristiques importants, il nous faudrait quatre ou cinq jours à Québec. Pour y aller, je pense que nous devons conduire parce que cela sera beaucoup moins cher qu'un vol et d'ailleurs, je pourrais emprunter la nouvelle voiture de ma sœur !

Roger : Et pour ce qui est des logements, est-ce que tu crois que nous devrions rester dans les auberges de jeunesse pour économiser notre argent ou bien rester dans des hôtels pour avoir un peu plus de luxe ?

Vous : C'est difficile à dire, mais je pense quand même que je préférerais loger dans un hôtel. Bien sûr que ce serait moins cher de rester dans une auberge de jeunesse, mais pour moi, le confort, ça compte beaucoup. Alors, si ça ne te dérange pas trop, restons dans un hôtel bon marché.

Roger : J'ai hâte de réaliser ce projet ! J'imagine un voyage super génial. Écoute, il faut qu'on se reparle bientôt. Comme ça, on pourra continuer de faire des projets.

Vous : Formidable ! Je ne peux pas attendre ! Ce voyage nous donnera l'occasion de nous amuser dans une ambiance tout à fait française. Aller à Québec était toujours un de mes rêves. Nous pouvons en parler la semaine prochaine. Il faudra faire des réservations d'hôtel bientôt je pense.

Sélection 12 [Track 75]

Track 97

Jean-Louis : Tu ne peux pas imaginer quel voyage fabuleux je viens de faire. Le Sénégal m'a ouvert les yeux sur l'Afrique. C'est un monde fascinant et totalement différent du nôtre.

Vous : Ah oui, eh bien, je suis vraiment curieuse. Raconte-moi un peu tes expériences, où tu étais, qui tu as rencontré, ce que tu as visité, et ce que tu as mangé par exemple.

Jean-Louis : J'ai passé la majeure partie de mon temps à Dakar dans ma famille d'accueil. Il y avait le père, la mère et trois enfants plus jeunes que moi. On a fait des excursions en campagne et nous sommes allés un jour à la célèbre île de Gorée.

Vous : Ça me dit quelque chose. On a dû en parler en classe mais je ne me souviens pas exactement de quoi il s'agit. Il y a eu une bataille là-bas ?

Jean-Louis : On en avait parlé en cours d'histoire. C'est l'endroit d'où on envoyait des esclaves en Amérique dans le contexte du commerce triangulaire.

Vous : Ah oui. Dis donc, qu'est-ce que tu as ressenti dans un endroit pareil ? C'était sûrement très émouvant pour toi. Tu peux m'en parler ?

Jean-Louis : Eh bien, tu sais, c'était comme quand nous sommes allés visiter les plages de Normandie où ont débarqué les forces alliées lors de la deuxième guerre mondiale. Oui, bien sûr que c'était émouvant. Il faut vraiment y être pour comprendre.

Vous : Je vois. J'aimerais bien, moi aussi, aller au Sénégal. Il paraît que c'est un beau pays avec une société assez diverse et très accueillante. C'est vrai ?

Jean-Louis : Je peux confirmer que les religions et les langues sont diverses au Sénégal. Et tous les gens que j'ai rencontrés étaient extrêmement chaleureux avec une joie de vivre impressionnante. Tu devrais t'inscrire à l'organisation par laquelle j'ai fait ce séjour.

Vous : Je pense que je vais plutôt attendre d'être à l'université et trouver moyen de faire du bénévolat ou quelque chose comme ça. De toute façon, j'irai sûrement un jour !

Sélection 13 [Track 76]

Track 98

Grégoire : J'ai une nouvelle fascinante à partager avec toi. Il y a des élèves de notre programme d'échange qui ont organisé une journée des anciens. Moi, je veux absolument y aller. Et toi, tu viens ?

Vous : Une journée des anciens ? Quelle drôle d'idée ! Je voudrais bien revoir certains membres de notre programme. Ça fait déjà quelques années depuis notre dernier rendez-vous et ça sera vraiment agréable de parler avec nos anciens camarades de classe.

Grégoire : La réunion va avoir lieu à deux heures de chez nous. Malheureusement, ma voiture est en panne. Peux-tu y conduire ou préfères-tu prendre le train ?

Vous : Tu sais comme j'aime conduire, alors, naturellement, nous pourrons prendre ma voiture. On peut partager les frais d'essence. Une fois arrivés à notre destination, as-tu une idée où on peut loger ? Je ne veux pas trop dépenser !

Grégoire : On a demandé à chaque invité de raconter une anecdote à propos de notre séjour en Suisse. Je me souviens de nos voyages à Paris, en Italie, dans les Alpes . . . peut-être un épisode drôle ?

Vous : Moi, je choisirais l'histoire de notre voyage à Genève. Si je me souviens bien, c'était pendant ce voyage que tu as perdu ton passeport et que tu as téléphoné à la police suisse. En réalité, le passeport se trouvait sur ton bureau ! Tu n'as pas trouvé ça très drôle à l'époque, mais maintenant . . . c'est plutôt marrant, non ?

Grégoire :	J'avais complètement oublié cette histoire. Mais tu viens de me rappeler une autre histoire drôle. Tu te rappelles quand Michel a mangé des cuisses de grenouille dans sa famille d'accueil en pensant que c'était du poulet ?
Vous :	Ah oui. On l'a taquiné pendant tout le voyage en lui demandant s'il avait envie de bondir. Qu'est-ce qu'on s'est amusés ! Ces anecdotes vont animer la soirée. C'est sûr et certain.
Grégoire :	Eh bien, dis donc, j'attends avec impatience notre rendez-vous avec les anciens. On va bien rigoler avec toutes ces histoires marrantes. Salut et à bientôt.
Vous :	Merci pour l'invitation. Je ne peux pas attendre de revoir tout le monde. D'ailleurs, je vais me mettre en bonne forme pour notre journée ! Je t'en parlerai la semaine prochaine.

Sélection 14 [Track 77]

Track 99

Fatima :	Salut ! Ça va chez toi ? Ici, je dois te dire que ça ne va pas du tout. J'ai le moral à zéro. Je n'ai plus envie de rien faire. Je perds du poids et mes parents s'inquiètent.
Vous :	Désolé, Fatima ! Tu sais, moi aussi, j'ai tellement de travail pour l'école que quelquefois j'ai un cafard monstre. C'est comme ça l'année de terminale : trop de travail et trop d'anxiété concernant l'avenir.
Fatima :	Les cours ont toujours été difficiles ; j'ai l'habitude. Mais j'ai tellement peur de ne pas réussir au bac. Je ne veux pas doubler et répéter ma terminale. Et qu'est-ce que je ferai si j'échoue à ce bac ? Je n'en ai aucune idée.
Vous :	Dis donc, tu ne peux pas sortir avec des amis et te changer les idées ? Tu pourrais aussi faire des promenades au parc ? Ou bien aller au gym ? Le sport c'est bon pour la forme et pour le moral aussi.
Fatima :	Écoute, le parc sous la pluie ne me tente pas et je ne vais jamais au gymnase. Mes randonnées favorites, c'est plutôt dans les rues de Paris à faire du lèche-vitrines. Ce n'est pas trop naturel, mais c'est amusant.
Vous :	Dans ce cas-là, tu devrais faire des achats dans les grands magasins. Promène-toi au Printemps et regarde toutes les nouvelles modes.
Fatima :	C'est peut-être bien ce qu'il me faut. Dommage que je n'aie pas d'argent à dépenser. Il faudra que je gagne de l'argent de poche. Qu'est-ce que tu fais, toi, pour en gagner ?
Vous :	Je garde parfois les enfants des voisins. Et papa me donne un peu d'argent chaque mois si j'aide à la maison ; je nettoie ma chambre, je coupe le gazon, des petits trucs comme ça.
Fatima :	Je dois te confesser que je suis très paresseuse. Je n'aime pas faire le ménage et je déteste garder les enfants. C'est trop fatigant, tout ça.
Vous :	Alors, je te conseille de rester à la maison et de regarder des émissions de mode ou des émissions touristiques à la télévision.

Sélection 15 [Track 78]

Track 100

Monique :	Salut, je vois que tu t'intéresses à vendre ton lecteur MP3. Je suis curieuse—pourquoi veux-tu le vendre ? Au fait, tu l'as peut-être déjà vendu ? Tu l'as déjà vendu ?

Vous : Ah, mon lecteur ! Pour commencer, non, je ne l'ai pas encore vendu. La raison pour laquelle je voudrais le vendre est simple—il est un peu démodé et j'ai envie d'en acheter un de plus moderne et de plus efficace.

Monique : Est-ce que le lecteur est toujours en bon état ? Ça fait combien d'années que tu l'as ?

Vous : Tu me connais. J'ai bien entretenu cet appareil. Il est dans un état presque neuf ! Je pense que je l'ai acheté il y a quatre ans. Mais il continue à bien marcher.

Monique : Combien de chansons est-ce qu'on peut mettre sur ce lecteur ? Et puis, dis, tu vas laisser des chansons sur le lecteur, parce que, tu sais, j'ai toujours aimé ton goût en musique.

Vous : On peut y mettre au moins mille chansons. Il y en a déjà six cents. Puisque nous avons les mêmes goûts en musique, si tu veux, je laisserai mes chansons dans le lecteur. Comme ça, tu auras un grand choix de musique.

Monique : J'aime bien ce lecteur. Quel est le prix de l'appareil ? Es-tu disposé à m'offrir un prix avantageux . . . on est amis après tout.

Vous : Bon, pour une bonne copine comme toi, je te laisserai acheter ce beau lecteur d'occasion pour un tiers de ce que j'ai payé il y a quelques années—vingt-cinq euros. Je t'assure que ça vaut la peine de l'acheter car à ce prix, tu auras un lecteur qui marche parfaitement.

Monique : Bon, écoute, je m'intéresse définitivement à ton lecteur. Mais il faut quand même que je voie si j'ai assez d'argent pour l'acheter. Je te le dirai très bientôt.

Vous : Je suis très content que tu aies envie de l'acheter. Dès le moment où tu trouveras l'argent, dis-le-moi, et ce lecteur sera à toi ! A la prochaine, Monique !

Track 101

Sélection 16 [Track 79]

Marie : As-tu entendu parler de la nouvelle compétition de cuisine internationale ? Avec tes talents culinaires, tu dois absolument participer. Il faut que tu t'inscrives tout de suite.

Vous : Une compétition de cuisine ? Cela m'intéresse énormément. Tu sais combien j'adore faire la cuisine chez moi, mais je n'ai jamais participé à une compétition. Quand même, l'idée m'intrigue beaucoup.

Marie : Puisque tu t'y connais si bien et adores la cuisine française, je suis convaincue que tu pourrais gagner cette compétition. Après tous ces plats merveilleux que tu m'as préparés, lesquels auraient le plus de chance de gagner le cordon bleu à ton avis ?

Vous : Oui, je me souviens de tous nos repas ensemble. Je pense à deux plats qui pourraient gagner—la Quiche Lorraine qui est ma spécialité ou un bon boeuf bourguignon comme on le fait à Dijon.

Marie : Pour te préparer à cette compétition, est-ce que lirais des livres de recettes ou est-ce que tu préparerais quelques plats dans ta propre cuisine pour ta famille et tes amis ?

Vous : J'imagine que le meilleur choix pour moi, ce sera de passer quelques heures à la cuisine à préparer ces deux plats pour essayer de les perfectionner. Je trouve que les meilleurs résultats viennent de l'expérience, pas en lisant des livres.

Marie : Si tu gagnes, que feras-tu avec les 500$?

Vous : Eh bien, si je gagne le cordon bleu de la compétition, toi et moi, nous irons au bistro Chez Robert pour un repas gastronomique. Et avec l'argent qui reste, nous irons au centre commercial acheter le livre de recettes de Paul Bocuse.

Marie : J'ai pleinement confiance en toi et je compte passer beaucoup de temps avec toi prochainement pour préparer ce concours.

Vous : Tu as suscité mon enthousiasme avec cette idée ! Je suis certain que je passerai la majorité de mon temps libre à cuisiner pour me préparer à cet événement. Merci pour cette invitation—j'ai l'intention de bien réussir !

Sélection 17 [Track 80]

Track 102

Conversation

Malek : Salut, toi! Dis, tu sais que je joue un rôle assez important dans notre club de théâtre ici à l'école. Nous cherchons toujours de nouveaux membres pour participer à nos pièces. Est-ce que cela t'intéresse ?

Vous : Comme tu sais bien, j'adore les arts comme le cinéma et les pièces de théâtre. Ça me fascine. Quand j'ai du temps libre, ce que j'aime le plus, c'est regarder des vieux films ou lire des pièces classiques.

Malek : Alors, j'ai une question pour toi. As-tu déjà joué un rôle dans une présentation soit à l'école ou dans la communauté, même il y a longtemps, avant qu'on ne se rencontre ?

Vous : Mais oui, à l'âge de dix ans, j'ai joué un petit rôle dans une pièce qu'on a présentée à l'école primaire. J'ai oublié la moitié de mes lignes, mais je me suis beaucoup amusé(e) malgré mes efforts qui étaient moins qu'extraordinaires.

Malek : Cette année, notre directeur de théâtre a choisi la pièce Cyrano de Bergerac pour la présentation de printemps. Tu la connais sans doute bien. Pour toi, je peux t'offrir le rôle parfait- celui de Ragueneau.

Vous : Vraiment ? Quel personnage magnifique ! J'ai toujours admiré ce personnage mais penses-tu que je suis digne d'un tel rôle ?

Malek : Ne t'inquiète pas. Au commencement de ma carrière théâtrale, j'ai joué ce même rôle. Malgré l'importance de ce personnage et mon manque d'expérience, mon interprétation de ce rôle a été un succès.

Vous : Quelle histoire ! Tu m'encourages beaucoup car le personnage est essentiel au scénario mais il n'est pas un des deux personnages principaux. Dans ce cas, j'oserai essayer.

Malek : Tu seras une vraie star mais voici deux choses à ne pas oublier : apprends bien tes lignes et, ce qui est même plus important, amuse-toi toujours sur scène!

Vous : Quels bons conseils ! J'ai vraiment hâte de vivre cette nouvelle aventure. Je te remercie beaucoup d'avoir pensé à moi pour ce rôle et j'attends avec impatience le début de nos répétitions.

Sélection 18 [Track 81]

Track 103

Conversation

Hélène : Écoute, j'ai une idée pour les élèves comme nous qui adorent la langue et la culture françaises. Il faudrait établir un club ou un cercle de français ici à notre lycée. Nous pourrions améliorer notre français et étudier, ou même visiter, des pays francophones.

Vous: Quelle bonne idée! Tu sais, il y a beaucoup d'autres élèves qui seraient intéressés par un tel club. Je pense que tu devrais le faire. Tu peux compter sur moi pour être un des premiers membres de ce club!

Hélène : Je me suis demandée quels élèves devraient participer à ce cercle français. Est-ce que tu penses que ce club devrait inclure tous les élèves de français de notre école ou seulement les élèves des cours les plus avancés?

Vous : A mon avis, chaque élève de français devrait être accepté dans ce club. Je me souviens bien de ma première année de français. C'était là où j'ai commencé à apprécier la beauté de la langue et aussi les cultures diverses du monde francophone.

Hélène : Peut-être la chose la plus importante pour ce club, c'est le choix d'activités. On peut certainement aller aux restos français dans la région ou regarder des films en français, mais, moi, j'ai vraiment envie de voyager dans des pays francophones. Qu'en penses-tu?

Vous : Pour moi, voyager représente le but le plus ambitieux de ce club et aussi celui qui est le plus passionnant. J'imagine que nos camarades de classe aimeraient visiter des lieux francophones. Dès la première réunion, les membres devraient avoir la possibilité de choisir leurs activités préférées.

Hélène : Je suppose que nous devons considérer les éléments essentiels de notre cercle français. Par exemple, où et quand les réunions vont-elles avoir lieu? Qui va être le sponsor de notre club? Devrait-il s'agir d'un enseignant ou d'un adulte francophone de la communauté?

Vous : Notre professeur de français est le meilleur choix à cause de sa passion et de ses connaissances de tout ce qui est français. Au début, avoir une réunion hebdomadaire suffira et elles pourront avoir lieu dans la salle de classe du prof. Ensuite, nous devrons organiser des élections pour sélectionner les dirigeants.

Hélène : Alors, il semble que tu as déjà un excellent plan pour notre groupe. Peut-être demain nous pourrons nous réunir pour noter toutes nos bonnes idées. Je savais que tu serais le partenaire idéal pour former ce club. A plus!

Vous : Je suis si content que nous travaillions ensemble sur ce projet. J'espère que ce sera un club qui servira beaucoup de nos camarades qui aiment le français. Je te remercie d'avoir imaginé un tel club et j'ai hâte que notre club devienne une réalité. A la prochaine!

Track 104

Selection 19 [Track 82]

Conversation

Simon : Tu sais, quand je vois toute la pollution de l'air ici dans notre communauté, cela me rend furieux. De plus, on ne peut plus tolérer l'utilisation des sources d'énergie non renouvelables. C'est sans doute le moment d'agir pour accélérer les changements positifs.

Vous : Je partage tes soucis. Le niveau de pollution, non seulement de l'air mais aussi de l'eau, me gêne beaucoup. Je suis frustré(e) quand je vois d'autres communautés qui ont de bien meilleurs plans pour la protection de l'environnement.

Simon : Afin de faciliter le changement, les membres de la communauté doivent être conscients des problèmes d'énergie. Je pense qu'un événement pour informer le public sur des sources d'énergie alternatives serait formidable. Qu'en penses-tu?

Vous : Je pense que c'est le moment de faire quelque chose. Trop de gens dans notre communauté ignorent les graves problèmes auxquels nous sommes confrontés en matière d'énergie. Ce qui est nécessaire en ce moment, c'est un moyen d'éduquer les membres de notre communauté.

Simon : Bon, écoute, voilà mon plan! On peut d'abord parler d'organiser un événement dans notre école ou même dans un parc pour éclairer le public sur les meilleures sources d'énergie. On peut alors inviter des experts locaux pour parler de la situation de pollution et publier une brochure pleine d'informations.

Vous : Super! Mon père connaît un ingénieur qui travaille dans l'industrie de l'énergie. On peut l'inviter à venir parler. Je sais qu'il soutient des méthodes innovantes de production d'énergie. Il est fréquemment invité à prendre la parole aux conférences ou on discute de l'énergie.

Simon : Quelle bonne idée! Malgré nos bonnes intentions, je crains qu'il y ait certaines personnes qui pensent que les nouvelles sources comme l'énergie solaire et l'énergie éolienne ne sont pas des options valables pour l'énergie d'aujourd' hui et de demain. Il y a aussi des gens qui tout simplement n'aiment pas le changement.

Vous : Reste optimiste! N'oublie pas que lorsque les premières automobiles sont apparues, les gens ont cru qu'il s'agissait d'un phénomène passager. Parfois, il faut du temps pour qu'une bonne idée soit acceptée et nos idées changeront le monde pour le mieux.

Simon : Tu as raison car, un jour, j'imagine un monde où la pollution sera éliminée, l'essence sera remplacée par l'électricité, et des panneaux solaires se trouveront sur le toit de chaque maison de la communauté. Le jour viendra où notre empreinte carbone deviendra de plus en plus petite.

Vous : Je pense que oui. En ce qui concerne notre utilisation de l'énergie, notre avenir est brillant. Tout ce que tu as décrit va sans doute se passer, peut-être pas tout de suite mais dans moins de dix ans, on espère. C'est à notre génération de montrer la voie.

Sélection 20 [Track 83]

Track 105

Conversation

Mariame : Je ne sais pas si tu sais que notre ami Max fête son anniversaire la semaine prochaine. Comme tu le sais, Max est un de nos chers amis depuis l'époque où nous allions ensemble à l'école primaire. Je me suis dit que nous pourrions faire quelque chose de spécial ensemble pour lui.

Vous : Comme tu as raison! Je ne peux pas imaginer nos vies sans Max. Il est si sympa et si drôle. Nous partageons tant de souvenirs avec lui que nous n'oublierons jamais. Je suis d'accord, il faut trouver un moyen fantastique de fêter son anniversaire.

Mariame : Écoute, j'ai un plan assez intéressant. Nous savons bien que Max adore l'art depuis son enfance. Il a toujours dit qu'il compte devenir artiste un jour. Qu'est-ce que tu penses d'une fête d'anniversaire qui aura lieu à notre musée d'art? Ce n'est pas une idée trop bizarre?

Vous : Non, c'est parfait. Le musée d'art est un de ses lieux favoris. Max et sa famille sont membres du musée. Tu sais combien de temps il y passe. Avoir une fête d'anniversaire est une idée géniale! Je pense qu'il aimerait bien cette ambiance pour ce jour spécial.

Mariame : Excellent! J'ai déjà contacté la direction du musée et il semble que c'est un endroit assez populaire pour fêter des événements. Il y a une assez grande salle qu'on peut louer pour de telles célébrations. Parce que Max a toujours été une personne très spontanée, j'imagine qu'une fête surprise serait parfaite pour lui.

Vous : Une fête surprise serait absolument idéale pour Max. Il a toujours aimé nous surprendre quand nous étions plus jeunes. Je connais assez bien notre musée et la salle dont tu parles. On aura assez d'espace pour nous cacher avant son arrivée. Cela sera un événement qu'il n'oubliera jamais.

Mariame : Alors, je vais réserver cette salle pour jeudi prochain. Parce que le musée accueille tant d'événements, ils ont un très grand menu duquel nous pouvons choisir ce qu'on va manger. J'ai besoin de ton aide pour choisir exactement ce qu'on va servir à cette fête. Penses-tu qu'il aimerait un dîner formel ou un assortiment de hors-d'œuvre ?

Vous : Je pense qu'il préférerait les hors-d'œuvre au lieu d'un dîner formel. Comme ça, on peut plus facilement parler avec tous les invités. De toute façon, Max est la sorte de personne qui préfère des situations plus informelles. De plus, il y aura trop de monde pour s'asseoir à une table.

Mariame : Bon, c'est décidé! Une dernière chose - le cadeau. Est-ce que tu penses que tous les invités doivent acheter un grand cadeau ensemble ou est-ce que chaque personne doit acheter son propre cadeau?

Vous : Si tu veux mon opinion, j'ai toujours préféré une fête où chaque personne choisit elle-même son cadeau. Comme ça, Max aura un tas de cadeaux différents. Même pendant sa jeunesse, il adorait ouvrir beaucoup de cadeaux, donc voilà ma préférence. Je suis maintenant si impatient (e) à l'idée de cette fête!

Track 106

Selection 21 [Track 84]

Conversation

Caroline : Salut! Il faut que je te parle de mon expérience cet été au Mali. J'étais bénévole pour un programme d'aide aux jeunes enfants au Mali. Je suis curieuse- dis-moi ce que tu sais de l'Afrique francophone.

Vous : Je sais qu'il y a une population croissante de francophones en Afrique. Presque la moitié des francophones y habitent. J'ai lu que dans trente ans, presque quatre-vingt-cinq pourcents des francophones y habiteront. En plus du français, des dizaines d'autres langues y sont parlées.

Caroline : Jouer le rôle de bénévole était un des événements les plus satisfaisants de ma vie. J'ai travaillé avec des jeunes dans une école maternelle ou je les ai aidés avec la langue et la lecture. Peux-tu imaginer me rejoindre à mon retour l'été prochain?

Vous : Quelle idée intéressante! Je voudrais savoir les dates de ce programme et aussi quelles préparations sont nécessaires pour un tel voyage. Où est-ce qu'on vivra quand on sera au Mali et quel est le climat typique du Mali en été?

Caroline : Le programme se passe pendant le mois d'août à Bamako, la capitale du Mali. La température moyenne en août est d'environ 30 degrés centigrade - il fait beaucoup plus chaud au nord du pays. On habite chez les instituteurs de l'école où on travaille. Il faut savoir qu'on doit se faire vacciner contre certaines maladies avant le voyage.

Vous : J'imaginais que l'été serait plus chaud au Mali. Habiter chez un instituteur me donnerait l'opportunité de me familiariser avec la vie quotidienne des citoyens de ce pays. Je ne sais rien sur la nourriture ou sur les coutumes du Mali. J'ai toujours rêvé de passer du temps dans un pays francophone pour mieux parler français.

Caroline : Alors, l'été prochain, j'aimerais bien y aller avec toi. Je sais que tu es assez doué avec les enfants puisque tu as deux petites sœurs avec qui tu es adorable. Nous pourrions y aller ensemble et il est probable que nous serons à la même école. Ça t'intéresse?

Vous : Oui, cela m'intéresse beaucoup. Si mes parents me permettent d'y aller, je voudrais bien t'accompagner. Je ne suis jamais allé(e) en Afrique - c'est le voyage de mes rêves. Mais il faut que tu m'aides énormément pour me préparer à cette aventure. Je compte sur toi!

Caroline : Je peux te promettre que passer un mois au Mali sera l'aventure de ta vie. Tu feras la connaissance de gens qui sont si accueillants et si fiers de leur culture. Tu verras que comprendre la vie et la culture des autres t'aidera à devenir un vrai citoyen du monde.

Vous : Je commencerai à étudier tout ce que je peux sur le Mali, son histoire et sa culture. De plus, j'avais toujours envie de devenir bénévole car aider les autres est une chose que mes parents m'ont enseigné depuis mon enfance. Que c'est cool!

Selection 22 [Track 85]

Track 107

Conversation

Hamid : Je voudrais te remercier pour ta gentillesse. J'ai beaucoup apprécié tes méls qui m'ont souhaité la bienvenue et m'ont informé. Chez moi, nous avons des cours le samedi. Peux-tu décrire le calendrier de ton école ?

Vous : Ici, on n'a jamais de cours le samedi. On est à l'école du lundi au vendredi et les cours commencent très tôt chez nous – à sept heures et demie. On finit l'année scolaire la deuxième semaine de juin.

Hamid : J'ai toujours préféré me lever tôt, alors commencer la journée scolaire à sept heures et demie ne me dérange pas du tout. J'aime bien qu'on termine les études à la mi-juin par opposition à notre système où on termine en juillet.

Vous : Je ne pourrais jamais imaginer être à l'école avant juillet. Généralement, notre famille loue une maison de vacances au bord de la mer pour deux semaines vers la fin du mois de juin jusqu'au jour de notre fête nationale – le quatre juillet.

Hamid : Pour les vacances d'été au Maroc, on aime aussi fréquenter les plages car il fait beaucoup trop chaud pour passer du temps dans une région désertique. On aime aussi visiter la région des montagnes Atlas où il fait moins chaud et le paysage est si pittoresque.

Vous : J'adore aller à la montagne mais pour mes amis et ma famille, on préfère y aller en hiver parce que nous adorons faire du ski. J'imagine que faire du ski nautique est quelque chose de plus approprié chez toi.

Hamid : Tu sais, je voulais vérifier quelque chose avec toi. On m'a dit qu'au lycée chez toi, on n'a que trente minutes pour déjeuner. Chez moi, on a d'habitude environ quatre-vingt-dix minutes pour déjeuner et pour se détendre un peu. Lequel de ces deux systèmes préfères- tu?

Vous : Je peux t'affirmer que je préfère ton système à toi ! Je ne peux pas m'imaginer le luxe d' une heure et demie au milieu de la journée scolaire pour manger et pour passer du temps avec des amis. Les élèves ici se sentent toujours pressés à l'heure du déjeuner.

Hamid : J'ai hâte de te voir et de passer du temps avec toi et tes amis à l'école et surtout pendant les activités parascolaires qui vraiment n'existent pas chez nous. Merci également d'avoir accepté de venir me chercher à l'aéroport dans deux semaines. A la prochaine !

Vous : Je pense que tu vas passer un semestre inoubliable ici chez nous. J'espère que tu apprécieras les différences de nos cultures et tu auras des souvenirs qui dureront toute ta vie. J'ai hâte de te voir dans deux semaines.

Appendix D

SCRIPTS FOR PRACTICE EXAMS 1 AND 2

Practice Exam 1

Section I, Interpretive Communication: Print and Audio Texts (Combined)

Track 110

Sélection 1 Source #2—Négritude

Professeur à l'université de Dakar en littérature comparée et chercheur en littérature orale.

Lilyan Kesteloot : La négritude a été ressentie sous deux aspects : l'aspect qui est davantage évoqué aussi bien par Senghor que par Césaire dans leurs premiers écrits, dans leurs premiers poèmes, à savoir *Le cahier de retour au pays natal* pour Césaire et *Chants d'ombre* pour Senghor. Les premiers usages du mot « négritude », c'est un vécu, ce n'est pas une philosophie. Et qu'est-ce qu'ils entendaient par « négritude » ? D'abord comme dit Césaire, « *le fait d'être noir* ». Un fait très simple, le fait d'être noir.

Élodie Courtejoie: Et s'accepter en tant que tel.

Lilyan Kesteloot : Et s'accepter en tant que tel ; c'est le deuxième mouvement. Parce que la négritude, on peut la ressentir comme une malédiction. On peut ressentir le fait d'être noir comme une malédiction. Et d'ailleurs, ça a été dit par certains poètes. « *C'est le blanc qui crée le nègre* ». Donc c'est sûr qu'en Afrique, les noirs ne se sentent pas noirs. La négritude n'existe pas, si vous voulez, sous cet angle là. Mais il n'y a pas que ça. Il y a donc ce côté subi, ce côté plaqué, je dirais même, par le regard de l'autre qui fait que la négritude est une chose difficile à porter, difficile à vivre.

Mais la partie senghorienne, c'est le côté positif de la négritude surtout. C'est pour lui, et ça a toujours été comme ça aussi pour lui, parce qu'il est Africain. Il connaît tout ce qu'il y a dans cette culture noire et pour lui, c'est justement, sa définition préférée c'était : « *les valeurs de civilisation de l'Afrique noire* ».

Track 112

Sélection 2 Source #2–Qu'est-ce Que l'Identité ?

Jean-Claude Kaufmann est sociologue, directeur de recherches au CNRS. Il est l'auteur de nombreux livres sur le couple et la vie quotidienne.
Émission proposée par Élodie Courtejoie.

Élodie Courtejoie : Pourriez-vous nous dire, nous rappeler, ce qu'est l'identité pour le sociologue que vous êtes ?

Jean-Claude Kaufmann : D'emblée c'est pas extrêmement simple parce que, il faut le dire, il n'y a pas un consensus. On a l'impression qu'il y a un consensus, c'est-à-dire que le mot est employé de manière banale, je dirais ordinaire, dans la presse, par tout le monde, tous les jours. Il suffit de faire l'exercice, d'ouvrir un journal, d'écouter une émission de radio et on entend le mot identité à chaque instant : identité religieuse, identité ethnique.

Élodie Courtejoie : Identité culturelle . . . .

Jean-Claude Kaufmann : Identité culturelle, crise d'identité de l'adolescent, identité de l'entreprise, c'est un mot de l'époque. Et c'est très intéressant de faire l'historique de l'utilisation du mot.

Élodie Courtejoie : Alors, justement, je crois que dans les premières pages de votre livre donc, « L'invention de soi », vous dites que, effectivement, c'est très récent et que ça date de l'époque des registres paroissiaux.

Jean-Claude Kaufmann : Oui, alors l'identité du point de vue du haut de la société, du point de vue de l'État, effectivement. Il y a eu une apparition d'un questionnement. L'apparition des papiers d'identité. Les papiers d'identité sont liés à l'émergence de l'État. Qu'est-ce que l'État ? Si je peux résumer en quelques mots—c'est très schématique— : c'est une administration qui se sépare du corps social. C'est-à-dire qu'avant l'État, la communauté se connaît elle-même, donc il n'y a pas besoin—chacun connaît chacun dans le village traditionnel—, il n'y a pas un besoin, une nécessité des papiers d'identité. Avec la séparation entre l'État et le corps de la société, l'État a besoin de connaître ses administrés. On va voir apparaître les premiers papiers d'identité. Alors les premières traces effectivement sont les registres paroissiaux.

Et puis on voit apparaître les papiers d'identité liés aux personnes, qui suivent les personnes, donc. Et ces personnes, ces premières personnes, qui vont être dotées de papiers d'identité, sont celles qui s'extraient justement des communautés stables : les Tziganes, les personnes qui voyagent, les ouvriers, les ouvriers qui vont de ville en ville, et qui vont être, à qui on va attribuer un livret ouvrier qui définit un petit peu leur histoire. Et puis, apparaît, la carte d'identité.

Alors tous les pays n'ont pas une carte d'identité. Aux États-Unis il n'y a pas de carte d'identité. En France, c'est très récent, c'est 1940, c'est le régime de Vichy. Et la carte d'identité va créer une illusion, une illusion fondatrice au niveau de la notion d'identité, parce qu'on va croire que l'identité ça peut être simple. Quand dans la rue on vous demande vos papiers, « Montrez-moi vos papiers », finalement la personne n'est que le double du papier, qui est la preuve de la réalité de l'individu pour l'État. La vérité est dans le papier qui résume en quelques critères (date de naissance, grandeur, couleur des . . . autrefois il y avait la couleur des yeux, etc., en quelques critères . . . la photo surtout), qui résument ce qu'est la personne. On a l'impression qu'on peut faire le tour, et en réalité, l'identité c'est tout le contraire de ça, c'est très compliqué.

Section I, Interpretive Communication: Audio Texts

Sélection 3—Les Portables et la Santé

Track 113

Élodie Courtejoie : Venons-en au téléphone portable. Alors, le téléphone portable, on en a parlé, il y a quelque temps : des ondes néfastes . . . d'éviter de téléphoner trop longtemps parce que les ondes pouvaient provoquer un échauffement. On demande aux femmes enceintes d'éviter de téléphoner avec un téléphone portable. Alors, vrai ou faux, le téléphone portable est-il une crise sanitaire, selon vous ?

André Aurengo : Pour éviter toute ambigüité, je tiens à préciser que je fais partie du conseil scientifique de Bouygues Telecom mais que je ne suis pas rémunéré pour cette activité. C'est une activité bénévole et qui n'influence pas ce que je vais vous dire.

Le téléphone portable n'est pas une crise sanitaire. On n'a pas mis en évidence d'augmentation d'une pathologie déterminée qu'on aurait pu rattacher au téléphone portable. On n'a pas vu une explosion des tumeurs du cerveau alors qu'il y a, quand même, plusieurs milliards d'utilisateurs du téléphone portable dans le monde et qu'il y en a, au moins, plusieurs centaines de millions depuis plus de dix ans.

Donc, c'est dans ce sens que ce n'est pas une véritable crise sanitaire. Ce que vous dites que l'on craint, à savoir un échauffement etc., je dois dire que ceux qui alertent sur les dangers supposés du portable, parlent de choses beaucoup plus graves que ça. On parle de maladie d'Alzheimer ; on parle de cancer ; on parle de neurinome de l'acoustique etc. Donc, il ne s'agit pas du tout de petits désagréments du genre échauffement.

Fort heureusement, des institutions internationales comme l'OMS, comme le SCENIHR, qui est le conseil scientifique de la communauté européenne, ou comme très récemment l'AFSSET en France, se sont prononcées absolument sans ambigüité sur la question. Il y a une innocuité des antennes relais elles-mêmes et il y a une certitude d'innocuité des portables jusqu'à 10 ans d'utilisation et ensuite un certain nombre d'incertitudes jusqu'à ce que, peut-être, elle soit levée par la publication d'une étude en cours, qui devait déjà être publiée depuis plusieurs années, qui s'appelle l' « étude interphone » et qui pose des problèmes méthodologiques, épidémiologiques.

Sélection 4—Elimination du Travail des Enfants

Track 114

Une conférence mondiale sur le travail des enfants se tient du 10 au 11 mai à la Haye aux Pays Bas. Outre des préoccupations grandissantes quant à l'impact de la récession économique, le Bureau International du Travail avertit que les efforts déployés pour éliminer les pires formes du travail des enfants se relâchent et appelle à une campagne mondiale pour redynamiser cette situation.

Dans son rapport global quadriennal sur le travail des enfants, le BIT indique que le nombre mondial des enfants qui travaillent a reculé au cours de la période 2004 à 2008. Cela montre un ralentissement du rythme de réduction à l'échelle globale explique Frank Hageman du BIT au micro d'Alpha Diallo.

- On voit qu'il y avait un peu de progrès heureusement pendant les dernières années, mais malheureusement pas assez de progrès en termes de diminution du travail des enfants au niveau global et surtout au niveau régional en Afrique pour nous garantir qu'on puisse atteindre le but de l'abolition des pires formes de travail des enfants jusque d'ici jusqu'à 2016.

- Parlant justement de l'Afrique, l'Afrique subsaharienne a connu une hausse du travail des enfants. Comment l'expliquez-vous ?
- Le nombre d'enfants qui travaillent en Afrique a augmenté, également le pourcentage des enfants—un parmi quatre—maintenant qui travaillent en Afrique souvent astreints aux travaux dangereux. Il manque une certaine volonté politique dans beaucoup de pays. C'est souvent une question de bonne gouvernance de lutter contre le travail des enfants mais également il faut voir deux dimensions qui sont très importantes là-dedans. La première est la dimension du sida qui fait ravage bien sûr surtout en Afrique. Il y a douze millions d'orphelins qui se trouvent en Afrique et souvent ces enfants-là n'ont pas une autre option que de travailler. Deuxièmement la crise financière globale a particulièrement affecté l'Afrique subsaharienne. Il y a moins de possibilités pour beaucoup de pays, de gouvernements, de payer, d'investir dans l'éducation ou dans les secteurs sociaux.
- Et selon le secteur le plus touché, c'est l'agriculture et pourquoi ce secteur ? Parce que vous avez parlé tout à l'heure des questions des conséquences du sida, de la crise économique, mais pourquoi c'est l'agriculture qui est le plus touchée par cette hausse du travail des enfants en Afrique ?
- Evidemment le travail des enfants touche surtout des pays à faibles revenus où on voit une prédominance de l'agriculture dans la structure dans l'architecture économique du pays et de même en Afrique subsaharienne.

Track 115

Sélection 5—L'Énergie Solaire

- Tout dépend comment évolue le coût des fossiles—évidemment—mais je fais partie de ceux qui sont convaincus qu'il ne peut qu'augmenter-il peut augmenter même de façon assez rapide de quel que soit . . . il monte, il descend, c'est la conjoncture, mais ça, c'est des épiphénomènes. La tendance lourde, c'est qu'il va augmenter et les économistes qui font ce type de calcul tablent sur une-on va rattraper le coût du kilowater fossile ou même nucléaire dans les dix ans qui viennent.
- Donc, dans les dix ans qui viennent, on pourra se passer de subventions ?
- Oui, bien sûr, mais même avant, parce qu'à un moment donné, tant que le flux n'est pas développé, il y a beaucoup de subventions, mais qui coûtent cher à l'état et puis l'état ferme le robinet. C'est ce qui se passe en Espagne aujourd'hui et c'est bien normal. L'état il est là pour lancer une filière, il est pas là pour la porter. Donc il y a un moment où l'état, il va se retirer, et enfin il va y aller progressivement et où le marché va subvenir aux besoins.
- Là, on est parti pour 20 ans, à peu près, avec les tarifs de rachat.
- Oui, vous avez une double garantie aujourd'hui que les consommateurs ou les usagers ne connaissent pas toujours. Vous avez non seulement une garantie date de rachat ; c'est que vous signez un contrat avec notre Electricité nationale pour vingt ans—donc ce n'est quand même pas rien—quelles que soient les tailles.
- Bien sûr, bien sûr.
- C'est une garantie de rachat à prix fixe. Mais en plus, vous avez une garantie de matériel. Votre matériel que vous avez acheté chez tel ou tel, il est garanti pour 20 parfois 25 ans à 80% de la puissance initiale. Est-ce que vous connaissez un autre produit manufacturé qui puisse vous rapporter cas ? Au bout de 10 ans fini de payer. Au bout de dix ans, il ne peut que vous rapporter, et c'est garanti.

Section II: Free Response

Presentational Writing: Persuasive Essay

Track 117

SOURCE #3

Myriam Lemaire : Vous évoquez aussi d'autres événements marquants, quels sont ceux que vous pointez plus particulièrement dans cette édition ?

Francis Balle : Plus particulièrement, c'est tout ce qu'on a appelé le Web 2.0, c'est-à-dire la possibilité pour n'importe quel internaute de mettre sur Internet ce qu'il a envie d'y mettre, fût-ce son journal intime pour ses propres amis. Ça, ce sont les blogs. Les blogs après tout, ce ne sont que des journaux intimes. Vous racontez votre vie à tous ceux qui sont sur le même site que vous et à qui vous avez donné l'adresse de votre blog.

Ensuite, il y a eu les réseaux sociaux. C'est beaucoup plus large, Facebook, par exemple, où l'on a commencé à faire autre chose qu'à raconter au fond sa vie, ce qui ne présente pas forcément toujours des avantages. On a commencé à dire que l'on vient d'acheter une voiture qu'on a trouvée extraordinaire, etc.

Et aujourd'hui les grandes marques, qu'il s'agisse des grandes marques de boissons ou des grandes marques d'automobiles, sont extrêmement attentives et ils ont des observateurs pour ça. Ils sont extrêmement attentifs pour savoir exactement ce que l'on dit d'eux dans un climat de confiance. Car, évidemment, quand vous avez une brochure vous vantant les mérites d'une voiture, quand cette brochure émane du constructeur, vous êtes tenté de ne pas la croire sur parole. En revanche, quand un de vos amis ou quand quelqu'un dont vous avez l'habitude de suivre la vie quotidienne, vous dit qu'il a acheté une voiture et qu'il la trouve extraordinaire ou, qu'à l'inverse, il la trouve tout à fait défaillante, évidemment, ça a un impact considérable.

Et aujourd'hui, les grandes marques, comme les petites d'ailleurs, font très attention à ce que l'on dit d'elles sur Internet à travers notamment ces réseaux sociaux. C'est quand même un bouleversement considérable.

On peut dire qu'en 2005–2006, lorsque Facebook a fait beaucoup parler de lui, Internet n'était guère, pour les grandes marques, qu'un moyen de promotion, de publicité ou un moyen commercial. À partir de 2005–2006, Internet n'a pas été seulement un moyen de promotion, donc de publicité, ou un moyen commercial qui s'ajoutait aux autres, évidemment, et qui renouvelait considérablement la vente à distance.

Désormais, Internet, pour les grandes marques, est devenu un moyen d'information parfaitement crédible pour ceux qui le suivent et les réseaux sociaux sont surveillés en permanence par ces grandes marques qui espèrent bien contrecarrer tout ce que l'on risque de dire de mal d'elles.

Interpersonal Speaking: Exemplary Conversation

Track 119

Hélène : Dis donc, je voudrais organiser une fête d'anniversaire pour Sylvie. On est devenues très proches, elle et moi, comme deux sœurs, tu sais.

Vous : Oui, quelle chance d'avoir trouvé une correspondante avec qui tu t'entends si bien ! Mais c'est quand exactement son anniversaire ? Parce qu'en ce moment, tu sais bien, les copains et les copines sont partis en vacances.

Hélène : Ça ne devrait pas être un problème puisque c'est fin août, juste avant la rentrée des classes ; tout le monde sera de retour de vacances. Mais je pensais lui faire une grosse surprise et pour cela j'aurais besoin de toi. Tu es toujours riche d'idées originales, toi.

Vous : Super ! Et tu me connais. J'adore ce genre de projet social et j'ai toujours des tonnes d'idées. Ça c'est vrai. Tiens, il y a un nouveau bowling qui vient d'ouvrir : bowling, saucisses, pizza, coca. Ou alors une sortie au zoo, genre pique-nique à la française !

Hélène : Personnellement j'avais pensé qu'une sortie cinéma tranquille entre nous trois serait sympa. Et puis tu pourrais nous inviter chez toi et là tout le monde nous attendrait ! Tu crois que tes parents seraient d'accord ?

Vous : Oui, bien sûr ! Mes parents sont très cool. Alors comme cela, je pourrai décorer la salle de jeux chez moi avant d'aller au cinéma. Il faudra demander aux copains de garder le secret mais d'apporter plein de choses à déguster.

Hélène : Formidable ! Je savais que je pouvais compter sur toi. Une autre chose : tu voudrais t'occuper de la musique et faire le DJ ? Tu t'y connais beaucoup mieux que moi en musique.

Vous : Tu parles ! Bien sûr ! Je le ferai volontiers ! C'est ma spécialité ! Je choisirai le type de musique que Sylvie adore. On a déjà souvent parlé de ça, elle et moi, et je connais ses goûts.

Hélène : Quelle chance j'ai d'avoir des amis aussi formidables que toi ! Je veux que Sylvie se souvienne de cette fête pendant longtemps.

Vous : Je te comprends parfaitement. Moi aussi je suis devenu(e) très ami(e) avec Sylvie. Elle est super-sympa. De plus comme c'est sa fête d'anniversaire et sa fête de départ en même temps, il faut qu'elle nous quitte avec d'excellents souvenirs !

Track 120

Presentational Speaking: Exemplary Cultural Comparison

La fête nationale aux États-Unis a lieu le 4 juillet. C'est le jour où nous commémorons l'indépendance américaine. C'est le jour où on se rappelle la déclaration de 1776 qui a proclamé que les États-Unis étaient indépendants de la Grande Bretagne.

Ce jour-là il y a des parades, des pique-niques, et surtout des barbecues partout dans les grandes villes et dans les petits villages. Aux barbecues, on fait des hot dogs, des hamburgers, des salades de toutes sortes, des fruits, surtout de la pastèque rafraîchissante. On regarde aussi souvent des matchs de baseball à la télé puisque c'est la saison. Naturellement il y a des feux d'artifice un peu partout. Là où c'est permis, on fait même ses propres feux d'artifice.

La fête nationale française a lieu seulement deux semaines plus tard que la fête américaine. Le 14 juillet, les Français fêtent l'abolition de la monarchie et le début de la démocratie annoncés par les évènements de la prise de la Bastille en 1789. Ce jour-là, les Français ont des défilés militaires. On entend jouer la Marseillaise, l'hymne national français. On voit toujours le plus grand défilé militaire sur les Champs Elysées à la télévision.

Comme chez nous, aux États-Unis, les gens font des pique-niques, mais contrairement aux Américains, ils font des sandwichs avec des baguettes.

Comme chez nous, également, il y a des feux d'artifice un peu partout. Mais ce qui est différent, c'est qu'il y a, paraît-il, beaucoup de bals publics surtout sur les places de village.

Alors on peut dire que la fête de l'indépendance aux États-Unis et en France sont semblables avec seulement quelques différences culturelles.

Practice Exam 2

Section I, Interpretive Communication: Print and Audio Texts (Combined)

Sélection 1 Source #2—L'effet des Couleurs des Équipes Sportives

Track 123

Bruno Dusaussoy : Est-ce qu'on observe des phénomènes de mode dans le sport en matière de couleurs ?

Michel Pastoureau : Oui, par exemple en football, quand équipes et pays d'Europe ont rencontré des pays et des équipes d'Amérique du Sud, les couleurs de l'Amérique du Sud sont devenues à la mode en Europe. Celles de l'Uruguay, celles du Brésil, qui étaient parfois plus forts que les pays européens. Et donc le jaune, le bleu ciel et le vert, dans un deuxième temps, dans les années 1950 et 1960, ont commencé à se faire plus nombreux sur les terrains de football, alors qu'avant-guerre c'étaient des couleurs rares. Donc, le fait que le Brésil, par exemple, soit devenu la meilleure équipe du monde a créé cette mode du jaune et du vert. Deux villes françaises ayant eu un club de football professionnel assez tardivement ont pris ces couleurs : Saint-Étienne avec le maillot vert et Nantes, les « Canaris », avec leur maillot jaune. C'était impensable dans les années 30. Mais dans les années 50 et 60, c'était à la mode.

Bruno Dusaussoy : Et donc, c'est une influence indirecte du Brésil.

Michel Pastoureau : Voilà, du Brésil et plus timidement de l'Argentine et de l'Uruguay, qui jouent en maillot bleu, mais un bleu ciel, donc une nuance particulière.

Bruno Dusaussoy : Et puis qui, disons-le, sont un peu moins forts au football.

Michel Pastoureau : Un petit peu moins forts au football. Encore que quand on regarde les palmarès, l'Uruguay, par exemple, auquel on ne pense pas, a des palmarès magnifiques.

Bruno Dusaussoy : Parlant de mode, est-ce que ce sont les vêtements de sport qui influencent la mode ou l'inverse ?

Michel Pastoureau : Pendant longtemps, c'était deux mondes tout à fait séparés. Et puis au lendemain de la Première Guerre mondiale, dans le monde britannique d'abord et puis ailleurs ensuite, ce qu'on appelle le sportswear est devenu dans l'air du temps. Et on s'est mis à porter dans la bonne société, non pas des tenues de sport en ville, mais des tenues influencées un petit peu par le monde du sport, notamment pour ce qui est des matériaux textiles et des coupes moins près du corps, plus à l'aise, plus débridées aussi. Aujourd'hui, c'est le phénomène inverse, c'est-à-dire que c'est la panoplie sportive qui est entrée dans la rue et dans la vie quotidienne. Et il n'est pas rare de s'afficher en tenue de sport, ici ou là, alors que quand j'étais adolescent, par exemple, ça avait quelque chose d'honteux de se promener dans la rue en survêtement ou en tenue de tennis. Ça ne se faisait pas. C'était du pire mauvais goût. Aujourd'hui c'est devenu plus répandu, même s'il faut faire des distinctions sociales de ces pratiques.

Track 125

Sélection 2 Source #2—La Grotte Chauvet

Élodie Courtejoie : Nous allons parler de ses différentes représentations que l'on trouve dans la grotte Chauvet. Commençons par celle qui pourrait être la plus surprenante. Il y a une Vénus et puis un sorcier.

Jean Clottes : Ce sont des termes que moi, je n'emploierais pas. Enfin, je vous en laisse la paternité si je puis dire ! Oui, il y a un pendant rocheux dans la salle du fond, qui est juste en face du panneau le plus extraordinaire de la grotte. C'est un panneau qui est très composé, où autour d'une niche, il y a un cheval qui semble sortir de cette niche et puis d'un côté, il y a toute une troupe de rhinocéros, je crois qu'il y a 17 ou 18 rhinocéros représentés, des lions, un renne, etc. De l'autre côté, il y a une véritable scène où nous avons des lions, une douzaine de lions qui chassent des bisons. Donc c'est quelque chose vraiment d'extraordinaire et de très spectaculaire. C'est fait pour être spectaculaire. Et naturellement, il y a un pendant rocheux qui descend de la voûte, qui est juste en face du panneau des lions. Il a donc une certaine importance topographique et sur ce pendant, on a dessiné un corps féminin, le bas du corps, le haut n'y est pas mais il y a un bas de corps de femme où il y a les deux jambes vues de face, le triangle pubien et la vulve. Et au contact de cette femme, il y a un être assez curieux qui a une tête et une bosse de bison, c'est un bison. S'il n'y avait que ça, on dirait, bon c'est un bison. Mais au lieu d'avoir une patte de bison, c'est un bras humain avec une main humaine. Donc on perçoit ici toute une histoire.

C'est vraisemblablement un mythe comme on en a beaucoup, en particulier dans l'Antiquité classique, mais pas seulement, où des dieux, des héros, etc., peuvent se transformer en animaux, pour avoir des rapports avec des mortelles, avec des femmes. Et là, c'est sans doute le mythe le plus ancien de l'Humanité que l'on trouve puisqu'on le trouve à la grotte Chauvet.

Élodie Courtejoie : Cette notion de Dieu est finalement très très ancienne. À moins que ce soit nous, notre vision calquée sur des peintures très anciennes.

Jean Clottes : Alors nous, nous la regardons évidemment avec un point de vue moderne. On ne peut pas faire autrement. On la regarde avec les critères de notre époque. On ne peut pas savoir ce que les gens ont voulu dire exactement. Ce mythe de la femme et de l'homme bison, c'est un peu comme celui du Minotaure qui a été illustré si bien par Picasso. Mais c'est un mythe éternel. Vous le retrouvez dans la Grèce ancienne, vous le retrouvez en Egypte, etc., où des dieux se transforment en animaux ou en hommes ou en hommes-animaux, justement pour arriver à leurs fins.

Section I, Interpretive Communication: Audio Texts

Sélection 3—La Gastronomie

Track 126

Émilie Joulia : Le repas gastronomique français vient d'être classé au patrimoine mondial par l'UNESCO, une consécration. Cette nouvelle vous fait-elle plaisir, Monsieur Pitte ?

Jean-Robert Pitte : Oui, ça me fait plaisir et à tous ceux qui ont travaillé à ce dossier depuis bientôt trois ans. Et puis, je pense aussi à tous les Français qui portent la gastronomie dans leur cœur, pour qui la gastronomie est vraiment un élément essentiel de leur identité, de leur joie de vivre, du plaisir d'habiter en France et de partager avec beaucoup d'étrangers cet élément majeur de notre culture.

Émilie Joulia : Pensez-vous que cette décision change quelque chose à nos coutumes, à notre façon de vivre ?

Jean-Robert Pitte : Non, ça ne change jamais rien. Vous savez, c'est comme quand un bâtiment devient monument historique ou qu'un monument ou un site naturel entre au patrimoine mondial de l'UNESCO, ça ne change rien en soi. C'est simplement une reconnaissance et c'est plutôt une exigence, c'est-à-dire une invitation à faire de cet élément, reconnu comme important, de l'identité culturelle et du patrimoine, d'en tirer le meilleur parti possible, de le faire partager le mieux possible, de le mettre en valeur, mais aussi d'empêcher qu'il ne s'affadisse, qu'il ne se détruise.

Et dans le domaine de la gastronomie, il y a tout de même un petit peu péril en la demeure parce que beaucoup de Français, comme malheureusement beaucoup d'habitants de pays riches essentiellement, se laissent un petit peu aller en matière d'alimentation, considèrent que, compte tenu du travail, du stress de la vie d'aujourd'hui, on n'a pas le temps de faire ses achats, de faire la cuisine et qu'il vaut manger des choses toutes faites, faciles à trouver maintenant de nos jours, qui ne sont pas forcément bon marché, mais qui facilitent, en apparence, la vie et, simplement, qui rendent l'acte de s'alimenter un peu ennuyeux parce que très répétitif, avec toujours le même goût, toujours les mêmes choses.

Donc, ce que nous avons voulu dire dans ce dossier aussi, c'est un petit signal aux Français, un petit électrochoc : « Reprenez-vous ! Soignez votre assiette ! Soignez vos achats ! Faites la cuisine ! » Ça ne vous prendra pas beaucoup de temps forcément. Vous avez une journée au cours de laquelle vous avez envie de faire de la cuisine, faites-le pour vos amis, pour votre famille, pour vous-mêmes. Mais si vous n'avez pas beaucoup de temps, vous pouvez faire des plats simples qui ne demandent pas beaucoup de temps, mais qui sont, quand même, très supérieurs, même quand il s'agit d'une omelette, d'une soupe de légumes ou d'une purée de pommes de terre, à tout ce qu'on peut trouver de « tout fait » dans le commerce.

Sélection 4—Comment Faire des Économies à la Pompe

Track 127

Bonjour à tous. Aujourd'hui nous allons apprendre (à) comment économiser du carburant en allant à la pompe à essence. Pour ce faire, il vous suffit de quelques petites astuces hyper-faciles pour économiser de l'argent. Tout d'abord, il faut faire le plein le matin. Toutes les stations d'essence ont leurs réservoirs enfuis dans le sol. Et la terre étant plus froide le matin, la densité du carburant est plus grande. Par contre, durant la journée, la terre se réchauffe donc, les carburants deviennent moins denses. Alors si vous faites le plein en après-midi ou en soirée votre litre équivaut pas un litre exact. Ensuite, n'attendez pas d'être dans la réserve pour faire le plein. Un réservoir vide favorise l'évaporation car, plus le réservoir est vide, plus il reste d'air, donc plus de possibilité de s'évaporer.

Ensuite, il faut remplir le réservoir sans enfoncer la gachette à fond. Le pistolet a trois positions de vitesse—lente, moyenne ou rapide. Il faut toujours être sur le mode le plus lent—vous en aurez plus pour votre argent. Si nous appliquons cette règle lorsqu'on fait le plein, nous minimisons les vapeurs créés pendant le remplissage. En revanche, si vous faites le plein avec la gachette en position rapide, un certain pourcentage du carburant qui entre dans le réservoir de l'auto deviendra des vapeurs—et les vapeurs ainsi formées s'échappent. Par contre, ne remplissez pas votre réservoir en même temps qu'un camion-citerne car l'action de remplir les grands réservoirs provoquent un brassage dans ceux-ci ce qui amène les saletés du camion-citerne dans le réservoir et qui risque de revenir chez vous dans votre carburant.

Petit récapulatif donc—il suffit de ne pas attendre d'être dans la réserve pour faire le plein, de faire le plein le matin, de remplir le réservoir sans enfoncer la gachette à fond et de ne pas remplir votre réservoir en même temps qu'un camion-citerne. En espérant que ça vous aidera à économiser de l'argent et aussi à moins polluer.

Track 128

Sélection 5—Les Bandes Dessinées

Comme tous les enfants qui allaient à l'école, à une certaine époque, René Goscinny et Albert Uderzo apprirent que : « chaque tribu gauloise était principalement composée d'un chef, d'un barde et d'un druide, et ces derniers possédaient à eux seuls la science infuse ». Cherchant « une nouvelle idée originale de conception bien française et qui pourrait intéresser des jeunes lecteurs français », raconte dans ses mémoires Albert Uderzo, les deux compères songèrent aux Gaulois, non encore utilisés dans la bande dessinée et imaginèrent que lors de l'occupation de ce qui deviendra notre pays par les légions de Jules César, un village, un seul résista.

Astérix était né et nul ne pouvait alors imaginer le formidable succès qui en allait découler. Si le nom de ce petit personnage qui a atteint une célébrité sans pareille est né du rapprochement avec l'astérisque, la petite étoile typographique, son choix a été également fondé sur le fait qu'il commençait par la première lettre de l'alphabet. Goscinny était ainsi « certain que le personnage serait cité parmi les premiers dans les encyclopédies de BD qui commencent à naître ».

Lorsque l'on demandait aux auteurs s'ils pouvaient expliquer le succès d'Astérix, ils étaient bien en peine de répondre. La série sur l'indien Oumpah-Pah, née quasiment en même temps, n'a jamais atteint les mêmes chiffres. Et pourtant, ce dévoreur de pemmican accompagné de son « frère » Hubert de la Pâte Feuilletée est autant sympathique, sinon plus attachant.

L'indien Oumpah-Pah fut le premier personnage commun de Goscinny et Uderzo. « Ma rencontre avec Goscinny en 1951 a été primordiale et décisive pour moi. C'était un génie de l'humour, le mot n'est pas trop fort. Il l'a prouvé tout au long de sa carrière, il le prouve encore aujourd'hui avec tout ce qu'il a laissé derrière lui. Il a régénéré et bouleversé toute la mièvrerie qui sévissait dans la bande dessinée dite humoristique », confie aujourd'hui Albert Uderzo.

L'ébauche Oumpah-Pah, sur six pages, mettait en scène ce personnage vivant dans une réserve indienne, au milieu de la vie moderne des Américains lambda. « On s'amuse vraiment à évoquer la condition de cette tribu qui conserve ses traditions et ses coutumes au milieu du monde mo-derne, se souvient Uderzo. Nul pourtant ne s'intéressa à ses aventures, ni en France, ni aux États-Unis et les deux nouveaux amis rangèrent les projets dans leurs cartons.

Section II: Free Response

Presentational Writing: Persuasive Essay

Track 130

SOURCE #3

Michel Le Moal : On a le sentiment dans le contexte actuel social et peut-être médiatique que le stress vient d'apparaître comme si c'était quelque chose de nouveau. Non, en réalité, le stress existe depuis toujours. Alors si le stress est depuis toujours et que ce n'est que maintenant qu'on s'en aperçoit, ce qui me paraîtrait un peu inquiétant, un peu bizarre, c'est que peut-être aussi qu'il y a une perception différente des individus contemporains vis-à-vis de certaines contraintes, contraintes qu'on subissait peut-être encore plus violemment dans les temps plus anciens, mais que les sujets admettaient ou, je dirais, avaient la capacité de s'ajuster à ces événements de vie ou de ne pas les considérer comme quelque chose d'extravagant ou hors-nature.

Élodie Courtejoie : Nous serions plus faibles aujourd'hui ?

Michel Le Moal : Alors, je l'ai souvent dit et écrit : nous ne sommes pas plus faibles aujourd'hui, mais l'homme contemporain est différent de l'homme d'il y a 20 ans. On est différent de l'homme d'il y a 50 ans. On est différent de l'homme de 1000 ans, par exemple. Il est certain que nos sociétés évoluent et les individus évoluent avec cette société. Ce n'est pas pour rien qu'actuellement, on fait grand état de l'autonomie du sujet—d'un certain individualisme qui serait apparu, je dirais, que c'est l'évolution normale de tout ce que nous ont appris les Lumières, mais je crois qu'on arrive maintenant à un aboutissement où l'individu est dans une certaine solitude. Je dirais qu'il n'a plus les supports qu'il s'était construits au cours des décennies ou des siècles pour l'aider à circonvenir les événements de vie. Je fais allusion, si vous voulez, aux religions, aux supports des communautés. . . . N'oubliez pas quand même que la France était, dans une certaine mesure, c'est difficile à dire brutalement, mais à 85% rurale dans les années 45. Donc on était dans des communautés, dans des petits groupes, dans des familles, dans des clans, tout cela faisait que les événements de vie, même très graves, étaient tamponnés, circulaient au sein du groupe et il y avait l'aide implicite ou explicite de l'ensemble de la communauté. Actuellement, je crois que ce n'est pas la peine d'insister trop longtemps là-dessus, mais il y a de plus en plus d'individus seuls. Dans ces conditions, les événements de vie sont ressentis plus durement et deuxièmement, c'est vrai que les conditions de vie sociale sont de plus en plus difficiles. Vous aurez du mal à expliquer à votre grand-mère ou à votre arrière-grand-mère qu'il faut tant de temps pour aller d'un point à un autre ; qu'il faut se lever 3 heures avant d'atteindre son lieu de travail, que ceci que cela, ce qui était impensable, je dirais, il y a encore quelques décennies. Donc, les conditions de vie sont certainement plus difficiles. Le management de ces conditions de vie est plus difficile et les sujets sont de plus en plus seuls vraisemblablement pour affronter ces événements de vie. Donc, il y a une évolution sociale, environnementale—sociale dans nos sociétés occidentales surtout et individuelle de l'individu face à ces événements.

Track 132

Interpersonal Speaking: Exemplary Conversation [Track 131]

Suzanne : Je suis si contente de travailler avec toi pour ce projet. Il y a deux parties à compléter pour le projet, la partie écrite et la partie orale. Laquelle de ces deux parties préfères-tu ?

Vous : Moi aussi, je suis très contente de partager ce projet avec toi ! Quant à la division de travail, j'imagine que tu peux faire la partie orale parce que tu as toujours été un des meilleurs orateurs de la classe. Moi, puisque j'aime tellement écrire, je ferai la partie écrite.

Suzanne : Eh bien, nous n'avons qu'une semaine pour finir cette tâche et il va falloir pas mal de temps. Quels jours et quels moments de la journée préfères-tu travailler ?

Vous : Quant au temps de travail, je préfère faire la plupart de notre travail le soir parce que l'après-midi, je suis membre de notre équipe de foot et il y a des entraînements. De plus, on peut travailler ce samedi matin s'il le faut, mais seulement jusqu'à midi.

Suzanne : Bon. Pour ce qui est du lieu où on pourra le mieux travailler là-dessus, que recommandes-tu et pourquoi ?

Vous : Je pense qu'il vaut mieux travailler chez toi parce que mes petites soeurs adorent écouter de la musique presque tout le temps, ce qui peut être un peu énervant ! De plus, mes parents ont décidé de faire peindre la maison et tout est en désordre !

Suzanne : Le jour de notre présentation, par quelle partie devrions-nous commencer, la mienne ou la tienne ? Qu'est-ce que tu en penses ?

Vous : Moi, je pense que le jour de notre présentation, il faut finir avec ta partie parce que moi, je peux montrer des images de notre ville à la classe. Ces images seront accompagnées des phrases que j'aurai écrites. Après, tu peux éblouir la classe avec tes explications magnifiques de la ville.

Suzanne : Je suis ravie d'avoir l'occasion de travailler avec toi et je pense que nous allons produire un projet qui sera l'un des meilleurs de la classe.

Vous : Je suis tout à fait d'accord avec toi ! Ensemble, nous allons sans doute avoir la meilleure présentation de la classe. Je compte bien travailler avec toi. Bon, je te verrai demain pour faire démarrer ce projet.

Track 133

Presentational Speaking: Exemplary Cultural Comparison

Il y a bien sûr partout dans le monde des gens importants qui ont changé l'histoire ou la culture de leur pays. Quand je pense aux États-Unis, Ben Franklin représente pour moi quelqu'un qui a effectué un grand nombre de changements significatifs pour un pays en train de naître. C'était un homme avec des qualités qui nous font penser à la Renaissance car il était à la fois inventeur, politicien et diplomate. Même s'il est né à Boston, Franklin est devenu nettement lié à la ville de Philadelphie où il a publié un des premiers journaux américains. C'est aussi dans cette ville qu'il a exercé une grande influence sur les représentants des treize colonies dans leur lutte contre le règne britannique. Franklin a convaincu les politiciens de rester unis pendant ces temps orageux de l'histoire américaine. Il a aussi joué un rôle diplomatique quand il est allé en France pour représenter son jeune pays en essayant de convaincre les Français d'aider les colons à former un nouveau pays indépendant. Grâce à ses astuces et à son originalité, les Français ont décidé de soutenir les Américains dans la guerre contre les Anglais. De plus, Benjamin Franklin avait l'esprit créatif ; il a créé le premier corps de pompiers, un four efficace pour chauffer les domiciles et c'est lui qui a dévoilé les premières vérités au sujet de l'électricité. On peut donc dire que Ben Franklin était un des individus les plus influents de l'histoire des États-Unis.

Quant au monde francophone, je pense que Victor Hugo a joué un rôle important pendant tout un siècle. Pendant une des époques les plus turbulentes de l'histoire française, Victor Hugo a réfléchi aux besoins et aux espoirs de la majorité des Français. A travers des romans, des poèmes et des essais, Victor Hugo était le porte-parole des pauvres pour le public français. C'est pourquoi on lui a donné le sobriquet « la voix du siècle » et aussi pourquoi plus d'un million de gens ont assisté à ses funérailles. Non seulement était-il auteur, mais il jouait aussi le rôle de politicien en soutenant la création d'une vraie démocratie en France.

Donc, ces deux hommes représentent l'esprit et l'âme de leur peuple en jouant plusieurs rôles essentiels pour leur pays.

Appendix E

SCORING GUIDELINES

Interpersonal Writing: Email Reply

5: STRONG Performance in Interpersonal Writing

- Maintains the exchange with a response that is clearly appropriate within the context of the task
- Provides required information (responses to questions, request for details) with frequent elaboration
- Fully understandable, with ease and clarity of expression; occasional errors do not impede comprehensibility
- Varied and appropriate vocabulary and idiomatic language
- Accuracy and variety in grammar, syntax, and usage, with few errors
- Mostly consistent use of register appropriate for the situation; control of cultural conventions appropriate for formal correspondence (e.g., greeting, closing), despite occasional errors
- Variety of simple and compound sentences, and some complex sentences

4: GOOD Performance in Interpersonal Writing

- Maintains the exchange with a response that is generally appropriate within the context of the task
- Provides most required information (responses to questions, request for details) with some elaboration
- Fully understandable, with some errors that do not impede comprehensibility
- Varied and generally appropriate vocabulary and idiomatic language
- General control of grammar, syntax, and usage
- Generally consistent use of register appropriate for the situation, except for occasional shifts; basic control of cultural conventions appropriate for formal correspondence (e.g., greeting, closing)
- Simple, compound, and a few complex sentences

3: FAIR Performance in Interpersonal Writing

- Maintains the exchange with a response that is somewhat appropriate but basic within the context of the task
- Provides most required information (responses to questions, request for details)
- Generally understandable, with errors that may impede comprehensibility
- Appropriate but basic vocabulary and idiomatic language
- Some control of grammar, syntax, and usage
- Use of register may be inappropriate for the situation with several shifts; partial control of conventions for formal correspondence (e.g., greeting, closing), although these may lack cultural appropriateness
- Simple and a few compound sentences

2: WEAK Performance in Interpersonal Writing

- Partially maintains the exchange with a response that is minimally appropriate within the context of the task
- Provides some required information (responses to questions, request for details)
- Partially understandable with errors that force interpretation and cause confusion for the reader
- Limited vocabulary and idiomatic language
- Limited control of grammar, syntax, and usage
- Use of register is generally inappropriate for the situation; includes some conventions for formal correspondence (e.g., greeting, closing) with inaccuracies
- Simple sentences and phrases

1: POOR Performance in Interpersonal Writing

- Unsuccessfully attempts to maintain the exchange by providing a response that is inappropriate within the context of the task
- Provides little required information (responses to questions, request for details)
- Barely understandable, with frequent or significant errors that impede comprehensibility
- Very few vocabulary resources
- Little or no control of grammar, syntax, and usage
- Minimal or no attention to register; includes significantly inaccurate or no conventions for formal correspondence (e.g., greeting, closing)
- Very simple sentences or fragments

0: UNACCEPTABLE Performance in Interpersonal Writing

- Mere restatement of language from the stimulus
- Completely irrelevant to the stimulus
- "I don't know," "I don't understand," or equivalent in any language
- Not in the language of the exam

—: BLANK (no response)

Presentational Writing: Argumentative Essay

5: STRONG Performance in Presentational Writing

- Effective treatment of topic within the context of the task
- Demonstrates a high degree of comprehension of the sources' viewpoints, with very few minor inaccuracies
- Integrates content from all three sources in support of the essay
- Presents and defends the student's own viewpoint on the topic with a high degree of clarity; develops a persuasive argument with coherence and detail
- Organized essay; effective use of transitional elements or cohesive devices
- Fully understandable, with ease and clarity of expression; occasional errors do not impede comprehensibility
- Varied and appropriate vocabulary and idiomatic language
- Accuracy and variety in grammar, syntax, and usage, with few errors
- Develops paragraph-length discourse with a variety of simple and compound sentences, and some complex sentences

4: GOOD Performance in Presentational Writing

- Generally effective treatment of topic within the context of the task
- Demonstrates comprehension of the sources' viewpoints; may include a few inaccuracies
- Summarizes, with limited integration, content from all three sources in support of the essay
- Presents and defends the student's own viewpoint on the topic with clarity; develops a persuasive argument with coherence
- Organized essay; some effective use of transitional elements or cohesive devices
- Fully understandable, with some errors that do not impede comprehensibility
- Varied and generally appropriate vocabulary and idiomatic language
- General control of grammar, syntax, and usage
- Develops mostly paragraph-length discourse with simple, compound, and a few complex sentences

3: FAIR Performance in Presentational Writing

- Suitable treatment of topic within the context of the task
- Demonstrates a moderate degree of comprehension of the sources' viewpoints; includes some inaccuracies
- Summarizes content from at least two sources in support of the essay
- Presents and defends the student's own viewpoint on the topic; develops a somewhat persuasive argument with some coherence
- Some organization; limited use of transitional elements or cohesive devices
- Generally understandable, with errors that may impede comprehensibility
- Appropriate but basic vocabulary and idiomatic language
- Some control of grammar, syntax, and usage
- Uses strings of mostly simple sentences, with a few compound sentences

2: WEAK Performance in Presentational Writing

- Unsuitable treatment of topic within the context of the task
- Demonstrates a low degree of comprehension of the sources' viewpoints; information may be limited or inaccurate
- Summarizes content from one or two sources; may not support the essay
- Presents, or at least suggests, the student's own viewpoint on the topic; develops an unpersuasive argument somewhat incoherently
- Limited organization; ineffective use of transitional elements or cohesive devices
- Partially understandable, with errors that force interpretation and cause confusion for the reader
- Limited vocabulary and idiomatic language
- Limited control of grammar, syntax, and usage
- Uses strings of simple sentences and phrases

1: POOR Performance in Presentational Writing

- Almost no treatment of topic within the context of the task
- Demonstrates poor comprehension of the sources' viewpoints; includes frequent and significant inaccuracies
- Mostly repeats statements from sources or may not refer to any sources
- Minimally suggests the student's own viewpoint on the topic; argument is undeveloped or incoherent
- Little or no organization; absence of transitional elements and cohesive devices
- Barely understandable, with frequent or significant errors that impede comprehensibility
- Very few vocabulary resources
- Little or no control of grammar, syntax, and usage
- Very simple sentences or fragments

0: UNACCEPTABLE Performance in Presentational Writing

- Mere restatement of language from the prompt
- Clearly does not respond to the prompt; completely irrelevant to the topic
- "I don't know," "I don't understand," or equivalent in any language
- Not in the language of the exam

—: BLANK (no response)

Interpersonal Speaking: Conversation

5: STRONG Performance in Interpersonal Speaking

- Maintains the exchange with a series of responses that is clearly appropriate within the context of the task
- Provides required information (e.g., responses to questions, statement and support of opinion) with frequent elaboration
- Fully understandable, with ease and clarity of expression; occasional errors do not impede comprehensibility
- Varied and appropriate vocabulary and idiomatic language
- Accuracy and variety in grammar, syntax, and usage, with few errors
- Mostly consistent use of register appropriate for the conversation
- Pronunciation, intonation, and pacing make the response comprehensible; errors do not impede comprehensibility
- Clarification or self-correction (if present) improves comprehensibility

4: GOOD Performance in Interpersonal Speaking

- Maintains the exchange with a series of responses that is generally appropriate within the context of the task
- Provides most required information (e.g., responses to questions, statement and support of opinion) with some elaboration
- Fully understandable, with some errors that do not impede comprehensibility
- Varied and generally appropriate vocabulary and idiomatic language
- General control of grammar, syntax, and usage
- Generally consistent use of register appropriate for the conversation, except for occasional shifts
- Pronunciation, intonation, and pacing make the response mostly comprehensible; errors do not impede comprehensibility
- Clarification or self-correction (if present) usually improves comprehensibility

3: FAIR Performance in Interpersonal Speaking

- Maintains the exchange with a series of responses that is somewhat appropriate within the context of the task
- Provides most required information (e.g., responses to questions, statement and support of opinion)
- Generally understandable, with errors that may impede comprehensibility
- Appropriate but basic vocabulary and idiomatic language
- Some control of grammar, syntax, and usage
- Use of register may be inappropriate for the conversation with several shifts
- Pronunciation, intonation, and pacing make the response generally comprehensible; errors occasionally impede comprehensibility
- Clarification or self-correction (if present) sometimes improves comprehensibility

2: WEAK Performance in Interpersonal Speaking

- Partially maintains the exchange with a series of responses that is minimally appropriate within the context of the task
- Provides some required information (e.g., responses to questions, statement and support of opinion)
- Partially understandable, with errors that force interpretation and cause confusion for the listener
- Limited vocabulary and idiomatic language
- Limited control of grammar, syntax, and usage
- Use of register is generally inappropriate for the conversation
- Pronunciation, intonation, and pacing make the response difficult to comprehend at times; errors impede comprehensibility
- Clarification or self-correction (if present) usually does not improve comprehensibility

1: POOR Performance in Interpersonal Speaking

- Unsuccessfully attempts to maintain the exchange by providing a series of responses that is inappropriate within the context of the task
- Provides little required information (e.g., responses to questions, statement and support of opinion)
- Barely understandable, with frequent or significant errors that impede comprehensibility
- Very few vocabulary resources
- Little or no control of grammar, syntax, and usage
- Minimal or no attention to register
- Pronunciation, intonation, and pacing make the response difficult to comprehend; errors impede comprehensibility
- Clarification or self-correction (if present) does not improve comprehensibility

0: UNACCEPTABLE Performance in Interpersonal Speaking

- Mere restatement of language from the prompts
- Clearly does not respond to the prompts; completely irrelevant to the topic
- "I don't know," "I don't understand," or equivalent in English
- Clearly responds to the prompts in English

NR (No Response): BLANK (No Response Although Recording Equipment Is Functioning)

Presentational Speaking: Cultural Comparison

Clarification Notes:

The term "community" can refer to something as large as a continent or as small as a family unit. The phrase "target culture" can refer to any community, large or small, associated with the target language.

5: STRONG Performance in Presentational Speaking

- Effective treatment of topic within the context of the task
- Clearly compares the student's own community with the target culture, including supporting details and relevant examples
- Demonstrates understanding of the target culture, despite a few minor inaccuracies
- Organized presentation; effective use of transitional elements or cohesive devices
- Fully understandable, with ease and clarity of expression; occasional errors do not impede comprehensibility
- Varied and appropriate vocabulary and idiomatic language
- Accuracy and variety in grammar, syntax, and usage, with few errors
- Mostly consistent use of register appropriate for the presentation
- Pronunciation, intonation, and pacing make the response comprehensible; errors do not impede comprehensibility
- Clarification or self-correction (if present) improves comprehensibility

4: GOOD Performance in Presentational Speaking

- Generally effective treatment of topic within the context of the task
- Compares the student's own community with the target culture, including some supporting details and mostly relevant examples
- Demonstrates some understanding of the target culture, despite minor inaccuracies
- Organized presentation; some effective use of transitional elements or cohesive devices
- Fully understandable, with some errors that do not impede comprehensibility
- Varied and generally appropriate vocabulary and idiomatic language
- General control of grammar, syntax, and usage
- Generally consistent use of register appropriate for the presentation, except for occasional shifts
- Pronunciation, intonation, and pacing make the response mostly comprehensible; errors do not impede comprehensibility
- Clarification or self-correction (if present) usually improves comprehensibility

3: FAIR Performance in Presentational Speaking

- Suitable treatment of topic within the context of the task
- Compares the student's own community with the target culture, including a few supporting details and examples
- Demonstrates a basic understanding of the target culture, despite inaccuracies
- Some organization; limited use of transitional elements or cohesive devices
- Generally understandable, with errors that may impede comprehensibility
- Appropriate but basic vocabulary and idiomatic language
- Some control of grammar, syntax, and usage
- Use of register may be inappropriate for the presentation with several shifts

- Pronunciation, intonation, and pacing make the response generally comprehensible; errors occasionally impede comprehensibility
- Clarification or self-correction (if present) sometimes improves comprehensibility

2: WEAK Performance in Presentational Speaking

- Unsuitable treatment of topic within the context of the task
- Presents information about the student's own community and the target culture, but may not compare them; consists mostly of statements with no development
- Demonstrates a limited understanding of the target culture; may include several inaccuracies
- Limited organization; ineffective use of transitional elements or cohesive devices
- Partially understandable, with errors that force interpretation and cause confusion for the listener
- Limited vocabulary and idiomatic language
- Limited control of grammar, syntax, and usage
- Use of register is generally inappropriate for the presentation
- Pronunciation, intonation, and pacing make the response difficult to comprehend at times; errors impede comprehensibility
- Clarification or self-correction (if present) usually does not improve comprehensibility

1: POOR Performance in Presentational Speaking

- Almost no treatment of topic within the context of the task
- Presents information only about the student's own community or only about the target culture, and may not include examples
- Demonstrates minimal understanding of the target culture; generally inaccurate
- Little or no organization; absence of transitional elements and cohesive devices
- Barely understandable, with frequent or significant errors that impede comprehensibility
- Very few vocabulary resources
- Little or no control of grammar, syntax, and usage
- Minimal or no attention to register
- Pronunciation, intonation, and pacing make the response difficult to comprehend; errors impede comprehensibility
- Clarification or self-correction (if present) does not improve comprehensibility

0: UNACCEPTABLE Performance in Presentational Speaking

- Mere restatement of language from the prompt
- Clearly does not respond to the prompt; completely irrelevant to the topic
- "I don't know," "I don't understand," or equivalent in English
- Clearly responds to the prompt in English

NR (No Response): BLANK (No Response Although Recording Equipment Is Functioning)

Appendix F

OVERVIEW OF TRANSITIONAL WORDS AND PHRASES

Transitional words and phrases create powerful links between ideas in your written or oral presentation. They also help your audience understand the logic of your presentation. Use transitional words and phrases appropriately in the argumentative essay [Free-response #2] and in your cultural comparison [Free-response #4]. Both tasks require coherence and organization as evidenced in the scoring guidelines for these tasks (see Appendix E).

To a lesser extent, you may find some of these words and phrases useful in your email reply [Free-response #1] and in your conversation [Free-response #3].

Transitional Function	Frequently Used Transitional Words with Examples
To add on	**et, de plus, et puis, en outre, d'ailleurs** ▪ Je suis d'accord avec cet argument. *D'ailleurs,* il me semble logique que. ... ▪ L'argument est valide. *En outre,* je vais donner plusieurs exemples pour soutenir cette thèse.
To establish a chronological order	**d'abord, ensuite, finalement/premièrement, deuxièmement, troisièmement/en premier/deuxième/troisième lieu** ▪ *En premier* lieu, je citerai M. Smith. *En deuxième* lieu, je me servirai de l'exemple de la source #2.
To indicate a cause by means of a conjunction and a subordinate clause	**car, parce que, puisque, du fait que, vu que, étant donné que** ▪ Il faut protéger la planète *car* elle est en danger. ▪ Il y a des mesures à prendre dans ce pays *vu qu'*il manque de ressources.
To indicate a cause by means of a prepositional phrase followed by a noun	**à cause de, en raison de, faute de, grâce à, par suite de** ▪ Ces produits ne sont pas accessibles *en raison de* leur prix. ▪ On peut prévoir des problèmes *faute de* ressources financières. ▪ *Par suite de* circonstances imprévues, il a fallu annuler les vols.

To indicate a consequence by means of a conjunction and a subordinate clause	**de façon que, si bien que, de sorte que, à tel point que** ▪ La technologie continue d'avancer *de sorte que* le style de vie doit nécessairement changer. ▪ Le personnage a changé *à tel point qu'*on ne le reconnaît plus.
To indicate a consequence by means of an adverb or adverbial phrase	**ainsi, voilà pourquoi, donc, par conséquent** ▪ On peut *ainsi* affirmer que la technologie améliore la vie. ▪ Nous vivons dans un monde global. *Par conséquent,* il faut tenir compte des démographies changeantes.
To indicate a contrast by means of a preposition/prepositional phrase followed by a noun	**malgré, en dépit de, excepté, sauf** ▪ Il faut être juste *malgré* les difficultés que cela présente. ▪ *En dépit de* tous ses défauts, cette personne semble sympathique.
To indicate a contrast by means of a conjunction and a subordinate clause	**alors que, tandis que, bien que, quoique** ▪ Il y a des pays où l'économie est en essor *alors qu'*elle est stagnante ailleurs. ▪ Il faut persévérer *bien que* ce soit difficile.
To indicate a contrast by means of an adverb or adverbial phrase	**mais, cependant, en revanche, toutefois, pourtant, au contraire, néanmoins** ▪ Les lois de l'immigration sont démodées. Et *cependant* il y a des sans-papiers désespérés. ▪ Nos universités sont prestigieuses ; *en revanche* elles coûtent les yeux de la tête.
To make a comparison by means of an adverbial or prepositional phrase followed by a noun	**comme, de même, également, à la façon de, conformément à** ▪ Cela servira *également* d'appareil de communication. ▪ Nous vivrons *à la façon de* la population indigène.
To make a comparison	**ainsi que, autant ... que, de même que, tel ... que, plus/moins ... que** ▪ Fournissez *autant de* preuves *que* possible ! ▪ Le taux d'échange varie *de même que* la perception de l'économie.
To illustrate or explain	**par exemple, c'est-à-dire, en effet** ▪ Il y a des endroits encore inexplorés ; *par exemple,* certaines galaxies. ▪ Il faut s'unifier, *c'est-à-dire* trouver des alliés.

To indicate an alternative	**autrement, sinon, soit ... soit, ou ... ou** ▪ Finissons la tâche ! *Autrement,* il sera trop tard. ▪ Nous devons *soit* collaborer *soit* trouver un autre job.
To present a hypothesis by means of an adverb	**éventuellement, peut-être, probablement, sans doute** ▪ Il faudra *éventuellement* vivre dans l'espace. ▪ Ce sera *sans doute* dans de nombreuses années.
To present a hypothesis in a subordinate clause	**si, à condition que, à supposer que, en admettant que, pourvu que** ▪ *A condition qu'*il existe, on le trouvera. ▪ On le trouvera *pourvu qu'* il n'ait pas disparu.
To conclude	**en conclusion, en somme, au fond, en bref, tout compte fait** ▪ *En somme,* nous sommes tous humains. ▪ *Tout compte fait,* il suffit d'être réaliste.

Acknowledgments

Page 6: From Environnement—l'espace au service de notre terre
https://www.neshaminy.org/cms/lib6/PA01000466/Centricity/Domain/369/Environnement%20-%20Space.pdf

Page 8: From *http://french.news.cn/*

Page 10: From Écart entre riches et pauvres : le fossé se creuse
http://www.lapresse.ca/affaires/

Page 15: From La sécurité à l'École
http://www.education.gouv.fr/cid57417/la-lutte-contre-harcelement.html

Page 17: From
http://www.evene.fr/livres/actualite/karine-tuil-domination-douce-france-1590.php

Page 20: From Mon histoire *http://www.intermonet.com/biograph/autobifr.htm*

Page 21: From Enseignement secondaire : deux enfants africains sur trois n'y ont pas accès
http://www.un.org/apps/newsFr/storyF.asp?NewsID=26713&Cr=%E9ducation&Cr1=

Page 23: From Que font les jeunes de leurs loisirs ?
http://www.scienceshumaines.com/index.php?lg=fr&id_article=4286

Page 24: From Technologie : l'Afrique prépare sa révolution scientifique
https://afriqueitnews.com/news/103/

Page 24: *https://afriqueitnews.com/news/103/*

Page 28: *https://www.lesoleil.com/la-vitrine/quebec-table-gourmande-2019/un-festival-culinaire-pour-democratiser-la-cuisine-0df7fc2950dd5d2ba53a8d61a66c57ef*

Page 30: *https://www.atramenta.net/lire/candide-ou-loptimisme/715/1#oeuvre_page*

Page 32: *https://www.gutenberg.org/cache/epub/800/pg800.html*

Page 34: *https://www.sciencesetavenir.fr/espace/question-de-la-semaine-ou-se-trouve-la-tesla-envoyee-par-elon-musk-dans-l-espace_138527*

Page 38: *https://www.ohchr.org/Documents/Publications/FS21_rev_1_Housing_fr.pdf*

Page 41: *https://cursus.edu/articles/42507/ou-en-est-la-langue-francaise-dans-le-monde-aujourdhu-où*

Page 44: *https://www.jettepaspartage.fr/comment-ca-marche/le-guide-des-dons-Guide*

Page 60: From
http://www.linternaute.com/actualite/voyager/05/tourisme-espace/tourisme-spatial.shtml

Page 62: From *https://maviepro.fr/*

Page 63: From
http://www.dailymotion.com/video/xiayh4_les-femmes-et-la-science-claudie-haignere_tech

Page 64: From *http://www.linternaute.com/nature-animaux/questionnaire/fiche/6946/d/f/1*

Page 66: From Volontariat *https://www.diplomatie.gouv.fr/fr/*

Page 67: From Ville, Vie, Vacances *https://www.haute-garonne.gouv.fr/Politiques-publiques/Jeunesse-sports-et-vie-associative/Jeunesse/Politiques-en-faveur-de-la-jeunesse/Ville-Vie-Vacances#:~:text=Le%20programme%20%22%20Ville%20Vie%20Vacances%20%22%20%28V.V.V.%29,prise%20en%20charge%20%C3%A9ducative%20durant%20les%20vacances%20scolaires*

Page 68: From CENTRE D'ACTUALITÉS DE L'ONU *http://www.un.org/apps/newsFr/storyF.asp?NewsID=14485&Cr=CNUCED&Cr1*

Page 69: From *https://unctad.org/fr/press-material/ldc-le-progres-des-pays-les-moins-avances-passe-par-lacces-des-services-energetiques*

Page 71: From Internet comme outil pour la démocratie *https://www.canalacademies.com/emissions/2010-la-democratie/internet-aide-ou-danger-pour-la-democratie-par-isabelle-falque-pierrotin-conseiller-detat*

Page 72: From *https://www.canalacademies.com/*

Page 73: From Langue maternelle : L'UNESCO fait l'éloge de la diversité *http://www.unmultimedia.org/radio/french/2012/02/langue-maternelle-lunesco-fait-leloge-de-la-diversite/index.html*

Page 75: From *https://www.canalacademies.com/*

Page 76: From Un habitant privé d'accès à son domicile *http://lab.chass.utoronto.ca/rescentre/french/docs/voisin.htm*

Page 77: From *http://lab.chass.utoronto.ca/rescentre/french/docs/gites-ruraux.htm*

Page 79: From *http://lab.chass.utoronto.ca/rescentre/french/docs/baguette.htm*

Page 80: From *https://www.canalacademies.com/*

Page 81: From Faune : Un nouveau massacre d'Eléphants dévoilé ! *http://journalducameroun.com/article.php?aid=10791*

Page 82: From *http://lab.chass.utoronto.ca/rescentre/french/docs/elep.htm*

Page 84: *https://news.un.org/fr/story/2020/11/1081652*

Page 85: *https://news.un.org/fr/audio/2019/06/1044961*

Page 86: *https://news.un.org/fr/audio/2019/06/1044961*

Page 89: *https://www.echosciences-grenoble.fr/articles/la-place-des-femmes-dans-la-recherche-scientifique*

Page 90: *https://news.un.org/fr/audio/2019/04/1041031*

Page 92: *https://www.slideshare.net/nuruncom/nurun-ifop-etude-influence-medias-decisions-achats-2009-2223084*

Page 93: *https://www.youtube.com/watch?v=yarZtaBUUtQ*

Page 94: *https://www.icomos.org/fr/177-articles-en-francais/actualites/76407-icomos-lebanon-statement-of-concern-2*

Page 96: *https://www.normandie.fr/le-patrimoine-regional*

Page 113: From *http://www.youtube.com/watch?v=aNfeMmM5LPo&feature=player_embedded#*

Page 114: From *http://www.youtube.com/watch?v=e4uxveoggD0*

Page 115: From *http://www.un.org/fr/index.html*

Page 117: From *http://www.youtube.com/watch?v=zRPAcL9N8dY*

Page 119: From *http://www.charles-de-gaulle.org/*

Page 120: From *http://lab.chass.utoronto.ca/rescentre/french/docs/rouge-baiser.htm*

Page 121: From *http://lab.chass.utoronto.ca/rescentre/french/docs/mariage-civil.htm*

Page 123: From *http://www.pratiks.com/video/3642da31f46s.html*

Page 124: From *http://www.unesco.org/new/fr/culture/themes/single-view/news/the_wreck_of_the_titanic_now_protected_by_unesco/*

Page 125: *https://www.asafrance.fr/item/interview-une-lecon-de-patriotisme-a-visionner.html - asafrance/sudradio*

Page 126: *https://news.un.org/fr/audio/2019/05/1044461*

Page 127: *https://news.un.org/fr/audio/2019/05/1042461*

Page 128: *https://www.youtube.com/watch?v=r_eYW2pSDp8*

Page 129: *https://www.youtube.com/watch?v=hIM_5jni5Sk*

Page 130: *https://lesptitsheros.fr/*

Page 132: *https://www.imarabe.org/fr/actualites/l-ima-au-jour-le-jour/2020/complet-karaoke-geant-sur-le-parvis-dj-sets-internationaux-sur*

Page 133: *https://www.youtube.com/watch?v=6D9P0L7ZrFc*

Page 134: *https://www.youtube.com/watch?v=X8s_HEATyAY*

Page 195: From *http://cache.media.education.gouv.fr/file/2nd_degre/29/1/taux_acces_generation_au_bac_374291.pdf*

Page 195: From *https://www.canalacademies.com/*

Page 198: From *http://www.ip-watch.org/weblog/2010/02/02/acces-aux-medicaments-creation-d%E2%80%99un-groupe-de-travail-charge-de-controler-les-accords-de-libre-echange-conclus-par-l%E2%80%99union-europeenne/*

Page 199: From *http://www.les-infostrateges.com/article/061038/schema-de-la-propriete-intellectuelle*

Page 199: From *http://www.youtube.com/watch?v=Zk4x3cvh7a0*

Page 201: From Les végétariens ne sauveront pas (tout de suite) la planète *http://www.sciencepresse.qc.ca/actualite/2008/05/06/vegetariens-ne-sauveront-suite-planete-0*

Page 202: From *https://www.vegetarisme.fr/*

Page 202: From *https://www.canalacademies.com/*

Page 204: From *https://www.canada.ca/fr/services/immigration-citoyennete.html*

Page 205: Data from
http://www12.statcan.gc.ca/nhs-enm/2011/as-sa/99-010-x/2011001/tbl/tbl1-fra.cfm

Page 205: From
http://www.cic.gc.ca/francais/ministere/media/multimedia/video/immcan/immcan.asp

Page 275: From Jean Valjean
http://www.gutenberg.org/files/17489/17489-h/17489-h.htm#Chapitre_Vlb

Page 277: From L'ISF et les oeuvres d'art : un serpent de mer (venimeux)
https://www.latribunedelart.com/l-isf-et-les-oeuvres-d-art-un-serpent-de-mer-venimeux

Page 281: From *https://www.la-spa.fr/*

Page 283: From *https://www.canalacademies.com/*

Page 284: From *https://www.canalacademies.com/*

Page 287: From *https://www.canalacademies.com/*

Page 289: From *https://www.canalacademies.com/*

Page 292: From *http://www.ddmagazine.com/757-Energie-solaire-versus-combustible-fossile-et-nucleaire.html*

Page 296: From Un nouveau basculement *https://www.canalacademies.com/*

Page 297: From Graphique—De plus en plus d'entreprises possèdent un site web
https://www.tiz.fr/utilisateurs-reseaux-sociaux-france-monde/

Page 297: From *https://www.canalacademies.com/*

Page 313: From *http://www.gutenberg.org/files/14790/14790-h/14790-h.htm# la_parure*

Page 315: From *http://www.canalacademie.com/apprendre/fiche.php?id=13*

Page 320: From *http://www.sunugaal.com/fr/fashion.asp*

Page 321: From *https://www.canalacademies.com/*

Page 324: From *https://www.canalacademies.com/*

Page 326: From *https://www.canalacademies.com/*

Page 327: From *http://www.pratiks.com/video/iLyROoafzGtu.html*

Page 328: From *https://www.canalacademies.com/*

Page 334: From *https://fr.statista.com/infographie/11998/les-francais-face-au-stress/*

Page 334: From *https://www.canalacademies.com/*

Online Test

From Une Camerounaise acceptée à l'Académie française de pharmacie Publié le 16.10.2017 à 15h59 par Louise Nsana
https://www.journalducameroun.com/plats-de-mere-bons-quil-vend/

From Camille Claudel letter
http://www.deslettres.fr/lettre-de-camille-claudel-a-paul-claudel-je-reclame-la-liberte-a-grands-cris/

From Le permis de conduire sera « retenu » en cas d'infraction avec un portable en main
https://www.ouest-france.fr/societe/securite-routiere/le-permis-de-conduire-sera-retenu-en-cas-d-infraction-avec-un-portable-en-main-5489993

From Les chiffres du téléphone
http://www.securite-routiere.gouv.fr/medias/les-chiffres-de-la-route/les-chiffres-du-telephone

From Programme de l'expérience québécoise - PEQ
http://www.immigration.ca/fr/programme-de-lexperience-quebecoise-peq/

From Ce que vous devez savoir avant l'examen de citoyenneté (Audio) From beginning to 2:37 mn
https://www.canada.ca/fr/immigration-refugies-citoyennete/nouvelles/video/vous-devez-savoir-avant-exam-citoyennete.html

From l'Institut National de Prévention et d'Education pour la Santé
http://inpes.santepubliquefrance.fr/CFESBases/catalogue/pdf/629.pdf

From Tabagisme chez les jeunes : l'Antiflash d'Olivia Müller (Audio) starts at 24 secs and ends at 1mn56
http://www.nova.fr/podcast/lantiflash/tabagisme-chez-les-jeunes-lantiflash-dolivia-muller

From L'intégration des musulmans en France (Audio)
http://linguo.tv/video/102/lintegration-des-musulmans-en-france

From Études supérieures : l'Antiflash d'Olivia Müller (Audio) From the beginning to 2:25
http://www.nova.fr/podcast/lantiflash/etudes-superieures-lantiflash-dolivia-muller#

From Introduction au verlan, ce parlé jeune (Audio) From beginning to 2:28
http://www.linguo.tv/video/226/introduction-au-verlan-ce-parle-jeune

From Mon ado est accro à son portable : que faire face à son attitude ?
https://www.educateur-rouen.fr/accro-a-son-portable/

From Selon une étude, quitter Facebook améliore le bonheur (Audio)
http://www.linguo.tv/video/130/selon-une-etude-quitter-facebook-ameliore-le-bonheur

TRACK LISTING

Chapter 2
1 Sélection #1 Source #1
2 Sélection #1 Source #2
3 Sélection #2 Source #1
4 Sélection #2 Source #2
5 Sélection #3 Source #1
6 Sélection #3 Source #2
7 Sélection #4 Source #1
8 Sélection #4 Source #2
9 Sélection #5 Source #1
10 Sélection #5 Source #2
11 Sélection #6 Source #1
12 Sélection #6 Source #2
13 Sélection #7 Source #1
14 Sélection #7 Source #2
15 Sélection #8 Source #1
16 Sélection #8 Source #2
17 Sélection #9 Source #1
18 Sélection #9 Source #2
19 Sélection #10 Source #1
20 Sélection #10 Source #2
21 Sélection #11 Source #1
22 Sélection #11 Source #2
23 Sélection #12 Source #1
24 Sélection #12 Source #2
25 Sélection #13 Source #1
26 Sélection #13 Source #2
27 Sélection #14 Source #1
28 Sélection #14 Source #2
29 Sélection #15 Source #1
30 Sélection #15 Source #2
31 Sélection #16 Source #1
32 Sélection #16 Source #2
33 Sélection #17 Source #1
34 Sélection #17 Source #2
35 Sélection #18 Source #1
36 Sélection #18 Source #2

Chapter 3
37 Sélection #1
38 Sélection #2
39 Sélection #3
40 Sélection #4
41 Sélection #5
42 Sélection #6
43 Sélection #7
44 Sélection #8
45 Sélection #9
46 Sélection #10
47 Sélection #11
48 Sélection #12
49 Sélection #13
50 Sélection #14
51 Sélection #15
52 Sélection #16
53 Sélection #17
54 Sélection #18
55 Sélection #19
Chapter 5
56 Essay #1 Source #3
57 Argumentative Essay
58 Essay #2 Source #3
59 Instructions for the essay task
60 Essay #3 Source #3
61 Instructions for the essay task
62 Essay #4 Source #3

Chapter 6
63 Interpersonal Communication
64 Sélection #1
65 Sélection #2
66 Sélection #3
67 Sélection #4
68 Sélection #5
69 Sélection #6
70 Sélection #7
71 Sélection #8
72 Sélection #9
73 Sélection #10
74 Sélection #11
75 Sélection #12
76 Sélection #13
77 Sélection #14
78 Sélection #15
79 Sélection #16
80 Sélection #17
81 Sélection #18
82 Sélection #19
83 Sélection #20
84 Sélection #21
85 Sélection #22
86 Sélection #1
87 Sélection #2
88 Sélection #3
89 Sélection #4
90 Sélection #5
91 Sélection #6
92 Sélection #7
93 Sélection #8
94 Sélection #9
95 Sélection #10
96 Sélection #11
97 Sélection #12
98 Sélection #13
99 Sélection #14
100 Sélection #15
101 Sélection #16
102 Sélection #17
103 Sélection #18
104 Sélection #19
105 Sélection #20
106 Sélection #21
107 Sélection #22

Practice Exam 1
108 Multiple Choice—Combined Reading and Listening
109 Sélection #1 Source #1
110 Sélection #1 Source #2
111 Sélection #2 Source #1
112 Sélection #2 Source #2
113 Sélection #3
114 Sélection #4
115 Sélection #5
116 Argumentative Essay—Instructions
117 Source #3
118 Conversation—Instructions and Prompts
Exemplary Responses
119 Exemplary Conversation
120 Exemplary Cultural Comparison
Practice Exam 2
121 Multiple Choice—Combined Reading and Listening
122 Sélection #1 Source #1
123 Sélection #1 Source #2
124 Sélection #2 Source #1
125 Sélection #2 Source #2
126 Sélection #3
127 Sélection #4
128 Sélection #5
129 Argumentative Essay—Instructions
130 Source #3
131 Conversation—Instructions and Prompts
Exemplary Responses
132 Exemplary Conversation
133 Exemplary Cultural Comparison